Eine institutionenökonomische Analyse von Kapitalisierungsprozessen im Rahmen einer Dezentralisierung von Steuergesetzgebungskompetenzen am Beispiel der Grundsteuer in Deutschland

Europäische Hochschulschriften

European University Studies

Publications Universitaires Européennes

Reihe V	**Volks- und Betriebswirtschaft**
Series V	Economics and Management
Série V	Sciences économiques

Band/ Volume **3449**

Sonja Krause

Eine institutionenökonomische Analyse von Kapitalisierungsprozessen im Rahmen einer Dezentralisierung von Steuergesetzgebungskompetenzen am Beispiel der Grundsteuer in Deutschland

PETER LANG

Bibliografische Information der Deutschen Nationalbibliothek
Die Deutsche Nationalbibliothek verzeichnet diese Publikation in der Deutschen Nationalbibliografie; detaillierte bibliografische Daten sind im Internet über http://dnb.d-nb.de abrufbar.

Zugl.: Bremen, Univ., Diss., 2018.
Gutachter: Prof. Dr. André W. Heinemann, Prof. Dr. Dirk Fornahl
Das Kolloquium fand am 04. Juli 2018 statt.

D 46
ISSN 0531-7339
ISBN 978-3-631-78110-4 (Print)
E-ISBN 978-3-631-78117-3 (E-PDF)
E-ISBN 978-3-631-78118-0 (EPUB)
E-ISBN 978-3-631-78119-7 (MOBI)
DOI 10.3726/b15254

Diese Publikation wurde begutachtet.

www.peterlang.com

Danksagung

Das nachstehende Werk ist im Rahmen meiner Tätigkeit als wissenschaftliche Mitarbeiterin an der Professur für Bundesstaatliche und regionale Finanzbeziehungen in Bremen entstanden.

Besonderer Dank gebührt meinem Doktorvater Prof. Dr. André W. Heinemann, der mein Forschungsvorhaben stets mit großem Interesse unterstützt und mich darüber hinaus motiviert hat, Forschungsinhalte auf internationalen Konferenzen zu präsentieren. Weltoffenheit und Freude am Referieren nehme ich als wertvolle Erfahrungen und Bereicherungen aus dieser Zeit mit.

Ebenfalls möchte ich mich bei meinem Zweitgutachter Prof. Dr. Dirk Fornahl für das konstruktive Gutachten und die darin enthaltenen interessanten Ansätze und Ideen bedanken.

Prof. Dr. Martin Missong danke ich dafür, dass er bei statistischen Fragen stets ein offenes Ohr hatte und durch anregende Diskussionen die Freude am empirischen Arbeiten gefördert hat.

Frau Prof. Dr. Jutta Günther war mit ihrer Begeisterungsfähigkeit für mein Thema sowie mit wertvollen inhaltlichen Anregungen eine große Unterstützung.

Bei meinen Kolleginnen und Kollegen der Professur möchte ich mich für die harmonische Zeit und den Teamzusammenhalt bedanken. Insbesondere möchte ich an dieser Stelle Tobias Peters und Melanie Nofz für die konstruktive und freundschaftliche Zusammenarbeit danken. Weiterhin gilt mein Dank Leonie Backeberg, Kristof Kanzler, Antje Bollen, Alexandra Döring und Julia Fischer sowie Julia Frese für die kollegiale Arbeitsatmosphäre.

Besondere Erwähnung verdienen die Gutachterausschüsse für Grundstückswerte in Bremen und in Niedersachsen (Regionaldirektion Otterndorf) für die angenehme Kooperation im Hinblick auf die Bereitstellung des Datenmaterials und das entgegengebrachte Interesse an meinem Forschungsvorhaben. Weiterhin gilt mein Dank dem Statistischen Landesamt Bremen und dem Landesamt für Statistik Niedersachsen für die Sonderaufbereitung von Datenmaterial für meine Dissertation.

Darüber hinaus bedanke ich mich bei der Universität Bremen für die Gewährung eines Promotionsabschlussstipendiums zur Fertigstellung der Arbeit.

Der größte Dank gebührt meiner Familie. Meinen Eltern Werner Krause und Marion Lebendig-Krause danke ich dafür, dass sie mich jederzeit bedingungslos in allem unterstützt haben und mit wertvollen Ratschlägen zur Seite standen.

Sie haben mir das Selbstbewusstsein und die Entfaltungsmöglichkeiten gegeben, um sich herausfordernden Situationen zu stellen.

Meiner Schwester Annika Krause danke ich für aufmunternde Worte und humorvolle Gespräche, welche stets eine gute Abwechslung waren.

Stephan Buntrock danke ich für seine geduldige, liebevolle und verständnisvolle Art während der Anfertigung der Dissertation. Ich bin sehr glücklich, Dich seit Jahren an meiner Seite zu haben. Weiterhin bedanke ich mich für wertvolle Anregungen und Diskussionen sowie das Korrekturlesen.

Ich danke Hella und Gerd Buntrock für das leibliche Wohl und die für mich stets einkalkulierte Extraportion Nachtisch.

Tanja Ihden möchte ich für das Korrekturlesen meiner Arbeit und die beruhigenden Worte in anstrengenden Phasen danken. Weiterhin haben die zahlreichen Spaziergänge und Pancakes die Endphase um einiges erleichtert und erheitert.

Bei Maik Grossmann möchte ich mich für sein gründliches Korrekturlesen meiner Dissertation und seinen aufrichtigen Enthusiasmus, sich durch die Vielzahl von Seiten durchzuarbeiten, bedanken.

Ein weiterer Dank gebührt meinen Freundinnen und Freunden dafür, dass sie mir die Zeit gegeben und das Verständnis entgegengebracht haben, meine Arbeit abzuschließen.

Weiterhin möchte ich den Mitarbeitern und Mitarbeiterinnen des Peter Lang Verlags für die engagierte Zusammenarbeit danken.

Überdies danke ich auch den Mitarbeitern und Mitarbeiterinnen des Prüfungsamts der Universität Bremen für ihre hilfsbereiten Auskünfte bei organisatorischen Fragen zur Promotion.

Bremen im Dezember 2018

Sonja Krause

Geleitwort

Die Grundsteuer ist eine der ältesten Steuerarten und für die Finanzierung des öffentlichen Sektors auf der kommunalen Ebene ein wesentlicher Bestandteil. Dies gilt auch für Deutschland. Vor dem Hintergrund der langjährigen Diskussion über die Verfassungskonformität der bisherigen Grundsteuererhebung in Deutschland ist es hinsichtlich einer verfassungskonformen und ökonomisch sinnvollen Reformalternative sicherlich hilfreich, detaillierte Hintergründe der Grundbesteuerung in Deutschland innerhalb eines komplexen und historisch gewachsenen Mehrebenensystems bei Reformüberlegungen zu berücksichtigen. Durch das Urteil des Bundesverfassungsgerichtes vom April 2018 ist der Gesetzgeber nun enorm unter zeitlichen Druck geraten, einen akzeptablen Reformvorschlag vorzulegen.

Die Kapitalisierung der Grundsteuer stellt ein hochinteressantes Detail im Rahmen der Analyse der Grundsteuer dar. Nicht zuletzt der mögliche Zusammenhang zwischen kommunaler Leistungserbringung wie z.B. Infrastrukturleistungen und Bodenwertsteigerungen aufgrund eines Kapitalisierungsprozesses ergibt die Notwendigkeit, die Kapitalisierung besonders zu würdigen. Hierzu bietet die vorhandene Literatur bereits ein breites und vielfältiges Sortiment an Kapitalisierungsstudien. Weniger Wissen existiert momentan noch über die Einflussfaktoren bzw. Determinanten von Kapitalisierungsprozessen. Vor diesem Hintergrund ist es durchaus interessant zu analysieren, welche Einflussfaktoren bzw. Determinanten relevant sein dürften und wie sich Einflussfaktoren bzw. Determinanten gerade in einem Mehrebenensystem zeigen lassen. Diesbezüglich wird es dann erforderlich, eine „traditionelle“ Kapitalisierungsuntersuchung um institutionenökonomische Aspekte sowie um eine Governance-Analyse zu erweitern.

Vor diesem Hintergrund ist die vorliegende Arbeit von Frau Dr. Sonja Krause einzuordnen. Die Analyse, welche Einflussfaktoren bzw. Determinanten in einem Mehrebenensystem maßgeblich den Kapitalisierungsprozess beeinflussen, dürfte einerseits die theoretische und empirisch begleitete wirtschaftswissenschaftliche Diskussion um Kapitalisierungsprozesse bereichern. Neben der Bestandsaufnahme, dass zwar eine Vielzahl an Kapitalisierungsstudien vorliegt, wird gleichwohl konstatiert, dass der Kapitalisierungsprozess selbst nach wie vor kaum bis gar nicht beleuchtet ist und insofern in der aktuellen Literatur eine „Black Box“ darstellt. Hier setzt die Arbeit an und stellt sich einer besonders anspruchsvollen, interdisziplinären Herausforderung, wenn versucht wird, die

„Black Box" der Grundsteuerkapitalisierung innerhalb eines Mehrebenensystems theoretisch und empirisch zu öffnen und dabei nicht nur Instrumente der ökonomischen Analyse angewendet werden.

Die Untersuchung leistet einen wichtigen Beitrag, um der wirtschaftswissenschaftlichen Forschung einen notwendigen Impuls im Bereich der finanzwissenschaftlichen Lehre der Besteuerung zu geben, wenn Grundlagen, Rahmenbedingungen und Wirkungen einer Grundbesteuerung mit einer interdisziplinären Vorgehensweise analysiert werden. Dabei richtet sich die Untersuchung nicht nur an die Forschung. Auch für politisch-administrative Entscheidungsträger dürften die Erkenntnisse interessant sein. Insofern ist der Arbeit zu wünschen, dass sie auf eine breite und interessierte Leserschaft treffen möge.

Bremen im November 2018

Prof. Dr. André W. Heinemann
Universität Bremen
Institut Arbeit und Wirtschaft (iaw)

Zusammenfassung. Im Rahmen dieser Arbeit erfolgt eine ausführliche Auseinandersetzung mit der Grundsteuer vor den Hintergründen einer Steuerreform und einer Kapitalisierung der Steuerbelastung in Immobilienpreisen. Die Grundsteuer wird aus ökonomischer, rechtlicher und institutionenökonomischer Perspektive betrachtet. Im Hinblick auf die vielseitige und seit Jahren insbesondere auf dem US-amerikanischen Immobilienmarkt diskutierte Fragestellung, ob eine Grundsteuerkapitalisierung stattfindet, wird untersucht, ob für den bremer und für den niedersächsischen Immobilienmarkt eine Grundsteuerkapitalisierung nachzuweisen ist. Neben einer empirischen Untersuchung werden der Kapitalisierungsprozess und seine Einflussfaktoren betrachtet. Eine ausschließlich ökonomische Betrachtung kann die komplexen Wechselwirkungen des Kapitalisierungsprozesses nicht vollständig abbilden, sodass die vorliegende Arbeit eine Verbindung von verschiedenen Wissenschaftsdisziplinen darstellt. Es werden Hintergründe, Ursachen und Auswirkungen einer Kapitalisierung betrachtet und mit Hilfe der Neuen Institutionenökonomik und des Governance-Konzeptes in einen komplexen Handlungsrahmen von verschiedenen Institutionen und Akteuren eingebettet. Da eine Grundsteuerreform seit Jahren Gegenstand politischer Debatten ist, wird vor dem Hintergrund einer Kapitalisierung diskutiert, welche Vor- und Nachteile mit einer Dezentralisierung der Grundsteuergesetzgebungskompetenz einhergehen könnten.

Aus Gründen der übersichtlicheren Lesbarkeit wird in der gesamten Arbeit ausschließlich die männliche Form verwendet und gilt für beide Geschlechter gleichermaßen.

Abstract. Within the framework of this dissertation, a detailed debate about the german property tax against the background of a reform and a property tax capitalization in house prices is being encountered. The property tax is regarded from an economic, political and new institutional economics point of view. Especially for the US-property market, extensive discussions and studies according to a property tax capitalization have been made. Therefore, within this work a multiple regression is undertaken to examine the effect of the german property tax on house values in the federal states Bremen und Lower Saxony. Beyond an economic analysis, the complex capitalization process and its interdependencies are regarded from different disciplines beyond the economic perspective. Backgrounds, impacts and reasons for capitalization are presented using the governance concept and the new institutional economics. Next to economic aspects, institutions, actors and their interdependencies have an effect on the capitalization process. Since a property tax reform is aimed at for more than 20 years, the question arises, if a decentralization of the legislative competence to the federal states is a possible solution. This aspect is discussed against the background of a property tax capitalization.

Inhaltsverzeichnis

Abbildungsverzeichnis

Tabellenverzeichnis

Abkürzungsverzeichnis

A	Autobahn
A1 bis A7	Annahme 1 bis Annahme 7
AbgG, HB	Bremisches Abgabengesetz
Abs.	Absatz
AMS	Arrow, Musgrave, Samuelson
Anm.	Anmerkung
Art.	Artikel
AO	Abgabenordnung
B	Bundesstraße
BATNA	Best Alternative To Negotiated Agreement
BauGB	Baugesetzbuch
BauNVO	Baunutzungsverordnung
BB	Betriebs-Berater (Zeitschrift)
beb.	bebaut(e)
beob.	beobachtete(r)
BewG	Bewertungsgesetz
BewG-E	Bewertungsgesetz-Entwurf
BFH	Bundesfinanzhof
BFH/NV	Sammlung der Entscheidungen des Bundesfinanzhofs (Zeitschrift)
BGB	Bürgerliches Gesetzbuch
BGBl.	Bundesgesetzblatt
BGF	Bruttogrundfläche
BM	Bodenmodell
BR	Bundesrat
BRW	Bodenrichtwert
bspw.	beispielsweise
BStBl.	Bundessteuerblatt
BVerfG	Bundesverfassungsgericht
BVerfGE	Entscheidungen des Bundesverfassungsgerichts (Zeitschrift)
BvF	Registerzeichen für abstrakte Normenkontrollverfahren durch das BVerfG
BvL	Registerzeichen für konkrete Normenkontrollverfahren durch das BVerfG

BvR	Verfassungsbeschwerden
BW	Bodenwert
bzw.	beziehungsweise
ca.	circa
cfv	carbonfaserverstärkt
c.p.	ceteris paribus
CUX	Landkreis Cuxhaven
DBW	Die Betriebswirtschaft (Zeitschrift)
DM	Deutsche Mark
DStZ	Deutsche Steuer-Zeitung (Zeitschrift)
EFG	Entscheidungen der Finanzgerichte (Zeitschrift)
Einw.	Einwohner
EUR	Euro
FB	Flächenbetrag
ff.	fort folgende
FG	Finanzgericht
FGFF	First Generation Fiscal Federalism
GAG	Gutachterausschuss für Grundstückswerte
GB	Gebäudebetrag
GG	Grundgesetz
GLS	Generalized least squares
GmbH	Gesellschaft mit beschränkter Haftung
GMM	Generalized method of moments
GR	Grundrente
GrSt	Grundsteuer
GrStG	Grundsteuergesetz
GrStG-E	Grundsteuergesetz-Entwurf
GVFG	Gemeindeverkehrsfinanzierungsgesetz
ha	Hektar
HB	Hansestadt Bremen
H1	Hypothese 1
H2	Hypothese 2
H3	Hypothese 3
i.e.S.	im engeren Sinne
i.F.	in Form
i.F.v.	in Form von
i.H.v.	in Höhe von
i.S.d.	im Sinne des

i.S.v.	im Sinne von
i.V.m.	in Verbindung mit
KAV	Konzessionsabgabenverordnung
KF	Korrekturfaktor
km	Kilometer
KOM	Kombinationsmodell
MAR	Missing at random
MBO	Musterbauordnung
MCAR	Missing completely at random
MietNoVG	Mietrechtsnovellierungsgesetz
Mio.	Millionen
MFH	Mehrfamilienhaus
MLE	Maximum likelihood estimation
MLG	Multilevel-Governance
MNAR	Missing not at random
Mrd.	Milliarden
m^2	Quadratmeter
NIÖ	Neue Institutionenökonomik
NLS	Non-linear least squares
NPÖ	Neue Politische Ökonomie
Nr.	Nummer
OECD	Organisation for Economic Co-operation and Development
OHZ	Landkreis Osterholz
OLS	Ordinary Least Squares
o.S.	ohne Seite
OT	Ortsteil
öffentl.	öffentlich
ÖPNV	Öffentlicher Personennahverkehr
PAT	Principal-Agent-Theorie
PHK	Pauschalherstellungskosten
PlanzVO	Planzeichenverordnung
PP-Plot	Probability-Probability-Plot
QQ-Plot	Quantile-Quantile-Plot
Q1	Quadrant 1
Q2	Quadrant 2
Q3	Quadrant 3
Q4	Quadrant 4

RGBl.	Reichsgesetzblatt
Rn.	Randnummer
RND	Restnutzungsdauer
ROG	Raumordnungsgesetz
ROW	Landkreis Rotenburg (Wümme)
Rz.	Randziffer
SG	Samtgemeinde
SGFF	Second Generation Fiscal Federalism
sog.	sogenannte(r/s)
SOR-Modell	Stimulus-Organismus-Response-Modell
SPSS	Statistical Package for the Social Sciences
SR-Modell	Stimulus-Response-Modell
STD	Landkreis Stade
TE	Teileigentum
teilw.	teilweise
TEUR	Tausend Euro
TM	Teilmarkt
u.a.	unter anderem
U.S.	United States
USA	United States of America
USD	US-Dollar
v.	von
VF	Vergleichsfaktor
vgl.	vergleiche
VIF	Variance Inflation Factor
vollst.	vollständig
VWM	Verkehrswertmodell
WE	Wohneigentum
WertV	Wertermittlungsverordnung
WiSt	Wirtschaftswissenschaftliches Studium (Zeitschrift)
WLS	Weighted Least Squares
WoVermG	Wohnungsvermittlungsgesetz
WUM	Wertunabhängiges Modell
z.B.	zum Beispiel
2SLS	Two-stage Least Squares

Symbolverzeichnis

A	geschätzte Lebensdauer in Jahren
BP	Bodenpreis
β	Koeffizient
C (LPS)	Bereitstellung v. Dienstleistungen und Gütern
C (H)	Erstellung der Häuser
Cov	Kovarianz
D	Nachfrage
D(R)	Nachfragefunktion
Erw	Erwartungswert
F	Fläche
H_0	Nullhypothese
H_1	Alternativhypothese
i	Diskontsatz
i'	transformierter Kapitalisierungssatz
IQA	Interquartilabstand
K	Integrationskonstante
Ln	natürlicher Logarithmus
Max	Maximum
Min	Minimum
P	Preis
P*	Gleichgewichtspreis
$P = f(C)$	Produktionsfunktion
PH	Marktwert des Hauses
P_t	Preis reduziert um die Steuerlast
Q	Angebot öffentlicher Güter
Q_1	Quantil 1
Q_3	Quantil 3
R	Wohnungswert
R^2	Bestimmtheitsmaß
S	Angebot
t	Steuersatz
T	Steuerbelastung
V	Hauswert

1 Einleitung

1.1 Ausgangssituation und Forschungsvorhaben

Nach langjährigen Bemühungen zur Reform der Grundsteuer haben die Länder Hessen und Niedersachsen am 04.11.2016 einen Gesetzesantrag zur Änderung des Bewertungsgesetzes (BR-Drucksache 515/16) und zur Änderung des Grundgesetzes (Neufassung des Art. 105 GG; BR-Drucksache 514/16) entworfen. Wesentliches Reformziel ist eine gerechtere Steuererhebung durch eine Änderung des zu Grunde liegenden Bewertungsverfahrens.

In diesem Zusammenhang sollte die Föderalismusreform II im Jahre 2009 u.a. zu einer Effizienzsteigerung durch eine Aufgabenentflechtung der Bund-Länder-Beziehungen führen. Die anhaltenden Reformbemühungen zur Grundsteuer zeigen jedoch, dass die föderalen Verflechtungen weiterhin Reformvorhaben verlangsamen (vgl. Heinemann 2012: 471, 479) und vielmehr eine Reformblockade vorliegt.

Die derzeitige Grundsteuerausgestaltung unter Einbeziehung der Einheitswerte als Besteuerungsbasis führt zu allokativen Verzerrungen[1] und ist Ausgangspunkt des Promotionsvorhabens. Grundsätzlich ist die Grundsteuer wegen ihrer Eigenschaft als Gemeindesteuer[2] und ihres regionalen Bezuges gut geeignet, einen erhöhten Finanzierungsbeitrag zu generieren (Zimmermann 2009: 157 ff.) und somit zu einer verbesserten Gemeindefinanzierung beizutragen. Demnach wird sie von Zimmermann metaphorisch als „schlafender Riese" (Zimmermann 2009: 159) bezeichnet. Daraus folgernd böte sich zur Grundsteuerausgestaltung

---

1 Eine Besteuerung auf Basis von Einheitswerten mit Wertverhältnissen auf den letzten Hauptfeststellungszeitpunkt 1935 bzw. 1964 kann zu einer verzerrenden Steuerwirkung insoweit führen, als sich die Marktwerte von den Einheitswerten unterscheiden (Zimmermann 2009: 158) und somit innerhalb einer Gemeinde eine gleichmäßige Besteuerung nicht gewährleistet ist. Das Bundesverfassungsgericht stellte 1995 aufgrund dieser Unterbewertung des Grundbesitzes eine steuerliche Bevorzugung von Immobilienvermögen bereits für Zwecke der Vermögensteuer sowie der Erbschaft- und Schenkungsteuer fest. Dies führte zu einer faktischen Abschaffung der Vermögensteuer sowie zu eigenen Bewertungsregelungen für die Erbschaft- und Schenkungsteuer. Einzig die Grundsteuer basiert auf den Einheitswerten (BVerfG v. 22.06.1995, 2 BvR 552/91 und 2 BvL 37/91, BStBl. 1995 II: 655, 671).

2 Musgrave (1983: 13) sieht die Grundsteuer zuvorderst als geeignete Einnahmeart für Gemeinden. So auch Fischel 2001a und Oates 2005b.

eine Dezentralisierung der Steuergesetzgebungskompetenz an, um die regionale Vielfalt abzubilden und den Wettbewerb zwischen den Ländern zu fördern.

Den Ländern obliegt nach derzeitiger Gesetzesausgestaltung die Gesetzgebungskompetenz bei Gesetzen, in welchen sie die Administration besitzen (z.B. Gemeindeverkehrsfinanzierung 2019)[3] oder bei solchen mit regionalen Besteuerungsobjekten (z.B. Grunderwerbsteuer).

Bezug nehmend auf die Grundsteuer können verschiedene Möglichkeiten einer Politikentflechtung im Mehrebenensystem zur Finanzierung kommunaler Leistungen herangezogen werden:

- eine Fortschreibungskompetenz des Bundes,
- eine Öffnungsklausel der Gesetzgebungskompetenz,
- eine Einräumung einer erhöhten Steuerautonomie für die Länder (z.B. Steuersatzautonomie).

Es existieren bisher einige Studien, die mögliche Auswirkungen einer Grundsteuerreform auf die Steuerbelastung untersuchen.[4] In Abhängigkeit des jeweiligen Reformmodells[5] kann bspw. eine unterschiedlich hohe Grundsteuerbelastung prognostiziert werden.

Diese Studien greifen insbesondere Auswirkungen auf die Steuerbelastung auf, vernachlässigen jedoch die Überprüfung einer möglichen Kapitalisierung. Es wird folglich der Schwerpunkt auf eine Betrachtung der absoluten Steuerlast

---

3 „Der Bund gewährt den Ländern Finanzhilfen für Investitionen zur Verbesserung der Verkehrsverhältnisse der Gemeinden" (§ 1 GVFG). In Art. 125c Abs. 2 GG heißt es: „Die im Bereich der Gemeindeverkehrsfinanzierung für die besonderen Programme nach § 6 Absatz 1 des Gemeindeverkehrsfinanzierungsgesetzes sowie die mit dem Gesetz über Finanzhilfen des Bundes nach Artikel 104a Absatz 4 des Grundgesetzes an die Länder Bremen, Hamburg, Mecklenburg-Vorpommern, Niedersachsen sowie Schleswig-Holstein für Seehäfen vom 20. Dezember 2001 nach Artikel 104a Absatz 4 in der bis zum 1. September 2006 geltenden Fassung geschaffenen Regelungen gelten bis zu ihrer Aufhebung fort."

4 Siehe hierzu u.a. ausführlich Nehls/Scheffler 2015; Henger/Schaefer 2015; Färber/Salm/Hengstwerth 2014.

5 Verschiedene Reformmodelle wurden von den Arbeitsgruppen der Länder entwickelt. Die Modelle unterscheiden sich in ihrer Bemessungsgrundlage sowie in Administration, Erhebungsaufwand und Steuerbelastung. Für ausführliche Informationen zu den politisch diskutierten Reformmodellen siehe Senatorin für Finanzen der Freien Hansestadt Bremen 2010, Arbeitsgruppe der Länder Baden-Württemberg, Bayern und Hessen 2010, Arbeitsgruppe Thüringen 2011.

gelegt, nicht jedoch auf deren Auswirkungen auf die Immobilienpreise oder auf die Marktsituation und somit auf das Verhalten von Angebot und Nachfrage.

Im Vergleich zu anderen Ländern wie bspw. den Vereinigten Staaten von Amerika (USA) oder Großbritannien existiert für den deutschen Immobilienmarkt nur eine überschaubare Anzahl an Studien, die den Einfluss von Immobiliensteuern (Grundsteuer, Grunderwerbsteuer) oder kommunalen Steuern (Grundsteuer, Gewerbesteuer) auf Immobilienpreise oder auf Standortentscheidungen von Individuen untersuchen.

Das Forschungsprojekt knüpft an diese Feststellung an und soll herausstellen, welche Determinanten Einfluss auf den Kapitalisierungsprozess nehmen und unter welchen Voraussetzungen sich Boden- bzw. Immobiliensteuern kapitalisieren. Der derzeitige Einfluss der Grundsteuer soll empirisch anhand von Datenmaterial aus den Bundesländern Bremen und Niedersachsen[6] untersucht und mögliche Auswirkungen einer Änderung der Grundsteuerausgestaltung sollen diskutiert werden. Die Überlegung einer „Reföderalisierung der Grundsteuer“ (Heinemann 2012: 479) könnte bei einem ausbleibenden Kapitalisierungsnachweis einmal mehr in den Fokus rücken.

1.2 Ziele und Forschungsfragen

Ziel dieses Promotionsvorhabens ist es zu überprüfen, ob sich die Grundsteuerlast in Immobilienpreisen kapitalisiert. Es soll daher untersucht werden, ob die Grundsteuer neben weiteren den Immobilienpreis beeinflussenden Faktoren als Standortfaktor für private Käufer von Bedeutung ist. Über die rein ökonomische und ökonometrische Betrachtung hinaus werden die Elemente des Kapitalisierungsprozesses institutionenökonomisch analysiert. Daraus ergibt sich die nachfolgende Untersuchungsfrage, welche im Rahmen der Arbeit beantwortet werden soll:

„Inwiefern wird der Grundsteuerkapitalisierungsprozess durch die derzeitigen Governance-Strukturen determiniert und kann eine Dezentralisierung der Grundsteuergesetzgebungskompetenz zu einer erhöhten „Fühlbarkeit“[7] der Grundsteuer beitragen?“

---

6 Die Bundesländer Niedersachsen und Bremen wurden ausgewählt, um strukturelle Unterschiede eines Flächenlandes und eines Stadtstaates zu berücksichtigen, die durch die geografische Nähe zueinander gekennzeichnet sind und somit einen Vergleich der Ergebnisse zulassen.

7 Unter Fühlbarkeit soll nachfolgend die bewusste Wahrnehmung der steuerlichen Belastung in ihrer Ausgestaltung und ihrer Höhe verstanden werden (vgl. so auch Zimmermann 2009: 145).

Daraus abgeleitet sollen im Rahmen dieser Arbeit nachfolgende Inhalte und Fragestellungen betrachtet werden:

- Was sind Hintergründe sowie gesellschaftliche und ökonomische Auswirkungen einer Kapitalisierung?
- Wodurch wird eine Kapitalisierung begünstigt?
- Ist eine Kapitalisierung erstrebenswert?
- Kann eine Kapitalisierung in den Bundesländern Bremen und Niedersachsen nachgewiesen werden?
- Welche Verbindung besteht zwischen der Kapitalisierungsthese und der Neuen Institutionenökonomik sowie der Governance-Forschung?

Aus der Untersuchungsfrage werden ebenfalls die nachfolgenden Teilforschungsfragen abgeleitet, welche im Rahmen der Arbeit untersucht werden sollen:

Forschungsfrage 1: Kapitalisieren sich Steuerdifferenziale (Hebesätze) der Grundsteuer in Immobilienpreisen?
Die erste Frage leistet einen Beitrag zur empirischen Forschung und knüpft an die bestehende Forschungslücke von Kapitalisierungsstudien in Deutschland an.

> ***Hypothese (H1):*** *Es findet in Deutschland keine Kapitalisierung der Grundsteuer in den Immobilienpreisen statt, sodass unterschiedliche Steuersätze (Hebesätze) in den Immobilienpreisen keine Berücksichtigung finden.*

Forschungsfrage 2: Inwiefern kann Governance Einfluss auf den Kapitalisierungsprozess nehmen?
Die zweite Forschungsfrage zielt auf die Weiterentwicklung der Kapitalisierungsforschung ab. In der herrschenden Literatur wird das Thema der Kapitalisierung insbesondere aus ökonomischer und ökonometrischer Perspektive behandelt, sodass eine Erweiterung um die institutionenökonomische Betrachtung einen wertvollen Forschungsbeitrag leisten kann.

> ***Hypothese (H2):*** *Der Governance-Mix in einem Staatssystem kann wesentlichen Einfluss auf den Kapitalisierungsprozess ausüben.*

Forschungsfrage 3: Inwiefern kann eine Dezentralisierung der Grundsteuergesetzgebungskompetenz Einfluss auf die Grundsteuerkapitalisierung nehmen?
Die derzeitige Ausgestaltung der Grundsteuer erfährt aufgrund ihres geringen Finanzierungseffektes, insbesondere im Vergleich zu anderen Ländern und zu anderen immobilienbezogenen Steuern, wenig Aufmerksamkeit. Die dritte Forschungsfrage setzt sich mit Möglichkeiten auseinander, die umgesetzt werden könnten, um eine Grundsteuerkapitalisierung herbeizuführen.

Hypothese (H3): *Durch eine Dezentralisierung der Gesetzgebungskompetenz kann ein dadurch möglicherweise entfachter Wettbewerb zwischen den Ländern mit einer erhöhten Grundsteuerwahrnehmung einhergehen.*

1.3 Aufbau und Methodik

Um den Einfluss der Grundsteuer auf Immobilienpreise zu messen und mögliche Auswirkungen einer Grundsteuerreform zu diskutieren, soll mittels einer multiplen Regressionsanalyse ein potenzieller Zusammenhang zwischen Grundsteuerbelastung und Immobilienwert untersucht werden. Nachfolgend wird daher insbesondere Grundsteuer B für die Analyse verwendet.

Kapitel 1 dient der Zusammenfassung des Promotionsvorhabens und der Formulierung der Forschungsfrage. Es werden Hypothesen aufgestellt, die im Rahmen des Forschungsprojektes untersucht werden. In Kapitel 2 erfolgt eine ausführliche Beschreibung der deutschen Grundsteuer. Hierbei wird auf die historische Entwicklung, auf deren Bedeutung bei der Finanzierung kommunaler Leistungen, auf ökonomische Besonderheiten sowie auf mögliche Reformerfordernisse und Reformausgestaltungen eingegangen. In Kapitel 3 werden die Eigenschaften föderalistisch strukturierter Systeme beschrieben. Es werden Gründe, die für oder gegen eine Dezentralisierung sprechen, diskutiert. Dabei werden insbesondere die Neue Institutionenökonomik und der Governance-Ansatz als Analyseinstrumente verwendet. Kapitel 4 gibt einen Überblick über mögliche Gründe für das Auftreten einer Kapitalisierung und über bereits durchgeführte Kapitalisierungsstudien. In diesem Zusammenhang wird auf die hedonische Bewertungsmethode eingegangen. In Kapitel 5 erfolgen die Variablenbeschreibung, die Aufstellung des Regressionsmodells sowie die empirische Überprüfung. In Kapitel 6 erfolgt eine institutionenökonomische Analyse der Faktoren, die wesentlichen Einfluss auf den Kapitalisierungsprozess ausüben. Hierbei wird unter Verwendung des Governance-Konzeptes die Komplexität der verschiedenen Koordinationsstrukturen beschrieben. In Kapitel 7 wird aus ökonomischer und rechtlicher Sicht eine Dezentralisierung der Grundsteuergesetzgebungskompetenz vor dem Hintergrund der bisherigen Ausführungen diskutiert. Kapitel 8 beinhaltet eine formale und inhaltliche Auseinandersetzung mit Kapitalisierungsstudien. Daran anschließend wird eine Reflexion der durchgeführten Studie vorgenommen. Dabei soll auf Herausforderungen im Rahmen der Studie sowie bei Kapitalisierungsstudien im Allgemeinen eingegangen werden. Ferner erfolgt eine normative Zusammenstellung der Vor- und Nachteile einer Grundsteuerkapitalisierung in Immobilienpreisen.

Im Rahmen dieses Promotionsvorhabens soll unter Anwendung der hedonischen Preisfunktion eine multivariate Regressionsanalyse durchgeführt werden. Es soll untersucht werden, welche Variablen wesentlichen Einfluss auf den Immobilienpreis haben. Dabei wird der Fokus insbesondere auf die Grundsteuervariable gelegt. Die Regressionsanalyse wird unter Verwendung von Daten der Gutachterausschüsse Bremen und Niedersachsen und mit Hilfe verschiedener Statistikprogramme umgesetzt.

Der Mehrwert des Promotionsvorhabens ergibt sich aus den folgenden Forschungslücken:

- Es existieren kaum Studien für den deutschen Immobilienmarkt über mögliche Auswirkungen einer Grundsteuerbelastung auf Immobilienpreise. Ferner setzen sich bestehende Studien oftmals nicht mit den einzelnen Variablen eines Kapitalisierungsprozesses auseinander bzw. hinterfragen nicht, warum welche Variablen in welcher Höhe Einfluss auf die Kapitalisierung ausüben.
- Eine Analyse von Kapitalisierungsprozessen unter Verwendung des Governance-Konzeptes und der Neuen Institutionenökonomik kann zu einem Mehrwert in der Governance-Forschung führen.

Teil I

2 Die Grundsteuer und ihre Bedeutung im föderalen System Deutschlands

Das zweite Kapitel soll einen Überblick über die historische Entwicklung der Grundsteuer geben und ihre gesetzliche Erhebungsgrundlage sowie den derzeitigen Reformbedarf hervorheben. Hierbei wird auf die wesentlichen Charakteristika der Grundsteuer eingegangen, um in den nachfolgenden Kapiteln auf diese zurückgreifen zu können.

2.1 Entwicklung und Eigenschaften der Grundsteuer

2.1.1 Merkmale und Rechtfertigung

Geschichtliche Entwicklung. Kommunale Steuern weisen in Deutschland eine lange Tradition auf. Manche der auf kommunaler Ebene gegenwärtig erhobenen Abgaben können bis ins Mittelalter zurückverfolgt werden. Durch die sog. Miquellschen Steuerreformen (1891/1895) erlangte das kommunale Steuersystem seine bis heute gültige Ausgestaltung. Die Kommunen erhielten dadurch erstmals eigene Steuern, insbesondere Realsteuern, die ihnen zur alleinigen Ausschöpfung zur Verfügung standen (Schwarting 2007: 25, Rz. 1). Insgesamt zeigt die geschichtliche Betrachtung, dass sich die Grundsteuer über einen langen Zeitverlauf hin entwickelt hat, sie einer Vielzahl an Reformen und Ausgestaltungen unterlag und unter verschiedenen Rechtfertigungsgesichtspunkten bis heute erhoben wird (siehe hierzu ausführlich Troll/Eisele 2014: 19 ff.; Brands/Gradtke-Hanzsch/Olschewski 2001: 50 ff.).

Grundsteuereigenschaften. Die derzeitige Grundsteuer setzt sich aus der Grundsteuer A und der Grundsteuer B zusammen. Grundsteuer A wird bei land- und forstwirtschaftlichem Grundbesitz erhoben, wohingegen Grundsteuer B bei allen anderen Grundstücken Anwendung findet. Somit unterliegen der Grundsteuer grundsätzlich sämtliche Grundstücke (§ 2 GrStG). Als dritte Grundsteuerart existierte in den Jahren 1961/1962 noch die Grundsteuer C, welche eine stärkere Belastung von unbebauten und baureifen Grundstücken vorsah. Hintergrund war der Anreiz zur Baulandmobilisierung (Baulandsteuer) (Schwarting 2007: 101, Rz. 142).

Die Grundsteuer kann aus finanzwissenschaftlicher Sicht als Ertragsteuer bezeichnet werden (Zimmermann 2009: 155). Ursprünglich wurde sie durch das Konzept der Sollertragsteuer gerechtfertigt, da sie den möglichen Ertrag einer Immobilie unabhängig von seiner tatsächlichen Realisierung erfassen sollte

(Seer 2015b: 869, § 16 GrSt Rz. 1). Die Grundsteuer wird zusammen mit der Gewerbesteuer den Real- bzw. Objektsteuern (§ 3 Abs. 2 AO) zugeordnet und stellt eine Abgabe auf Vermögen dar. Steuergegenstand sind die wirtschaftlichen Einheiten des Grundbesitzes im Sinne des BewG.[8] Bei der Grundsteuerermittlung findet weder die persönliche Leistungsfähigkeit eines Steuerschuldners noch seine persönliche Sachlage Berücksichtigung (BVerfG v. 25.10.1977, I BvR 15/75, BStBl. 1978 II: 125; BFH v. 18.04.2012, II R 36/10, BStBl. 2012 II: 867; vgl. Troll/Eisele 2014: 17). Da keine Stromgröße (Geld), sondern ein Vermögensbestand (Kapital) belastet wird, ist die Grundsteuer unabhängig vom Einkommen und von den finanziellen Mitteln des Steuerpflichtigen (vgl. Seer 2015b: 869 ff., § 16 GrSt Rz. 1). Demzufolge kann von einer regressiven Wirkung ausgegangen werden, da mit steigendem Einkommen die durchschnittliche Steuerbelastung sinkt (Schratzenstaller 2011: 18).

Diese Annahme kann insofern gestützt werden, als von einer höheren Mobilität bei Mietern mit hohem Einkommen als bei selbigen mit geringem Einkommen ausgegangen wird. Diesbezüglich können mobile Mieter durch Androhung einer Abwanderung das Überwälzungsausmaß reduzieren oder die Grundsteuerbelastung durch eine tatsächliche Abwanderung in eine andere Gemeinde verringern (Schratzenstaller 2011: 18). Nichtsdestotrotz wird die individuelle Leistungsfähigkeit herangezogen, da hierzu nicht nur das individuelle Einkommen und der Konsum zählen, sondern auch der Vermögensbesitz. Dieser Vermögensbesitz kann daher als besondere Leistungsfähigkeit betrachtet werden, da mit diesem erhöhte Sicherheit, Macht und Einflussnahme einhergehen können (Schratzenstaller 2011: 11).

Rechtfertigung der Grundsteuer. Vor dem Hintergrund der Fundamentalprinzipien der Besteuerung – des Äquivalenzprinzips[9] und des Leistungsfähigkeitsprinzips[10] – wird bei der Grundsteuer eine Rechtfertigung gemäß

---

8 Betriebe der Land- und Forstwirtschaft (§ 33 BewG) und Grundstücke (§§ 68, 70 BewG).

9 Im Rahmen einer Besteuerung nach dem Äquivalenzprinzip (benefit principle) sollen Steuern einen mehr oder weniger direkten Zusammenhang für eine vom Staat bereitgestellte Leistung aufweisen. Unter Gerechtigkeitsaspekten könnte das Äquivalenzprinzip so verstanden werden, dass man das zu zahlen hat, was man an Kosten verursacht (Brümmerhoff/Büttner 2015: 233 ff.).

10 Beim Leistungsfähigkeitsprinzip (ability to pay principle) steht die Leistungsfähigkeit – die Fähigkeit, Abgaben zu leisten – des Steuerpflichtigen im Vordergrund. Schwierigkeiten bestehen grundsätzlich darin, die Leistungsfähigkeit zu interpretieren, jedoch haben sich zwei Ansätze herausgestellt: die horizontale (gleiche Besteuerung von

dem Äquivalenzprinzip vorgenommen (Seer 2015b: 870, § 16 GrSt Rz. 2). Es wird ein Zusammenhang zwischen dem Grundsteueraufkommen und den von einer Kommune erbrachten Leistungen zur Daseinsvorsorge hergestellt (BFH v. 20.12.2002, II B 44/02, BFH/NV 2003: 508; BFH v. 04.07.2007, II B 95/06, BFH/NV 2007: 1829; vgl. Troll/Eisele 2014: 18). Die Grundsteuer als Kommunalsteuer kann äquivalenztheoretisch insofern gerechtfertigt werden, als sie ein Entgelt für kommunale Leistungen, welche von Mietern und Immobilienbesitzern bezogen werden, darstellt. Sie bildet den Zusammenhang zwischen kommunalem Leistungsangebot und Finanzierung ab (Schratzenstaller 2011: 12). Nichtsdestotrotz ist die Grundsteuerrechtfertigung nach dem Äquivalenzprinzip nicht unumstritten (Troll/Eisele 2014: 19).[11]

2.1.2 Steueraufkommen und Bedeutung

Grundsteueraufkommen. In der Bundesrepublik Deutschland ist die Grundsteuer für die Gemeindefinanzierung von großer Bedeutung.[12] Mit einem Aufkommen von ca. 13,2 Mrd. Euro (Grundsteuer A und B) im Jahre 2015 ist insbesondere die Grundsteuer B (12,8 Mrd. Euro) eine wichtige und verlässliche Einnahmequelle. Im Jahre 2013 betrug das Grundsteueraufkommen noch 12,3 Mrd. Euro (Statistisches Bundesamt 2016: 9). Die Grundsteuer generiert die dritthöchste Gemeindesteuereinnahme, jedoch mit deutlicher Distanz zur Gewerbesteuer und zum Einkommensteueranteil (Zimmermann 2009: 158). Sie hat aus fiskalischer Sichtweise ihre Bedeutung als festkalkulierbare Größe durch ihre konjunkturunempfindliche Eigenschaft einmal mehr unterstrichen. Das Grundsteueraufkommen weist eine Kontinuität mit steigender Tendenz auf (Abbildung 1). Deutlich erkennbar ist die Aufkommensdifferenz zwischen Grundsteuer A und Grundsteuer B, sodass Grundsteuer B den wesentlichen fiskalischen Beitrag zum gesamten Grundsteueraufkommen leistet.

Pflichtigen in gleichen Positionen) und die vertikale Gleichbehandlung (unterschiedliche Besteuerung von Pflichtigen in unterschiedlichen Positionen) (Brümmerhoff/Büttner 2015: 235 ff.).

11 Siehe hierzu ausführlich Seer 2015b: 870, § 16 GrSt Rz. 3; Scheffler 2012: 365 f.

12 Siehe hierzu exemplarisch Wagschal/Wolfersdorff/Andrae (2016) zur Entwicklung der Grund- und Gewerbesteuer.

Abbildung 1: Kassenmäßiges Grundsteueraufkommen in Mio. Euro (1950 bis 2016)

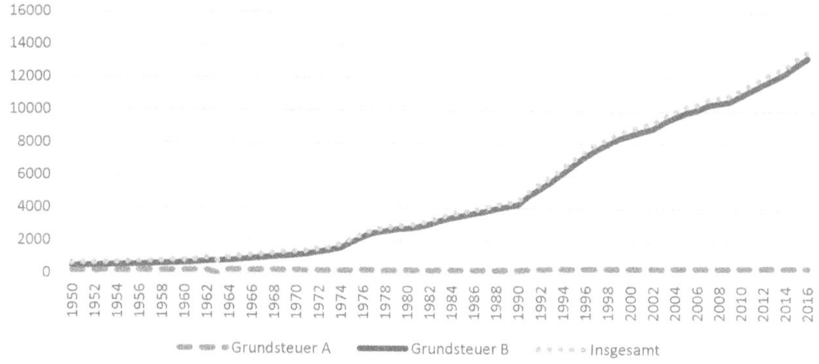

Quelle: eigene Zusammenstellung und Darstellung auf Basis des Bundesministeriums der Finanzen (2017).

Bedeutung der Grundsteuer. Die Grundsteuer stellt auch in anderen OECD-Ländern eine aufkommensstarke Vermögensteuer dar und ihr Potenzial wird verstärkt ausgenutzt. Da die Finanzierung öffentlicher Leistungen (z.B. Schulen) insbesondere in den USA, Großbritannien und Kanada mittels Grundsteueraufkommen erfolgt, kommt ihr dort eine noch gewichtigere fiskalische Bedeutung zu. In Deutschland hingegen werden viele solcher öffentlichen Leistungen durch spezielle Gebühren finanziert (z.B. Konzessionsabgaben[13]) (Bach 2009: 480; Broer 2009). Nichtsdestotrotz stellt insbesondere die Grundsteuer B eine wichtige Einnahmequelle für die Gemeinden in der Bundesrepublik Deutschland dar. Tabelle 1 gibt einen Überblick über das Grundsteueraufkommen, das Pro-Kopf-Aufkommen und den durchschnittlichen Hebesatz der Grundsteuer A und B des jeweiligen Bundeslandes.

13 Gemäß § 1 Abs. 2 Konzessionsabgabenverordnung (KAV) sind Konzessionsabgaben „[…] Entgelte für die Einräumung des Rechts zur Benutzung öffentlicher Verkehrswege für die Verlegung und den Betrieb von Leitungen, die der unmittelbaren Versorgung von Letztverbrauchern im Gemeindegebiet mit Strom und Gas dienen."

Tabelle 1: Grundsteueraufkommen und Durchschnittshebesatz nach Bundesländern (2015)

Bundesland	Ist GrSt A in TEUR	Ist GrSt B in TEUR	Pro-Kopf GrSt A in EUR	Pro-Kopf GrSt B in EUR	Hebesatz GrSt A	Hebesatz GrSt B
Baden-Württemberg	45.892	1.642.010	4,26	152,36	355 %	388 %
Bayern	83.755	1.675.158	6,57	131,44	344 %	386 %
Brandenburg	14.384	250.484	5,84	101,64	298 %	396 %
Hessen	22.557	1.051.578	3,69	171,93	369 %	444 %
Mecklenburg-Vorpommern	15.622	167.202	9,76	104,46	294 %	412 %
Niedersachsen	72.817	1.275.814	9,26	162,31	373 %	418 %
Nordrhein-Westfalen	44.579	3.377.757	2,52	191,02	265 %	538 %
Rheinland-Pfalz	19.264	539.074	4,79	134,06	317 %	394 %
Saarland	1.395	124.946	1,41	126,30	274 %	380 %
Sachsen	14.509	478.817	3,58	118,05	310 %	490 %
Sachsen-Anhalt	23.324	223.099	10,45	100,00	315 %	404 %
Schleswig-Holstein	22.027	403.509	7,75	142,03	314 %	376 %
Thüringen	11.443	221.095	5,31	102,60	291 %	421 %
Berlin	61	780.720	0,02	224,02	150 %	810 %
Bremen	206	162.534	0,31	242,05	246 %	572 %
Hamburg	755	444.559	0,43	251,14	225 %	540 %

Quelle: Statistisches Bundesamt 2016: 9; Hebesätze auf Basis Statistisches Bundesamt (Destatis) 2017a.

2.1.3 Kommunaler Wirtschaftsfaktor

Wegen der Besteuerung des Produktionsfaktors Boden eignet sich die Grundsteuer in besonderem Maße zur Finanzierung kommunaler Leistungen. Eine Steuerumgehung ist durch die Besteuerung eines immobilen Faktors kaum möglich. Eine effiziente Nutzung des Produktionsfaktors Boden ist für die Entwicklung von Städten und deren Wirtschaftsleistung somit von besonderem Interesse (Rosenfeld 2007: 106 f.). An dieser Stelle kann auf das Henry George-Theorem[14]

14 Henry George (1920: 13 f.) vertrat die Ansicht, dass die Grundsteuer so ausgestaltet werden sollte, dass durch sie die gesamte Grundrente abgeschöpft würde. Andere Steuern wären dann nicht weiter notwendig (Winterhager 1997: 10). Die aggregierten Bodenrenten sind identisch mit den Ausgaben zur Bereitstellung lokaler öffentlicher Güter bei einer optimalen Bevölkerung. Es erfolgt daher keine Finanzierung des

(1839 bis 1897) Bezug genommen werden (George 1879). Im Rahmen dieses Modells wird einzig der Bodenwert als Besteuerungsgrundlage zu Grunde gelegt. Dies führt zu einer vereinfachten Bewertung, da eine Ermittlung des Gebäudewertes nicht notwendig ist (Feldmann 2013: 12). Indem jedoch Boden- und Gebäudewert besteuert werden, stellt die Grundsteuer eine verbundene Steuer dar (Eekhoff 2006: 228, 231; Löhr 2008: 122). Durch eine Besteuerung des Faktors Grund und Boden wird der örtliche Bezug hergestellt, weshalb sie auch als klassische Kommunalsteuer bezeichnet wird.

Ferner wird von einer „örtlichen Radizierbarkeit" gesprochen, wenn kommunale Steuern „aus eigenen Quellen" bezogen werden. Die Bürger können die gestellten Ansprüche mittels ihrer Steuerzahlungen bewerten. Die Gemeinde hat folglich einen Anreiz, die Einnahmequelle zu pflegen und zu erhalten, zumal sie selbst Einfluss auf die Einnahmehöhe ausüben kann (Zimmermann 2009: 115, 145). Steuern, „bei denen eine starke örtliche Verknüpfung unmittelbar im steuerlichen Tatbestand selbst liegt" (Popitz 1932: 114), eignen sich somit insbesondere für Gemeinden (Zimmermann 2009: 145).

2.2 Steuerkompetenz und Besteuerungsverfahren

2.2.1 Rechtsgrundlagen

Bezug nehmend auf die deutsche Finanzverfassung unterliegt die Grundsteuer der konkurrierenden Gesetzgebung nach Art. 105 Abs. 2 i.V.m. Art. 72 Abs. 2 GG. Die Länder besitzen nach Art. 72 Abs. 1 GG die Gesetzgebungskompetenz, soweit der Bund keinen Gebrauch davon macht. Da der Bund bei der Grundsteuer von seiner Gesetzgebungskompetenz Gebrauch gemacht hat, existiert derzeit eine bundeseinheitliche Regelung. Demzufolge können die Länder die Gesetzgebungskompetenz nach Art. 72 Abs. 1 GG nicht vollständig ausnutzen.

Die Grundsteuer ist seit 1949 bundesrechtlich im Grundsteuergesetz geregelt. Dieses bildet die Rechtsgrundlage für die Grundsteuererhebung. Besteuerungsgegenstand ist die wirtschaftliche Einheit des Grundbesitzes,[15] welches das

---

öffentlichen Sektors mit verzerrenden Steuern (Feld 2000: 34); siehe hierzu exemplarisch Althammer (1995), Stiglitz (1977, 1983), Arnott (1979), Schweizer (1983) und Wildasin (1986).

15 Grundbesitz setzt sich aus dem Boden und dem darauf stehenden Gebäude zusammen (Hägg 1994: 719). Grundbesitz soll im Folgenden als staatliche Ausstattung von Gebäuden, von Boden, auf dem sie gebaut werden und von nichtbebautem Land verstanden werden. Gebäude können von verschiedenen Instanzen wie bspw. Unter-

Steuerobjekt darstellt (§ 2 GrStG). Da die Grundsteuer grundsätzlich vierteljährig vom Grundstückseigentümer zu entrichten ist (§ 28 GrStG) und auf einen immobilen Vermögenswert abzielt, ist sie eine stabile Einnahmequelle für die Gemeinden.

Die Gemeinden besitzen die Ertragshoheit für das Grundsteueraufkommen nach Art. 106 Abs. 6 Satz 2 GG und nach Art. 28 Abs. 2 GG sowie ein Hebesatzrecht nach § 25 GrStG. Der Hebesatz muss jeweils für die in einer Gemeinde liegenden Betriebe der Land- und Forstwirtschaft und für die Grundstücke einheitlich sein (§ 25 Abs. 4 Nr. 1 und 2 GrStG). Durch das Hebesatzrecht erhalten die Gemeinden einen individuellen Gestaltungsspielraum und somit einen Einfluss auf das zu erzielende Grundsteueraufkommen. Diese Hebesatzautonomie kann zu Belastungsunterschieden zwischen den Gemeinden führen.

Bei den Stadtstaaten stellt die Hebesatzfestlegung eine Besonderheit dar. Im Land Bremen besitzen die Stadtgemeinden Bremen und Bremerhaven das Hebesatzrecht, wohingegen in Hamburg und Berlin dieses Recht dem jeweiligen Land[16] zusteht. Ausschließlich für die Grundsteuer erfolgte eine Übertragung der Steuerverwaltungskompetenz in der Stadtgemeinde Bremerhaven auf die dort ansässigen kommunalen Behörden (§ 2 Abs. 2 AbgG, HB). Bei den Bundesländern Hamburg und Berlin besteht indes die Grundregel des Art. 108 Abs. 2 S. 1 GG. In Bremen erhalten die Stadtgemeinden Bremen und Bremerhaven gemäß Art. 106 Abs. 6 S. 1 GG das Grundsteueraufkommen, wohingegen der Steuerertrag in Berlin und Hamburg dem jeweiligen Land gemäß Art. 106 Abs. 6 S. 3 GG zukommt.

2.2.2 Bemessungsgrundlage und Steuerermittlung

Die Ermittlung der Grundsteuer wird in einem dreistufigen Verfahren durchgeführt: (1) Bestimmung des Einheitswertes, (2) Bestimmung des Steuermessbetrags und (3) Festsetzung der Steuer.

Das Bewertungsgesetz (BewG) regelt die jeweilige Bemessung des zu besteuernden Grundvermögens und beinhaltet die dafür notwendigen Vorschriften zur Einheitsbewertung. Hierbei erfolgt eine differenzierte Betrachtung der jeweiligen

nehmen, natürlichen Personen und Regierungen in unterschiedlicher Art und Weise, z.B. in Form von Arbeitsplatz oder Wohnung, genutzt werden (DiPasquale/Wheaton 1996: 1). Boden kann als ewig existierender Faktor und die darauf stehenden Gebäude als ersetzbares Element des Grundbesitzes gesehen werden. Vor diesem Hintergrund unterscheidet sich Grundbesitz von anderen Investitionsgütern (Hägg 1994: 719).

16 Es existieren keine selbstständigen Gemeinden unter der Landesebene.

Grundstücke. Im Rahmen des Bewertungsgesetzes wird zum einen zwischen unbebauten und bebauten Grundstücken (§§ 72 ff. BewG) und zum anderen innerhalb der Kategorie bebauter Grundstücke zwischen verschiedenen Grundstücksarten unterschieden (§§ 74 ff. BewG). Tabelle 2 verdeutlicht den Sachverhalt.

Tabelle 2: Einteilung der Grundstücksarten nach dem Bewertungsgesetz

Unbebaute Grundstücke (§§ 72 f. BewG)	**Bebaute Grundstücke (§§ 74 ff. BewG)**
Baureife Grundstücke (§ 73 BewG)	Mietgrundstücke Geschäftsgrundstücke Gemischt genutzte Grundstücke Einfamilienhäuser Zweifamilienhäuser Sonstige bebaute Grundstücke

Quelle: eigene Darstellung auf Basis des Bewertungsgesetzes §§ 72 ff..

Der gemeine Wert stellt die Grundlage zur Grundbesitzbewertung dar (§ 9 BewG). Die Ermittlung des gemeinen Wertes erfolgt durch das Ertragswert- (§ 76 Abs. 1 BewG und §§ 78 bis 82 BewG) oder das Sachwertverfahren (§§ 83 bis 90 BewG). Zur Ermittlung des Einheitswertes sieht das Bewertungsgesetz einen Hauptfeststellungszeitpunkt vor, welcher sich in den westdeutschen Bundesländern auf den 01.01.1964 (§ 21 BewG) und in den ostdeutschen Bundesländern auf den 01.01.1935 bezieht. Ferner sieht das Bewertungsgesetz eine regelmäßige Neubewertung in einem Sechs-Jahres-Zyklus vor (§ 21 Abs. 1 BewG). Die fehlende Umsetzung dieser Neubewertung in der Praxis führt jedoch zur Frage der Verfassungsmäßigkeit der Vorschriften zur Einheitsbewertung und folglich auch der Grundsteuerfestsetzung (BVerfG, Verfahren 1 BvL 1/15).

Handelt es sich um ein bebautes Grundstück, wird dieses entweder dem Ertrags- oder dem Sachwertverfahren zugeordnet und der ermittelte Einheitswert bildet damit die Bemessungsgrundlage. Die Bewertung nach dem Ertragswertverfahren wird herangezogen, wenn das Grundstück an einem Mietmarkt (z.B. Mietwohnung) gehandelt wird. Das Ertragswertverfahren stellt somit den zu erwirtschaftenden Ertrag einer Immobilie in den Vordergrund (§ 76 Abs. 1 BewG und §§ 78 bis 82 BewG). Das Sachwertverfahren findet Anwendung bei Grundstücken, die nicht am Mietmarkt gehandelt werden. Demnach wird beim Sachwertverfahren der Wiederbeschaffungs- oder Marktwert einer Immobilie zu Grunde gelegt (§§ 83 bis 90 BewG). In einem nächsten Schritt wird der Einheitswert mit der jeweiligen Steuermesszahl (siehe Tabelle 3) multipliziert und bildet im Ergebnis den Steuermessbetrag (§ 13 Abs. 1 GrStG).

Tabelle 3: Steuermesszahlen für die jeweiligen Grundstücksarten

Land- und Forstwirtschaft		6,0 ‰
Zweifamilienhäuser		3,1 ‰
Einfamilienhäuser	bis 38.346,89 €	2,6 ‰
	übersteigender Betrag	3,5 ‰
Sonstige		3,5 ‰

Quelle: §§ 14, 15 GrStG.

Der Steuermessbetrag wird abschließend mit dem von der Kommune festgelegten Hebesatz multipliziert. Die Hebesätze variieren sowohl zwischen den verschiedenen Bundesländern als auch innerhalb eines Bundeslandes.

Die Grundsteuer stellt in Deutschland eine umstrittene Steuer dar (Troll/Eisele 2014: 28). Die Diskussionen umfassen die grundsätzliche Ausgestaltung, eine mögliche Erweiterung oder eine gänzliche Abschaffung. Kapitel 2.3 gibt einen Überblick über die langjährigen Reformbemühungen und über mögliche Neuausgestaltungen der Grundsteuer B.

2.3 Hintergründe und Ziele einer Grundsteuerreform

2.3.1 Reformerfordernisse und Reformbemühungen

Hintergrund des Reformbedarfs ist u.a. die Grundstücksbewertung zu „veralteten" Einheitswerten, da diese regelmäßig nicht den gemeinen Wert des Grundstücks widerspiegeln. Eine Grundsteuerreform ist deswegen seit mehr als zwei Jahrzehnten Gegenstand politischer Diskussionen. Die ersten konkreten Reformentwürfe wurden bereits im Jahr 2000 durch eine Arbeitsgruppe der Finanzministerkonferenz vorgeschlagen, fanden jedoch keine Berücksichtigung im Rahmen späterer Reformüberlegungen (Lehmbrock/Coulmas 2001: 27 f.). Am 17.04.2001 folgte ein von den Ländern Bayern und Hessen eingereichter Gesetzesantrag (BR-Drucksache 306/01). Durch eine Öffnungsklausel sollte die Gesetzgebungskompetenz auf die Länder übertragen werden, was jedoch nicht befürwortet wurde (Schulemann 2011: 21). Ein weiterer Reformvorschlag erfolgte 2004 von den Ländern Bayern und Rheinland-Pfalz (Bayerischer Staatsminister der Finanzen 2004), welcher ebenfalls unberücksichtigt blieb (vgl. Thöne 2006: 4).

Die nicht realitätsentsprechende Bewertung führt zu verfassungsrechtlichen Problemen und zu sich häufenden Verfassungsbeschwerden. Mit seinen Urteilen vom 30.06.2010 (II R 60/08, BStBl. 2010 II: 897 und II R 12/09, BStBl. 2011 II: 48) entschied der BFH, dass die Bewertung zumindest bis zum Bewertungsstichtag 01.01.2007 auf Basis der Einheitswerte verfassungsgemäß ist. Anknüpfend an den Reformbedarf wurden auf der Finanzministerkonferenz am 27.01.2011 die von den Arbeitsgruppen der Länder entwickelten Reformmodelle (sog. Süd-Modell, Nord-Modell, Thüringer Modell) besprochen und auf ihre Machbarkeit hin überprüft. Die Modelle unterscheiden sich hauptsächlich in Grundsteuerausgestaltung und Grundsteuerrechtfertigung voneinander.

Mit Beschluss vom 22.10.2014 (II R 16/13, BStBl. 2014 II: 957) hat der BFH die Grundsteuererhebung auf Basis der Grundstückseinheitswerte für verfassungswidrig erklärt und dem BVerfG zur Klärung vorgelegt. Für Feststellungszeitpunkte ab dem 01.01.2009 müsse die Einheitswertfeststellung ersatzlos aufgehoben werden. Die Begründung hierfür sieht der BFH in den veralteten Wertverhältnissen, die auf einem 45 Jahre zurückliegenden Hauptfeststellungszeitpunkt basieren. Eine gleichheitsgerechte steuerrechtliche Ausgestaltung sei mit den verfassungsrechtlichen Anforderungen nicht mehr vereinbar. Durch eine ausbleibende regelmäßige Hauptfeststellung sei es bei den Einheitswerten zu Wertverzerrungen gekommen. Im Einheitswert würde die seit 1964 fortschreitende städtebauliche Entwicklung (z.B. Fortentwicklung des Bauwesens hinsichtlich Bauweise, Bauart etc.) keine angemessene Berücksichtigung finden. Somit blieben Veränderungen im Immobilienmarkt bei der Einheitswertermittlung unberücksichtigt. Neben der Vorlage des BFH sind derzeit beim BVerfG weitere Verfassungsbeschwerden gegen Grundsteuermessbescheide und Einheitswertbescheide anhängig (1 BvR 639/11, 1 BvR 889/12).

Der BFH verdeutlichte in seinem Beschluss, dass nicht das insgesamt zu niedrige Niveau der Grundsteuer zur Verfassungswidrigkeit führe, sondern der Umstand, dass die wirtschaftlichen Einheiten innerhalb einer Gemeinde nicht realitätsgerecht im Verhältnis zueinander bewertet würden (BFH-Pressemitteilung Nr. 79 v. 03.12.2014 zum Beschluss II R 16/13).

In den Gesetzesentwürfen vom 12.09.2016 zur Änderung des Grundgesetzes und zur Änderung des Bewertungsgesetzes wird beim Grundvermögen ein neues Bewertungsziel verfolgt, um den verfassungsrechtlichen Bedenken entgegenzuwirken (BR-Drucksachen 514/16, 515/16). Demnach solle eine vollständige Neufassung der Bewertungsregeln zur Ermittlung der Grundsteuer vorgenommen werden. Erstmals solle für den 01.01.2022 eine Bewertung nach den neuen Regeln für land- und forstwirtschaftliche Betriebe und für Grundstücke erfolgen. Ferner werde eine regelmäßige Wiederholung der Bewertung angestrebt, sodass einem möglichen zukünftigen Bewertungsstau entgegengewirkt werden könne. Es werde nicht mehr eine Ermittlung des gemeinen Wertes, sondern die Ermittlung des jeweiligen Kostenwerts[17] verfolgt (sog. Kostenwertmodell).

Der Gesetzesentwurf zur Änderung des Grundgesetzes sieht konkret eine Änderung des Art. 105 GG vor. Dem Bund solle demnach die konkurrierende Gesetzgebungskompetenz über die Grundsteuer und über die dazugehörigen Bewertungsregelungen übertragen werden. Den Ländern hingegen solle die Kompetenz zur Bestimmung landesweit geltender Steuermesszahlen eingeräumt werden. Demzufolge stellt eine Neuregelung der Bemessungsgrundlage nur den ersten Schritt dar. Eine Änderung des Grundgesetzes ist darüber hinaus notwendig, da ansonsten fraglich wäre, ob dem Bund durch eine alleinige Änderung des Bewertungsgesetzes weiterhin die Grundsteuer nach geltender Rechtslage zustehen würde. Gemäß Artikel 125a Abs. 2 S. 1 GG steht dem Bund eine Fortschreibungskompetenz zu. Er kann folglich einzelne Vorschriften im Gesetz ändern oder ein Freigabegesetz i.S.d. Art. 125a Abs. 2 S. 2 GG erlassen. Der Bund ist somit befugt, partielle Änderungen i.S.d. Art. 125a Abs. 2 GG des derzeit geltenden Grundsteuergesetzes vorzunehmen, eine grundlegende Neuregelung fällt jedoch nicht darunter. Die Reformmodelle müssten dann hinsichtlich ihrer Eigenschaften überprüft werden, ob eine grundlegende Neukonzeption vorläge oder ob sich die Änderung noch im Rahmen des derzeit geltenden Grundsteuergesetzes bewegen würde (vgl. Hantzsch 2012: 762 ff.; vgl. Becker 2013: 865). Durch die angedachte Grundgesetzänderung wird dieser Problematik entgegengewirkt.

Die erste Hauptfeststellung nach neuem Recht wäre ab dem 01.01.2022 möglich, sodass bis zu diesem Zeitpunkt die Einheitswerte[18] weiterhin maßgeblich zur Berechnung der Grundsteuer Anwendung fänden. Die Bundesländer Bayern und Hamburg stimmten im Bundesrat jedoch gegen den Gesetzesentwurf, sodass eine Umsetzung fraglich ist (Marx 2017: 21). Zusammenfassend stellt die nachfolgende Tabelle 4 in der Literatur häufig diskutierte Reformgründe dar.

17 Als Kostenwert wird der Investitionsaufwand für die Immobilie verstanden. Demnach stellt das Investitionsvolumen den Indikator für die Leistungsfähigkeit des Grundstücks dar.

18 Vorläufigkeitsvermerk zur Feststellung der Einheitswertbescheide nach § 165 AO. Vergleiche gleichlautenden Ländererlass vom 19.04.2012, BStBl. 2012 I: 490.

Tabelle 4: Gründe für eine Grundsteuerreform

Ökonomisch	• Verzerrung der Grundsteuerbelastung • Technischer Fortschritt (Weiterentwicklung des Baurechts) • Intransparenz der Bewertung (komplexes und aufwendiges Verfahren) • Grundsteuerpotenzial wird nicht vollständig ausgeschöpft • Städteveränderung • Aufwendig und „unbequem" i.S.d. administrativen Umsetzung
Rechtlich	• Nichteinhaltung des Sechs-Jahres-Zyklus einer Hauptfeststellung • Wegfall der Einheitsbewertung bei anderen Steuerarten • Verfassungsrechtliche Bedenken • Anhängige Verfassungsbeschwerden
Politisch	• Ungleichbesteuerung • Frage der grundsätzlichen Steuerintention/Lenkungsfunktion der GrSt
Ökologisch	• Keine effiziente Nutzung des Grundstücks (Boden)

Quelle: eigene Zusammenstellung auf Basis von Dieterich 2004; Spengel/Heckemeyer/Zinn 2011; Löhr 2008; Wissenschaftlicher Beirat 2010; Schulemann 2011; Thöne 2006.

2.3.2 Reformoptionen

Die von den Arbeitsgruppen der Länder entwickelten Reformmodelle unterscheiden sich insbesondere im Hinblick auf die Grundsteuerrechtfertigung und die Ermittlung der Bemessungsgrundlage. Diese orientiert sich sowohl am Verkehrswert als auch an ausschließlich physischen Eigenschaften des Steuerobjektes (siehe Tabelle 5).

Im Verkehrswertmodell[19] wird eine realitätsnahe Bewertung von Grundvermögen angestrebt, was durch den Ansatz von Verkehrswerten erreicht werden soll. Dies bedeutet, dass weiterhin eine wertbezogene Komponente zur Berechnung der Grundsteuer zu Grunde gelegt wird. Da die Grundstücksdaten bei den ortsansässigen Finanzämtern ohnehin vorlägen und die Kaufpreisdaten seit Novellierung des Baugesetzbuches erhältlich seien,[20] solle durch ein automatisiertes Verfahren einer aufwendigen Neubewertung entgegengewirkt werden. Durch das standardisierte Verfahren wäre eine regelmäßige Aktualisierung der Daten möglich. Zur Ermittlung der Bemessungsgrundlage wird ein sog. Vergleichsfaktor (VF) auf Basis durchschnittlicher

19 Für ausführliche Informationen siehe Senatorin für Finanzen der Freien Hansestadt Bremen (2010), Grundsteuer auf Basis von Verkehrswerten.

20 Z.B. bei den Gutachterausschüssen.

Kaufpreissammlungen unter Berücksichtigung des Baujahrs, der Größe etc. gebildet. Mittels sog. Korrekturfaktoren (KF) sollen hausspezifische Eigenschaften hervorgehoben werden. Der sich daraus ergebende korrigierte Vergleichsfaktor wird mit der Wohnfläche multipliziert und ergibt anschließend den Grundstückswert. Dieser wird in weiteren Schritten mit der Steuermesszahl und mit dem Hebesatz multipliziert (Senatorin für Finanzen der Freien Hansestadt Bremen 2010).

Das wertunabhängige Modell[21] beinhaltet hingegen keine wertbezogene Komponente, sondern legt eine Bemessungsgrundlage auf Basis physikalischer Werte zu Grunde. Die steuerpolitische Begründung des wertunabhängigen Modells beruft sich auf das Äquivalenzprinzip, welches die Grundsteuer als Gegenleistung für die Inanspruchnahme kommunaler Leistungen sieht (sog. „benefit principle"). Demnach sei eine wertbezogene Komponente zu vernachlässigen, da die Gemeindeleistung unabhängig vom Immobilienwert in Anspruch genommen werde. Zur Grundsteuerermittlung werden in einem ersten Schritt der Flächenbetrag (FB) und der Gebäudebetrag (GB) errechnet. Der Steuermessbetrag ergibt sich als Summe aus Flächen- und Gebäudebetrag. Dieser wird mit dem Hebesatz multipliziert und bildet letztlich die Grundsteuerlast ab (Arbeitsgruppe der Länder Baden-Württemberg, Bayern und Hessen 2010).

Im Rahmen des Gebäudewertunabhängigen Modells/Kombinationsmodells[22] sollen sowohl wertbezogene als auch physikalische Komponenten miteinander verknüpft werden. Das Äquivalenzprinzip wird zur Rechtfertigung der Erhebung der Grundsteuer herangezogen, da die Grundsteuerlast als Gegenleistung für die Inanspruchnahme kommunaler Leistungen gesehen wird. Durch die Berücksichtigung einer wertbezogenen Komponente sollen jedoch Eigentümer mit höherwertigem Grundvermögen, z.B. von Grundstücken mit gut gelegener Infrastruktur und einem daraus resultierenden höheren Immobilienwert, eine höhere Steuerlast tragen. Der Steuermessbetrag errechnet sich als Summe aus Flächen- und Gebäudebetrag. Der Steuermessbetrag wird mit dem örtlichen Hebesatz multipliziert und ergibt so die Grundsteuerschuld (Arbeitsgruppe Thüringen 2011).

Im Rahmen des Kostenwertmodells[23] soll eine Bewertung nach den §§ 227 bis 238 BewG-E erfolgen. Der Kostenwert setzt sich aus dem Boden- und Gebäudewert zusammen. Der Bodenwert ergibt sich als Produkt von Bodenrichtwert und

21 Für ausführliche Informationen siehe Arbeitsgruppe der Länder Baden-Württemberg, Bayern und Hessen (2010), Grundsteuer nach dem Äquivalenzprinzip.

22 Für detaillierte Informationen siehe Arbeitsgruppe Thüringen (2011), Gebäudewertunabhängiges Kombinationsmodell.

23 Siehe hierzu ausführlich den Gesetzesantrag der Länder Hessen und Niedersachsen (BR-Drucksache 514/16 und BR-Drucksache 515/16).

Fläche und der Gebäudewert als Produkt von Pauschalherstellungskosten und Brutto-Grundfläche. Ferner findet eine Alterswertminderung beim errechneten Gebäudewert Berücksichtigung (BR-Drucksache 515/16; §§ 235, 236 BewG-E).

Tabelle 5: Charakteristika möglicher Reformmodelle

Charakteristika	**VWM (Nord-Modell)**	**WUM (Süd-Modell)**	**KOM (Thüringer Modell)**	**Kostenwertmodell (Gesetzentwurf vom 12.09.2016)**
Bemessungs-grundlage	Wertbezogen	Physikalische Werte	Kombination	Kostenwert i.S. des Investitionsvolumens
Datenerhebung	Kaufpreissammlungen, Grundstücksdaten	Katasteramt, Finanzamt	Kaufpreis-sammlungen, Grundstücksdaten	Grundstücksdatenbank (aus Finanzämtern und Katasterämtern)
Administration	Regelmäßige computergestützte Aktualisierung	Änderung nur bei veränderten Grundstücksdaten	Computergestützte Aktualisierung	Vernetzung von Grundbuchämtern, Katasterämtern und Finanzämtern
Rechtfertigung	Leistungsfähig-keitsprinzip	Äquivalenzprinzip	Äquivalenzprinzip	Leistungsfähigkeitsprinzip
Berechnung **Bemessungs-grundlage**	Vergleichsfaktor (VF) x KF Grundstücksgröße x KF Baujahr = Korrigierter VF x Wohnfläche = Grundstückswert	Grundstücksfläche x 0,02 €/m² = Flächenbetrag Gebäudegrundfläche x 0,20 € x Geschosszahl = Gebäudebetrag	Bodenrichtwert x Grundstücksfläche x 0,0005 = Flächenbetrag Bruttogrundfläche x 0,20 € = Gebäudebetrag	Bodenrichtwert x Fläche = Bodenwert + Brutto-Grundfläche (BGF) x Pauschalherstellungs-kosten (PHK) ./. Alterswertminderung = Kostenwert
Steuermesszahl **Hebesatz** **Grundsteuer**	x Steuermesszahl = Steuermessbetrag x Hebesatz = Grundsteuer	FB + GB = Steuermessbetrag x Hebesatz = Grundsteuer	FB + GB = Steuermessbetrag x Hebesatz = Grundsteuer	x Steuermesszahl = Steuermessbetrag x Hebesatz = Grundsteuer
Mögliche Auswirkungen auf die Gesetzgebung	Anpassende Fortschreibungs-kompetenz nach Art. 125a Abs. 2 GG	Neuausrichtung des Grundsteuergesetzes	Neuausrichtung des Grundsteuergesetzes	Änderung des Bewertungsgesetzes und des Grundgesetzes

Quelle: eigene Zusammenstellung auf Basis von: Senatorin für Finanzen der Freien Hansestadt Bremen 2010; Arbeitsgruppe Thüringen 2011; Arbeitsgruppe der Länder Baden-Württemberg, Bayern und Hessen 2010; BR-Drucksache 515/16.[24]

24 Die Verwendung dieser Reformmodelle soll in erster Linie die verschiedenen Stellschrauben einer Reform und die politischen Kontroversen verdeutlichen, da diese Modelle erheblich voneinander abweichen. Weitere Reformmodelle wie z.B. das

Vor dem Hintergrund einer Dezentralisierung von Steuergesetzgebungskompetenzen zeigt die Darstellung der Modelle, dass zur Berechnung der Grundsteuer drei wesentliche Stellschrauben verändert werden können: Die Bemessungsgrundlage, die Steuermesszahl und der Hebesatz. Unterschiedliche Steuermesszahlen können den Wettbewerb auf Länderebene erhöhen, wohingegen das Hebesatzrecht der Gemeinden zu einem Wettbewerb zwischen diesen führen kann.

Herausforderungen bei der Grundsteuerkompetenzverteilung können durch die Reformmodelle und die langjährigen Reformbemühungen dargestellt werden. Das nachfolgende Kapitel soll ökonomische und institutionenökonomische Theorien aufgreifen, die sich mit der Kompetenzverteilung auseinandersetzen.

Bertelsmann-Stiftung-Modell (2007), Lehmbrock/Coulmas (2001) etc. sollen daher vernachlässigt werden.

3 Ökonomische Theorien der Besteuerung und des Steuerwettbewerbs in einem Mehrebenensystem

Nachdem im zweiten Kapitel eine ausführliche Übersicht über Grundsteuerausgestaltung, Reformschritte und Reformmöglichkeiten erfolgte, sollen nunmehr die Grundlagen einer Besteuerung und eines Steuerwettbewerbs in einem Mehrebenensystem betrachtet werden. Für die Analyse von Kapitalisierungsprozessen im Rahmen einer Dezentralisierung von Gesetzgebungskompetenzen werden nachfolgende ökonomische und institutionenökonomische Theorien herangezogen. Es erfolgt ferner eine Auseinandersetzung mit grundsätzlichen Herausforderungen einer Kompetenzaufteilung sowie mit den Vor- und Nachteilen einer Dezentralisierung der Gesetzgebungskompetenz in einem Mehrebenensystem.

3.1 Theorien des Fiskalföderalismus

In einem föderalen System und damit in einem Mehrebenensystem[25] stellt die Verteilung von Kompetenzen eine besondere Herausforderung dar, um die wesentlichen Funktionen[26] des öffentlichen Sektors zu gewährleisten. Diesbezüglich bildet die Organisation des öffentlichen Sektors den Ausgangspunkt zur Erfüllung der Funktionen durch die Regierungen. Es ist der Frage nachzugehen, welche Argumente für eine Zentralisierung bzw. Dezentralisierung sprechen (Oates 2011: 3 ff.).

In föderalen Staaten wird das Prinzip der Subsidiarität verfolgt, welches bei Fragen der Macht- und Kompetenzverteilung herangezogen wird. Der föderale Staatsaufbau ist darauf ausgerichtet, dass die Länder eine hohe Entscheidungsautonomie besitzen, um bestmöglich die Bürgerpräferenzen berücksichtigen zu können. Erst wenn durch Zentralisierung bessere Ergebnisse als bei

---

25 Mit Mehrebenensystemen sind Regelsysteme (Institutionen) gemeint, die aus mehreren Ebenen bestehen. Diese verschiedenen Ebenen können sowohl vertikale als auch horizontale Verflechtungen aufweisen (vgl. Faguet 2014: 2; Benz/Dose 2010: 25 ff.; Fredebeul-Krein et al. 2014: 55).

26 Nach Musgrave (1959: 5 ff.) sind drei wesentliche Funktionen des Staates von Bedeutung: Stabilität, Allokation und Distribution. Ziele sind eine effiziente Nutzung von Ressourcen, eine gerechte Einkommensverteilung und ein hohes Beschäftigungsniveau mit einem stabilen Preissystem.

Dezentralisierung zu erzielen wären, sollten die Aufgaben auf zentraler Ebene erfüllt werden (Scherf 2011: 520).

Um sich mit den Inhalten der Kompetenzaufteilung und den Herausforderungen des föderalen Staatsaufbaus auseinanderzusetzen, existieren in der Föderalismusforschung verschiedene Herangehensweisen, auf die nachfolgend eingegangen werden soll. Die Theorie des Fiskalföderalismus wird in die erste und die zweite Generation des Fiskalföderalismus untergliedert. Die erste Generation setzt sich insbesondere mit normativen Rahmenbedingungen und Vorteilen des Fiskalföderalismus auseinander, wohingegen die zweite Generation auch auf Nachteile und Herausforderungen eingeht (vgl. Oates 2005a; Weingast 2014).

Im Rahmen der Theorie der ersten Generation des Fiskalföderalismus, First Generation Fiscal Federalism (FGFF),[27] werden staatliche Akteure als wohlwollend angesehen und eine Wohlfahrtsmaximierung der Wähler wird angestrebt. Gründe hierfür sind die Gutmütigkeit der Akteure und der Wahldruck, dem sie ausgesetzt sind, da sie, wenn sie ihre Arbeit nicht zufriedenstellend ausführen, von anderen Entscheidungsträgern ersetzt werden. Somit ist politisches Eingreifen immer dann erforderlich, wenn Marktversagen[28] vorliegt. Es stehen ordnungspolitische Entscheidungen hinsichtlich Aufgabenstellung und Kompetenzverteilung sowie eine normative Sichtweise im Vordergrund (vgl. Oates 2005a: 350 ff.).

Oates (1972) verdeutlicht mit seinem Dezentralisierungstheorem den wohlfahrtsökonomischen Vorteil einer dezentralen Bereitstellung unter Berücksichtigung lokaler Präferenzen zur Erreichung einer effizienten Bereitstellung lokaler öffentlicher Güter (vgl. Oates 2011: 35 ff., 54 ff.). Vor dem Hintergrund der institutionellen Kongruenz[29] (Blankart 2017: 431 ff., 434 f.) kann durch eine

---

27 Zur wesentlichen Entwicklung der FGFF haben insbesondere Arrow, Musgrave und Samuelson (sog. AMS-Perspektive) beigetragen. Bedeutende Beiträge der FGFF stammen u.a. von Samuelson (1954 und 1955), Arrow (1969) und Musgrave (1959; Oates 2005a: 350 f.).

28 Marktversagen bedeutet, dass eine effiziente Ressourcenallokation über den Markt nicht erfolgt. Als mögliche Gründe werden öffentliche Güter, asymmetrische Informationen, externe Effekte und natürliche Monopole herangezogen (siehe ausführlich Fritsch 2014).

29 Die institutionelle Kongruenz setzt sich aus der fiskalischen Äquivalenz, dem Konnexitätsprinzip und dem Kongruenzprinzip zusammen. Das Prinzip der institutionellen Kongruenz bedeutet, dass Steuerzahler, Nutznießer und Entscheidungsträger eine Einheit bilden (Blankart 2017: 431 ff., 434 f.). Institutionelle Kongruenz stellt eine Voraussetzung für das Dezentralisierungstheorem dar.

dezentrale Bereitstellung einem Wohlfahrtsverlust entgegengewirkt werden, da lokale Präferenzen Berücksichtigung finden und es daher weder zu einer Über- noch zu einer Unterversorgung kommt (Oates 2011; Oates 2005a: 352 f.). Durch fiskalische Äquivalenz (Olson 1969) soll erreicht werden, dass der Entscheiderkreis auch gleichzeitig den von einer Entscheidung betroffenen Personenkreis darstellt.[30] Damit das Prinzip der fiskalischen Äquivalenz eingehalten werden kann, soll die Zentralregierung – gemäß Pigout – durch Steuern und Subventionen negativen Spillover-Effekten entgegenwirken (Oates 2005a: 351 f.).

Folgt man der traditionellen Theorie des Fiskalföderalismus, können nach Musgrave (1983: 11) sechs Steuerprinzipien in einem föderalen Staat unterschieden werden:

- Steuern, die der ökonomischen Stabilität dienen, sollten auf zentraler Ebene erhoben werden,
- progressive Umverteilungsteuern sollten zentral erhoben werden,
- persönliche Steuern mit einem progressiven Steuersatz sollten von der Zuständigkeit erhoben werden, die geeignet ist, eine Steuer auf einer globalen Basis zu erheben,
- Regierungen auf unteren Ebenen sollten eine Steuerbemessungsgrundlage mit einer geringen Mobilität zwischen den Regierungen wählen,
- Steuerbemessungsgrundlagen, die ungleich zwischen den Gebietskörperschaften verteilt werden, sollten von einer zentralen Instanz erhoben werden,
- Nutzensteuern und Gebühren können auf allen Ebenen erhoben werden.

Ausgehend von der Annahme, dass Regierungen auch eigene Ziele verfolgen und nicht ausschließlich eine Wohlfahrtsmaximierung ihrer Wählerschaft anstreben, kann unzureichender politischer Wettbewerb durch fiskalischen Wettbewerb substituiert werden (Feld 2000: 82 ff.). Brennan und Buchanan sehen den Staat als budgetmaximierenden „Leviathan“, welcher in dezentralisierten föderalistischen Systemen durch institutionellen Wettbewerb eingeschränkt werden kann (Brennan und Buchanan 1977, 1980: 168, 184; Feld 2000: 84 f.; siehe hierzu Apolte 2001).

Die Theorie der zweiten Generation des Fiskalföderalismus, Second Generation Fiscal Federalism (SGFF), ist hinsichtlich der Forschungsdisziplinen weiter aufgestellt. Es wird die rein wohlfahrtsökonomische Betrachtungsweise um zusätzliche Elemente erweitert. Eine einheitliche Definition oder eine

30 Siehe Olson (1969); auch bekannt als „perfect mapping“, „fiscal equivalence“ oder „perfect correspondence“ (Oates 2011: 31 ff.; Oates 2005a: 351).

allumfängliche Charakterisierung der SGFF stellt sich folglich als schwierig heraus (Oates 2005a: 356). Der Fokus wird auf Herausforderungen und auf Probleme des Fiskalföderalismus gelegt. Staatliche Akteure werden abweichend von der FGFF nicht ausschließlich als Wohlfahrtsmaximierer, sondern als Eigennutzmaximierer betrachtet (Oates 2005a: 353 ff., 356). Im Rahmen der SGFF werden das Handeln eigennutzmaximierender Amtsinhaber und Institutionen sowie die aus asymmetrischen Informationen resultierenden Probleme (z.B. die Principal-Agent-Theorie) als Analyseschwerpunkte betrachtet. Einen weiteren Schwerpunkt stellt das Phänomen „raiding the fiscal commons" (Rodden et al. 2003; Goodspeed 2002) dar. Durch die identifizierten Probleme rücken Institutionen und ihre jeweiligen Funktionen in den Fokus (Oates 2005a: 355 ff.).

Insgesamt wird durch beide Theorien verdeutlicht, dass sowohl der Handlungsrahmen der Akteure als auch die jeweiligen Annahmen Einfluss auf den Untersuchungsgegenstand haben. Während in der FGFF ordnungspolitische Entscheidungen im Fokus stehen, sind die Inhalte der SGFF und der Neuen Institutionenökonomik (NIÖ) Regelsysteme. Im Rahmen der Neuen Institutionenökonomik werden Regelsysteme und die damit einhergehenden Auswirkungen auf die Wirtschaftssubjekte und auf das Wirtschaftsgeschehen analysiert (Fredebeul-Krein et. al 2014: 55).

3.2 Die Neue Institutionenökonomik

Die Neue Institutionenökonomik ist aus der alten Institutionenökonomik[31] als neuer Forschungsbereich entstanden. Im Rahmen der NIÖ[32] werden positive und normative Wirkungen menschlichen Verhaltens durch handlungskanalisierende Institutionen untersucht (Erlei/Leschke/Sauerland 2016: 38 f.). Wesentliche Forschungsinhalte der NIÖ sind Transaktionskosten, Verfügungsrechte und Vertragsbeziehungen (Richter/Furubotn 2010: 40 f.). Drei Erkenntnisobjekte bilden

31 Die Geschichte der Institutionenökonomik kann bis in die Klassik (Adam Smith (1723 bis 1790), David Hume (1711 bis 1776), David Ricardo (1772 bis 1823)) zurückgeführt werden. Der Institutionenbegriff wurde durch verschiedene „historische Schulen" geprägt. Siehe hierzu ausführlich exemplarisch Erlei/Leschke/Sauerland 2016: 24 ff..

32 Zur NIÖ sind insbesondere die Arbeiten von Alchian/Demsetz (1972), Arrow (1969), North (2009), Coase (1937), Jensen/Meckling (1976) und Williamson (1967) von Bedeutung. Die wesentliche Erkenntnis ist, dass ein Einsatz von realen Ressourcen erforderlich ist, um Institutionen und Organisationen zu schaffen und täglich zu benutzen. Ferner wird davon ausgegangen, dass Transaktionskosten, eingeschränkte Rationalität und ungewisse Erwartungen existieren (Erlei/Leschke/Sauerland 2016: 38 ff.).

die Grundlage der NIÖ. Diese sind die Institutionen selbst, die Wechselwirkungen zwischen Institutionen und Individuen sowie die Effizienz von Institutionen (Langerfeldt 2003: 55). Insgesamt wurde die Institutionenökonomik von Ronald Coase (1937) durch seine Veröffentlichung „The nature of the firm“[33] geprägt. Weitreichendere Betrachtungen von Unternehmen wurden in den 1960er Jahren durchgeführt (Erlei/Leschke/Sauerland 2016: 38 f.).

Das erste Erkenntnisobjekt setzt sich mit dem Institutionenbegriff auseinander. Als weit gefasster Begriff können Institutionen als Regelsysteme mit implizierten Vorkehrungen zur Durchsetzung der Regeln verstanden werden (Fredebeul-Krein et. al 2014: 55). Sie werden als Ergebnis eines Spiels einerseits oder als Regeln eines Spiels andererseits definiert (Voigt 2009: 26). Die erste Definition kann auf Schotter (1981) zurückgeführt werden, welcher Institutionen als Resultat von Koordinationsproblemen versteht und anhand spieltheoretischer Modelle verschiedene Arten von Koordinationsproblemen erläutert (Schotter 1981: 9 ff., 31 ff.). Die zweite Definition knüpft an North‘ (2009) Verständnis von Institutionen an. North beschreibt Institutionen als Spielregeln einer Gesellschaft, die von Menschen entwickelt wurden, um menschliche Interaktion zu beschränken. Bezug nehmend auf den zwischenmenschlichen Tausch, welcher politischer oder wirtschaftlicher Art sein kann, gestalten Institutionen Anreize. Institutionen können als Rahmen menschlicher Interaktion gesehen werden, da institutionelle Beschränkungen bestimmtes Verhalten untersagen bzw. die Voraussetzungen festlegen, unter denen eine Interaktion vorgenommen werden darf. Die Spielregeln sind schriftliche oder förmliche Regeln und werden um ungeschriebene Verhaltenskodizes ergänzt (vgl. North 2009: 3 ff.). In der herrschenden Literatur existieren jedoch noch weitere Definitionen und Abgrenzungen (Ostrom 1986: 3).

Das zweite Erkenntnisobjekt bezieht sich auf die Wechselwirkungen zwischen Institutionen und Individuen. Demnach kann hier von einer Organisation gesprochen werden, welche sich aus spezifischen Institutionen und den damit einhergehenden Akteuren zusammensetzt. Als drittes Erkenntnisobjekt ist die Effizienz von Organisationen zu untersuchen (Langerfeldt 2003: 56 f.).

Die NIÖ basiert auf vier Elementen, um eine Analyse von Prozessen vornehmen zu können. Diese sind der methodologische Individualismus, ein

---

33 Im Rahmen dieses Beitrags ging Coase (1937) der Fragestellung nach, warum Unternehmen existieren, obwohl – aus ökonomischer Sichtweise – individuelle Ziele über eine dezentrale Koordination auf dem Markt erreicht werden können. Insbesondere bei Unternehmen findet jedoch eine zentrale Koordination von Aktionen statt (Coase 1937: 387, 389).

unterstelltes opportunistisches Akteursverhalten, eine begrenzte Rationalität sowie die Annahme, dass Institutionen zur Beschreibung und Bewertung von Wirtschaftsvorgängen wichtig sind (Langerfeldt 2003: 56 f.).

Die NIÖ kann in unterschiedliche Komponenten unterteilt werden. Im Folgenden soll eine Kategorisierung in die Institutionen im Markt, die Institutionen des Rechts und die Institutionen im politischen Sektor vorgenommen werden. Das Element der Institutionen im Markt besteht aus der Transaktionskosten- und der Principal-Agent-Theorie (PAT).[34] Die Institutionen im politischen Sektor umfassen die Neue Politische Ökonomie und die Verfassungsökonomik (siehe Abbildung 2) (vgl. Erlei/Leschke/Sauerland 2016: 40). Nachfolgend werden die Komponenten ausführlich beschrieben, da diese als Grundlage für die Analyse von Kapitalisierungsprozessen dienen sollen.

Abbildung 2: Die Neue Institutionenökonomik

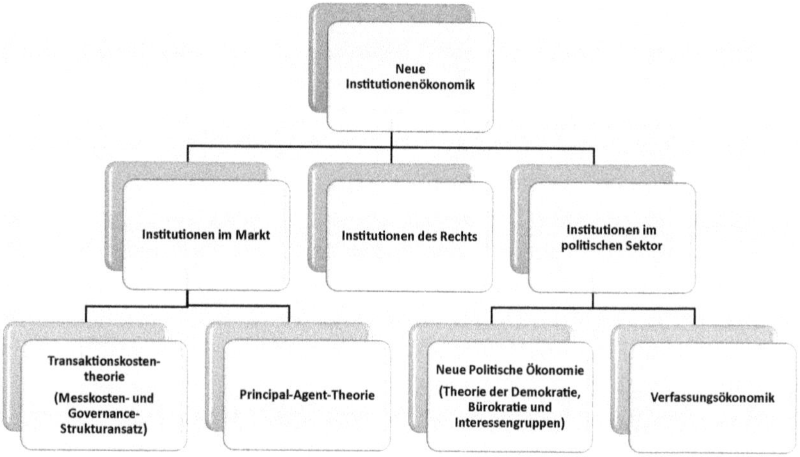

Quelle: eigene Darstellung in Anlehnung an Erlei/Leschke/Sauerland 2016: 40.

34 Im Mittelpunkt steht die wirtschaftliche Betrachtung eines Vertragszustandekommens (heute auch bekannt als Principal-Agent-Theorie) unter Berücksichtigung asymmetrischer Informationen und Transaktionskosten (Coase 1937: 402).

3.2.1 Institutionen im Markt

3.2.1.1 Transaktionskostentheorie

Innerhalb der Transaktionskostentheorie kann zwischen dem Messkostenansatz und dem Governance-Strukturansatz unterschieden werden (Erlei/Leschke/Sauerland 2016: 43). Nach Williamson findet eine „Transaktion" statt, „wenn ein Gut oder eine Leistung über eine technisch trennbare Schnittstelle hinweg übertragen wird. Eine Tätigkeitsphase wird beendet; eine andere beginnt" (Williamson 1990: 1). Folgt man der Definition von Commons, so kann eine Transaktion als „die zwischen Einzelpersonen stattfindende Entäußerung und Erwerbung der *Rechte* zukünftigen Eigentums an physischen Sachen" (Commons 1934: 58 zit. nach Richter/Furubotn 2010: 56) verstanden werden. Eine Transaktion bezeichnet folglich eine Übergabe von Ressourcen, die physischer oder rechtlicher Natur sein kann und sich auf Märkte oder Unternehmen übertragen lässt (Richter/Furubotn 2010: 55 f.). Transaktionskosten einer Veräußerung sind u.a. Marktkosten (z.B. Vermittlerhonorare, Gebühren und Kosten der Rechtsbeständigkeit) und Zeitkosten (z.B. Informationskosten) (North 2009: 76).

Um Eigentumsrechte zu sichern, abzugrenzen und die Einhaltung von Vereinbarungen zu gewährleisten, bestimmen Institutionen und die eingesetzte Technik die Transaktionskosten. Durch den Einsatz von Boden, Arbeit und Kapital findet eine Transformation der Produktionsfaktoren in Sach- und Dienstleistungen statt. Diese Transformation ist eine Funktion aus eingesetzter Technik und Institutionen. Für die Produktionskosten sind Institutionen deswegen von entscheidender Bedeutung (North 2009: 74). North' Verständnis von Institutionen setzt sich somit aus menschlichem Verhalten in Verbindung mit Transaktionskosten zusammen. Im Rahmen von Markttransaktionen sind verschiedene Kostenarten nach Richter/Furubotn (2010: 59 f.) zu unterscheiden:

- Such- und Informationskosten,[35]
- Verhandlungs- und Entscheidungskosten,[36]

35 Such- und Informationskosten bezeichnen solche Kosten, die sich bspw. durch die Sammlung von Informationen hinsichtlich des Preises oder der Qualität eines Gutes oder durch die Suche eines geeigneten Verhandlungspartners ergeben (Richter/Furubotn 2010: 59 f.).

36 Verhandlungs- und Entscheidungskosten sind Kosten, welche sich durch die eigentliche Vertragsausgestaltung i.F.v. Zeit oder Rechtsberatung ergeben. Ferner beinhalten Entscheidungskosten die Kosten der Informationsaufbereitung und der Entscheidungsfindung in einer Gruppe (vgl. Kreps 1990: 744 ff.).

- Überwachungs- und Durchsetzungskosten,[37]
- Investitionen in Sozialkapital (Burt 1992).[38]

3.2.1.2 Principal-Agent-Theorie

Der Aufsatz zur „Theorie der Firma" (Jensen/Meckling 1976) gilt als Grundlage der sog. Principal-Agent-Theorie. Akteure sind zwei Vertragspartner, ein Principal (Auftraggeber) und ein Agent (Auftragnehmer). Davon ausgehend, dass der Agent für seinen Auftraggeber tätig ist, hat sein Handeln sowohl Einfluss auf seine eigene Zielerreichung als auch auf die des Auftraggebers (Langerfeldt 2003: 57). Im Rahmen der PAT werden die durch asymmetrische Informationen für beide Vertragspartner entstehenden Konsequenzen analysiert und es wird eine optimale Vertragsgestaltung angestrebt (Voigt 2009: 84).

Durch die begrenzte Rationalität liegen asymmetrische Informationen und ein opportunistisches Verhalten zwischen Principal und Agenten vor. Für den Principal besteht das Risiko, dass der Agent seinen Wissensvorteil hinsichtlich seiner Leistungsfähigkeit (hidden characteristics), seiner Handlungen (hidden action/information) und seiner Intentionen (hidden intention) für seine eigenen Interessen ausnutzt (Langerfeldt 2003: 57). Der Principal wird auf verschiedene Möglichkeiten zurückgreifen, um das Verhalten des Agenten beurteilen zu können. Probleme, welche durch asymmetrische Informationen hervorgerufen werden, können ex-ante (adverse selection) und ex-post (moral hazard) erscheinen (vgl. Miller/Moe 1986: 174; Voigt 2009: 85).

Adverse selection ist gegeben, wenn der Principal vor Vertragsabschluss die Kosten, nicht aber die Qualität des Agenten bewerten kann. Eine genaue Analyse sämtlicher Fähigkeiten würde zu hohen Kosten, nicht jedoch zu vollständigen Informationen über den Agenten führen. Dementsprechend werden messbare

---

37 Überwachungs- und Durchsetzungskosten sind solche Kosten, die die Überwachung der Vertragsbestimmungen umfassen (Richter/Furubotn 2010: 60).

38 Unter der Investition in Sozialkapital wird die wirtschaftliche Bedeutung von Marktstrukturen verstanden. Die Marktakteure befinden sich in einem komplexen Netz, bestehend aus unterschiedlichen Beziehungsgeflechten (Granovetter 1985: 488, 490), die geschäftlicher oder privater Natur sein können. Durch diese sozialen Strukturen erfahren die Akteure eine Erleichterung hinsichtlich der persönlichen Ungewissheit, der Verarbeitung ungewisser Informationen und der Entscheidungsfindung unter eingeschränkter Rationalität (Podolny 1993). Herausforderungen ergeben sich dahingehend für Akteure, sich gegenüber etablierten Akteuren in einem bestehenden Markt zu positionieren. Es erfordert Ressourcen und Zeit, bspw. Beziehungen zu knüpfen (Richter/Furubotn 2010: 61) und komplexe Marktstrukturen zu durchdringen.

Qualitäten in den Fokus gestellt, um eine möglichst kostengünstige Beurteilung zu erreichen (Voigt 2009: 85 f.).

Moral hazard kann nach Vertragsabschluss auftreten, da der Erfolg des Agenten nicht nur von seiner eigenen Leistung, sondern auch von externen Einflüssen und Rahmenbedingungen abhängt (vgl. Arrow 1991: 38 f.). Dies bedeutet für den Principal, dass er ein Restrisiko bei der Beauftragung des Agenten trägt, da vorab nicht sämtliche Variablen, die den Vertragsabschluss beeinflussen können, bekannt oder auch beeinflussbar sind (vgl. Miller/Moe 1986: 174). Da Agenten über mögliche Zurechnungsprobleme des moralischen Risikos informiert sind, wird das Risiko in versteckte Informationen (hidden information), in versteckte Handlungen und in versteckte Absichten (hidden action und hidden intention) unterteilt. Bei versteckten Informationen verfügt der Principal nicht über vollständige Fachkenntnisse, um das Handeln des Agenten einschätzen zu können. Kann der Principal hingegen das Verhalten des Agenten nicht kontrollieren, wird von versteckten Handlungen gesprochen (Voigt 2009: 86).

Der Principal hat unter Kostenaufwand verschiedene Optionen, um den Gefahren entgegenzuwirken. Er kann Informationen über den Agenten zusammentragen (screening) oder ihn überwachen (monitoring). Weiterhin kann der Agent dem Principal Informationen zur Verfügung stellen, um das Informationsdefizit zu senken (signalling) (Langerfeldt 2003: 57).

Ziel beider Akteure ist eine optimale Vertragsgestaltung trotz asymmetrischer Informationen. Die aus den asymmetrischen Informationen entstehenden Kosten werden als Agenturkosten bezeichnet und beinhalten den Kostenaufwand, der dem Principal entsteht, um das Verhalten des Agenten zu überwachen und einzuschränken (Voigt 2009: 84 f.).

3.2.2 Institutionen des Rechts und des politischen Sektors

Im Rahmen des zweiten und dritten Elements der NIÖ steht eine Betrachtung von Institutionen des Rechts und von Institutionen im politischen Sektor im Vordergrund.[39] Nachfolgend sollen insbesondere die Institutionen des Rechts betrachtet werden.

39 Hierbei kann eine weitere Unterteilung in die Neue Politische Ökonomie (NPÖ) und in die Verfassungsökonomik vorgenommen werden. Im Rahmen der NPÖ wird weiterhin zwischen der Theorie der Demokratie, der Theorie der Bürokratie und der Theorie der Interessengruppen unterschieden. Die NPÖ wurde u.a. wesentlich von Downs (1957), Niskanen (1968) und Olson (1965) geprägt und ist gerichtet auf eine Betrachtung des Handelns politischer Akteure unter Berücksichtigung ihrer Motive (Erlei/Leschke/

Der Property-Rights-Ansatz (Eigentumsrechtsansatz oder auch Verfügungsrechte) konzentriert sich auf Institutionen, welche Einfluss auf die Verteilung bzw. Übertragung von Verfügungsrechten an (Wirtschafts-)Gütern zwischen Wirtschaftssubjekten durch Verträge haben (Langerfeldt 2003: 57 f.). Es erfolgt eine Analyse von Verfügungsrechten, die sich u.a. mit Fragen der Existenz von Rechten und mit Wettbewerbsregeln auseinandersetzt (Erlei/Leschke/Sauerland 2016: 283 f.). Inhalt der Property-Rights-Theorie ist der Tausch von Verfügungsrechten und die Ausgestaltung von Eigentumsrechten (Voigt 2009: 54).

Verfügungsrechte regeln innerhalb einer Gesellschaft die Abgrenzung zwischen erlaubten und unerlaubten Handlungen (Erlei/Leschke/Sauerland 2016: 283 f.). Es kann daher zwischen vier Arten von Verfügungsrechten unterschieden werden: Nutzungsrechte (usus), Veränderungsrechte (abusus), Zurechnungsrechte (usus fructus) und Veräußerungsrechte (venditio). Das Bündel der Verfügungsrechte (bundle of property rights) besitzt einen wesentlichen Einfluss auf den Wert eines Gutes (Furubotn/Pejovich 1972: 1139; Erlei/Leschke/Sauerland 2016: 283 f.). Demzufolge existieren unterschiedliche Property-Rights-Arrangements. Ziel ist es, die Verfügungsrechteverteilung zu wählen, bei welcher minimale Transaktionskosten entstehen (Langerfeldt 2003: 58; Voigt 2009: 54).

3.3 Governance im Mehrebenensystem

3.3.1 Definition und Entwicklung des Governance-Ansatzes

Das Governance-Konzept hat in den letzten Jahren zunehmend an Bedeutung in wissenschaftlichen Forschungsdisziplinen gewonnen. Insbesondere seit den 90er Jahren des 20. Jahrhunderts ist eine ansteigende Verwendung des Begriffes in der wissenschaftlichen Literatur vorzufinden (Theurl 2010: 13, 15). Die Inhalte des Governance-Konzeptes umfassen beschreibende, strategische, gestaltende und analytische Aspekte in Bezug auf Ordnungen, Institutionengestaltungen und institutionenökonomische Analyseinstrumente (Theurl 2010: 15 f.).

Governance wird in zahlreichen Bereichen als Analyseinstrument eingesetzt, um komplexe Prozesse und Interaktionen zwischen verschiedenen Akteuren, Institutionen, Systemen und Ebenen analysieren und verstehen zu können. Trotz

Sauerland 2016: 39). Im Rahmen der Verfassungsökonomik werden formale und informale Regeln, die das Handeln ökonomischer und politischer Akteure beschränken, analysiert. Weiterhin ist von Interesse, wie sich solche Regeln auf die Gesellschaft auswirken und von dieser empfunden werden. Oftmals wird die Verfassungsökonomik mit der deutschen „Ordnungspolitik“ gleichgesetzt (Richter/Furubotn 2010: 43).

der zahlreichen unterschiedlichen Definitionen und Verwendungsweisen des Governance-Begriffes hat sich ein Begriffskern herauskristallisiert, der durch die nachstehenden Merkmale nach Benz/Dose (2010: 25 ff.) zusammengefasst werden kann und auch im Folgenden Verwendung findet:

- Governance wird als Steuern, Koordinieren oder Regieren verstanden und verweist auf Interdependenzen von handlungsfähigen Akteuren.
- Institutionalisierte Regelsysteme bilden die Grundlage für eine Koordination und Steuerung. Sie sollen eine lenkende Funktion für das Akteurshandeln bilden. Oftmals existieren mehrere Regelsysteme (z.B. Vertrags-, Kompetenz- und Verhandlungsregeln), sodass eine Kombination von Regelsystemen vorliegt.
- Kollektives Handeln führt zu Interaktionsmustern und -modi, welche durch das Governance-Konzept erfasst werden. Beispiele für diese Interaktionsmuster sind Netzwerke, wechselseitige Anpassungen und Koalitionen.
- In der Regel überschreiten die Interaktionsmuster und die Steuer- und Koordinationsprozesse, die durch den Governance-Begriff erfasst werden sollen, Organisationsgrenzen, da fließende Übergänge zwischen staatlichen und nicht-staatlichen Akteuren bestehen (Benz/Dose 2010: 25 f.).

Unter Governance sind folglich Steuerungskonstellationen und Koordinationsformen zu verstehen, die sich aus der Interaktion von Akteuren i.S. einer Interdependenzbewältigung durch Handlungsabstimmung ergeben (vgl. Lange/Schimank 2004: 18 ff.; vgl. Schimank 2003: 151 ff.). Im Folgenden soll Governance als Koordination und Steuerung verstanden werden (Benz/Dose 2010: 25). In der Governance-Forschung werden die folgenden vier Governance-Formen (sog. Koordinationsmodi/Governance-Modi) unterschieden: Hierarchie, Wettbewerb, Netzwerk und Verhandlung (Benz 2006: 35). Innerhalb dieser Modi werden zwei verschiedene Koordinationsmechanismen unterschieden: die wechselseitige Anpassung und der wechselseitige Einfluss (Benz 2006: 35). Eine Handlungskoordinierung in Form einer Anpassung kann durch Beobachtung oder Kommunikation erfolgen. Es kann somit von wechselseitigen Verhaltensänderungen ausgegangen werden, da Governance auf Interaktionen verschiedener Akteure beruht (vgl. Lange/Schimank 2004: 20 ff.; Benz 2006: 31; Kooiman 2003). Unter Verwendung spieltheoretischer Elemente sind Anpassungen als nicht-kooperative Spiele zu sehen, wohingegen ein kooperatives Spiel durch gegenseitige Einflussnahme erreicht wird. Zwang und Chance können die Akteure zu einer Anpassung verleiten, wohingegen gegenseitige Überzeugungen und Anreize zur Beeinflussung führen (Benz 2006: 31).

3.3.2 Governance-Modi

3.3.2.1 Hierarchie und Verhandlung

Ein hierarchisches System, eine Hierarchie, kann als ein System aufeinander bezogener Subsysteme verstanden werden, welche wiederum eine hierarchische Struktur aufweisen. Die niedrigste Ebene wird als elementares Subsystem bezeichnet (Simon 1978: 96).

Die erste Governance-Form ist gekennzeichnet durch hierarchisch geordnete Strukturen. Formale Regeln[40] werden mittels Zwang durchgesetzt und zwischen den Akteuren besteht ein Über- bzw. Unterordnungsverhältnis. Den jeweiligen Rängen innerhalb einer hierarchischen Ordnung werden verschiedene Funktionen zugeschrieben. Principals sind für Leitungs- und Kontrollfunktionen zuständig und Agenten für ihre Ausführung. Asymmetrische Informationen und Interessenkonflikte liegen wegen Funktionsdifferenzierung vor (vgl. Miller/Moe 1986: 167 ff.; vgl. Moe 1984). Im Modus Hierarchie erfolgt eine Koordination durch wechselseitige Anpassung, da von asymmetrischer Macht- und Ressourcenverteilung ausgegangen wird. Hierarchische Koordination ist gekennzeichnet durch Funktionsteilung, Verhaltensregeln, Interaktionsregeln und Anreize (Benz 2006: 31).

Im Modus Verhandlung wird eine Koordination durch wechselseitigen Einfluss der Akteure aufeinander erreicht. Verhandlungen basieren auf direkter Kommunikation (Dialog) und sind durch Verhandeln und Verteilen von Tauschmöglichkeiten sowie durch Informationsaustausch gekennzeichnet (Benz 2009: 86 f.). „Rationales Verhandeln" bedeutet, Entscheidungen zu treffen, die zu einer Maximierung der eigenen Interessen führen. Es soll nicht „irgendein" Ergebnis („getting to yes"; Fisher/Ury/Patton 2014), sondern das bestmögliche erreicht werden (Bazerman/Neale 1993: 1).

Die Art und Weise, wie die zur Verfügung stehenden Optionen präsentiert bzw. in welchen Rahmen sie eingebettet werden, wird als sog. framing bezeichnet. Framing kann Einfluss auf die Wahrnehmung und den Wert der akzeptablen Alternativen nehmen (Bazerman/Neale 1993: 31 ff., 38). Jede Verhandlung muss hinsichtlich ihres Kontextes evaluiert werden, um eine passende Strategie entwickeln zu können. Deswegen sollten das eigene BATNA[41] und das des Gegners

---

40 Mit Regeln sind formale Weisungsbefugnisse sowie Ressourcen- und Funktionenaufteilungen gemeint (Benz 2006: 31). Alchian/Demsetz (1972) zeigen eine ausführliche Analyse hierarchischer Strukturen aus verschiedenen Sichtweisen.

41 BATNA (Best Alternative To Negotiated Agreement) bedeutet, dass auf die beste Alternative im Rahmen einer Verhandlung abgezielt wird (Fisher/Ury/Patton 2014: 149 ff.).

formuliert werden, um die bestmögliche Einigung innerhalb der bargaining-zone[42] treffen zu können (Bazerman/Neale 1993: 73).

Voraussetzungen für erfolgreiche und stabile Verhandlungen sind die Verwirklichung gemeinsamer Interessen zur Erreichung individueller Ziele und die grundsätzliche Bereitschaft, eine Einigung erzielen zu wollen (Scharpf 1992: 65 ff.). Verhandlungen können durch verschiedene Strategien und Ziele der Akteure im Modus bargaining oder problemsolving abgehalten werden. Bargaining zielt auf die Durchsetzung der eigenen Interessen ab und erschwert eine gemeinsame Lösungsfindung. Problemsolving ist auf eine Problemlösung mittels Kompromiss ausgerichtet, um somit einen Interessenausgleich zwischen verschiedenen Akteuren zu erreichen (Scharpf 1985: 339 ff.). Institutionelle Regelungen können diese Verfahrensweisen unterstützen, indem eine Gleichbehandlung der Akteure vorausgesetzt wird oder Zwangsverhandlungen[43] erforderlich werden. Eine Veränderung des Status quo kann dadurch erreicht werden (Scharpf 1992: 65 ff.). Neben formalen Beziehungen existieren auch informale Interaktionen zwischen den Akteuren. Informale Regeln sind nicht explizit festgeschrieben und im Governance-Modus Netzwerke verstärkt vorzufinden (Benz 2006: 32 f.).

3.3.2.2 Netzwerke und Wettbewerb

Als Netzwerke werden dauerhafte Interaktionsbeziehungen zwischen autonomen Akteuren bezeichnet, die nicht zwingend formalen Regelungen unterliegen. Netzwerke entstehen durch die Verwirklichung gemeinsamer Interessen und Ziele sowie durch die Verfolgung gleicher Werte. Die Interaktion der Akteure beruht auf Vertrauen und wechselseitigem Einfluss durch Ressourcentausch und Kommunikation (Benz 2006: 32).

---

42 Die bargaining-zone beschreibt den distributiven Teil einer Verhandlung. Sie zeigt – falls vorhanden – eine Überlappung der von beiden Parteien akzeptierten Lösungen (vgl. Bazerman/Neale 1993: 73).

43 Die Art der Verhandlung (freiwillig, zwanghaft), die jeweilige Entscheidungsregel (einstimmig, mehrheitlich) und die Anzahl der beteiligten Akteure beeinflussen die Entscheidungskosten und den Zeitraum einer Entscheidungsfindung. Zwangsverhandlungen unter einstimmiger Entscheidungsfindung weisen die höchsten Entscheidungskosten auf, während freiwillige Mehrheitsentscheidungen zu den geringsten Kosten führen. Eine Entscheidungsfindung ist insbesondere dann von erhöhter Komplexität, wenn die Akteure im Modus bargaining agieren und gegensätzliche Meinungen vertreten (Benz 2009: 86 ff.).

Verschiedene Akteure innerhalb von Netzwerken weisen eine Ungleichverteilung von Einflusspotenzialen auf. Akteure mit vielen Beziehungen und Vernetzungen können über einen höheren Einfluss als Akteure mit vergleichsweise wenigen Beziehungen verfügen. Insgesamt sind Netzwerke durch multilaterale Interaktionen gekennzeichnet. Vertrauen stellt das Schlüsselelement für die Stabilität von Netzwerken dar, da die Akteure aufeinander angewiesen sind und ein Austritt oftmals mit hohen Kosten[44] einhergeht (Benz 2006: 32).

Wettbewerb bezeichnet soziale Wechselwirkungen zwischen verschiedenen Akteuren (Bartolini 1999: 435). Im diesem Modus versuchen Akteure, ihre Handlungen durch wechselseitige Anpassung zu koordinieren (Benz 2006: 33 f.). Diese beruhen nicht zwangsweise auf Kommunikation untereinander, sondern vielmehr auf gegenseitiger Beobachtung (Benz 2009: 89).

Wettbewerb kann in Bezug auf knappe materielle Wirtschaftsgüter, auf Dienstleistungen, auf Leistungsqualität und auf soziale Anerkennung entstehen. Demnach ist Wettbewerb ein auf Konflikten basierender Prozess, der durch ein Aufeinandertreffen von Akteuren mit antagonistischen Interaktionsorientierungen herbeigeführt wird (Bartolini 1999: 435; vgl. Benz 2006: 33 ff.). Als grundsätzliche Handlungsorientierung müssen die beteiligten Akteure die Regel akzeptieren, dass der Leistungsstärkere gewinnt (Benz 2006: 34).

Als Governanceform wird der Modus Wettbewerb oftmals mit dem Markt assoziiert. Insbesondere im Rahmen des New Public Managements wird dieser Modus als Steuerung von Angebot und Nachfrage gedeutet. Der Markt soll hier als eine spezielle Form des Wettbewerbes verstanden werden, welcher sich durch komplexe institutionelle Regelungen charakterisieren lässt (Benz 2006: 33).

Vor dem Hintergrund, dass Wettbewerb auf Konkurrenz um Macht und Ressourcen beruht, wird nachfolgend zwischen zwei verschiedenen Wettbewerbsarten[45] unterschieden: dem Institutionenwettbewerb und dem Leistungswettbewerb.

Institutionenwettbewerb (Standortwettbewerb) beschreibt den Wettbewerb zwischen verschiedenen Institutionen (Gebietskörperschaften) um mobile

---

44 Hierunter können z.B. sog. „sunk costs“ verstanden werden. In ein Netzwerk einzutreten oder auch die bestehenden Vernetzungen zu pflegen, ist mit Zeit- und Suchkosten verbunden und ein Austritt geht mit einem Verlust der Beziehungen und somit auch der möglichen zukünftigen Informationen, die durch das Netzwerk bereitgestellt werden, einher (Benz 2006: 32 f.).

45 Mäding (2006: 121 ff.) beschreibt zwölf verschiedene Wettbewerbsarten und geht auf Wettbewerbsstrategien, Wettbewerbsvorteile und -nachteile und Wettbewerbszwecke, z.B. um Einwohner oder um Unternehmen, ein.

Steuerzahler. Ziel ist es, eine Abwanderung von Steuerzahlern zu verhindern bzw. eine Zuwanderung von Steuerzahlern zu erreichen. Anreiz dieser Wettbewerbsform ist das Steuerpotenzial der Bürger. Als Vergleichsmaßstab zwischen verschiedenen Gebietskörperschaften kann das Verhältnis von öffentlichen Leistungen (optimales Angebot) und dafür zu zahlender Entgelte (Steuerzahlungen) herangezogen werden (Benz 2009: 89 f.).[46] Das Tiebout-Modell kann als klassisches Modell des Standortwettbewerbes verstanden werden (siehe ausführlich Kapitel 3.4).

Der Leistungswettbewerb wird auch als yardstick competition bezeichnet. Hierbei wird ein Vergleich von Maßstäben (yardstick) in Bezug auf Leistungsstandards oder -ziele in einem Politikfeld vorgenommen (Besley/Case 1995; Sheifer 1985). Regierungen wollen im Vergleich zu anderen Regierungen bessere Leistungen erzielen und sich dadurch ihre Macht sichern (Salmon 1987: 32).

Im Rahmen des Leistungswettbewerbs ist insbesondere ein messbarer Output von Bedeutung (Benz 2007a: 62). Bürger (Wähler) antizipieren und vergleichen Leistungen verschiedener Gebietskörperschaften miteinander, sodass sich die dortigen Amtsinhaber in einer yardstick competition befinden. Amtsinhaber müssen folglich auch das Verhalten anderer Akteure in anderen Gemeinden bei ihren Entscheidungen über das Maß an öffentlichen Leistungen und an Steuerbelastungen berücksichtigen. Steuersetzungen und Stimmenfang beeinflussen sich gegenseitig (Besley/Case 1995: 25 ff.).

Eine yardstick competition bezieht sich primär auf Macht, die Regierungen durch die Zustimmung von Wählern, Parteien und Verbänden erhalten. Beim Institutionenwettbewerb stehen hingegen Ressourcen im Vordergrund. Leistungswettbewerb entsteht – im Gegensatz zum Institutionenwettbewerb – nicht automatisch, sondern zuerst müssen Maßstäbe und Ziele sowie die damit einhergehenden Bewertungsmaßstäbe festgesetzt werden. Er beruht auf geteilten Kompetenzen und bedarf daher einer horizontalen Koordination dezentraler Gebietskörperschaften. Dies kann zu Machtverschiebungen oder intergouvernementalen Entscheidungsblockaden führen (Benz 2009: 90 f.; Mäding 2006: 121 ff.). Vor dem Hintergrund einer Dezentralisierung von Steuergesetzgebungskompetenzen kann eine yardstick competition das Konkurrieren um das bessere Steuersystem (z.B. im Hinblick auf die Ausgestaltung der Grundsteuer) bedeuten.

46 Die Theorie des Wettbewerbsföderalismus geht von effizienten Entscheidungen durch den Institutionenwettbewerb aus. Kritisch anzumerken ist jedoch die unterstellte uneingeschränkte Mobilität der Steuerzahler (Benz 2009: 89 f.).

Unabhängig von der Art des Wettbewerbs müssen von den konkurrierenden Gebietskörperschaften Regeln eingehalten werden (Benz 2007a: 56). Eine bestmögliche Koordination könnte somit durch die Ausgewogenheit von dezentralen Freiheiten und zentralen Regeln erreicht werden. Die zuvor beschriebenen wesentlichen Inhalte des Governance-Ansatzes sind in der nachfolgenden Abbildung 3 zusammenfassend dargestellt.

Abbildung 3: Die wesentlichen Elemente des Governance-Mix

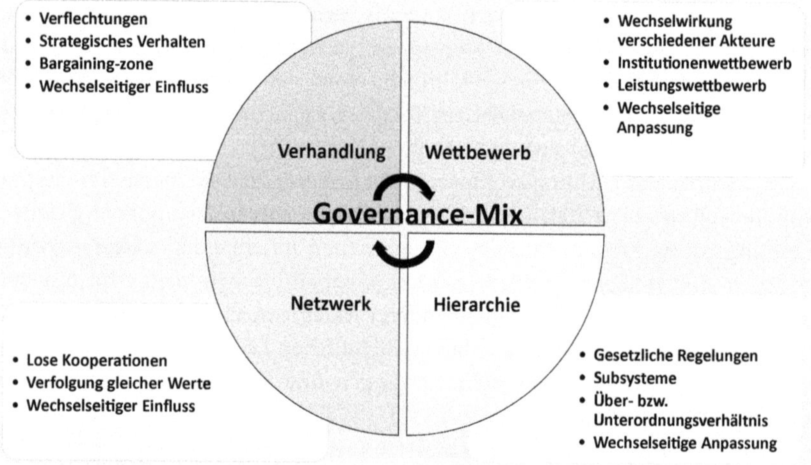

Quelle: eigene Darstellung.

3.3.3 Multilevel-Governance und die Theorie der Politikverflechtung

Institutionelle Regelsysteme bilden die Steuerungs- und Koordinationsgrundlage für das Handeln der Akteure (Mayntz 2009: 45). Governance im Mehrebenensystem (Multilevel-Governance; kurz: MLG) bezieht sich auf Steuerungs- und Koordinationsstrukturen, die in unterschiedlicher Form ebenenübergreifend auftreten (Benz 2010: 121). Eine höhere Komplexitätsberücksichtigung kann durch das sog. Multilevel-Governance-Konzept erfolgen. Prägend für den Begriff waren die Europaforschung und Forschungen zur internationalen Politik. Multilevel-Governance ist bereits seit Langem Inhalt sozialwissenschaftlicher Analysen, sodass die wechselseitige Beeinflussung bisher getrennt voneinander betrachteter Forschungsbereiche und Theorien eine Erweiterung der bisherigen Sichtweise darstellt (Scharpf 2000; Benz 2007b: 297). Der Mehrwert des Multilevel-Governance-Begriffes ist darin zu sehen, dass nicht nur die

Mehrebenenstruktur betrachtet wird, sondern auch die damit einhergehenden Koordinationsmechanismen und Interaktionsmuster (Benz 2007b: 297).

MLG bezieht sich auf eine Kompetenz- und Ressourcenaufteilung innerhalb eines politischen Systems i.S.v. territorialen Einheiten („Ebenen"). Zum einen können Ebenen durch lose Zusammenschlüsse korporativer Akteure entstehen, bei denen mit Hilfe von Institutionen und Regeln die Interaktion geordnet und stabilisiert wird. Zum anderen können Ebenen durch staatliche oder staatsähnliche Institutionen geformt werden. MLG nimmt Bezug auf die Politikverflechtung und den Umgang mit Interdependenzen (Benz 2007b: 298). Neben diesem Verflechtungsaspekt stehen die institutionellen Ausgestaltungen im Fokus der Betrachtung. Diese entstehen durch intergouvernementale und intragouvernementale Politik (Benz/Dose 2010: 30; Benz 2009).

Verflechtungen können sich auf die Gesetzgebungskompetenz, auf die Aufgabenzuständigkeiten und auf die Ertragshoheit von Steuern beziehen. Durch Dezentralisierung kann eine Entflechtung angestrebt werden, mit dem Ziel, dezentralen Gebietskörperschaften erhöhte Entscheidungsautonomie einzuräumen und einer Machtkonzentration auf zentraler Ebene entgegenzuwirken (vgl. Faguet 2014: 2). Zusammenfassend sind die folgenden Eigenschaften kennzeichnend für MLG:

- Aus externen Effekten oder Verteilungsproblemen können sich Interdependenzen zwischen den Ebenen ergeben.
- Es findet ein Zusammenwirken öffentlicher und privater Akteure statt.
- Innerhalb der Ebenen existieren institutionalisierte Regelsysteme.
- Zwischen den Ebenen existieren Koordinationsmechanismen und -formen (Benz 2010: 121).
- Macht- und Kompetenzaufteilung entstehen aus der Vielzahl an Ebenen und den daraus resultierenden unterschiedlichen Aufgabenbereichen (Benz 2009: 27 f.).
- Es erfolgt eine Koordination und eine Bewältigung von Interdependenzen zwischen den Ebenen und innerhalb der Ebenen (Benz 2010: 111 f., 116).

Scharpf (1976) hat im Rahmen seiner Theorie der Politikverflechtung (joint decision making) das Zusammenwirken von Bund und Ländern bei Gemeinschaftsaufgaben und bei Zwangsverhandlungen analysiert (Scharpf 1976: 29). Mit Politikverflechtung bezeichnet Scharpf Beziehungen zwischen Bund und Ländern. Die Länder als dezentrale Einheiten können zwar in Abhängigkeit der Aufgaben autonom Entscheidungen treffen, diese haben jedoch direkten oder indirekten Einfluss auf den Bund als zentrale Ebene. Umgekehrt wird von der zentralen Instanz ebenfalls Einfluss auf die dezentrale Ebene ausgeübt (Scharpf 1976: 28 f.).

Scharpf bezeichnet diese Art des Föderalismus als Nullsummenkonflikt (Scharpf 2009: 50 f.; Scharpf 1985: 325). Im Fokus der Betrachtung stehen institutionelle Zusammenhänge zwischen den Ebenen und damit zwischen den Regierungen von Bund und Ländern. Wechselwirkungen zwischen privaten Akteuren sowie Parteienwettbewerb (Lehmbruch 2000)[47] werden hingegen vernachlässigt (Benz 2009: 62).

Durch den Verflechtungsaspekt können Schwierigkeiten bei Entscheidungsfindungen und bei Informationsverarbeitungen entstehen. Scharpf unterstellt, dass die Akteure in erster Linie im Modus bargaining handeln und vorrangig an ihren eigenen Vorteilen interessiert sind. Lösungen sind wegen der Verteilungsprobleme[48] und der Informationsflut schwer zu erzielen, sodass Blockaden entstehen können (vgl. Scharpf 1976: 28 f., 39 ff., 55; Scharpf 1988).

3.4 Dezentralisierung von Gesetzgebungskompetenzen

Die Föderalismusforschung und die NIÖ setzen sich mit Fragestellungen auseinander, die sich u.a. mit der Zuordnung von Kompetenzen[49] und den Wirkungsweisen von Institutionen beschäftigen. Ausgehend von Scharpfs Hypothese einer Politikverflechtung kann die Idee einer Kompetenzdezentralisierung zur Entflechtung des deutschen föderalistischen Systems[50] herangezogen werden (vgl. Scharpf 1976: 56).

---

47 Unter Parteienwettbewerb werden Wechselbeziehungen zwischen verschiedenen Parteien sowie zwischen Parteien und Wählern verstanden. Lehmbruch (2000) bezeichnet den Parteienwettbewerb als „antagonistische Kooperation", da zwei inkompatible Governance-Formen (Verhandlung und Wettbewerb) in vielen Politikbereichen aufeinanderträfen (Lehmbruch 2000: 19 ff.; Benz 2009: 63). Dies könne folglich zu Blockaden führen. Diese These hat er in den 1990er Jahren als „Arenen-Kopplung" erweitert, nach welcher jeweils verschiedene Regelsysteme in beiden Arenen, im Parteienwettbewerb und im Föderalismus, existierten (Lehmbruch 2000: 28 ff.).

48 Um dem Verteilungsproblem entgegenzuwirken, wurden in weiteren Theorien Paketlösungen und Ausgleichszahlungen vorgeschlagen (Benz 2009: 60 ff.).

49 Inhalte sind u.a. (1) die Kompetenzzuordnung auf bestimmte Institutionen, (2) die sich daraus ergebenden Resultate oder Änderungen bestehender Strukturen und (3) ihre Auswirkungen (Feld/Zimmermann/Döring 2003: 361, 364).

50 In Deutschland resultieren Verflechtungen aus der Staatsausprägung des „kooperativen Föderalismus". Diese Verflechtungen liegen bspw. bei der Gesetzgebung (konkurrierende Gesetzgebung), bei den Gemeinschaftssteuern (z.B. Einkommensteuer) und bei den Gemeinschaftsaufgaben (z.B. Raumplanung) vor (Scharpf 1976: 29 f.; Scharpf 2009: 21 ff.; 125 ff.).

Die Unterscheidung der Begriffe „Zentralisierung“ und „Dezentralisierung“ stellt den Ausgangspunkt dar, um der Frage nachzugehen, welche Vor- und Nachteile mit einer Dezentralisierung von Steuergesetzgebungskompetenzen einhergehen. Zentralisierung bedeutet eine Macht- und Kompetenzkonzentration in einer zentralen Instanz, wohingegen Dezentralisierung zu einer Machtverteilung führt (Wolman 1990: 29).

Mit einer zwischengebietskörperschaftlichen Dezentralisierung ist ein Transfer von Verantwortung, Kompetenzen und regionalen Ressourcen von einer höheren Ebene auf eine tiefere Ebene gemeint (Prud’Homme 1990: 116). Dadurch wird das Ziel verfolgt, dieser Ebene eine erhöhte Entscheidungsautonomie einzuräumen (De Mello 2000: 365).

Die Beurteilung einer effizienten Ausgestaltung des Föderalismus vor dem Hintergrund einer dezentralen oder zentralen Bereitstellung und Finanzierung öffentlicher Leistungen kann aus unterschiedlichen Sichtweisen (ökonomisch, politisch) erfolgen (Feld/Zimmermann/Döring 2003: 361 f.).

Ausgehend von den drei Staatsfunktionen nach Musgrave können durch Dezentralisierung Vorteile im Bereich der Allokation erreicht werden, jedoch müssen gleichzeitig Herausforderungen bei der Distribution und der Stabilität bewältigt werden (Inman/Rubinfeld 1997). Nachfolgend sollen die in der Literatur häufig diskutierten Vor- und Nachteile einer Dezentralisierung von (Steuer-) Kompetenzen betrachtet werden.[51]

3.4.1 Dezentralisierungsvorteile

Effizienz. Eine Dezentralisierung wird im Rahmen der Public-Choice-Theorie durch das Effizienzkriterium[52] begründet (vgl. Oates 2011: 12; Wolman 1990: 30). Um eine Maximierung der sozialen Wohlfahrt zu erreichen, müssen individuelle

51 Eine allumfassende ökonomische Diskussion über sämtliche Vor- und Nachteile einer Dezentralisierung soll nicht Inhalt dieser Arbeit sein. Vielmehr wurde auf die in der nachfolgenden Literatur häufig diskutierten Inhalte in Bezug auf eine Dezentralisierung eingegangen: Effizienz, Berücksichtigung regionaler Präferenzen, Vielfalt, Transaktionskosten, zwischengebietliche Mobilität, Interessen zukünftiger Generationen, ruinöser Steuerwettbewerb, Steuerexport, Gerechtigkeit; so u.a. bei Wellisch 2004: 14 ff.; Wolman 1990: 30 ff.; Oates 2011: 11 ff.; Oates 1990; Feld/Zimmermann/Döring 2003: 361 ff.; Faguet 2014: 2 ff.; Oates 2005a; Salmon 1987; De Mello 2000: 365 ff.. Diese Inhalte sollen in Kapitel 7.2.2 beispielhaft auf die Grundsteuerreformdiskussion bezogen werden.

52 Effizienz soll hierbei ein Maximum an sozialer Wohlfahrt bedeuten (Wolman 1990: 30).

Präferenzen offengelegt werden. In der Privatwirtschaft erfolgt eine Präferenzaufdeckung durch den Marktmechanismus. Die aggregierten Präferenzen einer Gemeinschaft sollen durch ein Bündel aus Steuerlast und öffentlichen Leistungen widergespiegelt werden. Nichtsdestotrotz unterscheiden sich individuelle Präferenzen von aggregierten Gemeinschaftspräferenzen. Demzufolge ist bei großen, heterogenen Gemeinschaften eine höhere Divergenz anzutreffen als bei kleinen, homogenen Gemeinschaften. Daraus kann gefolgert werden, dass eine Bereitstellung öffentlicher Güter auf nationaler Ebene (hohe Zentralisierung) zu einer höheren durchschnittlichen Divergenz individueller Präferenzen in Bezug auf das Steuer-Leistungs-Bündel führt (Wolman 1990: 30 f.).

Folglich ist die durchschnittliche Divergenz individueller Präferenzen umso geringer, je kleiner die politischen Einheiten sind. Regionale Präferenzen können bei dezentralen politischen Entscheidungen eine höhere Berücksichtigung finden. Daher kann bei stark dezentralisierten politischen Entscheidungseinheiten die soziale Wohlfahrt maximiert werden (Wolman 1990: 30 f.). Unter dieser Prämisse erscheint es vorteilhaft, wenn sich lokale Regierungen auf Steuern mit einer relativ immobilen Basis konzentrieren. Die Grundsteuer ist daher in vielen Staaten die primäre Steuereinnahmequelle. Weiterhin sind Gebühren für lokale Leistungen eine weit verbreitete Einnahmequelle (Oates 1990: 47).

Berücksichtigung regionaler Präferenzen. Neben einer effizienten Bereitstellung lokaler öffentlicher Güter und Leistungen ist eine transparente Politikgestaltung erstrebenswert (Oates 2005a; vgl. Oates 1972). Regierungsentscheidungen, die „näher am Bürger" stattfinden, können zu einer erhöhten Reaktionsfähigkeit und Verantwortlichkeit der politischen Entscheidungsträger führen (Wolman 1990: 32; vgl. De Mello 2000: 365).

Politische Entscheidungsträger sind besser über die Präferenzen ihres Entscheiderkreises informiert und werden von den Bürgern bei Wahlen evaluiert. Die Bürger können so auch Einfluss auf die Politikgestaltung nehmen. Eine hohe Kongruenz bei öffentlichen Interessen und bei öffentlicher Politik kann daraus resultieren (Wolman 1990: 32). Folglich weisen lokale Regierungen im Vergleich zu zentralen Regierungen eine höhere „Bürgernähe" auf, sodass die jeweiligen Regierungen über lokale Bedürfnisse ausführlicher informiert sind (Wellisch 2004: 14).

Vielfalt. Es kann angenommen werden, dass dezentrale Strukturen mit einer vielfältigen Politikgestaltung einhergehen. Politische Vielfalt kann sich aus zwei Gründen als vorteilhaft herausstellen: (1) Es existiert eine Vielzahl von verschiedenen Steuer-Leistungs-Bündeln zwischen Gebietskörperschaften, sodass Bürger zwischen diesen auswählen können. Ebenfalls findet der Public-Choice-

Mechanismus Anwendung. (2) Eine Dezentralisierung kann zu Innovationen führen, da subnationale Regierungen verschiedene Politikgestaltungen und Methoden ausprobieren können. Erfolgreiche (politische) Lösungen können von anderen adaptiert und sogar von der zentralen Ebene übernommen werden. Dezentrale Experimente sind im Vergleich zu zentralen weniger risikobehaftet und führen somit zu geringeren Kosten (Wolman 1990: 33; vgl. Oates 2011: 12 f.; vgl. Feld/Zimmermann/Döring 2003: 364).

Transaktionskosten. Es wird insbesondere bei kommunalen Angelegenheiten ein enger Zusammenhang zwischen Ausgaben (z.B. öffentliche Leistungen) und Einnahmen (kommunale Steuern, z.B. Grundsteuer) vermutet. Dezentralisierung kann zu einer höheren Transparenz bei den finanziellen Ausgestaltungen beitragen (De Mello 2000: 365). Diesbezüglich argumentieren Brennan und Buchanan (1980), dass eine Dezentralisierung von Entscheidungsfindungen zu einer Reduktion der Regierungsausgaben führt, da die Monopolmacht verringert würde (Brennan/Buchanan 1980).

Eine Vielzahl der Literatur zum horizontalen Wettbewerb zwischen Regierungen findet seinen Ursprung in Tiebouts Artikel aus 1956. Danach besteht eine Analogie zwischen konkurrierenden Regierungen um mobile Steuerzahler und konkurrierenden Märkten für private Güter. Er folgert daraus, dass dieser horizontale Wettbewerb zu Effizienz im lokalen öffentlichen Sektor führen kann (Epple/Nechyba 2004: 2428).

Zwischengemeindliche Mobilität. Das Tiebout-Modell kann als Antwort auf Samuelsons Aussage gesehen werden, dass dezentrale Entscheidungen nicht zu einer effizienten Bereitstellung öffentlicher Güter führen können (Oates 2005a: 354). So betont Samuelson, dass „no decentralized pricing system can serve to determine optimally these levels of collective consumption“ (Samuelson 1954: 388). Diesbezüglich zeigt Tiebout, dass eine effiziente dezentrale Bereitstellung lokaler öffentlicher Güter[53] unter Berücksichtigung bestimmter Annahmen möglich ist. Im Tiebout-Modell streben Gemeinden eine optimale Bereitstellung öffentlicher Güter an und stehen in Konkurrenz um mobile Steuerzahler zueinander (Tiebout 1956: 416 ff.).

Individuen berücksichtigen bei ihrer Wohnortwahl das Bündel aus Steuerbelastungen und angebotenen Gemeindeleistungen. Eine Entscheidung hierüber erfolgt durch Zu- oder Abwanderung in die Gemeinde, die die (individuellen) Präferenzen bestmöglich erfüllt. Diese mobilitätsbasierte Abstimmung wird als

53 Öffentliche Güter sind gekennzeichnet durch eine Nicht-Ausschließbarkeit vom Konsum und eine Nicht-Rivalität im Konsum.

„voting by feet" bezeichnet (Tiebout 1956). Gemeinden haben einen Anreiz, ein optimales Güterbündel anzubieten, um eine Abwanderung zu verhindern, wodurch wiederum eine Wettbewerbssituation entsteht. Unter Einhaltung nachfolgender Annahmen wird ein pareto-optimales Gleichgewicht erreicht:

- Auswahlmöglichkeit der Gemeinde durch Zu- oder Abwanderung; Unterstellung vollständiger Mobilität.
- Die Individuen verfügen über vollständige Informationen hinsichtlich der Einnahmen und Ausgaben einer Gemeinde.
- Es liegt eine hohe Anzahl potenzieller Gemeinden vor.
- Es existiert eine optimale Gemeindegröße, die durch die Einwohnerzahl bestimmt wird.
- Das Einkommen wird als Dividendeneinkommen betrachtet.
- Die Bereitstellung öffentlicher Leistungen geht mit keinen externen Effekten einher.
- Steuern dienen als effizientes Instrument zur Finanzierung öffentlicher Leistungen.
- Boden als Produktionsfaktor wird im Rahmen des Tiebout-Modells nicht berücksichtigt, sodass keine Kapitalisierung stattfindet.
- Bei lokalen öffentlichen Gütern handelt es sich um rivalisierende Güter. Es entstehen Überfüllungskosten, wenn ein weiterer Nutzer hinzukommt.
- Es existieren kein Grundbesitz, kein Wohnungswesen sowie keine Grund- und Vermögensteuern und somit keine Kapitalisierung (Tiebout 1956: 419; Rubinfeld 1987: 575 ff.; Feld 2000: 27 f.).

Eine hohe Anzahl der sich aus Tiebouts These entwickelten Literatur überprüft, unter welchen Bedingungen diese Marktanalogie Bestand hat und wie das ursprüngliche Tiebout-Modell in einer realitätsnäheren und politisch relevanten Art und Weise erweitert werden kann (siehe exemplarisch Ausführungen von Epple/Nechyba 2004: 2426 ff.).

Interessen zukünftiger Generationen. Der Tiebout-Mechanismus kann lokale Regierungen dazu veranlassen, nicht nur die Interessen derzeitiger, sondern auch die zukünftig in der Region lebender Generationen in den Entscheidungen zu berücksichtigen.[54] Durch Kapitalisierung führt die Verringerung der

54 Als Beispiel hierfür können die Emissionen für langlebige Schadstoffe (z.B. giftige Abfälle), die von den lokalen Regierungen kontrolliert werden, herangezogen werden. Eine Erhöhung der Emissionen führt zu einer Verschlechterung der Umweltsituation in zukünftigen Perioden und kann zu einer Abwanderung bereits ansässiger Bewohner führen (Wellisch 2004: 15 f.).

zukünftigen Rendite von lokalem Vermögen zu einem Rückgang der derzeitigen Vermögenswerte innerhalb einer Region. Ein derartiger Rückgang offenbart die Präferenzen zukünftiger Generationen. Eine Dezentralisierung bestimmter Regierungsaktivitäten führt nicht nur zu einer Präferenzaufdeckung heutiger, sondern auch zukünftiger Generationen (Wellisch 2004: 15 f.).

3.4.2 Dezentralisierungsnachteile

Ruinöser Steuerwettbewerb um mobile Faktoren. Ausgehend davon, dass Regionen in Konkurrenz um mobile Haushalte und um mobile Unternehmen stehen, wird oftmals befürchtet, dass sich Regionen hinsichtlich der Bereitstellung öffentlicher Güter strategisch verhalten. Eine Unterbereitstellung könnte strategisch gewollt sein, um die Einwanderung in eine Region zu begrenzen. Eine Überbereitstellung (bspw. lokaler Infrastrukturangebote) kann hingegen dazu genutzt werden, um mobile Unternehmen anzulocken (Wellisch 2004: 18).

Interregionaler Steuerwettbewerb um einen knappen mobilen Faktor ist ein häufig diskutiertes Thema in der Literatur.[55] Werden lokale öffentliche Güter durch eine Steuer auf einen hoch mobilen Faktor (Kapital) finanziert, kann eine Abwanderung dieses Faktors in eine andere Region die Folge sein. Um einer solchen Kapitalwanderung entgegenzuwirken, wählen Regierungen vorzugsweise geringere Kapitalsteuersätze, die jedoch zu einem ineffizienten (geringen) Angebot an öffentlichen Gütern führen können. Dieses Phänomen wird auch unter Verwendung der Externalitätentheorie[56] erklärt (Wellisch 2004: 18).

Steuerexport und Spillover-Effekte. Neben dem interregionalen Steuerwettbewerb um einen knappen mobilen Faktor existieren zwei weitere Gründe für eine ineffiziente Bereitstellung öffentlicher Güter. (1) Interregionaler Steuerexport bedeutet, dass Regionen in der Lage sind, Steuern teilweise auf Anwohner anderer Regionen zu überwälzen. Während die Vorteile aus der Bereitstellung lokaler öffentlicher Güter von den eigenen Anwohnern internalisiert werden, werden die Kosten dafür teilweise von Bewohnern anderer Regionen getragen. Als Konsequenz kann von einem ineffizient hohen Angebot lokaler öffentlicher

55 Siehe hierzu u.a. Oates (2011: 140 ff.); Wilson (1986); Zodrow/Mieszkowski (1986).

56 Wenn eine Region einen mobilen Faktor (Kapital) besteuert, verlässt diese Steuerbasis bei hohen Steuersätzen die jeweilige Region, wandert in eine Region mit geringen Steuersätzen und erhöht dort die Besteuerungsbasis. Die besteuernde Region löst einen positiven externen Effekt für andere Regionen aus. Daraus kann gefolgert werden, dass sie ein möglichst geringes Niveau an Externalitäten produzierender Aktivität auswählt, welches sich in zu geringen Steuersätzen und damit in einem ineffizienten geringen Niveau an lokalen öffentlichen Güter widerspiegelt (Wellisch 2004: 18 f.).

Güter ausgegangen werden. Als Beispiel kann auf die Besteuerung von Landrenten verwiesen werden, wenn sich Land teilweise im Besitz von Nicht-Anwohnern befindet. (2) Interregionale Spillover-Effekte hingegen können dann auftreten, wenn Bewohner anderer Regionen nicht vom Konsum öffentlicher Güter einer Region ausgeschlossen werden können. Im Gegensatz zum interregionalen Steuerexport werden die Bereitstellungskosten von einer Region getragen und die Vorteile von einer anderen genutzt. Aus gesamtgesellschaftlicher Sicht ist die Bereitstellung öffentlicher Güter dann zu gering (Wellisch 2004: 19).

Gleichberechtigung. Eine Dezentralisierung kann mit divergierenden Niveaus öffentlicher Leistungen und Steuerzahlungen zwischen verschiedenen Gebietskörperschaften einhergehen. Diese resultieren aus zwischengebietlichen Unterschieden bei Ressourcenkapazität und -bedarf. Sollte eine Gleichberechtigung oder ein Mindestmaß an Bereitstellung von Dienstleistungen erwünscht sein, ist eine Zentralisierung die dafür geeignete Struktur. Ärmere Regionen müssen ihre Bürger demzufolge höher besteuern, um auf ein gleiches Niveau öffentlicher Leistungen zu gelangen (Wolman 1990: 36).

Insgesamt zeigt die in der Literatur geführte Auseinandersetzung,[57] dass häufig Aspekten einer dezentralen Bereitstellung der Vorzug gegeben wird (Wellisch 2004: 14), sodass zusammenfassend eine Dezentralisierung von Aufgabenkompetenzen dann als sinnvoll erscheint, wenn:

- heterogene Präferenzen zwischen verschiedenen Gebietskörperschaften existieren, innerhalb einer Region jedoch homogene Präferenzen vorliegen (Scherf 2011: 453 f.),
- öffentliche Güter/Leistungen für ein abgrenzbares Gebiet bereitzustellen sind,
- institutionelle Kongruenz angestrebt wird,
- die Besteuerung eines immobilen Faktors erfolgt (Musgrave 1983; Scherf 2011: 453),
- Spillover-Effekte vermieden werden können (Oates 2011).[58]

Zusammenfassend kann Wettbewerb als erstrebenswert angesehen und durch eine erhöhte Autonomie der Länder hervorgerufen werden. Die Befürwortung einer Dezentralisierung von Gesetzgebungskompetenzen bei der Grundsteuer

57 Siehe hierzu exemplarisch Oates (1972), McLure (1986) und Siebert (1991), die auf die Vorteile einer dezentralisierten Besteuerung und einer dezentralen Bereitstellung öffentlicher Ausgaben verweisen.

58 Besley/Coate (2003) untersuchen Auswirkungen von Spillover-Effekten durch zentrale bzw. dezentrale Entscheidungen im Hinblick auf Finanzierung und Bereitstellung lokaler öffentlicher Güter.

kann sich folglich aus einem daraus resultierenden Wettbewerb zwischen Gebietskörperschaften ergeben. Kapitalisierungsstudien stellen eine häufig verwendete Methode dar, um die Dezentralisierungsthese zu testen. Kapitel 4 beschreibt die theoretischen Hintergründe der Kapitalisierungsforschung und setzt sich mit verschiedenen Vorgehensweisen zur Kapitalisierungsüberprüfung auseinander.

4 Grundsteuerkapitalisierung und Kapitalisierungsprozesse

Im vierten Kapitel erfolgt eine Beschreibung der Entwicklung der Kapitalisierungsthese. In diesem Zusammenhang wird die Grundsteuerausgestaltung aus verschiedenen Sichtweisen betrachtet. Es wird auf bereits durchgeführte Studien Bezug genommen und dabei auf verschiedene Möglichkeiten, eine Grundsteuerkapitalisierung zu überprüfen, eingegangen.

4.1 Hintergründe und Entwicklung der Kapitalisierungsthese

Kapitalisierungsstudien stellen eine in der Literatur häufig verwendete Methode zur Überprüfung der Tiebout-Hypothese[59] dar (Feld 2000: 28, 35 f., 144 ff.). Tiebout selbst führte keine empirische Studie durch, sodass seiner Theorie des fiskalischen Wettbewerbes anfangs nicht viel Aufmerksamkeit gewidmet wurde (Fischel 2001a: 36, 38). Dies änderte sich, als Oates (1969)[60] aufzeigen konnte, dass sich sowohl die Besteuerung als auch das Angebot an öffentlichen Leistungen in den Hauspreisen[61] widerspiegeln (Oates 1969: 968). Oates folgert daraus, dass die Wirtschaftssubjekte mittels Wanderungsentscheidungen ihre tatsächlichen Präferenzen hinsichtlich standortspezifischer Eigenschaften offenlegen

59 Das ursprüngliche Tiebout-Modell wurde dabei um verschiedene Elemente wie z.B. Steuerkapitalisierung und Bodenverzinsung als immobilen Faktor, um lokale Abstimmungsprozesse und um peer-group-Effekte erweitert (Feld 2000: 57 f.).

60 Da die Tiebout-Hypothese von vielen Autoren wegen ihrer restriktiven Annahmen kritisiert worden war, wollte Oates aufzeigen, dass die Hypothese sehr wohl für die reale Welt zutreffen könnte und untersuchte Kapitalisierungseffekte in verschiedenen Gemeinden von New Jersey (Oates 1969: 968 f.).

61 Die Begriffe „Hauspreis", „Immobilienpreis" und „Immobilienwert" werden synonym verwendet. In der herrschenden Literatur existiert keine einheitliche Definition des Begriffs Immobilie, sondern in Abhängigkeit der jeweiligen Wissenschaftsdisziplin existieren unterschiedliche Immobiliendefinitionen. Der Immobilienbegriff lässt sich aus dem Lateinischen von „immobils" herleiten, was übersetzt „unbewegliche Sache" bedeutet. Hierzu zählen Gebäude und unbebaute Grundstücke gleichermaßen. Eine Immobilie setzt sich folglich aus dem Grundstück und dem darauf stehenden Gebäude zusammen (Vornholz 2013: 5). Für Deutschland ist diese Definition des Immobilienbegriffes zutreffend, wohingegen für die USA ein weiter gefasster Immobilienbegriff im Rahmen der Literatur zur property tax verwendet wird.

und sich diese somit c.p. im Boden- oder Hauswert kapitalisieren (Kapitalisierungsthese; Oates 1969).

Daraus kann gefolgert werden, dass eine Verbesserung der relativen Standortattraktivität (z.B. durch staatliche Maßnahmen) zu einer erhöhten Zahlungsbereitschaft für Wohnraum sowohl gegenwärtiger als auch auswärtiger Individuen führt. Dadurch erfolgt ein Anstieg der Gesamtnachfrage nach Wohnraum, woraus ein Boden- und Immobilienpreisanstieg resultieren. Es erfolgt solange eine Zuwanderung durch auswärtige Individuen, bis sich die relativ höhere Attraktivität der jeweiligen Gemeinde in höheren Mieten bzw. Kaufpreisen widerspiegelt (Hilber 1998: 17). Dieses Ergebnis wird oftmals in der Literatur vertreten, jedoch existieren verschiedene Schlussfolgerungen hinsichtlich seiner Deutung (siehe ausführlich Kapitel 8.2).

Das Tiebout-Modell wird durch sehr restriktive Annahmen bestimmt. Eine dieser Annahmen ist die Finanzierung öffentlicher Leistungen durch eine head tax (Kopfsteuer; Tiebout 1956). Die Kopfsteuer wurde von einigen Autoren durch die property tax[62] (Grundsteuer) ersetzt. Diese Modellveränderung hat zu der sog. benefit view der property tax geführt (Guilfoyle 2000: 112). Nachfolgend können zwei Sichtweisen zur Charakterisierung der Grundsteuer unterschieden werden, die sog. benefit view und die capital view.

4.1.1 Benefit view und capital view

Hamilton (1975) sieht die wesentliche Schwäche des Tiebout-Modells im fehlenden Preissystem für den Mechanismus des „voting by feet". Er erweiterte das Tiebout-Modell um die Annahmen, dass (1) Gemeinden ihre Tätigkeiten durch

62 Eine Vermögensbesteuerung erfolgt in den USA mit der sog. property tax, welche eine lokale Steuer darstellt. Ihr unterliegt die Besteuerung von Grund- und Immobilienvermögen. Die einzelnen Bundesstaaten besitzen die Verantwortung für die Steuergesetzgebung (Hoffmann 1996: 523). Im Rahmen der property tax wird zwischen real property (Grund- und Immobilienvermögen) und personal property (mobilem Vermögen) unterschieden (vgl. Lincoln Institute 2015: 49 f.). Die property tax wird häufig in US-amerikanischen Kapitalisierungsstudien verwendet und hat mit der deutschen Grundsteuer die Gemeinsamkeit, dass beide eine Vermögensteuer auf Grundbesitz darstellen (siehe ausführlich exemplarisch Nachtkamp 1986). Durch die US-amerikanische property tax werden Unternehmen vergleichsweise höher als durch die deutsche Grundsteuer besteuert. Es erfolgt dadurch eine stärkere Besteuerung des Produktionsfaktors Kapital. Nachfolgend soll die property tax als Steuer auf den Wohnkonsum verstanden und mit dem Begriff „Grundsteuer" gleichgesetzt werden. Siehe hierzu ausführlich Feld 2000: 34.

eine proportionale Grundsteuer finanzieren und (2) jede Gemeinde das Recht der Bauzonen-Regelung besitzt und daher jeder Haushalt verpflichtet ist, ein Mindestmaß an Wohnen zu konsumieren. Durch die Implementierung von Flächennutzungsbeschränkungen, sog. Bauzonen-Regelungen (zoning),[63] können homogene Gemeinden und somit eine effiziente Bereitstellung öffentlicher Güter erreicht werden, ohne dass die Grundsteuer eine verzerrende Steuer darstellt. Kein Haushalt hätte einen Anreiz, mehr als das Minimum an „housing services" zu konsumieren, da er ansonsten mehr bezahlen müsste, ohne ein entsprechend höheres Niveau an öffentlichen Leistungen zu erhalten. Der Haushalt würde stattdessen in eine andere Gemeinde abwandern (vgl. Hamilton 1975: 205 ff.).

Es erfolgt dadurch eine Transformation der Bodensteuer in eine Nutzungsteuer (Oates/Schwab 2004: 12). In einer realitätsnäheren Erweiterung argumentiert Hamilton (1976), dass die Grundsteuer unter bestimmten Gegebenheiten auch in heterogenen Gemeinden zu einer Bereitstellung lokaler öffentlicher Dienstleistungen zu Durchschnittskosten führt (perfect capitalization) (Hamilton 1976: 744, 752). Die Grundsteuer kann als effizienter Preis für öffentliche Leistungen gesehen werden, wenn die nachfolgende Kapitalisierungsgleichung erfüllt ist: $V + T = C\ (H) + C\ (LPS)$.[64] Die Summe aus Grenzkosten für die Bereitstellung öffentlicher Dienste und Güter C (LPS) und Kosten zur Erstellung der Häuser C (H) ist folglich identisch mit der Summe aus allen Häuserwerten V und der Steuerbelastung T. Bei vollständiger Kapitalisierung existiert somit keine horizontale Ungleichheit, da die Konsumenten entsprechend ihrer Steuerzahlung das dafür vorgesehene Maß an öffentlichen Leistungen erhalten. In homogenen Gemeinden ist der Bodenwert innerhalb der Gemeinde identisch (Hamilton 1983: 86 ff.).

Eine Erweiterung der bisherigen Ausführungen wird durch Fischel (2001b) vorgenommen. Fischel definiert die Gemeinden als Unternehmen mit den Hauseigentümern als Shareholder (Fischel 2001b: 157). Der Häuserwert innerhalb einer Gemeinde soll durch die Art der Zusammenstellung von

63 Stabilität im Tiebout-Modell kann nach Hamilton (1975, 1976) durch das sog. zoning erreicht werden. Dieses hat regulierenden Einfluss auf die Flächennutzung einer Gebietskörperschaft und beinhaltet Regelungen hinsichtlich Grundstücksgröße, Bauvorschriften, spezifischer Abwasserversorgung, Baumaterialien etc.. Durch zoning wird die property tax in eine Nutzungsteuer umgewandelt (Feld 2000: 35).

64 Damit diese Gleichung Bestand hat, geht fiskalisch bevorzugtes Wohnen mit entsprechend höheren Produktionskosten einher. Der fiskalische Vorteil kapitalisiert sich im Bodenwert. Hamilton impliziert somit, dass sich Grundsteuern vollständig in Bodenwerten kapitalisieren, da für Boden ein fixes Angebot existiert (Hamilton 1983: 86 ff.).

öffentlichen Leistungen, Flächennutzungsregelungen und Steuern maximiert werden. Die Steuer repräsentiert den Preis der dafür bereitgestellten Gegenleistung. Eine Kapitalisierung stellt das Kernstück seiner Analyse dar, da sich sowohl negative als auch positive Effekte in den Hauswerten kapitalisieren (Oates/Schwab 2004: 12 f.).

Der Wert des Eigentums kann folglich von lokalen Regierungen und vom Wählerverhalten beeinflusst werden. Auf Gemeindeebene kann diese These durch die Eigenschaft der Grundsteuer als „benefit tax" unterstützt werden (Fischel 2001b: 157, 165, 169). Der Governance auf Gemeindeebene kommt insofern eine bedeutende Rolle zu, als insbesondere Eigentümer[65] eine Antizipation des Regierungsverhaltens innerhalb einer Gemeinde vornehmen. Die Grundsteuer erscheint daher als verlässliches Finanzierungsinstrument kommunaler Leistungen, sodass effiziente Entscheidungen lokaler Regierungen durch den Kapitalisierungseffekt begünstigt werden (vgl. Fischel 2001b: 158, 163).

Bisher bezogen sich die Ausführungen zur Grundsteuer auf das benefit view, welches die Grundsteuer als Nutzungsteuer für die Inanspruchnahme öffentlicher Leistungen charakterisiert. Alternative Erklärungsansätze beschreiben die Grundsteuer hingegen als sog. Kapitalsteuer („capital view"; „new view", „neue Sichtweise"), welche insbesondere durch Mieszkowski und Zodrow (1983, 1989) und Zodrow (2000 und 2001) entwickelt und geprägt wurde.

Beim capital view erfolgt die Grundsteuereinordnung in theoretische Modelle der Kapitalbesteuerung, welche auf Harberger (1962), MacDougall (1960) und Kemp (1964) zurückzuführen sind. Die Modellannahmen zum Kapitalsteuerwettbewerb unterstellen einen perfekten Wettbewerb, da Kapital zwischen den Gebietskörperschaften vollständig mobil ist. Gebietskörperschaften verfügen somit über die gleiche Faktorausstattung. Ferner wird ein allgemeiner fixer Kapitalstock innerhalb einer Nation unterstellt. Besteuert wird das Kapital mit einem einheitlichen Steuersatz nach dem Quellenlandprinzip (vgl. Feld 2000: 59 f.; siehe ausführlich zu den Annahmen Richman 1963, Dixit 1985).[66]

Wohnen wird als Output eines Produktionsprozesses gesehen, welcher eine Kombination aus Boden und Kapital für die Produktion von Dienstleistungen,

65 Es erfolgt eine Unterscheidung zwischen „homeownern" (Eigentümern) und „rentern" (Mietern). Oftmals sind sich Mieter der von ihnen zu zahlenden Grundsteuerbelastung nicht bewusst. Dieser Effekt wird als sog. „renter illusion" bezeichnet, welcher zu ineffizienten Budgetentscheidungen im lokalen Sektor führt (Oates 2005b: 419 ff.). Siehe hierzu auch die Studie von Banzhaf/Oates (2013).

66 Quellenlandprinzip bedeutet Besteuerung an dem Ort, an dem der Ertrag erwirtschaftet wurde (Feld 2000: 45).

die das Haus betreffen, darstellt. Demnach beeinflusst eine Grundsteuererhebung den Kapitalrückfluss im Wohnsektor. Kapital fließt vom Wohnsektor unter Erhöhung der Rendite vor Steuern in andere Sektoren und verringert somit die dortige Rendite. Dieser Vorgang hält solange an, bis alle Sektoren die gleiche Kapitalrendite nach Steuern aufweisen. Die Grundsteuer reduziert folglich den Kapitalstock und die Kapitaleigner tragen die volle Steuerlast (Guilfoyle 2000: 114 f.).

Die Grundsteuer als Kapitalsteuer verringert schließlich den Wohnkonsum, da der Preis des Wohnens auch die Bereitstellungskosten öffentlicher Leistungen mit einbezieht. Sie stellt jedoch ein ineffizientes Steuerungsinstrument dar, da zunehmender Wohnkonsum zu einer höheren Grundsteuerbelastung führt. Haushalte konsumieren daher weniger Wohnen, was eine Unterversorgung mit öffentlichen Dienstleistungen und Gütern zur Folge hat (Mieszkowski/Zodrow 1983: 111 ff.; Zodrow 2014: 58 f.).

Es kommt zu einer Fehlallokation von Kapital, da dieses bei einer unterschiedlich hohen Besteuerung zwischen verschiedenen Gemeinden von der Gemeinde mit höherer Steuerlast in die Gemeinde mit geringerer Steuerlast abwandert (Mieszkowski/Zodrow 1989: 1100 ff.; Zodrow 2014: 58; Zodrow 2007: 505; Mieszkowski/Zodrow 1983: 111). Die hieraus entstehende fiskalische Externalität wird nicht von den Gemeinden mit niedrigerer Steuerlast berücksichtigt und führt deswegen zu einem geringen Niveau öffentlicher Leistungen (Feld 2000: 60).

Brasington (2002: 525) argumentiert, dass jede Gemeinde das Niveau öffentlicher Leistungen und der dazugehörigen Steuer autonom bestimmt, sodass Hauspreise und Haushaltsnutzen zwischen den Gemeinden konstant sind. Sollte jedoch eine Gemeinde das Niveau öffentlicher Leistungen erhöhen, führt dies zu einem Nachfrageanstieg und damit zu einem Immobilienpreisanstieg in der jeweiligen Gemeinde. Der Nachfragerückgang in den anderen Gemeinden wiederum führt dort zu sinkenden Immobilienpreisen (so auch Epple/Zelenitz 1981; Wheaton 1993 und Hoyt 1999).

Weiterhin folgert Brasington (2002: 526), dass sich die beiden Ansichten (capital view und benefit view) nicht gegenseitig ausschließen, wenn die Angebotselastizität von Wohnraum innerhalb eines Stadtgebiets variiert. So kann z.B. ein unelastisches Angebot bei einer höheren Bevölkerungsdichte und einer höheren Landknappheit im Landesinneren (Stadtmitte) vorherrschen, sodass sich Steuern und Leistungen in den Hauspreisen kapitalisieren. Bei Randgebieten mit geringerer Bevölkerungsdichte und flexiblen Grenzen hingegen könnte ausreichend Land zum Ausbau zur Verfügung stehen und somit ein elastisches

Angebot vorliegen. Eine höhere Angebotselastizität führt daher zu geringeren Kapitalisierungseffekten.

Ferner führt Caplan (2001) aus, dass die Präsenz einer Steuerkapitalisierung zu sog. „lock in"-Effekten bei Hauseigentümern führen kann. Ein Umzug, um der monopolistischen Preissetzung bei öffentlichen Leistungen zu entkommen, wird für Landeigentümer unmöglich. Er folgert daraus, dass diese eingeschränkte Mobilität den Handlungsdruck auf lokale Regierungen verringert.

4.1.2 Kapitalisierungsformen

Ross/Yinger (1999) zufolge wird in der herrschenden Literatur von verschiedenen Kapitalisierungsdefinitionen in Abhängigkeit des Untersuchungsgegenstandes gesprochen. Eine Kapitalisierung könne sich auf den Nachweis unterschiedlicher Steuersätze in den Immobilienpreisen zwischen verschiedenen Gemeinden beziehen. Weiterhin könne untersucht werden, ob die Summe der zukünftig zu zahlenden Grundsteuerbelastung den Hauspreis um diesen Wert reduziert. Der Grundsteuerkapitalisierungsgrad beschreibt die Höhe, in welcher sich die Grundsteuerbelastung in den Hauspreisen widerspiegelt (Sirmans/Gatzlaff/Macpherson 2008: 333).

Neben dieser Unterscheidung wird in Abhängigkeit des Untersuchungsgebiets zwischen einer interjurisdiktionellen oder einer intrajurisdiktionellen Kapitalisierung differenziert. Bei der interjurisdiktionellen Kapitalisierung werden Steuerunterschiede zwischen verschiedenen Gemeinden untersucht, wohingegen sich eine intrajurisdiktionelle Kapitalisierung auf Steuerunterschiede innerhalb einer Gemeinde bezieht. Interjurisdiktionelle Steuerkapitalisierung tritt dann auf, wenn c.p. Häuser in Gemeinden mit relativ hohen durchschnittlichen effektiven Steuersätzen einen relativ geringen Marktwert aufweisen. Die Steuerzahlung für ein Haus entspricht dem nominalen Steuersatz, der für jedes Haus innerhalb einer Gemeinde identisch ist und mit der Bemessungsgrundlage multipliziert wird. Intrajurisdiktionelle Kapitalisierung tritt auf, wenn c.p. Häuser mit einer relativ hohen Bemessungsgrundlage einen relativ geringen Marktwert besitzen (Yinger et al. 1988: 2 f.).

Zusammenfassend unterstellt das benefit view, dass der Wohnungsbestand innerhalb eines Regierungsbezirks fix ist und Bewohner zwischen verschiedenen Gemeinden vollständig mobil sind. In diesem Fall trägt der Eigentümer die Grundsteuerbelastung, da der Preis eines Hauses die volle Grundsteuerkapitalisierung enthält. Im Rahmen des capital views wird hingegen angenommen, dass Bewohner immobil sind und nur das Kapital zwischen den Regierungsbezirken beweglich ist. In diesem Fall werden unterschiedliche Grundsteuersätze nicht vollständig in Hauspreisen kapitalisiert, da ein Teil der Steuerunterschiede auf die (neuen) Hauseigentümer überwälzt werden kann (Sirmans/Gatzlaff/Macpherson 2008: 328).

Auch nach 50 Jahren Forschung existiert kein Konsens darüber, ob die Grundsteuer dem benefit oder dem capital view zuzuordnen ist (Oates/Fischel 2016: 415). In Abhängigkeit der Grundsteuerausgestaltung kann Einfluss auf die „passendere" Sichtweise ausgeübt werden. Unabhängig davon, welche Sichtweise für die Einordnung der Grundsteuer herangezogen wird, wird allgemein unter dem Kapitalisierungsprinzip („Kapitalisierungsthese", „Kapitalisierungstheorie") ein positiver bzw. negativer Einfluss verschiedener Variablen auf den Grundstückspreis verstanden. Eine Grundsteuerkapitalisierung liegt folglich dann vor, wenn (zukünftige) Grundsteuerzahlungen Einfluss auf den gegenwärtigen Grundstückspreis haben. Eine Kapitalisierung hat daher zur Folge, dass eine erhöhte Grundsteuerlast zu einem geringeren Immobilienpreis führt und umgekehrt. Abhängig vom Ausmaß des Grundsteuereinflusses auf den Immobilienpreis wird von einer vollständigen oder teilweisen Kapitalisierung gesprochen (Haußmann et al. 2012: 556 f., 560 f.).

Das nachfolgende Preis(P)-Mengen(x)-Diagramm (Abbildung 4) veranschaulicht die Auswirkungen einer Steuererhöhung. Ausgehend von einer fallenden Nachfragekurve und einem unelastischen Immobilienangebot[67] wirkt sich eine Steuererhöhung in Form einer Verschiebung der Nachfrage von D auf D‘ und des Preises von P* auf P^t aus. Da sich der Preis in diesem Fall um die Steuerlast reduziert, spiegelt dies eine vollständige Kapitalisierung wider. Die Steuerlast würde vollständig vom Verkäufer getragen werden (Haußmann et al. 2012: 561).

67 Davon ausgehend, dass insbesondere das Bodenangebot unelastisch ist, wird die Bodenrente einzig von der Nachfrage bestimmt. Bei einer steigenden Nachfrage wird der Bodenpreis in die Höhe getrieben. Aus Sichtweise des Angebots arbeitet der Boden immer und zwar stets zu dem Preis, der durch den Wettbewerb angeboten wird. Der Bodenwert wird ausschließlich vom Wert des Produktes abgeleitet und nicht umgekehrt (Samuelson/Nordhaus 2010: 270).

Abbildung 4: Steuerkapitalisierung

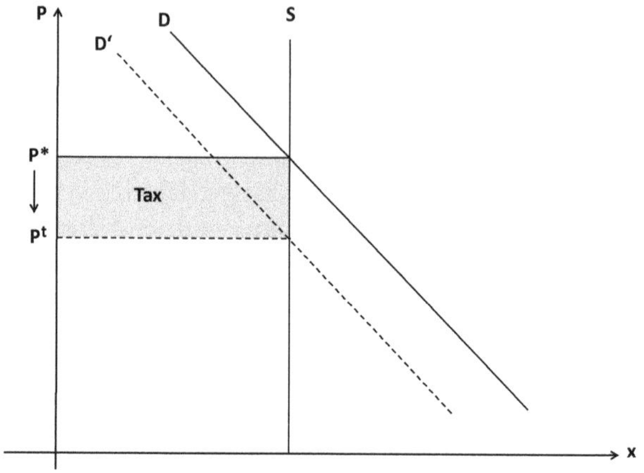

Quelle: eigene Darstellung in Anlehnung an Haußmann et al. 2012: 561.

Neben der Analyse, ob überhaupt eine Kapitalisierung vorliegt, ist auch die Frage nach einer möglichen Steuerinzidenz[68] von Bedeutung (DiPasquale/ Wheaton 1996: 342). Grundsätzlich beabsichtigt der Gesetzgeber, die Grundstückseigentümer mit Grundsteuer zu belasten (formale Inzidenz). Durch die Betriebskostenverordnung sind Eigentümer jedoch berechtigt, die Grundsteuer auf den Mieter umzulegen. Die daraus resultierende teilweise oder vollständige Grundsteuerüberwälzung betrifft nicht nur Grundstückseigentümer. Zu Eigenzwecken nutzende Eigentümer und Mieter wären dann von der Grundsteuerlast gleichermaßen betroffen (Schratzenstaller 2011: 15 f.).

4.2 Darstellung existierender Kapitalisierungsstudien

In der herrschenden Literatur existiert keine Einigkeit darüber, ob und in welchem Ausmaß eine Grundsteuerkapitalisierung stattfindet.[69] Eine Vielzahl empirischer Studien wurde insbesondere für den US-amerikanischen Immobilienmarkt

68 Als Steuerinzidenz wird die Verteilung der Steuerlast bezeichnet. Eine Unterscheidung in die formale und die effektive Inzidenz wird vorgenommen. Die vom Gesetzgeber gewünschte Verteilung der Steuerlast beschreibt die formale Inzidenz. Die effektive Inzidenz hingegen beschreibt die Steuerlast nach Beendigung der Umverteilungsvorgänge (Schratzenstaller 2011: 14 f.).

69 Siehe ausführlich die Studienübersicht (Tabelle A1 im Anhang), welche einige Autoren nennt, die sich mit dem Thema der Kapitalisierung auseinandergesetzt haben.

durchgeführt. Die historische Betrachtung zeigt, dass erste Studien bereits auf Jenkin (1871) zurückgehen und weitere Studien folgten (Oates 1969 und 1973; Orr 1968). Für den deutschen Immobilienmarkt liegen hingegen kaum Studien vor. Kapitalisierungsstudien, die sich auf den deutschen Immobilienmarkt beziehen, wurden u.a. von Buettner (2003), Haußmann et al. (2012), Haußmann/Schweinberger (2012) sowie von Gürtler/Rehan (2008) durchgeführt. Für den Schweizer Immobilienmarkt untersuchten Hilber (1998) und Feld (2000) die Auswirkungen der Einkommensteuer bzw. der Grundsteuer auf die Immobilienpreise. Die Studien führten zu unterschiedlichen Ergebnissen, sodass bislang kein eindeutiger Nachweis für oder gegen eine Grundsteuerkapitalisierung erbracht wurde. Die Studien gelangten zu unterschiedlichen Ergebnissen sowohl zwischen den verschiedenen Ländern (Deutschland, USA und Schweiz) als auch innerhalb eines Landes, wobei insbesondere innerhalb der USA eine unterschiedliche Höhe des Kapitalisierungsgrades zu verzeichnen ist.

Die Studien können nach Untersuchungsobjekt (Variablen) oder nach verwendetem Datenmaterial gruppiert werden. Oftmals erfolgt eine Einteilung in Abhängigkeit des verwendeten Datenmaterials und es wird zwischen mikroökonomischen Querschnittsdaten, aggregierten Querschnittsdaten und Studien auf Basis einer Steueränderung unterschieden (Guilfoyle 2000: 120).

Mikroökonomische Querschnittsdaten. Mikroökonomische Studien basieren auf einer Untersuchung der einzelnen Objekte (Häuser, Transaktionen). Sie weisen insgesamt eine Tendenz dahingehend auf, dass eine geringe Gemeindeanzahl und eine geringe Variation von Steuersätzen vorliegen. Die meisten Studien beziehen sich auf nur eine Gemeinde und setzen damit den Schwerpunkt auf eine intrajurisdiktionelle Untersuchung einer möglichen Kapitalisierung (Guilfoyle 2000: 120).[70]

Die empirische Studie von Palmon/Smith (1998a) kann als Beispiel für einen mikroökonomischen Ansatz herangezogen werden. Als Datengrundlage dienten 501 Immobilientransaktionen in Vororten von Houston (Texas, USA) im Jahr 1989. Palmon und Smith verwendeten keine Durchschnittswerte, sondern untersuchten die Daten einzelner Transaktionen. Im Ergebnis fanden sie heraus, dass eine teilweise Steuerkapitalisierung vorliegt und sich diese in Abhängigkeit des zu Grunde gelegten Diskontfaktors ändern kann.

70 Nichtsdestotrotz existieren Studien, die auf Basis von Mikrodaten sowohl eine intra- als auch eine interjurisdiktionelle Grundsteuerkapitalisierung untersuchen. Darin finden nicht nur Transaktionen einer Jurisdiktion, sondern mehrerer Jurisdiktionen Berücksichtigung. Siehe hierzu exemplarisch Case (1978), Edelstein (1974) und King (1973).

Richardson/Thalheimer (1981) hingegen untersuchten 861 Hausverkäufe in Fayette County (Kentucky, USA) in den Jahren 1973 und 1974. Die Hausverkäufe fanden in zwei angrenzenden Gemeinden statt, die sich einen Schulbezirk teilten und unterschiedliche Steuersätze aufwiesen. Im Ergebnis konnten sie eine Kapitalisierungsrate von 15 Prozent unter den Annahmen einer dreiprozentigen Diskontrate und einer unendlichen Lebensdauer der Häuser nachweisen.

Aggregierte Querschnittsdaten. Analysen auf Basis aggregierter Daten legen die jeweiligen Medianwerte der betrachteten Variablen zu Grunde. Für jede Gemeinde wird ein sog. „Medianhaus" erstellt, indem aggregierte Hauspreise und aggregierte Steuersätze verwendet werden. Aggregierte Daten finden oftmals dann Anwendung, wenn detaillierte Informationen nicht vollständig zur Verfügung stehen. Es ist daher sinnvoll, eine hohe Gemeindeanzahl einzubeziehen, sodass durch die große Stichprobe eine hohe Variation von Steuersätzen vorliegt. Der aggregierte Hauswert ist jedoch von geringerer Qualität als die Werte von einzelnen Hausbeobachtungen (Transaktionen). Bei mikroökonomischen Ansätzen ist daher eine Tendenz zu einem stärkeren Zusammenhang zwischen unabhängigen und abhängigen Variablen erkennbar (Guilfoyle 2000: 120).

Oates (1969) untersuchte 53 Bezirke in New Jersey (New York, USA). Für jeden Bezirk wurde der jeweilige Medianwert von Eigenheimen mit dem effektiven Steuersatz, den jährlichen Ausgaben pro Schüler und weiteren hausbeschreibenden Variablen (z.B. Median-Zimmeranzahl und Entfernung der Gemeinde zur Stadtmitte Manhattans) auf Abhängigkeiten untersucht. Oates konnte herausstellen, dass eine teilweise Steuerkapitalisierung stattfindet und ein negativer Zusammenhang zwischen Grundstückswert und Steuerlast vorliegt. Daraus folgerte er, dass nicht nur Steuern, sondern auch das von einer Gemeinde bereitgestellte Angebot an öffentlichen Leistungen Einfluss auf den Hauswert ausüben. Die durch die Steuer resultierende Grundstückswertminderung könne somit durch ein erweitertes Angebot an öffentlichen Leistungen kompensiert werden (Oates 1969). In einer weiteren Studie konnte Oates sogar den Nachweis einer vollständigen Kapitalisierung erbringen (Oates 1973).

Die Forschungsfrage einer Studie von Haußmann/Schweinberger (2012) setzte sich mit der Bedeutung der Grundsteuer als Standortfaktor für kleine und mittlere Unternehmen auseinander. Ziel der Studie war es herauszufinden, ob höhere grundstücksbezogene Steuern zu signifikanten Preissenkungen führen und die Grundsteuer daher bei der Standortwahl eine Rolle spielt. Als Datengrundlage wurde die Kaufpreissammlung für Ein- und Zweifamilienhäuser[71] des Gutachterausschusses Brandenburg verwendet. Die Grundsteuervariable wurde durch den jeweiligen Hebesatz ausgedrückt, sodass sich eine mögliche Steuerkapitalisierung in diesem Koeffizienten widerspiegeln sollte. Der Koeffizient zeigt die Auswirkung einer Hebesatzänderung (c.p.) um einen Prozentpunkt auf den Preis der Medianimmobilie an. Bei einer Grundsteuerkapitalisierung würde der Koeffizient signifikant kleiner Null sein. Das Studienergebnis zeigte, dass die Nullhypothese (Irrtumswahrscheinlichkeit 5 Prozent) nicht verworfen werden konnte und daher unterschiedliche Hebesätze keinen signifikanten Einfluss auf die Hauspreise haben. Eine Grundsteuerkapitalisierung in Immobilienpreisen konnte somit nicht nachgewiesen werden (Haußmann/Schweinberger 2012).

Änderung der Steuerbemessungsgrundlage. Kapitalisierungsstudien auf Basis einer gesetzlichen Änderung der steuerlichen Bemessungsgrundlage umfassen zwei Beobachtungszeiträume. Hierbei handelt es sich um die Zeiträume vor und nach der jeweiligen Steueränderung (Guilfoyle 2000: 120 ff., 124).

Smith (1970) untersuchte die Auswirkungen einer Erhöhung der Steuerbemessungsgrundlage auf die Immobilienpreise in einem Viertel von San Francisco (Kalifornien, USA). Er fand heraus, dass jeweils vor und auch nach Änderung der Bemessungsgrundlage eine teilweise Steuerkapitalisierung stattfand (Smith 1970). Ferner führte Rosen (1982) eine Studie vor dem Hintergrund einer Gesetzesänderung (sog. Proposition 13), welche zu einer geringeren Steuerlast[72] auf Immobilienbesitz führte, in Kalifornien (USA) durch. Rosen verwendete als Grundlage Datenmaterial aus 64 Bezirken in San Francisco und konnte höhere Immobilienpreise als Folge der gesunkenen Steuerbelastung nachweisen (Rosen 1982). Yinger et al. (1988) untersuchten eine Grundsteuerkapitalisierung in Massachusetts (USA) vor dem Hintergrund, dass die Bemessungsgrundlage gerichtlich neu bewertet wurde. Als Datenbasis verwendeten sie Hausverkäufe vor

71 Der Beobachtungszeitraum umfasst 8.558 Transaktionen zwischen dem 01.01.2005 und dem 31.12.2007. Nach der Datenbereinigung, welche unter Verwendung von Mindestanforderungen durchgeführt wurde, verblieben 174 Beobachtungen, die für die Regressionsanalyse Verwendung fanden. Es wurden quantitative (z.B. Preis, Wohnfläche) und qualitative (Lage, Haustyp) Größen berücksichtigt (Haußmann/Schweinberger 2012: 106 f.).

72 Die Proposition 13 wurde am 07.06.1978 mit dem Ziel einer Reduktion der Grundsteuerbelastung durchgesetzt (Rosen 1982: 191). Sie hatte einen enormen Einfluss auf lokale Regierungen in Kalifornien. Die Einnahmen verringerten sich um sieben Mrd. USD und der Grundsteuersatz verringerte sich um mehr als die Hälfte (Kemp 1982: 44 f.).

und nach einer Neubewertung. Sie konnten – im Vergleich zu anderen Studien – eine eher geringe Steuerkapitalisierung belegen. Haußmann et al. (2012) nahmen die Grundsteuer- und Grunderwerbsteuererhöhung zum 01.01.2007 zum Anlass, eine Studie für die Immobilienmärkte Potsdam und Berlin[73] durchzuführen. Es konnte keine Steuerkapitalisierung nachgewiesen werden (Haußmann et al. 2012).

Richardson/Thalheimer (1981: 674) charakterisieren die Frage nach einer Grundsteuerkapitalisierung wie folgt: Unter der Annahme, dass zwei identische Immobilien in Bezug auf das öffentliche Leistungsangebot und auf die strukturellen Eigenschaften existieren, sich jedoch in ihren Steuersätzen unterscheiden, wird in welchem Ausmaß der Marktwert des Hauses mit der höheren Steuerbelastung in Relation zu dem anderen Hauswert reduziert? Falls eine Kapitalisierung stattfindet, profitieren Käufer bei steigenden Steuern und Verkäufer bei sinkenden Steuern (Richardson/Thalheimer 1981: 674).

Die zahlreichen Studien weisen eine Vielzahl an Vorgehensweisen, Steuervariablen und Schlussfolgerungen auf. Die Ergebnisse können wie folgt zusammengefasst werden:

- Die Kapitalisierungshöhe ist abhängig von der Angebotselastizität. Ein Nachfrageanstieg führt zu steigenden Hauspreisen, wenn von einem unelastischen Angebot ausgegangen wird. Bei einem elastischen Angebot verändert sich der Hauspreis hingegen nicht.
- Eine Steuerkapitalisierung kann zu sog. „lock-in-Effekten" bei den Hauseigentümern führen.
- Eine Schätzung mittels zweistufiger Regressionsmethode der kleinsten Quadrate (2SLS) fand oftmals Verwendung.
- In den meisten Studien konnte eine teilweise Kapitalisierung nachgewiesen werden (Sirmans/Gatzlaff/Macpherson 2008: 327). Tabelle A1 im Anhang beinhaltet einen chronologischen Überblick über bereits durchgeführte Kapitalisierungsstudien.

73 Als Datengrundlage dienten die Kaufpreissammlungen der Gutachterausschüsse Berlin und Potsdam. Für beide Städte wurden jeweils eigene Schätzgleichungen durchgeführt. Eine Dummy-Variable repräsentierte die Steuervariable, sodass sich eine Steuerkapitalisierung in den Koeffizienten der Dummy-Variable in beiden Modellen widerspiegeln würde. Der Koeffizient in Potsdam zeigt die „allgemeine" Preisänderung und der Koeffizient in Berlin eine Preisänderung inklusive Steueränderung. Bei einem nicht signifikanten Unterschied beider Koeffizienten kann kein Einfluss einer Steueränderung auf die Preise nachgewiesen werden (Haußmann et al. 2012: 562 ff.).

Tabelle 6 stellt Gründe, die in der ökonomischen Literatur für das Auftreten oder für die Begünstigung einer Kapitalisierung herangezogen werden, dar. Empirisch mangelt es jedoch an einem einheitlichen Konsens, um eine allumfängliche Schlussfolgerung abzuleiten.

Tabelle 6: In der Literatur häufig diskutierte Faktoren für das Auftreten einer Kapitalisierung

Merkmal	**Einfluss**
Elastizität	• Kapitalisierung bei unelastischem Angebot • Keine Kapitalisierung bei elastischem Angebot
Vollständiges Tiebout-Gleichgewicht	• Keine Kapitalisierung, da Steuerbelastung dem Maß an öffentlichen Leistungen entspricht (keine interjurisdiktionelle Kapitalisierung)
Erweiterung des Tiebout-Gleichgewichts durch Hamilton und Fischel	• Intrajurisdiktionelle Kapitalisierung, da sich die Reichweite öffentlicher Leistungen unterschiedlich auf die jeweiligen Hauspreise auswirkt
Bestandsangebot von Boden	• Kurzfristig fix, daher Kapitalisierung • Langfristig variabel, daher keine Kapitalisierung
Anstehende Neubewertungen/Reformen	• Keine vollständige Kapitalisierung
Falsche Bewertungen	• Unter- oder Überkapitalisierung
Transparenz	• Unter- oder Überkapitalisierung
Bemessungsgrundlage	• Rückkopplungseffekte

Quelle: eigene Zusammenstellung auf Basis von Feld 2000; Sirmans/Gatzlaff/Macpherson 2008; Hilber 1998; Yinger et al. 1988.

Abbildung 5 soll die Komplexität der Kapitalisierungsthese verdeutlichen. Der Input beinhaltet die internen und externen Einflussfaktoren, die auf der ökonomischen Theorie der Kapitalisierung beruhen. Die ökonomischen Grundlagen wurden in Kapitel 4 ausführlich beschrieben und mögliche Einflussfaktoren auf eine Kapitalisierung dargestellt.

Das Ergebnis in Form des Kapitalisierungsgrades kann als Output gesehen werden und ist abhängig von den ausgewählten Variablen und ihrer Einflusshöhe. Mittels multipler Regressionsanalyse können die theoretischen Erkenntnisse empirisch überprüft werden (Kapitel 5). Nichtsdestotrotz kann eine Kapitalisierung stattfinden, ohne jedoch nachgewiesen werden zu können.

Dieser Zusammenhang soll nachfolgend in Form des klassischen Blackbox-Modells[74] veranschaulicht werden. In Abhängigkeit der Variablenanzahl und der sich gegenseitig beeinflussenden Variablen (monetär, nicht monetär, messbar, nicht messbar) wird ein Output in Form des Kapitalisierungsgrades errechnet. Die Blackbox kann demnach so verstanden werden, dass trotz intensiver Auseinandersetzung mit den Inputfaktoren nicht sämtliche Einflussvariablen kontrolliert werden können. Ursächlich dafür können Governance-Strukturen und Aspekte der Neuen Institutionenökonomik sein, die aufgrund ihrer hoch komplexen Wechselwirkung Einfluss aufeinander ausüben.

---

74 Das klassische Blackbox-Modell findet bspw. in der Marketingforschung (Käuferverhalten) Verwendung. Es wird zwischen sog. behavioristischen (SR-Modellen) und neobehavioristischen (SOR-Modellen) Forschungsparadigmen unterschieden. Während bei behavioristischen Modellen die Blackbox lediglich Anwendung findet und nicht erklärt wird, wird bei neobehavioristischen Modellen die Blackbox durch intervenierende Variablen ersetzt, um Erklärungen für das Käuferverhalten heranzuziehen. Ausgangssituation beider Modelle ist, dass durch bestimmte Reize (Stimulus) psychologische Prozesse im Organismus stattfinden, welche bestimmte Reaktionen (Response) hervorrufen. Hierbei erfolgt eine Unterscheidung zwischen beobachtbaren und nicht beobachtbaren Variablen. Die im Organismus stattfindenden Prozesse (aktivierende, kognitive, prädisponierende), die im behavioristischen SR-Modell die Blackbox darstellen, werden im neobehavioristischen SOR-Modell durch intervenierende Variablen erklärt (Foscht/Swoboda/Schramm-Klein 2015: 23 f., 28 ff.). Werden diese Modelle auf den Grundsteuerkapitalisierungsprozess übertragen, wurde in der bisherigen Forschung in erster Linie das SR-Modell angewendet, um den Einfluss bestimmter Inputgrößen auf den Output zu messen. Durch Anwendung der NIÖ und des Governance-Konzeptes wird im übertragenen Sinne eine Erweiterung hin zum SOR-Modell vorgenommen, da auch die Inhalte der Blackbox analysiert werden.

Abbildung 5: Kapitalisierungsprozesse und Governance als SR-Modell

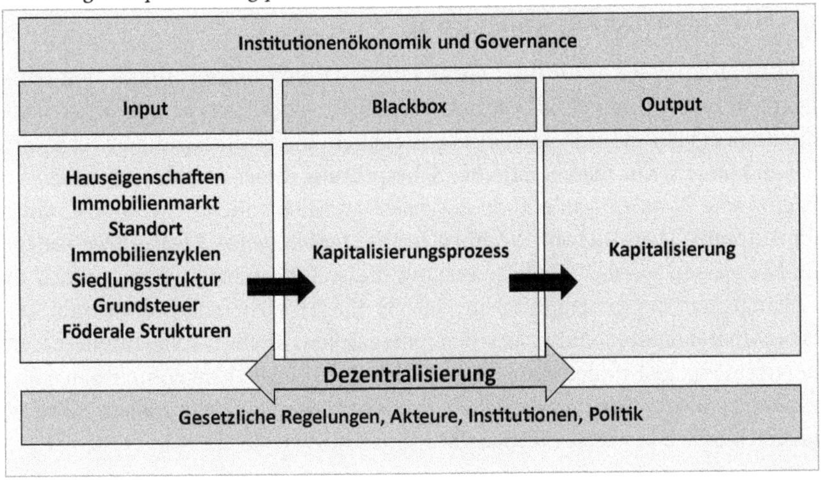

Quelle: eigene Darstellung und Erweiterung in Anlehnung an Foscht/Swoboda/Schramm-Klein 2015: 29.

Die Variablenanzahl und die sich daraus ergebende Variablenkombination führen zu einer wechselseitigen Beeinflussung und daher zu einer hohen Komplexität. Diese Wechselwirkung soll als Kapitalisierungsprozess[75] verstanden werden (Blackbox). Neben ökonomischen und ökonometrischen Einflussfaktoren, die in bereits durchgeführten Kapitalisierungsstudien untersucht wurden, beinhaltet der Kapitalisierungsprozess weitere Einflussfaktoren, die durch die Institutionenökonomik und das Governance-Konzept analysiert werden können.

Ziel ist es daher, die Sichtweise bisheriger Studien um Aspekte der Institutionenökonomik und des Governance-Konzeptes zu erweitern, um mögliche Antworten für die unterschiedlichen Ergebnisse zu finden. Der Kapitalisierungsprozess wird daher in seine Einzelteile zerlegt, um mögliche Gründe für die Begünstigung einer Kapitalisierung herauszustellen (Kapitel 6).

75 Hilber (1998: 83 f.) verwendet den Begriff Kapitalisierungsprozess dergestalt, dass die Auswirkungen staatlicher Maßnahmen und der Einfluss der jeweiligen Phasen (Entscheidungs-, Realisierungs- und Durchführungsphase) auf die Bodenpreise im Fokus stehen (Hilber 1998: 83 f.).

4.3 Empirisches Vorgehen zur Überprüfung einer Grundsteuerkapitalisierung

„Housing has a set of intrinsic characteristics which make it significantly different from any other good" (Arnott 1987: 959). Jedes Haus ist gekennzeichnet durch eine Vielzahl individueller Eigenschaften, die Einfluss auf den Hauswert haben können. Zur mathematischen Überprüfung dieser Annahme hat sich die hedonische Bewertungsmethode durchgesetzt. Mittels dieser Methode können die absoluten Ausgaben für Wohnen in ihre individuellen Bestandteile zerlegt und bemessen werden. Eine Bewertung dieser Eigenschaften kann jedoch in Abhängigkeit des geographischen Gebiets (Lage) variieren. Die Vielzahl der Haus-Charakteristika führt bei den potenziellen Käufern (Eigentümern) zu unterschiedlichen Präferenzen, woraus sich individuelle Nutzenfunktionen ableiten lassen. Ein Haus wird folglich von verschiedenen (potenziellen) Käufern unterschiedlich bewertet (Sirmans/Macpherson/Zietz 2005: 3 f.).

4.3.1 Hedonische Bewertungsmethode

Ausgehend von den aufgezeigten Studien kann eine Einteilung in sog. amenity models (strukturelle Modelle) und capitalization models (finanzwirtschaftliche Modelle) vorgenommen werden. Amenity models stellen den Hauspreis in Abhängigkeit seiner strukturellen Eigenschaften dar und für die Grundsteuerberücksichtigung wird eine Steuervariable konstruiert. Im Rahmen der capitalization models wird die Immobilie als Investition betrachtet. Die Ermittlung des Hauspreises erfolgt daher über die diskontierten Zahlungsströme (Palmon/Smith 1998b: 301 ff.). In Abhängigkeit des zu Grunde gelegten Modells und den damit verbundenen Daten kann durch die unterschiedliche Herangehensweise Einfluss auf das Kapitalisierungsergebnis genommen werden.

4.3.1.1 Herleitung der hedonischen Preisfunktion

Zur ökonometrischen Überprüfung einer Kapitalisierung nach dem capitalization model-Ansatz dienen folgende Ausgangsgleichungen:

Gleichung 1 zeigt die Grundsteuerbelastung:[76]

(1) $$T = t * PH$$

76 T bezeichnet die jährliche Grundsteuerbelastung, t den Steuersatz und PH den Marktwert des Hauses. Zur Ermittlung des Wohnungswertes R sind die strukturellen Eigenschaften (innere und äußere) heranzuziehen (Feld 2000: 36 f.).

Durch Ergänzung mit den folgenden Variablen kann die Kapitalisierungsgleichung spezifiziert werden: A wird als geschätzte Lebensdauer in Jahren eingesetzt, i als Diskontsatz in Prozent und PH als Marktwert des Hauses in Euro, welcher sich aus der Summe der diskontierten Mieteinkünfte R abzüglich Steuern T zzgl. öffentlicher Leistungen, zu denen der Vermögenserwerb berechtigt, zusammensetzt (vgl. Yinger et al. 1988: 52 f.; Feld 2000: 35 ff.; Hilber 1998: 28 ff.):

(2) $$PH = \Sigma_{a=1}^{A} \frac{R-T}{(1+i)^a} = \Sigma_{a=1}^{A} \frac{R-(t*PH)}{(1+i)^a} = \frac{R}{i'+t}$$

In vereinfachter Form kann die Gleichung auch wie folgt formuliert werden:

(3) $$PH = \frac{R-T}{i'} = \frac{R-t*PH}{i'} \text{ wobei } i' = \frac{i}{1-(1+i)^{-A}}$$ (transformierter Kapitalisierungssatz)

Die Kapitalisierungsgleichung erhält man, wenn Gleichung (3) nach PH aufgelöst wird:

(4) $$PH = \frac{R}{i'+t}$$

Gleichung (5) wird aus folgender indirekter Nutzenfunktion abgeleitet:

(5) $$V* = V\left[Q, PH, \left(1+\frac{t}{i}\right)\right] \text{ für } A = \infty$$[77]

und nach PH aufgelöst $PH = f\left(V*, Q, \frac{t}{i}\right)$

Folgende Gleichung stellt die Häuserpreisfunktion dar, welche die Haushalte hinsichtlich ihrer Steuerzahlung für ihre Häuser im Gleichgewicht hält:

77 Die indirekte Nutzenfunktion kann auf Epple/Zelenitz (1981) zurückgeführt werden. Hierbei werden lediglich der Hauspreis PH und das Angebot öffentlicher Güter Q als Variablen berücksichtigt. Der Hauspreis wird dabei mit dem Steuerfaktor 1+t/i gewichtet und kann aus der Steuerzahlung abgeleitet werden (Feld 2000: 37).

(6) $$PH(t,Q) = \frac{\frac{K(Q)}{i}}{i'+t}$$ [78]

Unter Verwendung von Gleichung (3) und bestimmter Annahmen[79] kann der Kapitalisierungsgrad errechnet werden. Generieren zwei Immobilien bspw. identische Mieteinnahmen i.H.v. 30.000 Euro pro Jahr, unterscheiden sich jedoch hinsichtlich des Steuersatzes (Gemeinde t_A 2 Prozent und Gemeinde t_B 4 Prozent), so beträgt der Preisunterschied folglich 84.614 Euro.[80] Der Kapitalisierungsgrad kann daher durch das Verhältnis der unterschiedlichen Steuerbelastungen ermittelt werden.

$$\text{Kapitalisierungsgrad} = \frac{\text{tatsächlich beob. Häuserpreisunterschied}}{\text{Häuserpreisunterschied bei vollst. Kapitalisierung}}$$

$$\text{Kapitalisierungsgrad} = \frac{40.000}{84.614} = 47{,}27\ \%$$

Im Rahmen von capitalization models beeinflussen die nachfolgenden drei Faktoren im Wesentlichen den Grundsteuerkapitalisierungsgrad:

- die Steuerhöhe,
- die Diskontrate,
- die Vorteile, zu denen der Vermögenserwerb berechtigt (Quang Do/Sirmans 1994: 343).

Für unbebaute Grundstücke, die auch als Vermögensanlage aufgefasst werden können, kann der Bodenpreis über die Grundrente[81] ermittelt werden. Dabei stellt der Bodenpreis (BP) die zukünftig zu erwartenden kapitalisierten

78 K stellt eine Integrationskonstante dar, welche c.p. von Q abhängig ist. Dadurch wird die effektive Steuerbelastung in den Hauspreisen beschrieben (Feld 2000: 37).

79 Kapitalisierungssatz (i = 5 %), transformierter Kapitalisierungssatz (i' = 5,48 %), geschätzte Lebensdauer der Immobilie 50 Jahre (A = 50), angenommener Steuerunterschied zwischen den Gemeinden bewirkt einen beobachtbaren Hauspreisunterschied von 40.000 Euro (vgl. eigenes Beispiel in Anlehnung an Hilber 1998: 29 f.).

80 Preis von Immobilie A: 401.070 Euro, Immobilie B: 316.456 Euro; bei vollständiger Kapitalisierung Preisunterschied: 84.614 Euro.

81 Die Grundrente bezeichnet den durch die Bodennutzung erwirtschafteten Ertrag (Hilber 1998: 25).

Grundrenten (GR) dar. Nachfolgende Kapitalisierungsformel unterstellt einen unendlichen Zeithorizont (Hilber 1998: 25): BP = GR / i.

Bei capitalization models erfolgt eine Immobilienbewertung als Vermögensanlage (Kapitalanlage). Da jedoch Daten zu den jährlichen Miet- und Steuereinnahmen nur begrenzt zur Verfügung stehen, soll im Folgenden mit Hilfe der amenity models der Hauspreis in Abhängigkeit seiner strukturellen Eigenschaften wiedergegeben werden (vgl. Haußmann et al. 2012: 562).

Die meisten Kapitalisierungsstudien basieren daher auf dem sog. Hedonischen Preisansatz,[82] welcher durch die Lancastersche Konsumtheorie (1966) seine theoretische Rechtfertigung erlangt (Feld 2000: 303 f.). Allgemein formuliert können heterogene Produkte, wie es bei Immobilien der Fall ist, in Form eines Vektors aus objektiv messbaren Charaktereigenschaften beschrieben werden. Die betrachteten Produktpreise, welche sich aus der spezifischen Art und der Menge der Eigenschaften ergeben, können als implizite Preise (hedonische Preise) gesehen werden (Rosen 1974: 34 f.; Sheppard 1999: 1598 ff.).

Wenn Haushalte eine Wohneinheit evaluieren, findet ein Wertschätzungsprozess bezogen auf die einzelnen Attribute der Immobilie statt. Sowohl für Verkäufer bereits existierender Immobilien als auch für Verkäufer noch zu errichtender Immobilien ist dieser implizite Wertschätzungsprozess des Käufers wichtig, da eindeutige Preise für die einzelnen individuellen Attribute nicht unmittelbar auf dem Immobilienmarkt beobachtbar sind (DiPasquale/Wheaton 1996: 67). Folgende Fragen sollen mittels der hedonischen Methode beantwortet werden:

- Wie wirkt sich eine Erhöhung der Quadratmeterzahl auf den Preis aus?
- Wie lassen sich die implizierten Preise der einzelnen Attribute quantifizieren, obwohl diese Preise nicht direkt erhoben werden (DiPasquale/Wheaton 1996: 67)?
- Welche Attribute wirken sich positiv bzw. negativ auf den Hauspreis aus?

4.3.1.2 Aufstellung und Form der hedonischen Preisfunktion

Um die vorgenannten Fragen zu beantworten und den durch den Konsumenten vorgenommenen Wertschätzungsprozess abzubilden, kann eine multiple

82 Nach Berndt (1991: 111) und Court (1939) wird der Term hedonische Bewertung von der hedonischen Philosophie abgeleitet, welche auf den Utilitarismus zurückzuführen ist. Court bezieht sich auf den Vorteil, den die Konsumenten durch die verschiedenen Attribute erhalten; bspw. bei Autos den Komfort, die Geschwindigkeit und die Sicherheit.

Regressionsanalyse[83] in Form der hedonischen Preisgleichung herangezogen werden. Diese berücksichtigt den Preis für ein Haus (P) als Funktion seiner beobachtbaren Eigenschaften (X_i, i = 1, n). Die Aufstellung einer hedonischen Gleichung erfordert daher Daten zu Hauspreisen und zu Hauseigenschaften sowie zur Nachbarschaft (vgl. DiPasquale/Wheaton 1996: 67 f.). Allgemein formuliert setzt sich der Preis eines Wirtschaftsgutes somit aus einem Bündel verschiedener Attribute zusammen (Bailey/Muth/Nourse 1963: 933). Das hedonische Modell kann mathematisch mittels folgender Formel dargestellt werden:

$$\textit{Preis} = f(x)\ (\textit{physische Eigenschaften, andere Faktoren})$$

$$P = \alpha + \sum_{i=1}^{n} \beta_i * \chi_{ij} + \varepsilon$$

Es wird unterstellt, dass der Immobilienpreis aus einer Linearkombination seiner Attribute, welche sich aus Strukturvariablen (z.B. Zustand, Größe) und Lagevariablen (z.B. Image, Mikrostandort) zusammensetzen, beschrieben werden kann. Die hedonischen Preise zeigen, in welcher Höhe sich Änderungen der Attribute auf den Kaufpreis auswirken. Die Summe der einzelnen Attribute bildet folglich den Preis einer Immobilie ab (Gondring 2013: 999 f.). Die abhängige Variable kann durch den Bodenpreis, den Mietzins oder den Immobilienwert[84] repräsentiert werden. Da alle drei Variablen in Wechselwirkung zueinander stehen und die Datenverfügbarkeit in Abhängigkeit des Immobilienmarktes variiert, kann keine der drei Variablen als die „bestgeeignete" bezeichnet werden (Hilber 1998: 26 f.).

Im Rahmen der hedonischen Immobilienbewertung existieren unterschiedliche ökonometrische Vorgehensweisen. In ihrer einfachsten Form kann die hedonische Preisfunktion als lineare Gleichung aufgestellt werden (DiPasquale/Wheaton 1996: 68):

---

83 Die multiple Regressionsanalyse kann als Erweiterung der einfachen Regressionsanalyse gesehen werden, da mehrere unabhängige Variablen Berücksichtigung finden (Eid/Gollwitzer/Schmitt 2015: 629).

84 Der Zusammenhang der drei Variablen kann wie folgt erklärt werden: Boden, Arbeit und Kapital stellen die wesentlichen Inputfaktoren zur Produktion von Wohnraum und von Gütern dar. Die Nachfrage nach Boden stellt eine abgeleitete Nachfrage dar, da diese oftmals als Nachfrage nach Wohnen verstanden werden kann. Der Bodenpreis repräsentiert die zukünftig erzielbaren Renten aus der Summe des Bodeneinsatzes. Der Immobilienpreis zeigt analog die zukünftig erzielbaren Mieteinkünfte. Mieteinkünfte setzen sich jedoch nicht nur aus der Bodenrente zusammen, sondern auch aus dem eingesetzten Kapital und der Arbeit (Hilber 1998: 26 f.).

$$P = \alpha + \beta_1 X_1 + \beta_2 X_2 + \ldots \beta_n X_n$$[85]

Während lineare hedonische Gleichungen zwar häufig für die Bewertung von Grundstücken herangezogen werden, gehen sie jedoch von der unrealistischen Annahme aus, dass jeder zusätzliche Raum den gleichen Nutzenzuwachs stiftet. Ausgehend von der ökonomischen Annahme des abnehmenden Grenznutzens nimmt der Mehrwert einer zusätzlichen Einheit jedoch mit steigendem Konsum ab. Die Berücksichtigung des abnehmenden Grenznutzens kann durch den natürlichen Logarithmus ausgedrückt und wie folgt dargestellt werden (DiPasquale/Wheaton 1996: 70 f.):

$$P = \alpha\, X_1^{\beta 1}\, X_2^{\beta 2}\, X_n^{\beta n}$$
$$\text{Log}\, P = \log \alpha + \beta_1 \log X_1 + \beta_2 \log X_2 + \ldots \beta_n \log X_n$$

Durch eine Transformation der Daten in ihre jeweiligen Logarithmen können nichtlineare Zusammenhänge linearisiert und mittels eines linearen Regressionsmodells geschätzt werden (Janssen/Laatz 2017: 443; Cohen et al. 2009: 226 ff.; Backhaus et al. 2016: 100 f.). Durch Logarithmieren der Daten können die Koeffizienten unterschiedlich interpretiert werden (Tabelle 7).

Tabelle 7: Zusammenfassung der Logarithmierungs-Möglichkeiten

Modell	**Abhängige Variable**	**Unabhängige Variable**	**Interpretation von β_1**
Level-level	y	x	$\Delta y = \beta_1 \Delta x$
Level-log	y	log(x)	$\Delta y = (\beta_1/100)\ \%\ \Delta x$
Log-level	log(y)	x	$\%\ \Delta y = (100\ \beta_1)\Delta x$
Log-log	log(y)	log(x)	$\%\ \Delta y = \beta_1\ \%\ \Delta x$

Quelle: eigene Darstellung in Anlehnung an Wooldridge 2013: 42.

Bezug nehmend auf Tabelle 7 stellt y die abhängige und x die unabhängige Variable dar. Im Level-level-Modell liegen die Variablen in ihrer ursprünglichen Form vor. Bei den Level-log- oder Log-level-Modellen wird von einer sog. Semi-Elastizität gesprochen. Im Log-level-Modell wird die prozentuale Änderung der abhängigen Variable (y), bei Erhöhung der unabhängigen Variablen (x) um

85 In dieser Gleichung stellen P die Zielvariable, X die verschiedenen Merkmale, α die Konstante und β die Koeffizienten dar.

eine Einheit, betrachtet. Das Log-log-Modell legt eine Logarithmierung beider Variablen zu Grunde (Wooldridge 2013: 42).

Bei der hedonischen Immobilienbewertung stellt demzufolge der natürliche Logarithmus des Preises die abhängige Variable und die natürlichen Logarithmen der jeweiligen Hauseigenschaften die unabhängigen Variablen dar. Anstatt den Attributen einen konstanten Wert einer zusätzlichen Einheit zuzuschreiben, repräsentieren die Koeffizienten die Preiselastizität in Bezug auf eine Zunahme der Attribute (DiPasquale/Wheaton 1996: 70 f.).

Mit Hilfe der hedonischen Methode wird die Immobilienpreisbildung am Markt insgesamt und in der eigenen Studie empirisch überprüft. Hierfür soll das von DiPasquale/Wheaton (1996: 6 ff.) entwickelte Vier-Quadranten-Modell als Grundlage dienen, da im Rahmen des Modells das Zustandekommen einer Gleichgewichtsbildung auf dem Immobilienmarkt, unter Annahme eines vollkommenen Marktes, untersucht wird (siehe Kapitel 6.1).

4.3.2 Allgemeine Modellprämissen der OLS-Regression

4.3.2.1 Modellannahmen

Um die Schätzung der Regressionsgleichung mittels der OLS-Methode (Ordinary Least Squares) durchzuführen, sind nachfolgende Annahmen (A1 bis A7) des linearen Regressionsmodells zu beachten und zu überprüfen. Ziel ist es, eine optimale Regressionsgerade zu ermitteln, bei welcher die quadrierten Abweichungen zwischen Messwert und Schätzwert minimal ausfallen. Durch die Berücksichtigung quadrierter Abweichungen werden positive und negative Abweichungen gleichermaßen einbezogen (Rudolf/Müller 2012: 40 ff.; Wooldridge 2013: 28 ff.; Backhaus et al. 2016: 77 ff.):

A1: Eine richtige Spezifizierung des Modells ist bereits erfolgt, sodass es linear in den Parametern β_0 und β_1 ist, sämtliche relevanten Variablen enthält, Additivität gegeben ist und die Zahl der Beobachtungen (K) größer ist als die zu schätzenden Parameter (J+1):
$Y_k = \beta_0 + \Sigma_{j=1}^{J} \beta_j X_{jk} + u_k$. Es wird von einer linearen Funktion gesprochen, wenn gilt: $y = \beta_0 + \beta_1 x$. Demzufolge ist y eine lineare Funktion von x. Die Parameter β_0 und β_1 repräsentieren die Beziehung zwischen den beiden Variablen. Der Parameter β_0 stellt den Achsenabschnitt und β_1 die Steigung dar Das entscheidende Merkmal einer linearen Funktion ist, dass eine Änderung von y immer β_1 mal eine Änderung in x bedeutet: $\Delta y = \beta_1 \Delta x$. Der marginale Effekt von x auf y ist konstant und gleich zu β_1 (Wooldridge 2013: 699). Demnach muss das Modell keine lineare Funktion

von y und x sein, um der Annahme „Linearität in den Parametern“ nachzukommen (Pedace/Kunze 2015: 122). Die Funktion muss vielmehr linear in den Parametern sein (Backhaus et al. 2016: 99). Jeder Prädiktor wird mit seinem Koeffizienten multipliziert und die Summe der Produkte ergibt den vorhergesagten Wert. Die tatsächliche Beziehung zwischen dem Prädiktor und dem Kriterium muss nicht linear sein, um eine lineare multiple Regression durchzuführen (Cohen et al. 2009: 193). Bei der linearen Regression werden die Daten als Zufallsstichprobe gesehen, da sie aus einer Grundgesamtheit stammen. Es wird angenommen, dass zwischen der abhängigen und der unabhängigen Variable ein linearer Zusammenhang besteht, der von einer Zufallsvariable (ε_i) additiv überlagert wird (Janssen/Laatz 2017: 409).

A2: Die Störgrößen haben einen Erwartungswert von Null: Erw (u_k) = 0. Der Erwartungswert (E) ist gleich Null, d.h. dass der Mittelwert der Verteilung von ε gleich Null „für jede Beobachtung der nicht-stochastischen Werte x_i“ (Janssen/Laatz 2017: 409) ist. Die Schwankungen gleichen sich somit im Mittel aus (Backhaus et al. 2016: 101). Da dieser Störterm eine Zufallsvariable darstellt, wird von einem stochastischen Regressionsmodell gesprochen (Pedace/Kunze 2015: 89; Fahrmeir et al. 2011: 476 ff.).

A3: Es existiert keine Korrelation zwischen der Störgröße und den erklärenden Regressanden: Cov (u_k, x_{jk}) = 0 (Backhaus et al. 2016: 98).

A4: Homoskedastizität: Die Störgrößen weisen eine konstante Varianz σ^2 auf (Backhaus et al. 2016: 98).

A5: Es besteht keine Autokorrelation, sodass die Störgrößen unkorreliert sind: Cov (u_k, u_{k+r}) = 0 mit $r \neq 0$ (Backhaus et al. 2016: 98).

A6: Es existiert keine Multikollinearität, sodass keine linearen Abhängigkeiten zwischen den erklärenden Variablen untereinander bestehen (Backhaus et al. 2016: 98).

A7: Normalverteilung der Störgrößen u_k (Backhaus et al. 2016: 98). Die Normalverteilung bezieht sich auf den Fehlerterm, um die statistischen Tests (t-Test, F-Test) durchführen zu können (Backhaus et al. 2016: 110 f.).

4.3.2.2 Datenvorbereitung

Nachfolgende Vorgehensweise nach Backhaus et al. (2016), Rudolf/Müller (2012), Tabachnick/Fidell (2013) und Cohen et al. (2009) wird zur Studiendurchführung angewendet. Im Rahmen der vorbereitenden Datenanalyse werden insbesondere Inhalte der (1) Deskriptiven Statistik herangezogen. Daran anknüpfend wird in der (2) Schließenden Statistik das Modell aufgestellt und mithilfe von statistischen Tests überprüft, um abschließend eine (3) Prognose vorzunehmen.

Nach Formulierung der statistischen Modellannahmen sind die Daten vor der Durchführung der Regressionsanalyse auf mögliche Zusammenhänge und Einflussfaktoren hin zu untersuchen. Dies soll mittels einer Plausibilitäts- und Normalverteilungsanalyse erfolgen. Bei der Plausibilitätsanalyse werden die Daten auf ihre Konsistenz hin überprüft. Grundsätzlich wird dabei ein spaltenweises Vorgehen als sinnvoll erachtet, um mögliche Fehlerquellen (z.B. Tippfehler, falsche Auskunft) aufdecken zu können. Ferner erfolgt eine Prüfung auf doppelte Datensätze (sog. Dubletten). Die Überprüfung der Daten auf Normalverteilung kann unter Verwendung verschiedener Verfahren erfolgen. Zur grafischen Überprüfung dienen Histogramme. Lage- und Streuungsmaße (Varianz, Mittelwert, Standardabweichung, Häufigkeiten etc.) geben eine erste Übersicht über den Datensatz. Bei der anschließenden Datenbereinigung soll eine Behandlung von fehlenden Werten und Ausreißern erfolgen (vgl. Cohen et al. 2009: 101 ff.; Tabachnick/Fidell 2013: 62 ff., 72 ff.).

Fehlende Werte (sog. „Missings") sind oftmals in Datensätzen vorhanden. Gründe hierfür können zahlreich sein (sensible Daten, unverständliche Fragen etc.). Im Umgang mit fehlenden Daten ist zu prüfen, ob die fehlenden Werte einem Muster folgen (MCAR, MAR, MNAR).[86] Anschließend ist zu entscheiden, ob bestimmte Variablen oder bestimmte Datensätze ein hohes Ausfallmuster aufweisen. Diese sind ggf. vollständig aus der Analyse zu entfernen (Tabachnick/Fidell 2013: 62 ff.; Cohen et al. 2009: 432 ff.). Es existieren unterschiedliche Verfahren, wie mit dieser Herausforderung umgegangen werden kann. In Abhängigkeit der Forschungsfrage kann ein Ausschluss von Variablen mit vielen Missings erfolgen, wenn diese nicht elementar für die Modellaufstellung sind. Weiterhin können Datensätze mit den jeweiligen Missings gelöscht werden, was oftmals jedoch zu einer deutlichen Reduktion des Datensatzes führt. Weitere Möglichkeiten sind das Ersetzen der fehlenden Werte durch den Mittelwert oder mittels der sog. Multiplen Imputation. Sämtliche Möglichkeiten gehen mit Vor- und Nachteilen einher, sodass kein einheitlicher Konsens hinsichtlich des „besten" Umgangs mit fehlenden Werten besteht (vgl. Cohen et al. 2009: 433 ff.; vgl. Tabachnick/Fidell 2013: 62 ff.).

86 MAR = missing at random; MCAR = missing completely at random; MNAR = missing not completely at random (siehe hierzu ausführlich Tabachnick/Fidell 2013: 62 ff.; Cohen et al. 2009: 432 ff.).

In der herrschenden Literatur existieren keine einheitliche Definition des Ausreißerbegriffes und keine einheitliche Vorgehensweise, wie mit Ausreißern umzugehen ist. Anscombe/Guttman (1960: 125) meinen, dass „an observation with an abnormally large residual will be referred to as an outlier." Barnett/Lewis (1994: 7) sind der Meinung, dass ein Ausreißer in einem Datensatz „[...] an observation (or subset of observations) which appears to be inconsistent with the remainder of that set of data" ist. Eid/Gollwitzer/Schmitt (2015: 151 f.) definieren einen Ausreißer dadurch, „dass er kleiner ist als der Wert $Q_1 - 1{,}5 * IQA$ bzw. größer ist als der Wert $Q_3 + 1{,}5 * IQA$." In weiteren Studien wird der Multiplikator von 1,5 durch den Wert 2,0 (Ingelfinger et al. 1983: 130) oder den Wert 3,0 ersetzt (Hoaglin/Inglewicz/Tukey 1986: 992, 998).

Beckman/Cook (1983: 120) fassen zusammen, dass „[...] the probable reliability of an observation is reflected by its relationship to other observations that were obtained under similiar conditions." Ausreißer können sowohl mittels grafischer (z.B. Boxplot) als auch mittels formal statistischer Methoden entdeckt werden. Die Identifikation von Ausreißern geht jedoch mit verschiedenen Herausforderungen einher (Munoz-Garcia/Moreno-Rebollo/Pascual-Acosta 1990: 217 f.).

Ausreißer können entweder inkorrekte Werte repräsentieren oder korrekte Beobachtungen mit seltenen Ausprägungen darstellen (Cohen et al. 2009: 390). Es muss entschieden werden, um welche Art von Ausreißer es sich handelt und welche Vorgehensweise gewählt wird (Cohen et al. 2009: 411). Bei inkorrekten Daten sind grundsätzlich eine Korrektur oder eine Entfernung sowie auch ein Ersetzen des inkorrekten Wertes durch einen plausiblen Wert möglich (Cohen et al. 2009: 412, 415). Bei Ausreißern basierend auf seltenen Ausprägungen existieren zwei Vorgehensweisen. Die Elimination oder die Effektminimierung können zu einer Regressionsgleichung führen, die eine Beschreibung des Zusammenhangs zwischen x und y treffend darstellt. Andererseits kann gerade der Ausreißer ein wichtiges Phänomen darstellen. Weiterhin können sämtliche seltenen Beobachtungen aus der Analyse ausgeschlossen werden, sodass eine bessere Generalisierung erfolgen kann (Cohen et al. 2009: 412 f.).

„Screening for outliers can be performed either prior to a regression run [...] or through a residuals analysis after an initial regression run" (Tabachnick/Fidell 2013: 124). Univariate Ausreißer können mit deskriptiven Analysen und multivariate Ausreißer z.B. mittels der Mahalanobis-Distanz, der Cook-Distance oder sog. Hebelwerten ermittelt werden (Schendera 2014: 134; Cohen et al. 2009: 390 ff., 409). Forscher mit denselben Daten werden jedoch oft zu unterschiedlichen Ergebnissen gelangen. Nur selten ist eine eindeutige statistische Entscheidung über die Einstufung eines Wertes als Ausreißer möglich (Sachs 2004: 365).

4.3.2.3 *Modellformulierung und Modellschätzung*

Die in den vorherigen Kapiteln dargestellte Forschungsfrage soll durch die nachfolgenden Modelle beantwortet werden.

Modell Niedersachsen:

$\ln(\text{Kaufpreis}) = \beta_1 + \beta_2 * \ln(\text{Wohnfläche}) + \beta_3 * \ln(\text{Fläche}) + \beta_4 * \text{AlterMod} + \beta_5 * \ln(\text{BRW}) + \beta_6 * \text{Hebesatz} + \Sigma_7^{11} \beta i * \text{Gebäudeart} + \Sigma_{12}^{14} \beta i * \text{Landkreis} + \Sigma_{15}^{19} \beta i * \text{Ausstattung} + \beta_{20} * \ln(\text{Erholungsfläche}) + \beta_{21} * \ln(\text{Gemeindestraße}) + \beta_{22} * \text{Immobestand} + \beta_{23} * \text{Zins} + \varepsilon$

Modell Bremen:

$\ln(\text{Kaufpreis}) = \beta_1 + \beta_2 * \ln(\text{Wohnfläche}) + \beta_3 * \ln(\text{Fläche}) + \beta_4 * \text{Alter} + \beta_5 * \ln(\text{BRW}) + \beta_6 * \text{Zins} + \beta_7 * \text{ÖPNV} + \beta_8 * \text{Lagefaktor} + \Sigma_9^{28} \beta i * \text{Stadtteil} + \Sigma_{29}^{31} \beta i * \text{Gebäude} + \beta_{32} * \text{Immobestand} + \varepsilon$

4.3.2.4 *Überprüfung der Regressionsfunktion und der Koeffizienten*

Prüfung der Regressionsfunktion. Das geschätzte Modell ist hinsichtlich seiner globalen Güte und seiner geschätzten Regressionskoeffizienten zu überprüfen. Bei der Interpretation der Ergebnisse kann auf nachfolgende Tests zurückgegriffen werden:

Das Bestimmtheitsmaß R^2 (Determinationskoeffizient, R^2) wird herangezogen, um die globale Güte einer Regression zu bestimmen. Es zeigt die erklärte Streuung im Verhältnis zur Gesamtstreuung und daher den durch die Prädiktorvariablen erklärten Anteil der Varianz an der Kriteriums-Variable.[87] Das Korrigierte Bestimmtheitsmaß findet zusätzlich Anwendung, um

87 Das Bestimmtheitsmaß kann Werte zwischen 0 und 1 annehmen. Bei einer vollständigen linearen Abhängigkeit würde das Bestimmtheitsmaß den Wert 1 aufweisen ($R^2 = 1$) und bei vollständiger Unkorreliertheit den Wert 0 ($R^2 = 0$) (Rudolf/Müller 2012: 45 f.). In Abhängigkeit der jeweiligen Forschungsdisziplin sind unterschiedliche Interpretationen der Korrelationsstärke möglich. Nachfolgend soll auf Schendera (2014: 16) wie folgt Bezug genommen werden: < 0,2 sehr geringe Korrelation; < 0,5

eine Varianzaufklärung unter Berücksichtigung der Anzahl der einbezogenen Prädiktoren und der Anzahl der Fälle vorzunehmen: $R^2korr = R^2 - \frac{k*(1-R^2)}{n-k-1}$ (Rudolf/Müller 2012: 45 f., 55).

Um die Signifikanz des Bestimmtheitsmaßes (Nullhypothese H_0: $r^2 = 0$) zu überprüfen, wird ein F-Test vorgenommen (Rudolf/Müller 2012: 46). Es soll dabei die Frage beantwortet werden, ob das aufgestellte Modell auch über die Stichprobe hinaus Gültigkeit besitzt. Der F-Test soll Auskunft über die Signifikanz des geschätzten Modells geben, indem neben der Streuungszerlegung auch der Stichprobenumfang Berücksichtigung findet:

F = (erklärte Varianz / df_1) / (nicht erklärte Varianz / df_2) (Rudolf/Müller 2012: 46).

Der F-Test kann um den Test des Standardfehlers ergänzt werden. Der Standardfehler gibt den mittleren Fehler an, der „bei der Verwendung der ermittelten Regressionsfunktion zur Schätzung der abhängigen Variablen gemacht wird" (Rudolf/Müller 2012: 47). $S_e = \sqrt{\sum ei^2 / (n-k-1)}$.

Prüfung der Regressionskoeffizienten. Neben der globalen Güte des Regressionsmodells sollen die jeweiligen geschätzten Regressionskoeffizienten auf Signifikanz überprüft werden. Ausgangspunkt stellt die Nullhypothese dar (H_0: $\beta_j = 0$). Mithilfe des T-Tests soll überprüft werden, ob sich die Regressionskoeffizienten signifikant von Null unterscheiden und H_0 daher zu verwerfen ist. Der t-Wert ergibt sich als Quotient aus dem Regressionskoeffizienten einer unabhängigen Variable und seinem Standardfehler: $T_{emp} = ((b_j - \beta_j) / s_{bj})$ bzw. $t_{emp} = b_j / s_{bj}$[88] (Backhaus et al. 2016: 91 f.). Als Richtwert gilt, dass der t-Wert bei $|t_{emp}|$ größer als 2 mit einer Irrtumswahrscheinlichkeit von $\alpha = 5$ Prozent als signifikant eingestuft werden kann (Backhaus et al. 2016: 115).

Ein wichtiger Durchführungsschritt einer multiplen Regressionsschätzung ist, die verschiedenen Prädiktorvariablen hinsichtlich ihres Einflusses miteinander zu vergleichen. Die geschätzten Regressionskoeffizienten sind für einen Vergleich jedoch ungeeignet, da sie vom jeweiligen Wertebereich der Prädiktorvariablen abhängig sind. Durch z-Transformation der Variablen sollen

geringe Korrelation; < 0,7 mittlere Korrelation, < 0,9 hohe Korrelation und ≥ 0,9 sehr hohe Korrelation (Schendera 2014: 16).

88 T_{emp} stellt den empirischen t-Wert für den jeweiligen Regressor dar; β_j den wahren Regressionskoeffizienten; b_j den j-ten Regressionskoeffizienten des jeweiligen Regressors; s_{bj} den Standardfehler von b_j (Backhaus et al. 2016: 92).

stattdessen die geschätzten Beta-Gewichte (Mittelwert 0, Standardabweichung 1) für eine Vergleichbarkeit der Regressionskoeffizienten untereinander herangezogen werden (Rudolf/Müller 2012: 49 f.). Ferner soll durch das Konfidenzintervall der Bereich um b_j beschrieben werden, in dem der unbekannte Wert β_j mit bestimmter Wahrscheinlichkeit liegt. Um die Schätzung vorzunehmen, ist die Vorgabe einer Vertrauenswahrscheinlichkeit notwendig: $b_j - t^* sb_j \leq \beta_j \leq b_j + t^* sb_j$ (Backhaus et al. 2016: 96).

4.3.2.5 Überprüfung der Modellprämissen

Überprüfung der Annahmen des linearen Regressionsmodells mit ihrem jeweiligen Test:

A1: Die Linearitätsprämisse soll mittels eines Scatterplots überprüft werden.

A2: Die Annahme, dass die Störgrößen einen Erwartungswert von Null aufweisen: Erw $(u_k) = 0$, ist schwer zu diagnostizieren. Es kann auf die Datenerhebung und die Datenauswertung zurückgegriffen werden (Auer 2013: 382 f.).

A3: Es existiert keine Korrelation zwischen der Störgröße und den erklärenden Regressanden: Cov $(u_k, x_{jk}) = 0$ (Backhaus et al. 2016: 98, 101 f.). Hierzu kann der sog. Ramsey-Test (Reset-Test) durchgeführt werden, um mögliche Fehlspezifikationen des Modells zu identifizieren (Ramsey 1969; Auer 2013: 321 ff.).

A4: Homoskedastizität soll visuell mittels eines Streudiagrammes überprüft werden. Streuen die standardisierten Residuen zufällig um den Erwartungswert 0 und weisen kein trichterförmiges Muster auf, ist dies ein Indiz für Homoskedastizität (Backhaus et al. 2016: 103). Ferner soll zur Überprüfung dieser Prämisse der Breusch-Pagan-Test Anwendung finden. Grundsätzlich soll das Modell mit heteroskedastie-konsistenten Standardfehlern nach White berechnet werden, um einer möglichen Heteroskedastie entgegenzuwirken (White 1980).

A5: Um eine Autokorrelation zwischen aufeinanderfolgenden Beobachtungen (Residualgrößen) zu messen, wird der Durbin-Watson-Test verwendet. Je näher der Wert an 2,0 liegt, desto unwahrscheinlicher ist eine Autokorrelation (Backhaus et al. 2016: 105 f.).

A6: Es sollen keine linearen Abhängigkeiten zwischen den unabhängigen Variablen bestehen. Unter Verwendung einer Korrelationsmatrix können mögliche Kollinearitäten aufgedeckt werden. Werte, die nahe 0,8 liegen, deuten auf erhöhte Korrelation hin (Auer/Rottmann 2015: 95). Multikollinearität soll mittels des sog. VIF-Tests bzw. der Toleranz überprüft werden. Die Toleranz stellt den Kehrwert des VIF dar (Backhaus et al. 2016: 108 f.). Es existieren in der herrschenden Literatur unterschiedliche Wertebereiche zur Beurteilung von Multikollinearität. Als kritische Grenze gilt ein VIF-Wert von 10. VIF-Werte darunter lassen keine Multikollinearität vermuten (Wooldridge 2013: 94; Cohen et al. 2009: 423; Schendera 2014: 105; Rudolf/Müller 2012: 76; Auer/Rottmann 2015: 516). Wenn alle VIF der Prädiktoren unterhalb des Wertes 10 liegen, stellt Kollinearität kein Problem dar. Bei einem VIF über 10 sollte zusätzlich eine Kollinearitätsdiagnose erfolgen (Schendera 2014: 123 f.).

A7: Aus dem zentralen Grenzwertsatz erfolgt die Verteilungsannahme, dass die Residuen eine Normalverteilung aufweisen (Auer/Rottmann 2015: 317 f., 327). Als grafische Verfahren zur Überprüfung dieser Prämisse sollen sog. QQ- und PP-Diagramme herangezogen werden. QQ-Plots stellen die standardisierten Residuen in Abhängigkeit ihrer Häufigkeiten dar. PP-Plots repräsentieren die standardisierten Residuen der abhängigen Variable gegen die kumulierte Normalverteilung in Form einer 45-Grad-Kurve (Referenzverteilung). Die Residuen sollten daher nach Möglichkeit auf der Ursprungsgeraden liegen (Schendera 2014: 62; Janssen/Latz 2017: 747).

Unter Verwendung von Merkmalsselektionsverfahren soll eine signifikante Veränderung des multiplen Bestimmtheitsmaßes durch Hinzunahme oder Entfernen einzelner Prädiktorvariablen untersucht werden. Dabei existieren mehrere Vorgehensweisen: die Einschlussmethode, die Vorwärtsselektion, die Rückwärtselimination und die schrittweise Regression (siehe hierzu ausführlich: Backhaus et al. 2016: 112 ff.; Rudolf/Müller 2012: 55; Schendera 2014: 43 ff., 109 ff.). In Abhängigkeit des verwendeten Merkmalsselektionsverfahrens können unterschiedliche Ergebnisse auftreten. In Kapitalisierungsstudien finden verschiedene dieser Vorgehensweisen Anwendung.

Nachfolgend soll ausschließlich die Einschlussmethode Anwendung finden, da die Modellaufstellung auf theoretischen und sachlogischen Überlegungen beruht und empirisch überprüft werden soll. Ein Modell, das automatisch und computergestützt auf Basis eines Algorithmus erzeugt wird und eine Variablenauswahl anhand ausschließlich statistischer Kriterien (wie z.B. bei der schrittweisen Methode) beinhaltet, soll nachfolgend nicht durchgeführt werden (Backhaus et al. 2016: 123 ff.).

Nachdem die theoretischen Grundlagen und die ökonometrische Vorgehensweise formuliert wurden, sollen im nachfolgenden Kapitel die Beschreibung und die Durchführung der eigenen Studie erfolgen.

Teil II

5 Durchführung einer empirischen Kapitalisierungsüberprüfung

„Everything Seems to Be Capitalized“ (Fischel 2001c: 45). Diese Aussage wurde in den vorherigen theoretischen Grundlagen ausführlich dargestellt. Im fünften Kapitel soll die Kapitalisierungsthese mittels einer eigenen Studie empirisch überprüft werden. Die in Kapitel 2 beschriebenen Grundsteuereigenschaften und die in Kapitel 4 veranschaulichten unterschiedlichen Ergebnisse einer Grundsteuerkapitalisierung führen zu der Forschungsfrage 1, ob sich Steuerdifferenziale (Hebesätze) der Grundsteuer in den Immobilienpreisen kapitalisieren und zu der Hypothese 1, dass in Deutschland keine Kapitalisierung der Grundsteuer in den Immobilienpreisen stattfindet und daher unterschiedliche Steuersätze in den Immobilienpreisen keine Berücksichtigung finden. Beide sollen in diesem Kapitel empirisch überprüft werden.

Die Studie wird für die Immobilienmärkte Bremen (Stadt Bremen) und Niedersachsen (Landkreise Cuxhaven, Osterholz, Rotenburg (Wümme) und Stade) durchgeführt. Die Studienergebnisse sollen außerdem dazu verwendet werden, weitere immobilienpreisbestimmende Faktoren herauszustellen und im Rahmen einer institutionenökonomischen Analyse (siehe Kapitel 6) Gründe für unterschiedliche Studienergebnisse auf verschiedenen Teilmärkten zu identifizieren.

Folgt man der Vorgehensweise des Signifikanztests nach Neyman/Pearson (1928a; 1928b), sind vorab Testhypothesen zu formulieren. Die sog. Nullhypothese H_0[89] (H_0: $r^2 = 0$) stellt den Ausgangspunkt der Untersuchung dar und besagt, dass kein Zusammenhang zwischen zwei Merkmalen X und Y existiert (Bortz/Döring 2006: 24 f.). Die Nullhypothese soll durch die Alternativhypothese H_1 widerlegt werden (vgl. Schira 2016: 475 f.; Hedderich/Sachs 2016: 426 ff.). Beim Testen der Null- und Alternativhypothese werden folgende vier Fälle unterschieden (Tabelle 8):

$$H_0\colon \theta \leq \theta_0 \text{ gegen } H_1\colon \theta > \theta_0 \; \underline{\text{bzw.}} \; H_0\colon \theta \geq \theta_0 \text{ gegen } H_1\colon \theta < \theta_0$$

89 Die Nullhypothese H_0 wird als eine wissenschaftliche Arbeitshypothese verstanden. Sie besitzt Gültigkeit, bis die Alternativhypothese H_1 bewiesen werden kann. Diese stellt das logische Komplement dar: $H_0 = H_1 : \theta \neq \theta_0$ (Schira 2016: 475 f.).

Tabelle 8: Möglichkeiten von Realität und Testentscheidung

Testentscheidung ↓	Realität →	H_0 ist richtig	H_0 ist falsch
H_0 beibehalten		o.k./richtige Entscheidung	Fehler 2. Art; β-Fehler[91]
H_0 verwerfen		Fehler 1. Art; α-Fehler[90]	o.k./richtige Entscheidung

Quelle: eigene Darstellung in Anlehnung an Schira 2016: 476; Hedderich/Sachs 2016: 427.

Unter Verwendung der Theorie der Steuerkapitalisierung soll überprüft werden, ob die Grundsteuerbelastung in den Immobilienpreisen Berücksichtigung findet. Ausgangspunkt aus testtheoretischer Sicht stellt die Nullhypothese dar, welche besagt, dass sich Steuern nicht in den Hauspreisen widerspiegeln und daher keine Grundsteuerkapitalisierung stattfindet. Falls die Grundsteuer in den Hauspreisen Berücksichtigung findet, kompensiert der niedrigere Kaufpreis die höhere Steuerbelastung und eine Kapitalisierung liegt vor. Dieser Fall stellt somit die Alternativhypothese dar (vgl. Bortz/Döring 2006: 24 f.; Haußmann et al. 2012: 561).

Die Erläuterung der Datenbasis soll nach Altenseuer (1995: 5) erfolgen und lautet wie folgt: (1) Bei der Datenbasis werden die Anforderungen an Aktualität, Homogenität des Datenmaterials und Repräsentativität berücksichtigt. (2) Bei der Erhebung und Aufbereitung der Daten erfolgt eine Beschreibung hinsichtlich der Auswahl der Immobilienarten, der Belegenheitsstädte und des Untersuchungszeitraums. (3) Eine Immobilienmarktbeschreibung erfolgt durch Darstellung der Preisentwicklung und des Preisverhaltens (Altenseuer 1995: 5).

5.1 Datenbasis und Anforderungen an das Datenmaterial

Zur Analyse von Einflussfaktoren auf den Immobilienpreis wird eine Transaktionsanalyse durchgeführt. Hierfür dienen die Kaufpreissammlungen der Gutachterausschüsse für Grundstückswerte (GAG)[92] der jeweiligen Bundesländer als Datengrundlage. Es werden Daten des Gutachterausschusses Niedersachsens und

90 Beim Fehler 1. Art wird die Nullhypothese verworfen, obwohl sie richtig ist; $P(H_0 \text{ verwerfen} \mid H_0 \text{ richtig}) = \alpha$. Üblicherweise wird beim Fehler 1. Art α oftmals mit $\alpha = 5\,\%$ oder $\alpha = 1\,\%$ vorgegeben (Schira 2016: 477). Testniveau α-Fehler (Fehler 1. Art) beschreibt somit die Bereitschaft einen Zusammenhang (Effekt) anzunehmen, obwohl keiner besteht (Schira 2016: 476; Sachs 2004: 184 f.).

91 Beim Fehler 2. Art wird die Nullhypothese nicht verworfen, obwohl die Alternativhypothese richtig ist; $P(H_0 \text{ beibehalten} \mid H_0 \text{ falsch}) = \beta$. Diese Wahrscheinlichkeit sollte nicht zu groß werden und muss erst berechnet werden (Schira: 2016: 477; Sachs 2004: 184 f.).

92 Die Bildung selbstständiger, unabhängiger Gutachterausschüsse soll einer Ermittlung von Grundstückswerten und sonstigen Wertermittlungen dienen (§ 192 Abs. 1

des Gutachterausschusses Bremens verwendet, sodass sich die Studie auf insgesamt zwei Bundesländer (Teilmärkte) bezieht. Aufgrund der Größe des Bundeslandes Niedersachsen wird die Stichprobe auf die vier Landkreise Cuxhaven, Osterholz, Rotenburg (Wümme) und Stade beschränkt. Diese Landkreise werden wegen ihrer Nähe zu Bremen ausgewählt. So auch Gürtler/Rehan (2008: 5), die sich in ihrer Studie auf die drei Landkreise Goslar, Peine und Wolfenbüttel sowie auf die zwei kreisfreien Städte Braunschweig und Salzgitter in Niedersachsen beschränken.

Das Datenmaterial enthält u.a. (auch in Abhängigkeit des jeweiligen Gutachterausschusses) Angaben über die Elemente Kauffallkennzahl bzw. Registriernummer, Status, Gemeindeteil, Erfassungsdatum und Regionstyp. Diese Elemente werden bei jeder Transaktion automatisch programmgesteuert erzeugt. Weiterhin sind sie in die Kategorien Ordnungsmerkmale (z.B. Gemeinde), Vertragsmerkmale (z.B. Datum des Kaufvertrages), Kaufpreisangaben (z.B. Bodenwertanteil), Angaben zum Miet- bzw. Pachtpreis (Nettokaltmiete) sowie bodenbezogene (z.B. Lagequalität), gebäudebezogene (z.B. Gebäudeart) und wertbeeinflussende Merkmale bei Erbbaurecht (z.B. Erbbauzins) unterteilt. Für das Bundesland Niedersachsen können insgesamt über 500 Immobilieneigenschaften untersucht werden. Da jedoch neben sog. Pflichtfeldern auch „Kannfelder" existieren, liegt bei vielen Variablen nicht für jedes Objekt eine Merkmalsausprägung vor.

Merkmalsausprägungen können grundsätzlich in unterschiedlicher Art und Weise vorliegen. Dabei kann eine Unterscheidung in qualitative und quantitative Merkmale vorgenommen werden. Quantitative Merkmale weisen eine metrische Skalierung auf, wohingegen qualitative Merkmale ordinal oder nominal skaliert sind. Um im Rahmen der Regressionsanalyse auch qualitative Merkmale einbeziehen zu können, werden diese in sog. Dummy-Variablen überführt. Für einige Variablen des Gutachterausschusses (z.B. Gebäudeart) werden für die Regression daher auch Dummy-Variablen gebildet. In der herrschenden Literatur werden diese so kodiert, dass sie bei Vorliegen einer bestimmten Merkmalsausprägung den Wert 1 und ansonsten den Wert 0 annehmen. Für die Referenzgruppe hingegen enthalten sämtliche Dummy-Variablen den Wert 0. Es werden folglich k-1 Dummy-Variablen gebildet (Cohen et al. 2009: 303 ff.). Die Wahl der Referenzgruppe kann sich an den folgenden drei Überlegungen orientieren: (1) Die Referenzgruppe sollte einen sinnvollen Vergleich ermöglichen (z.B. höchster oder geringster Einfluss auf y). (2) Sie sollte eindeutig definiert sein und daher keine Kategorie wie z.B. „andere" oder „sonstige" darstellen. (3) Sie sollte im

BauGB). Die Führung und die Auswertung von Kaufpreissammlungen gehören zu den wesentlichen Aufgabenbereichen der Gutachterausschüsse (§ 193 Abs. 5 BauGB).

Vergleich zu den anderen Gruppen nicht den kleinsten Stichprobenumfang aufweisen (Hardy 1993: 9 f.). Bei der Wahl der Referenzgruppe wird auf alle drei Auswahlkriterien Bezug genommen.

Existierende Kapitalisierungsstudien unterscheiden sich sowohl in der Variablenauswahl als auch in der Variablenanzahl. Sie weisen jedoch oftmals die Variablen „Wohnfläche", „Fläche", „Alter" und „Öffentliche Leistungen" sowie eine „Lagevariable" und eine „Grundsteuervariable" gemeinsam auf. Diese Variablen sollen auch in der eigenen Studie Verwendung finden. Bei der Berücksichtigung weiterer Variablen ist eine hohe Divergenz zwischen den Studien zu verzeichnen, da in Abhängigkeit des Datenmaterials auf unterschiedliche Variablen zurückgegriffen werden muss.

Anders als bei Sanftenberg (2015) und Fahrländer (2007) steht im Rahmen dieser Studie keine allumfassende Immobilienbewertung, sondern die Grundsteuervariable sowie eine Variable für öffentliche Leistungen im Fokus. Daher sollen u.a. wie bei Gürtler/Rehan (2008), Oates (1969), Haußmann et al. (2012) und Haußmann/Schweinberger (2012) neben der Grundsteuervariable solche Variablen berücksichtigt werden, die auch in anderen Kapitalisierungsstudien häufig als die „die Immobilie wesentlich beschreibenden" Variablen verwendet wurden.

Aufgrund der hohen Variablenanzahl findet eine Vorauswahl statt. Existierende Studien sind bereits auf die Bedeutung bestimmter Variablen eingegangen, sodass in diesem Promotionsvorhaben die Variablenauswahl auf Basis sachlogischer Überlegungen in Anlehnung an bestehende Studien erfolgt:

- Die im Rahmen dieser Arbeit implementierte Studie soll an bisher durchgeführte Studien anknüpfen und im Wesentlichen einen Beitrag für den deutschen Immobilienmarkt leisten,
- für viele Variablen existiert eine hohe Anzahl an Missings im Datensatz. Diese Variablen sind daher für die Folgeverarbeitung weniger geeignet, da sich die Stichprobe bei Weglassen unvollständiger Datensätze erheblich reduzieren würde,
- der Forschungszweck dieser Studie ist insbesondere auf die Grundsteuervariable gerichtet. Hedonische Modelle zur Immobilienbewertung weisen hingegen oftmals eine hohe Variablenanzahl auf, um den Immobilienwert bestmöglich zu prognostizieren,
- um einen Vergleich zwischen den Bundesländern durchzuführen, werden insbesondere solche Variablen verwendet, die in den Datensätzen beider Bundesländer enthalten sind.

Die Vorauswahl führt zu einem gemeinsamen Variablensatz, welcher in den Datensätzen der Gutachterausschüsse Bremen und Niedersachsen enthalten ist.

Nichtsdestotrotz ergeben sich Unterschiede im Hinblick auf Merkmalsausprägungen und Variablendefinitionen. Daher wird für Bremen und Niedersachsen jeweils ein eigenes Modell aufgestellt. Die darin verwendeten wesentlichen Immobilieneigenschaften (Gesamtfläche, Wohnfläche, Baujahr, Gebäudetyp, Alter, Bodenrichtwert, Hebesatz) sind jedoch identisch, sodass ein Vergleich zwischen den beiden Modellen dennoch erfolgen kann. Bei der Datenbasis werden die von Altenseuer (1995: 5) formulierten Anforderungen an Aktualität, Homogenität, Repräsentativität und angemessener Stichprobengröße eingehalten.

Die Datensätze basieren auf Transaktionen aus den Jahren 2014 bis 2015, weshalb eine Aktualität des Datenmaterials gegeben ist. Die Homogenität wird dadurch sichergestellt, dass sich ein Regressionsmodell auf das Datenmaterial nur eines Gutachterausschusses bezieht. Innerhalb eines Modells werden die Daten folglich aus lediglich einer Quelle generiert. Die Hebesatzdaten wurden von den Statistischen Ämtern des Bundes und der Länder (2015, 2016) und der Effektivzins von der Deutschen Bundesbank (2017) bezogen. Die Daten des Immobilienbestandes und der öffentlichen Leistungen wurden als Sonderauswertungen getrennt für die Bundesländer Bremen und Niedersachsen von den jeweiligen Statistischen Landesämtern bereitgestellt.

Die Ursache für die verschiedenen Datenquellen ist, dass keine einheitliche Datensammlung sämtlicher Immobilientransaktionen in Deutschland existiert. Für die jeweiligen Regionen (Bundesländer) sind vielmehr verschiedene Gutachterausschüsse zuständig. Die Repräsentativität der Daten ist trotzdem gegeben, da die Gutachterausschüsse nach §§ 192, 193 BauGB regelmäßig einberufen werden, um den Immobilienmarkt transparenter zu gestalten. Die Immobilientransaktionsdaten der Gutachterausschüsse sind durch diese gesetzliche Fundierung daher als Datenmaterial für statistische Zwecke geeignet. Ferner werden im Rahmen der Studie nur Ein- und Zweifamilienhäuser untersucht, sodass die Homogenität durch die Einschränkung auf einen Teilmarkt (Nutzungsmarkt Wohnimmobilien) fortwährend gegeben ist. Insgesamt wurden unter Berücksichtigung der Einschränkungen (Zeitraum, Gebäudeart) 5.360 Transaktionen für den Teilmarkt Niedersachsen und 3.177 für die Stadt Bremen generiert.

Im Rahmen einer Kapitalisierungsstudie kann die Grundsteuervariable unterschiedlich repräsentiert werden. Grundsätzlich ist die Verwendung einer konkreten Steuerbelastung, eines anzuwendenden Steuersatzes oder einer Dummy-Variable (z.B. Umsetzung einer Steuererhöhung) möglich (Bloom/Ladd/Yinger 1983: 154). Der Grundsteuerhebesatz stellt in der nachfolgenden Studie für den Teilmarkt Niedersachsen die Steuervariable dar. Dieser kann auch als Standortfaktor interpretiert werden (Haußmann/Schweinberger 2012) und – anders als bei der Verwendung der konkreten Steuerbelastung – dem statistischen Problem von sog. Rückkopplungseffekten entgegenwirken. Diese entstehen, wenn die Wirkungsrichtung von unabhängigen und abhängigen Variablen nicht eindeutig definiert ist (vgl. Cohen et al. 2009: 6 f.). Bei einer Grundsteuerkapitalisierungsstudie würde dies bedeuten, dass die Grundsteuerbelastung (x) abhängig vom Immobilienpreis (y) ist, jedoch im Regressionsmodell genau dieser entsprechende Einfluss auf den Immobilienpreis untersucht werden soll. Abhängige und unabhängige Variable würden sich gegenseitig beeinflussen. Durch die Berücksichtigung des Hebesatzes ist eine eindeutige Wirkungsrichtung vorgegeben (vgl. Haußmann/Schweinberger 2012; vgl. Yinger et al. 1988: 45; vgl. Bloom/Ladd/Yinger 1983: 151, 155).

Im Tiebout-Modell entscheiden Individuen durch „voting by feet", welche Gemeinde für sie das bestmögliche Bündel aus öffentlichen Leistungen und dafür zu zahlenden Steuern bereitstellt (Tiebout 1956). Der Grundsteuerhebesatz stellt eine adäquate Steuervariable dar und infrastrukturbezogene Faktoren eignen sich als Variable für die öffentlichen Leistungen. Ferner haben potenzielle Käufer eines Hauses die Möglichkeit, sich im Vorhinein über den Hebesatz der jeweiligen Gemeinde zu informieren. Ein höherer Hebesatz könnte daher als Indikator für ein höheres Niveau an öffentlichen Leistungen verstanden werden (Haußmann/Schweinberger 2012: 109). Die Ermittlung der konkreten Steuerbelastung einer zu erwerbenden Immobilie birgt vor dem Kauf hingegen Schwierigkeiten.

Die eigene Studie verwendet die einzelnen Immobilientransaktionen (Mikrodaten). Hierbei erfolgt nicht nur die Berücksichtigung einer einzelnen Jurisdiktion (intrajurisdiktionell), sondern es werden Transaktionen von verschiedenen Jurisdiktionen (interjurisdiktionell) in das Regressionsmodell mit aufgenommen. Dieses Vorgehen fand u.a. auch in den Kapitalisierungsstudien von Case (1978), Edelstein (1974) und King (1973) Anwendung.

Die Werte der quantitativen, metrischen und immobilienbezogenen Variablen Kaufpreis, Wohnfläche, Fläche, BRW, Erholungsfläche und Bruttoauszahlungen für die Gemeindestraßen pro Bewohner werden in den natürlichen Logarithmus (ln) transformiert. Die Begründungen dafür sind:

- Der in der ökonomischen Theorie unterstellte abnehmende Grenznutzen (DiPasquale/Wheaton 1996: 70 f.) soll Berücksichtigung finden,
- diese Vorgehensweise findet auch in anderen Studien Anwendung, obgleich keine einheitliche Vorgehensweise existiert (siehe ausführlich Kapitel 4.3),
- das Logarithmieren der Daten verschiebt den Wertebereich und es erfolgt dadurch eine Streckung oder Stauchung (Maier/Herath 2015: 90). Die Verteilung

der logarithmierten Werte hat zur Folge, dass die bei Immobilienpreisen typisch rechtsschiefen Verteilungen gleichmäßiger um den Mittelwert streuen (Maier/Herath 2015: 91) und zu annäherungsweise normalverteilten Werten transformiert werden (Sachs 2004: 173).

Nachfolgend werden die beiden Teilmärkte beschrieben, indem auf ihre jeweiligen Charakteristika Bezug genommen wird. Als wesentliches Unterscheidungsmerkmal kann die Eigenschaft Bremens als Stadtstaat und Niedersachsens als Flächenstaat herangezogen werden. Daran anschließend erfolgen eine Datenaufbereitung und Variablenbeschreibung sowie die Modellschätzung. Abschließend werden die Ergebnisse analysiert.

5.2 Teilmarkt Niedersachsen

5.2.1 Beschreibung des Teilmarktes

Niedersachsen ist mit ca. 47.614 km^2 das flächenmäßig zweitgrößte Bundesland Deutschlands und verzeichnet ca. 7,8 Mio. Einwohner (2014). Es gliedert sich in 37 Landkreise und acht kreisfreie Städte. Wirtschaftsprägende Faktoren sind insbesondere die Landwirtschaft, die Automobilindustrie und das Ernährungsgewerbe (Land Niedersachsen 2017: o.S.). Nachfolgend wird eine disaggregierte Analyse durchgeführt und somit nur ein bestimmter Teilmarkt betrachtet. Hierbei wird der Fokus auf den Bezirk Otterndorf gelegt, welcher sich aus den Landkreisen Cuxhaven, Osterholz, Rotenburg (Wümme) und Stade zusammensetzt. Als Nächstes sollen die vier Landkreise kurz dargestellt und die wesentlichen Merkmale sowie die stattgefundenen Transaktionen allgemein beschrieben werden.

Mit einer Fläche von 2.058 km^2 ist der Landkreis Cuxhaven der fünftgrößte in Niedersachsen. Er setzt sich aus den nachfolgenden Gemeinden und Samtgemeinden (SG)[93] zusammen: Stadt Cuxhaven, Land Hadeln (SG), Am Dobrock (SG), Hemmoor (SG), Börde Lamstedt (SG), Wurster Nordseeküste,[94] Stadt

93 Eine Samtgemeinde bezeichnet den Zusammenschluss verschiedener Mitgliedsgemeinden. Eine Einheitsgemeinde ist in ihrer Verwaltung unabhängig von anderen Gemeinden.

94 Die Gemeinde Wurster Nordseeküste wurde am 01.01.2015 gegründet und setzt sich aus den ehemaligen Gemeinden Cappel, Dorum, Midlum, Misselwarden, Mulsum, Nordholz, Padingbüttel und Wremen zusammen (§§ 1, 2 Gesetz über die Neubildung der Gemeinde Wurster Nordseeküste, Landkreis Cuxhaven, Nds. GVBl. Nr. 26/2012, ausgegeben am 16.11.2012). Diese haben in 2014 jeweils einen Hebesatz von 460 %

Geestland,[95] Schiffdorf, Loxstedt, Beverstedt und Hagen im Bremischen. Wirtschaftliche Bedeutung erfährt der Landkreis Cuxhaven durch sein Urlaubs- und Erholungszentrum, den Absatzmarkt für Personenkraftwagen nach Übersee und seinen Standort für Unternehmen der Forschung und Entwicklung (Gutachterausschuss Otterndorf 2016: 8). Nachfolgende Tabelle 9 gibt einen Überblick über die Transaktionen in den Jahren 2014 und 2015. Insbesondere Ein- und Zweifamilienhäuser weisen eine hohe und ansteigende Fallzahl und damit auch eine hohe Flächensumme auf.

Tabelle 9: Transaktionen beb. Grundstücke im Landkreis Cuxhaven (2014 bis 2015)

Grundstücksart	**Flächensumme (1.000 m²)**		**Geldumsatz (Mio. €)**		**Fallzahl**	
	2015	**2014**	**2015**	**2014**	**2015**	**2014**
Ein- und Zweifamilienhäuser	1.550	1.390	145,2	132,9	1.160	1.117
Reihenhäuser und Doppelhaushälften	70	50	19,3	15,0	153	130
Mehrfamilienhäuser	90	120	56,2	18,5	47	72
Geschäftshäuser, Bürogebäude	210	90	22,6	15,8	67	55
Sonstige Objekte	850	2.080	44,3	35,2	255	286
Summe	**2.770**	**3.730**	**287,6**	**217,4**	**1.682**	**1.660**

Quelle: eigene Zusammenstellung auf Basis Gutachterausschuss Otterndorf 2015: 120; Gutachterausschuss Otterndorf 2016: 124.

(Statistische Ämter des Bundes und der Länder 2015). Der Hebesatz für die Gemeinde Wurster Nordseeküste für das Jahr 2014 wird als Mittelwert der Hebesätze der o.g. Gemeinden ermittelt und beträgt daher 460 %.

95 Die Gemeinde Stadt Geestland wurde am 01.01.2015 gegründet. Sie ist ein Zusammenschluss der Stadt Langen und der Gemeinden Flecken Bad Bederkesa, Drangstedt, Elmlohe, Flögeln, Köhlen, Kührstedt, Lintig und Ringstedt (§§ 1, 2 Gesetz über die Neubildung der Stadt Geestland, Landkreis Cuxhaven, Nds. GVBl. Nr. 26/2012, ausgegeben am 16.11.2012). Die Gemeinde Stadt Langen weist 2014 einen Hebesatz von 430 % auf. Die Samtgemeinde Bederkesa setzt sich aus den nachfolgenden Mitgliedsgemeinden zusammen und die jeweiligen Hebesätze für 2014 sind in Klammern gegeben. Flecken Bad Bederkesa (450 %), Drangstedt (430 %), Elmlohe (430 %), Flögeln (450 %), Köhlen (430 %), Kührstedt (430 %), Lintig (450 %) und Ringstedt (430 %) (Statistische Ämter des Bundes und der Länder 2015). Der Hebesatzmittelwert für 2014 beträgt 437 % (aufgerundet).

Der Landkreis Osterholz umfasst eine Fläche von 651 km² und grenzt nördlich an die Hansestadt Bremen mit einer gemeinsamen Grenzlänge von 56 km. Die Stadt Osterholz-Scharmbeck bildet dabei die Funktion des Mittelzentrums. Insgesamt setzt sich der Landkreis Osterholz aus den nachfolgenden Gemeinden und Samtgemeinden zusammen: Hambergen (SG), Worpswede, Grasberg, Lilienthal, Stadt Osterholz-Scharmbeck, Schwanewede und Ritterhude. Die höchste Bevölkerungsdichte kann am Randbereich in der direkten Nachbarschaft zu Bremen nachgewiesen werden. Diese unmittelbare Großstadtnähe hat Einfluss auf die Preise und die Umsätze auf dem Immobilienmarkt. Ein deutliches Preisgefälle kann mit abnehmender Distanz zur Hansestadt verzeichnet werden. Ausnahme hierbei ist die Gemeinde Worpswede, die aufgrund ihrer besonderen Stellung als sog. „Künstlerdorf" einen hohen Bekanntheitsgrad und einen lebhaften Kunsttourismus erlebt (Gutachterausschuss Otterndorf 2016: 9). Tabelle 10 zeigt einen deutlichen Anstieg der Fallzahl von 2014 auf 2015. Ein- und Zweifamilienhäuser tragen mit deutlichem Abstand zu Reihenhäusern und Doppelhaushälften zum Geldumsatz bei.

Tabelle 10: Transaktionen beb. Grundstücke im Landkreis Osterholz (2014 bis 2015)

Grundstücksart	**Flächensumme (1.000 m²)**		**Geldumsatz (Mio. €)**		**Fallzahl**	
	2015	**2014**	**2015**	**2014**	**2015**	**2014**
Ein- und Zweifamilienhäuser	640	560	90,8	79,4	508	459
Reihenhäuser und Doppelhaushälften	80	70	27,9	25,3	191	177
Mehrfamilienhäuser	20	30	3,2	4,7	17	19
Geschäftshäuser, Bürogebäude	70	60	11,3	12,0	33	31
Sonstige Objekte	580	380	23,3	12,9	83	85
Summe	**1.390**	**1.100**	**156,5**	**134,3**	**832**	**771**

Quelle: eigene Zusammenstellung auf Basis Gutachterausschuss Otterndorf 2015: 120; Gutachterausschuss Otterndorf 2016: 124.

Der Landkreis Rotenburg (Wümme) ist der Metropolregion Hamburg zuzuordnen und der viertgrößte Landkreis in Niedersachsen. Die Landschaft ist durch Moore, Flusstäler und Wälder sowie eine nahezu unzersiedelte Landschaft gekennzeichnet (Landkreis Rotenburg (Wümme) 2017: o.S.). Als prägende Wirtschaftsfaktoren gelten die Landwirtschaft und landwirtschaftliche

Erzeugnisse. Eine spürbare Einflussnahme auf den Grundstücksmarkt ist durch die Städte Sottrum und Tarmstedt im Südwesten und Sittensen im Osten zu verzeichnen. Hauptverkehrsadern sind die A1 (Hamburg und Bremen) und die Eisenbahnfernstrecke. Weitere Hauptverkehrsknoten in Nord-Süd-Richtung bilden die Bundesstraßen (B) 71, 74, 215, 440 und 495 der Städte Bremervörde, Zeven, Rotenburg (Wümme) und Visselhövede mit eigenständiger Bedeutung als Gewerbe- und Dienstleistungsstandorte (Gutachterausschuss Otterndorf 2016: 11). Die Fallzahl von Ein- und Zweifamilienhäusern ist von 2014 auf 2015 ebenfalls angestiegen (Tabelle 11).

Tabelle 11: Transaktionen beb. Grundstücke im Landkreis Rotenburg (Wümme) (2014 bis 2015)

Grundstücksart	**Flächensumme (1.000 m²)**		**Geldumsatz (Mio. €)**		**Fallzahl**	
	2015	**2014**	**2015**	**2014**	**2015**	**2014**
Ein- und Zweifamilienhäuser	1.180	1.120	99,2	93,0	678	666
Reihenhäuser und Doppelhaushälften	60	50	14,7	12,7	120	115
Mehrfamilienhäuser	70	90	12,5	12,3	30	34
Geschäftshäuser, Bürogebäude	150	180	33,2	38,9	57	54
Sonstige Objekte	1.650	1.650	67,6	27,6	147	156
Summe	**3.110**	**3.090**	**227,2**	**184,5**	**1.032**	**1.025**

Quelle: eigene Zusammenstellung auf Basis Gutachterausschuss Otterndorf 2015: 120; Gutachterausschuss Otterndorf 2016: 124.

Der Landkreis Stade ist ebenfalls der Metropolregion Hamburg zuzuordnen. Seine Bildung erfolgte im Jahre 1932 aus den damals selbstständigen Kreisen des Kehdinger Landes, des Alten Landes und der Stader Geest. Als Hauptbranchen können die chemische Industrie sowie der Anlagen- und Flugzeugbau genannt werden. Zu weiteren wichtigen Wirtschaftsbereichen zählen das Handwerk und das Dienstleistungsgewerbe, mittelständische Unternehmen sowie die Entwicklung Stades zu einem attraktiven Standort für carbonfaserverstärkte Kunststoffe (CFV-Valley) mit der Airbus-Deutschland GmbH. Wesentliche Verkehrswege sind u.a. die B73 (Hamburg und Cuxhaven), die B74 (Bremervörde und Bremen), die A26 (Stade und Hamburg) sowie die A20 (Elbquerung bei Drochtersen), welche derzeit ausgebaut wird (Gutachterausschuss Otterndorf 2016: 10).

Nachfolgende Tabelle 12 zeigt die Transaktionen bebauter Grundstücke im Landkreis Stade. Die Fallzahl von Ein- und Zweifamilienhäusern ist auch hier von 2014 auf 2015 angestiegen und weist daneben einen deutlichen Unterschied zu den Fallzahlen von Reihenhäusern und Doppelhaushälften auf.

Tabelle 12: Transaktionen beb. Grundstücke im Landkreis Stade (2014 bis 2015)

Grundstücksart	**Flächensumme (1.000 m²)**		**Geldumsatz (Mio. €)**		**Fallzahl**	
	2015	**2014**	**2015**	**2014**	**2015**	**2014**
Ein- und Zweifamilienhäuser	1.020	940	152,9	138,7	845	781
Reihenhäuser und Doppelhaushälften	90	100	44,6	42,1	253	264
Mehrfamilienhäuser	60	50	28,0	24,6	46	40
Geschäftshäuser, Bürogebäude	80	120	55,5	49,9	53	41
Sonstige Objekte	780	510	31,6	15,4	88	70
Summe	**2.030**	**1.720**	**312,6**	**270,7**	**1.285**	**1.196**

Quelle: eigene Zusammenstellung auf Basis Gutachterausschuss Otterndorf 2015: 120; Gutachterausschuss Otterndorf 2016: 124.

5.2.2 Datensatz und Datengrundlage

Nachdem die Charakteristika der einzelnen Landkreise beschrieben wurden, soll im Folgenden der Datensatz als Ganzes betrachtet werden. Die Stichprobe umfasst insgesamt 5.360 Transaktionen im Zeitraum vom 01.01.2014 bis zum 31.12.2015. Es handelt sich um Einzeltransaktionen, die sich auf die nachfolgenden Landkreise wie folgt verteilen:

- Cuxhaven 1.851,
- Osterholz 977,
- Rotenburg (Wümme) 1.017,
- und Stade 1.515.

Die 5.360 Transaktionen verteilen sich auf 135 Gemeinden, wobei besonders viele Transaktionen in Buxtehude (183), Lilienthal (157), Osterholz-Scharmbeck (321), Stadt Cuxhaven (406) und Stadt Stade (350) stattgefunden haben. Die Kauffallhäufigkeit variiert zwischen den Gemeinden erheblich. Nachfolgende Abbildung 6 zeigt die Häufigkeitsverteilung auf die jeweilige Belegenheitsgemeinde.

Abbildung 6: Kauffallhäufigkeiten nach Gemeinden im TM Niedersachsen (2014 bis 2015)

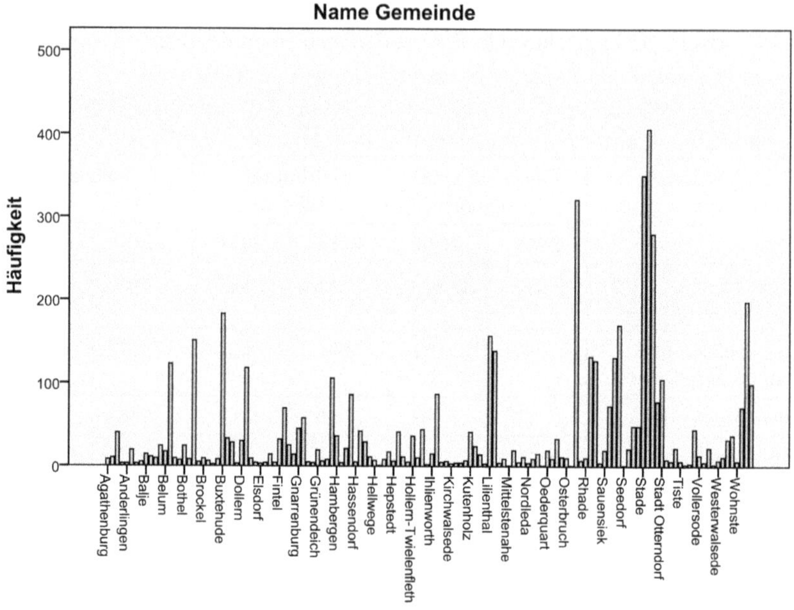

Quelle: eigene Berechnung.

5.2.2.1 Datenaufbereitung und Modellannahmen

Im Rahmen der Plausibilitätsanalyse werden die Datensätze auf Konsistenz und Vollständigkeit überprüft. Nach Cohen et al. (2009) ist bei inkorrekten Daten eine Korrektur durch einen plausiblen Wert möglich (Cohen et al. 2009: 412, 415). Das Immobilienalter („AlterModifiziert") wird aus der Differenz der Variablen „Verkaufsjahr" und „modifiziertes Baujahr" errechnet. Bei Unvollständigkeit des modifizierten Baujahres wird das reguläre Baujahr zur Errechnung des Alters herangezogen. Bei der Variable „modifiziertes Baujahr" weisen 41 Kauffälle fehlende Werte auf. Weiterhin weist die Variable „modifiziertes Baujahr" in einem Datensatz einen Wert von „6" auf. Es handelt sich dabei höchstwahrscheinlich um einen Ausreißer, der durch einen Eingabefehler entstanden ist und einen inkorrekten Wert repräsentiert (vgl. Cohen et al. 2009: 390). Dieser Eingabefehler wird nachfolgend durch den Wert des „regulären Baujahres" ersetzt. Bei der Berechnung der Variable „reguläres Alter" wurde in einem Datensatz der Wert „-1" festgestellt. Grund hierfür ist, dass der Kaufvertrag vor Fertigstellung des Gebäudes abgeschlossen wurde. Dieser Wert wird durch „0" ersetzt. Für die

Gemeinde Mittelnkirchen sind keine Daten für die Variable „Erholungsfläche" für die Jahre 2014 und 2015 verfügbar, sodass der zuletzt ausgewiesene Wert aus dem Jahr 2012 verwendet wird. Für die Gemeinde Hagen im Bremischen sind keine Daten für die Variable „Immobilienbestand" aus dem Jahr 2014 verfügbar, sodass die Werte aus 2015 auch für 2014 verwendet werden.

Der Datensatz wird weiterhin auf Dubletten untersucht. Zur Identifikation wird das Kauffallkennzeichen herangezogen, es konnten jedoch keine Dubletten ermittelt werden. Daran anschließend wird die Stichprobe um 597 Datensätze bereinigt, da bei diesen wertbeeinflussende Umstände oder Widersprüche beobachtet wurden.

Datensätze, die die Mindestanforderungen nicht erfüllen, finden in der weiteren Analyse keine Berücksichtigung. Die wesentlichen Modellannahmen und Mindestanforderungen[96] werden zusammenfassend wie folgt formuliert:

- Berücksichtigung nur solcher Kauffälle, bei denen ein vollständiger Datensatz zur Verfügung steht,
- Berücksichtigung nur für private Zwecke bebauter Grundstücke (Ein- und Zweifamilienhäuser) ohne Erbbaurecht oder andere Lasten (erschließungsbeitragsfrei, keine sonstigen wertbeeinflussenden Umstände),
- Berücksichtigung nur solcher Datensätze, die keine Widersprüche zwischen ihren Elementen enthalten,
- Berücksichtigung nur solcher Immobilienübertragungen, bei denen natürliche Personen am Eigentümerwechsel beteiligt sind. Transaktionen von Zwangsversteigerungen oder unter Beteiligung öffentlicher Rechtspersonen finden keine Berücksichtigung,
- der Beobachtungszeitraum erstreckt sich über die Jahre 2014 und 2015 (01.01.2014 bis 31.12.2015),
- die Grundsteuervariable wird durch die jeweiligen Hebesätze der Gemeinden dargestellt. Die Daten werden von den Statistischen Ämtern des Bundes und der Länder erhoben,
- Grundstücke mit einer Gesamtfläche von über 20.000 m^2 finden keine Berücksichtigung,
- Berücksichtigung nur solcher Immobilien mit einer Wohnfläche von mehr als 50 m^2,
- Berücksichtigung nur solcher Immobilien mit einem Bodenrichtwert von mehr als 10 Euro/m^2,

96 Zur grundsätzlichen Vorgehensweise siehe auch Haußmann/Schweinberger 2012; Fahrländer 2007: 48; Gürtler/Rehan 2008.

- Berücksichtigung nur solcher Transaktionen, bei denen ein höherer Kaufpreis als 5.000 Euro erreicht wurde.

Durch die getroffenen Annahmen wird das Ziel verfolgt, eine hohe Modellrepräsentativität bei einer hohen Transaktionszahl zu erreichen. Transaktionen von Immobilien mit sehr speziellen Eigenschaften, die den Erklärungsgehalt des Modells nicht erhöhen, sollen daher keine Berücksichtigung finden. Trotz der getroffenen Annahmen weisen die Variablen weiterhin eine hohe Varianz auf (siehe Tabelle 13).

5.2.2.2 Bereinigte Stichprobe

Nachdem die Modellannahmen formuliert wurden, ist zu prüfen, ob die fehlenden Werte im Datensatz einem Muster folgen. Die Variablen „Wohnfläche“ und „Ausstattungsstandard“ weisen insgesamt ein hohes Ausfallmuster auf. Es gilt daher zu entscheiden, ob nur der jeweilige Datensatz oder die Variable vollständig aus der Analyse zu entfernen ist. Da grundsätzlich beide Möglichkeiten mit Vor- und Nachteilen einhergehen, existiert kein Konsens hinsichtlich des optimalen Umgangs mit fehlenden Werten (Cohen et al. 2009: 433 ff.; Tabachnick/Fidell 2013: 62 ff.). Da jedoch beide Variablen in der herrschenden Literatur als bedeutsame Einflussfaktoren auf den Immobilienpreis gesehen werden, sollen sie trotz der Missings beibehalten und Datensätze mit Missings bei diesen Variablen gelöscht werden. Die Variablen „Kaufpreis“, „Fläche“, „Gebäudetyp“ und „reguläres Baujahr“ weisen hingegen keine Missings auf, während bei der Variable „Bodenrichtwert“ in 13 Datensätzen Missings vorhanden sind.

Bei der Datensatzprüfung wurde weiterhin festgestellt, dass die Variablen „Sanitäre Anlagen“ und „Standardstufe“ ein hohes Ausfallmuster aufweisen. Beide Variablen finden, im Vergleich zu den vorherigen beiden Variablen, eine relativ geringe Berücksichtigung in den Studien. Da für die Analyse nur vollständige Datensätze und nur solche Variablen, die bereits in vielen Kapitalisierungsstudien Berücksichtigung fanden, als Grundlage dienen sollen, wurden die beiden Variablen gänzlich ausgeschlossen, anstatt nur den Datensatz mit dem jeweiligen Missing zu entfernen (siehe hierzu auch Sanftenberg 2015: 85 und Fahrländer 2007: 48).

Aufgrund der zahlreichen Ausreißerdefinitionen werden die Daten unter Verwendung verschiedener Verfahren auf Ausreißer hin überprüft. Eine visuelle Prüfung wird mittels Boxplot vorgenommen. Dieses Vorgehen basiert auf der Ausreißerdefinition u.a. nach Eid/Gollwitzer/Schmitt (2015: 151 f.), welche einen Ausreißer dadurch definieren, „dass er kleiner ist als der Wert $Q_1 - 1{,}5 * IQA$ bzw. größer ist als der Wert $Q_3 + 1{,}5 * IQA$.“ Neben dieser visuellen

Überprüfung werden mögliche Ausreißer weiterhin mittels o.g. Formel überprüft, indem jedoch der Multiplikator mit 3,0 ersetzt wird (Hoaglin/Inglewicz/Tukey 1986: 992, 998), sodass sich für einen Ausreißer die Formel „Q_1 – 3,0 * IQA und Q_3 + 3,0 * IQA" ableiten lässt. Oftmals stellen Werte mit einem Multiplikator von 3,0 Extremwerte dar (Jannsen/Laatz 2017: 242), welche besonders eingehend untersucht werden sollten.

Unter Bezugnahme auf Barnett/Lewis' (1994: 7) Ausreißderdefinition, welche einen Ausreißer als „[...] an observation (or subset of observations) which appears to be inconsistent with the remainder of that set of data" darstellt, konnte von den wenigen Extremwerten nicht auf inkorrekte Daten geschlossen werden, sodass diese in der weiteren Analyse im Datensatz erhalten bleiben. Bei Immobilienpreisen und Immobilieneigenschaften sind aufgrund ihrer unikalen Eigenschaft außergewöhnliche oder extreme Ausprägungen durchaus möglich. Ferner wurde durch die formulierten Modellannahmen bereits eine Einschränkung hinsichtlich extremer Ausprägungen vorgenommen.

Nachdem die Datensätze auf Missings und auf Ausreißer untersucht und unter Berücksichtigung der Annahmen bereinigt wurden, verbleiben noch 2.736 Datensätze für die Analyse. Die verbleibenden Daten werden auf das Vorliegen einer Normalverteilung und bivariate Zusammenhänge unter Verwendung von Scatterplots und einer Korrelationsmatrix überprüft.

Die einzelnen Variablen wurden anhand von Histogrammen auf Normalverteilung überprüft. Die meisten Variablen weisen eine Normalverteilung auf. Die Normalverteilungsannahme bezieht sich jedoch auf die Residuen, sodass nicht normalverteilte Variablen kein Hindernis für eine lineare Regression darstellen (Pedace/Kunze 2015: 139). Ein Stichprobenumfang von mehr als 30 Vergleichsfällen wird in der herrschenden Literatur mit Verweis auf den zentralen Grenzwertsatz als ausreichend groß angesehen (Auer/Rottmann 2015: 317 f., 327).

Lineare Zusammenhänge zwischen der abhängigen und den unabhängigen Variablen wurden visuell unter Verwendung von Scatterplots und Korrelationen zwischen den metrischen Variablen mittels Korrelationsmatrix überprüft. Im Rahmen der Korrelationsmatrix weisen die unabhängigen Variablen untereinander keine Werte von über 0,5 auf, sodass der als kritisch diskutierte Wert von ≥ 0,8 (Auer/Rottmann 2015: 95) zwischen den unabhängigen Variablen nicht überschritten wird und damit einhergehende mögliche Probleme von Kollinearitäten in einer ersten Überprüfung verworfen werden können. Nachfolgende Tabelle 13 gibt einen Überblick über das Durchschnittsobjekt unter Berücksichtigung des nach der Bereinigung verbleibenden vollständigen Datensatzes.

Tabelle 13: Durchschnittsobjekt TM Niedersachsen

Variable	**MIN**	**MAX**	**Σ**	**Mittelwert**	**Standard-abweichung**
Kaufpreis (€)	16.000	750.000	431.719.509	157.792	75.280,698
Fläche (m^2)	72	16.068	2.635.430	963	1.040,289
BRW (€/m^2)	11	500	189.971	69	40,973
Wohnfläche (m^2)	52	440	372.572	136	45,213
Baujahr	1900	2015	5.396.499	1972	24,704
Modifiziertes Baujahr	1933	2015	5.419.658	1980	14,253
Erholungsfläche (ha)	1	323	317.905	116	94,668
Gemeindestr. (€/Einw.)	1	453	209.193	76	57,979
Hebesatz (%)	315	490	1.177.703	430	29,326
Effektivzins (%)	1,61	2,84	5.690	2,07	0,350
Immobestand	-1	109	101.045	36	25,162
Alter	0	115	115.428	42	24,734
Modifiziertes Alter	0	82	92.268	33	14,265

Quelle: eigene Berechnung.

5.2.2.3 Variablenbeschreibung

Die im Selektionskatalog für das Modell Niedersachsen aufgelisteten Variablen finden im Rahmen der Regressionsanalyse indirekte oder direkte Berücksichtigung. Die indirekte Berücksichtigung bedeutet, dass die Variable Einfluss auf die Selektion eines Datensatzes besitzt. Die Variablen „Status", „ungewöhnliche oder persönliche Verhältnisse", „weitere wertbeeinflussende Umstände" sowie „beitragsrechtlicher Zustand" dienen dazu, nur solche Kauffälle zu berücksichtigen, die widerspruchsfrei sind und keinem weiteren wertbeeinflussenden Umstand unterliegen. Die direkten Variablen sind solche, die im Rahmen des Regressionsmodells geschätzt werden sollen. Die nachfolgende Tabelle 14 enthält eine Darstellung der Variablenselektion für den Teilmarkt Niedersachsen, welche zur Aufstellung des Regressionsmodells verwendet werden soll. Es erfolgen anschließend eine Beschreibung und eine Begründung für die jeweilige Variablenauswahl.

Die immobilienbeschreibenden Variablen basieren auf der vom Gutachterausschuss Niedersachsen zur Verfügung gestellten „Beschreibung der Elemente der Kaufpreissammlung" (Stand 21.06.2015), welche auf Anfrage beim

Gutachterausschuss oder bei der Niedersächsischen Vermessungs- und Katasterverwaltung erhältlich ist.

Tabelle 14: Selektionskatalog für beb. Grundstücke im TM Niedersachsen

Variable	**Verwendungszweck / Statistisch**
Kauffallkennzeichen	Überprüfung auf Dubletten
Status	Überprüfung auf Widersprüche
Gemeinde	Zuordnung des jeweiligen Hebesatzes
Datum des Vertrages	01.01.2014 bis 31.12.2015
Anlass Eigentumsübergang	Kauf
Veräußerer	Natürliche Person
Erwerber	Natürliche Person
Kaufpreis (€)	ln
Ungewöhnliche oder persönliche Verhältnisse	Überprüfung Widersprüche
Weiterer wertbeeinflussender Umstand	Überprüfung Widersprüche
Fläche (m^2)	ln
Bodenrichtwert (€/m^2)	ln
Beitragsrechtlicher Zustand	Überprüfung Widersprüche
Gebäudeart / Gebäudetyp	Dummy
Baujahr	Berechnung des Alters
Wohnfläche (m^2)	ln
Modifiziertes Baujahr	Berechnung des modifizierten Alters
Vertragsart	Ohne Erbbaurecht
AlterModifiziert	Linear
Ausstattungsstandard	Dummy
Landkreis	Dummy
Hebesatz	Linear
Effektivzins	Linear
Öffentliche Leistung: Bruttoauszahlungen Gemeindestraßen	ln
Zu- und Abgänge des Immobilienbestandes	Linear
Erholungsfläche	ln

Quelle: eigene Zusammenstellung auf Basis der Kaufpreissammlung des Gutachterausschusses Niedersachsen.

Gemeindeteil/Gemeinde. Diese Variable beinhaltet die Bezeichnung des Gemeindeteils/der Gemeinde, in welchem/welcher das Objekt veräußert wurde. Aus der Gemarkung kann der Gemeindeteil abgeleitet werden. Für die eigene Studie ist die Klassifizierung nach der jeweiligen Gemeinde von Bedeutung, um die Hebesätze der jeweiligen Gemeinde zuzuordnen.

Datum des Vertrages. Bezeichnet das Vertragsdatum.

Anlass Eigentumsübergang. Dieses Merkmal repräsentiert den Anlass des Eigentumsüberganges. Es erfolgt eine Unterscheidung in verschiedene Anlässe wie bspw. Kauf, Tausch oder Enteignung. Es werden nachfolgend ausschließlich Kauffälle berücksichtigt.

Veräußerer. Als Veräußerer können sowohl natürliche als auch juristische Personen (z.B. Gemeinden oder Wohnungsbauunternehmen) auftreten. Nachfolgend werden nur natürliche Personen berücksichtigt.

Erwerber. Als Erwerber können sowohl natürliche als auch juristische Personen auftreten. Nachfolgend werden nur natürliche Personen berücksichtigt.

Kaufpreis. Der Kaufpreis stellt den Transaktionspreis in Euro dar. Es existieren unterschiedliche Arten der Kaufpreisentstehung. Der Kaufpreis kann z.B. als Einmalbetrag direkt aus dem Kaufvertrag übernommen oder aus einer Ratenzahlung umgerechnet werden.

Vertragsart. Das Element Vertragsart beschreibt die Art des jeweiligen Kaufvertrages wie bspw. Kaufvertrag ohne Erbbaurecht oder Kaufvertrag mit einer vorzeitigen Aufhebung des Erbbaurechtes. Nachfolgend sollen nur Kauffälle ohne Erbbaurecht in der Analyse berücksichtigt werden.

Beitragsrechtlicher Zustand. Um weitere Aussagen über den Kaufpreis treffen zu können, ist der Erschließungszustand von Bedeutung. Es werden nur erschließungsbeitragsfreie Transaktionen für die weitere Analyse berücksichtigt.

Fläche. Als Fläche wird die Gesamtheit aller Flurstücksteile und Flurstücke eines Objektes bezeichnet. Die Maßeinheit wird in Quadratmeter (m^2) angegeben.

Gebäudeart. Der Gutachterausschuss Niedersachsen definiert das Gebäude als bauliche Anlage mit Wohn-, Aufenthalts- oder Nutzungsräumen, welche benutzbar und überdacht sind sowie für sich selbstständige Einheiten darstellen. Ferner weist das Gebäude die Eigenschaft auf, dass es Menschen, Tieren und Sachen Schutz bieten soll. Weiterhin soll das Gebäude standfest, beständig und räumlich fest umschlossen sein. Die verschiedenen bebauten Grundstücke können in eine Obergruppe der Gebäudearten eingeordnet werden. Hier wird zwischen Wohngebäuden (z.B. Ein- und Zweifamilienhäuser), Bürogebäuden (z.B. Geschäftshaus), Lagergebäuden (z.B. Warenlagerhaus), Produktionsgebäuden (z.B. Werkstattgebäude), Gebäuden für Freizeitzwecke (z.B. Vereins- und Clubhaus), Gebäuden für Beherbergungen (z.B. Hotel), sonstigen Gebäuden (z.B. Anstaltsgebäude) und militärischen Anlagen (z.B. Kasernengebäude) unterschieden. Es werden die nachfolgenden Gebäudearten in die Analyse einbezogen, wobei die Kategorie Einfamilienhaus die Referenzkategorie darstellt.

- o Gebäudeart 1 = Einfamilienhaus
- o Gebäudeart 2 = Siedlungshaus
- o Gebäudeart 3 = Villa
- o Gebäudeart 4 = Reihenhaus
- o Gebäudeart 5 = Haus einer Hausgruppe
- o Gebäudeart 6 = Zweifamilienhaus

Tabelle 15: Häufigkeitsverteilung der Gebäudearten im TM Niedersachsen

Ausprägung	**Häufigkeit**	**Prozent**	**Gültige Prozente**	**Kumulierte Prozente**
Einfamilienhaus	2.249	82,2	82,2	82,2
Siedlungshaus	27	1,0	1,0	83,2
Villa	13	0,5	0,5	83,7
Reihenhaus	300	11,0	11,0	94,6
Hausgruppe	5	0,2	0,2	94,8
Zweifamilienhaus	142	5,2	5,2	100,0
Gesamt	**2.736**	**100,0**	**100,0**	

Quelle: eigene Berechnung auf Basis des vollständigen Datensatzes.

Baujahr. Das Baujahr bezieht sich auf den Zeitpunkt der Fertigstellung des Hauptgebäudes. Baujahre im Zeitraum von 1900 bis 2015 finden Berücksichtigung. Die Variable Baujahr wird dann berücksichtigt, wenn das modifizierte Baujahr Missings aufweist. Das Baujahr weist Werte von 1900 bis 2015 auf.

Modifiziertes Baujahr. Modernisierungsmaßnahmen können zu einer verlängerten Restnutzungsdauer (RND) des Gebäudes führen. Diesbezüglich setzt sich das modifizierte Baujahr aus dem normalen Baujahr, addiert mit dem Gebäudealter und der modifizierten RND abzüglich der Gesamtnutzungsdauer, zusammen. Es wird aus der Differenz von Verkaufsjahr und modifiziertem Baujahr errechnet. Bei Missings wird das reguläre Baujahr herangezogen. Das modifizierte Baujahr weist Werte von 1933 bis 2015 auf.

Wohnfläche. Die Variable enthält die Wohnfläche einer Wohnung oder eines Gebäudes, welche nach Ausstattung und Anlage zu Wohnzwecken geeignet ist. Die Angabe erfolgt in m^2.

Bodenrichtwert. Der Bodenrichtwert stellt den durchschnittlichen Lagewert dar. Die Lage des Objektes ist entscheidend für die Einordnung in die jeweilige Bodenrichtwertzone. Der Bodenrichtwert wird aus der Bodenrichtwertzone abgeleitet.

Ausstattungsstandard. Diese Variable gibt Auskunft über den Ausstattungsstandard des Gebäudes. Die Standards werden in den Normalherstellungskosten 2000 zusammengefasst.[97] Als Referenzkategorie dient die Kategorie „Stand 3". Die Kategorien „Stand 6" und „Stand 7" werden zusammengefasst. Zum einen, um eine unnötige Aufblähung des Modells zu vermeiden und zum anderen, da lediglich ein Datensatz den „Stand 7" aufweist. Es wird von einer sog. „singleton Dummy-Variable" gesprochen.

- Stand 1 = einfach
- Stand 2 = einfach bis mittel
- Stand 3 = mittel
- Stand 4 = mittel bis gehoben
- Stand 5 = gehoben
- Stand 6 = sehr gehoben

Tabelle 16: Häufigkeitsverteilung beim Ausstattungsstandard im TM Niedersachsen

Ausprägung	**Häufigkeit**	**Prozent**	**Gültige Prozente**	**Kumulierte Prozente**
einfach	369	13,5	13,5	13,5
einfach bis mittel	467	17,1	17,1	30,6
mittel	1.428	52,2	52,2	82,7
mittel bis gehoben	253	9,2	9,2	92,0
gehoben	210	7,7	7,7	99,7
sehr gehoben	9	0,3	0,3	100,0
Gesamt	**2.736**	**100,0**	**100,0**	

Quelle: eigene Berechnung auf Basis des vollständigen Datensatzes.

Landkreis. Es werden die vier Landkreise CUX (Cuxhaven), OHZ (Osterholz), ROW (Rotenburg (Wümme)) und STD (Stade) betrachtet. Diese gehen als Dummy-Variablen in die Regression ein. Die Kategorie „CUX" bildet die Referenzkategorie.

- Landkreis 1: CUX
- Landkreis 2: OHZ
- Landkreis 3: ROW
- Landkreis 4: STD

97 Normalherstellungskosten sind durch das Bundesministerium für Verkehr, Bau- und Wohnungswesen im Runderlass vom 01.12.2001, BS 12-63 05 04-30/1 einzusehen.

Tabelle 17: Häufigkeitsverteilung der Landkreise im TM Niedersachsen

Ausprägung	**Häufigkeit**	**Prozent**	**Gültige Prozente**	**Kumulierte Prozente**
CUX	1.287	47,0	47,0	47,0
OHZ	560	20,5	20,5	67,5
ROW	350	12,8	12,8	80,3
STD	539	19,7	19,7	100,0
Gesamt	**2.736**	**100,0**	**100,0**	

Quelle: eigene Berechnung auf Basis des vollständigen Datensatzes.

Öffentliche Leistungen. Die öffentlichen Leistungen werden durch die Variable „Bruttoauszahlungen für die Gemeindestraßen pro Bewohner" dargestellt. Dieser Indikator wurde ausgewählt, weil die Bereitstellung von Gemeindestraßen in die Administration der jeweiligen Gemeinde fällt. Weiterhin weisen Gemeindestraßen die klassischen Eigenschaften eines öffentlichen Gutes – Nichtausschließbarkeit und keine Rivalität im Konsum – auf und für sämtliche Gemeinden sind Daten hierzu verfügbar. Es stehen die Ausgaben der Einheitsgemeinden, der Mitgliedsgemeinden und der Samtgemeinden zur Verfügung. Da auf Samtgemeindeebene zusätzlich auch Ausgaben für die Verkehrswege zwischen den Mitgliedsgemeinden entstehen und diese weiteren Ausgaben in den Ausgaben der jeweiligen Einheitsgemeinde enthalten sind, wurden die Ausgaben der Samtgemeinde mithilfe des gewichteten arithmetischen Mittels auf die jeweiligen Mitgliedsgemeinden umgelegt. Es existiert zwar kein feststehender Umlageschlüssel, nichtsdestotrotz würde ohne eine Umlage die Vergleichbarkeit zwischen Einheits- und Mitgliedsgemeinden erschwert. Die Daten wurden als Sonderauswertung vom Statistischen Landesamt Niedersachsen für die ausgewählten Landkreise für die Jahre 2014 und 2015 zur Verfügung gestellt.

Grundsteuerhebesatz. Als Steuervariable wird der Grundsteuerhebesatz gewählt. Die Hebesätze beziehen sich auf die Jahre 2014 und 2015 der jeweiligen Gemeinde. Nachfolgende Abbildung 7 veranschaulicht die Häufigkeitsverteilung der jeweiligen Hebesatzausprägung der Transaktionen. Die Hebesatzhöhe weist Werte zwischen 315 und 490 Prozent auf. Die Daten werden von den Statistischen Ämtern des Bundes und der Länder jährlich auf Mitgliedsgemeindeebene bereitgestellt.

Abbildung 7: Häufigkeitsverteilung der Hebesätze im TM Niedersachsen (2014 und 2015)

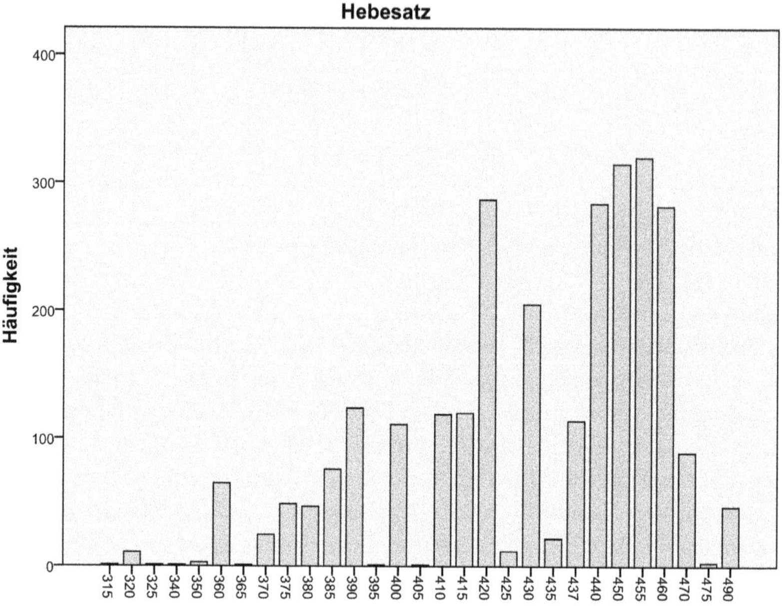

Quelle: eigene Berechnung.

Effektivzins. Zur Berücksichtigung eines Makrofaktors im Regressionsmodell stellt der Effektivzins der Banken für Neugeschäfte für Wohnungsbaukredite an private Haushalte mit einer anfänglichen Zinsbindung von fünf bis zehn Jahren für die jeweiligen Monate der Jahre 2014 und 2015 eine geeignete Variable dar. Abbildung 8 zeigt den historischen Verlauf des Effektivzinses, wobei eine absteigende Tendenz deutlich erkennbar ist. Die Daten werden von der Deutschen Bundesbank zur Verfügung gestellt. Eine Zinsvariable als Makrovariable wird auch von Haußmann et al. (2012) und Haußmann/Schweinberger (2012) in Form des Effektivzinses gewählt. Gürtler/Rehan (2008: 8) verwenden die Renditen von zehnjährigen Staatsanleihen auf dem Sekundärmarkt in Form des Jahresdurchschnitts.

Abbildung 8: Effektivzinssätze der Banken für Wohnungsbaukredite (2003 bis 2017)

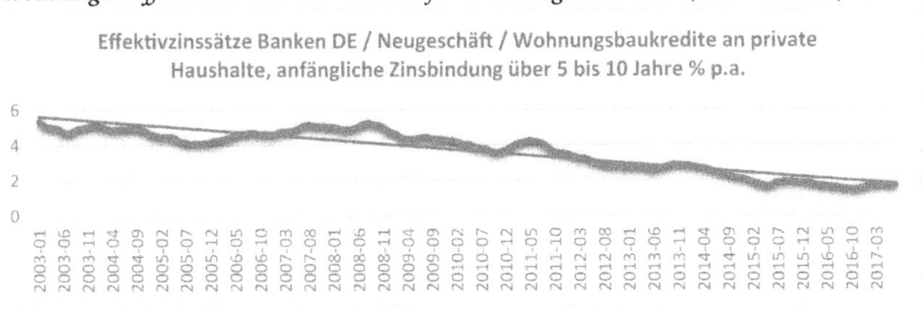

Quelle: eigene Darstellung auf Datenbasis Deutsche Bundesbank 2017.

Zu- und Abgänge des Immobilienbestands. Um auch eine beschreibende Variable für den Immobilienmarkt zu berücksichtigen, wurde die Fortschreibung des Wohngebäude- und des Wohnungsbestandes nach Art der Wohngebäude einschließlich Wohnheimen in Form des Saldos aus Immobilienzugängen und -abgängen ausgewählt. Der Saldo kann daher auch negative Ausprägungen annehmen. Die Variable soll die Nachfrage nach einer bestimmten Gemeinde repräsentieren. Diese Daten wurden als Sonderauswertung vom Statistischen Landesamt Niedersachsen für die ausgewählten Landkreise auf Mitgliedsgemeindeebene für die Jahre 2014 und 2015 zur Verfügung gestellt. Haußmann/Schweinberger (2012) verwenden den Anteil an Einfamilienhäusern in der jeweiligen Gemarkung und Gürtler/Rehan (2008) sehen die Baugenehmigungen pro Einwohner als Indikator für die Nachfrage an. Nachfolgend werden die Zu- und Abgänge gewählt, da die Baugenehmigungen und die tatsächliche Fertigstellung nur bedingt im selben Jahr stattfinden. Die Zu- und Abgänge eignen sich insofern als Variable, als der Immobilienbestand eine Verbindung zum Immobilienlebenszyklus darstellt (siehe Kapitel 6.2.3) und eine Vergleichbarkeit zwischen den Zugängen (i.S. eines Nachfragezuwachses) oder den Abgängen (i.S. eines Nachfragerückgangs) repräsentiert.

Erholungsfläche. Die Variable Erholungsfläche repräsentiert die in Hektar angegebene Katasterfläche in einer Gemeinde, die u.a. durch Grünanlagen ausgewiesen wird. Die Daten werden vom Statistischen Landesamt Niedersachsen öffentlich zur Verfügung gestellt.

5.2.3 Modellaufstellung und Modellschätzung

Nach Aufbereitung des Datensatzes und seiner Überprüfung auf Normalverteilung, Ausreißer, fehlende Werte und Korrelationen wird das nachfolgende Modell mit der OLS-Methode zum einen mit klassischen Standardfehlern und zum anderen mit robusten Standardfehlern geschätzt. Die Schätzung erfolgt unter Verwendung der Einschlussmethode und sämtliche Prädiktoren werden in das Modell aufgenommen. Ziel ist es, ein Modell zu finden, in welchem die unabhängigen Variablen zu einem hohen Erklärungsgehalt der abhängigen Variable beitragen. In Abhängigkeit der jeweiligen Variablentransformation (siehe Kapitel 4.3.2) sind unterschiedliche Interpretationen der Koeffizienten möglich. Die Regressionsergebnisse werden in Tabelle 18 dargestellt.

Modell Niedersachsen:

$\ln(\text{Kaufpreis}) = \beta_1 + \beta_2 * \ln(\text{Wohnfläche}) + \beta_3 * \ln(\text{Fläche}) + \beta_4 * \text{AlterMod} + \beta_5 * \ln(\text{BRW}) + \beta_6 * \text{Hebesatz} + \Sigma_7^{11}\beta i * \text{Gebäudeart} + \Sigma_{12}^{14}\beta i * \text{Landkreis} + \Sigma_{15}^{19}\beta i * \text{Ausstattung} + \beta_{20} * \ln(\text{Erholungsfläche}) + \beta_{21} * \ln(\text{Gemeindestraße}) + \beta_{22} * \text{Immobestand} + \beta_{23} * \text{Zins} + \varepsilon$

Tabelle 18: Regressionsergebnisse für den TM Niedersachsen

	OLS*				Robust				
	Koeff.	**SE**	**t**	**Sig.**	**Koeff.**	**SE**	**t**	**Sig.**	**VIF**
(Konstante)	7,130	,144	49,382	,000	7,130	,150	47,44	,000	
lnWohnfläche	,489	,018	27,026	,000	,489	,021	23,81	,000	1,55
lnFläche	,215	,010	22,050	,000	,215	,012	18,18	,000	2,20
AlterModifiziert	-,015	,000	-38,473	,000	-,015	,000	-34,95	,000	1,57
lnBRW	,364	,010	34,767	,000	,364	,012	29,64	,000	2,13
Hebesatz	,000	,000	-0,530	,596	,000	,000	-0,52	,601	1,99
Gebäudeart 2	,015	,045	0,321	,748	,015	,049	0,29	,769	1,03
Gebäudeart 3	,155	,065	2,372	,018	,155	,082	1,89	,058	1,04
Gebäudeart 4	,012	,017	0,702	,483	,012	,017	0,71	,476	1,46
Gebäudeart 5	-,051	,104	-0,488	,626	-,051	,069	-0,73	,467	1,01
Gebäudeart 6	-,041	,021	-1,912	,056	-,041	,023	-1,80	,072	1,17
Landkreis 2	-,046	,014	-3,353	,001	-,046	,014	-3,18	,001	1,55
Landkreis 3	-,022	,020	-1,125	,260	-,022	,021	-1,05	,293	2,25
Landkreis 4	,065	,017	3,778	,000	,065	,018	3,59	,000	2,39

	OLS*				Robust				
	Koeff.	**SE**	**t**	**Sig.**	**Koeff.**	**SE**	**t**	**Sig.**	**VIF**
Stand 1	-,283	,015	-18,800	,000	-,283	,019	-14,96	,000	1,37
Stand 2	-,144	,013	-10,897	,000	-,144	,014	-10,17	,000	1,27
Stand 4	,087	,016	5,282	,000	,087	,015	5,69	,000	1,17
Stand 5	,114	,018	6,393	,000	,114	,017	6,84	,000	1,15
Stand 6	,315	,077	4,071	,000	,315	,073	4,32	,000	1,01
lnErholungsfläche	-,008	,006	-1,297	,195	-,008	,006	-1,26	,209	2,84
lnGemeindestr.	,028	,006	4,529	,000	,028	,006	4,43	,000	1,17
Immobestand	,001	,000	2,661	,008	,001	,000	2,72	,007	2,64
Zins	-,032	,013	-2,472	,014	-,032	,013	-2,55	,011	1,08
R-Quadrat	0,7813								
Korrigiertes R-Quadrat	0,7795								
Sig. F-Test	0,000								
Anzahl	2.736								
Standardfehler d. Schätzers	0,23041								

Quelle: eigene Berechnung. *Schätzung OLS mit klassischen Standardfehlern und robust mit heteroskedastie-konsistenten Standardfehlern nach White (1980). Koeff. = Koeffizient; SE = Standardfehler; t = T-Wert; Sig. = Signifikanz; VIF = Variance Inflation Factor.

5.2.3.1 Überprüfung des Gesamtmodells und der Koeffizienten

Überprüfung des Gesamtmodells. Die ausgewählten Variablen tragen im Ergebnis zu einem hohen Erklärungsgehalt der Varianzanteile bei. Ein R^2 von 0,7 kann als gute Anpassung eingestuft werden (vgl. Haase 2011: 98; vgl. Schendera 2014: 16). Das korrigierte Bestimmtheitsmaß weist ebenfalls einen Wert von 0,7 auf. Der F-Test bestätigt, dass das geschätzte Modell insgesamt hoch signifikant auf einem Niveau von 0,001 ist (Prob > F).

Überprüfung der Regressionskoeffizienten und Gründe für die Ergebnisse. Im Rahmen des Modells Niedersachsen können insbesondere gebäude- und marktspezifische Variablen hoch signifikant in den Immobilienpreisen nachgewiesen werden. Sämtliche Koeffizienten mit Ausnahme der Gebäudeart weisen ein plausibles Vorzeichen auf. Die einzelnen Schätzwerte der Koeffizienten der Dummy-Variablen Landkreis, Gebäudeart und Ausstattungsstandard sind als Preisaufschläge oder Preisabschläge gegenüber der innerhalb eines

Dummy-Blocks gewählten Referenzkategorie zu interpretieren (vgl. Maier/ Herath 2015: 140).

Wohnfläche und Fläche. Die Koeffizienten der Wohnfläche und der Fläche weisen ein positives Vorzeichen auf und sind als Elastizitäten zu deuten. Beide Variablen sind hoch signifikant. Sie haben einen positiven Einfluss auf den Immobilienpreis. Wird die Wohnfläche bspw. um ein Prozent erhöht, würde sich der Immobilienpreis wiederum um 0,489 Prozent erhöhen. In vielen empirischen Studien konnte ebenfalls ein positiver Zusammenhang zwischen Wohnfläche bzw. Fläche und Immobilienpreis nachgewiesen werden.

Modifiziertes Alter. Das modifizierte Alter weist ein plausibles negatives Vorzeichen mit einem Koeffizienten von -0,015 auf. Mit steigendem Alter verringert sich folglich der Kaufpreis. Grund für den negativen Zusammenhang könnte sein, dass ältere Immobilien anfällig für Sanierungsmaßnahmen sind, da sie möglicherweise nicht mehr die geltenden Standardvoraussetzungen erfüllen. Mit steigendem Alter erhöht sich die Notwendigkeit für Sanierungsmaßnahmen, sodass der Kaufpreis fällt (Gürtler/Rehan 2008: 17). Individuen könnten daher in naher Zukunft anfallende Kosten aufgrund des Alters antizipieren und diese bereits in den Kaufpreis mit einbeziehen. Ferner gibt das Alter Auskunft über den Grundriss der Immobilie. In Abhängigkeit des jeweiligen Baujahres sind unterschiedliche Bauweisen und Präferenzen zu berücksichtigen (Gürtler/ Rehan 2008: 17). Als Beispiel kann die Badezimmergröße herangezogen werden. Während in den 1970er Jahren Badezimmer in erster Linie einen praktischen Nutzen aufweisen sollten und in ihrer Größe tendenziell kleiner waren, sind sie seit spätestens der 2000er zu Wohlfühlorten und zu einem wichtigen Aufenthaltsort geworden.

Bodenrichtwert. Der Bodenrichtwert weist ein plausibles positives Vorzeichen und einen Koeffizienten von 0,364 auf. Er hat als Lagefaktor daher einen hohen Einfluss auf den Immobilienwert. Der Koeffizient ist als Elastizität zu interpretieren. Bei einem einprozentigen Anstieg des BRW erhöht sich der Kaufpreis um 0,364 Prozent. Dieses Ergebnis stimmt mit der in der Literatur beschriebenen Bedeutung der Lage als wesentliches Entscheidungskriterium bei Immobilientransaktionen überein.

Hebesatz. Der Hebesatz kann nicht signifikant in dem Immobilienpreis nachgewiesen werden. Die H_0 kann nicht verworfen und durch die Alternativhypothese H_1 ersetzt werden. Die Hebesatzhöhe wirkt sich weder positiv noch negativ auf den Immobilienwert aus. Eine ausführliche Ergebnisanalyse soll in Kapitel 6 erfolgen.

Gebäudearten. Die Gebäudearten weisen keinen signifikanten Einfluss auf. Ein möglicher Grund kann sein, dass in Niedersachsen vielmehr quantitative Faktoren (Fläche, Wohnfläche, Alter) von Bedeutung sind und die jeweilige Gebäudeart daher für einen Kauf nicht ausschlaggebend ist.

Landkreis. Bis auf den Landkreis 3 (ROW) sind die Koeffizienten hoch signifikant. Der Landkreis 2 (OHZ) weist im Bezug zur Referenzkategorie ein negatives Vorzeichen und der Landkreis 4 (STD) ein positives Vorzeichen auf. Gründe hierfür können die nachfolgenden sein: Stade stellt einen wichtigen Standort für das Handwerk und das Dienstleistungsgewerbe sowie für mittelständische Unternehmen dar. Weiterhin könnte die gute Verkehrsanbindung einen positiven Einfluss ausüben. Die gute Verkehrsanbindung kann für viele Pendler, welche ihren Arbeitsplatz in Hamburg haben, als positiv erachtet werden.

Ausstattungsstandard. Der Ausstattungsstandard ist in allen Ausprägungen hoch signifikant und weist in allen Ausprägungen ein plausibles Vorzeichen auf. Stand 1 und 2 wirken sich negativ und Stand 4, Stand 5 und Stand 6 positiv im Vergleich zur Referenzkategorie aus. Die Koeffizienten sind als prozentualer Preisaufschlag bzw. -abschlag zur Referenzkategorie zu interpretieren (Sanftenberg 2015: 134). Ausgehend von einem mittleren Ausstattungsstandard (Stand 3) als Referenzkategorie verzeichnen Stand 1 und Stand 2 ein negatives Vorzeichen und Stand 4, 5 und Stand 6 ein positives Vorzeichen. Die Regressionskoeffizienten von Stand 1 (-0,283) und Stand 6 (0,315) weisen dabei die höchsten Koeffizienten im Rahmen dieses Dummy-Blocks auf. Verfügt eine Immobilie über einen einfachen Ausstattungsstandard, so verringert sich der Kaufpreis im Vergleich zu einem mittleren Ausstattungsstandard um 28 Prozent und erhöht sich bei einem sehr guten Standard um 31,5 Prozent.

Öffentliche Leistung. Die Variable öffentliche Leistung in Form von „Bruttoauszahlungen Gemeindestraße pro Einwohner“ zeigt einen hoch signifikanten positiven Zusammenhang mit dem Immobilienpreis auf. Der Koeffizient wird als Elastizität interpretiert. Bei einer einprozentigen Erhöhung der öffentlichen Ausgaben pro Einwohner für die Instandhaltung von Gemeindestraßen erhöht sich der Kaufpreis um 0,028 Prozent. Der erzielbare Immobilienpreis ist folglich umso höher, je höher die Ausgaben sind und damit auch das Maß an öffentlichen Leistungen sind. Diese Aussage entspricht der Kapitalisierungsthese, wonach sich öffentliche Leistungen in den Immobilienpreisen kapitalisieren. Ein Grund für den eher schwachen Zusammenhang könnte sein, dass Ausgaben für die Gemeindestraße zum Teil von den Anwohnern anteilig getragen werden, da die Gemeinde berechtigt ist, Eigentümer an den Kosten zu beteiligen.

Erholungsfläche und Immobilienbestand. Für die Erholungsfläche kann kein signifikanter Einfluss auf den Immobilienpreis nachgewiesen werden. Ein möglicher Grund kann darin bestehen, dass ein erhöhtes Angebot an Freifläche (Grünfläche) mit einer eher gering ausgebauten Siedlungsstruktur und damit auch möglicherweise einer wenig ausgeprägten Infrastruktur einhergeht. Der Immobilienbestand kann hingegen signifikant in den Immobilienpreisen mit einem Koeffizienten von 0,001 nachgewiesen werden. Da diese Variable den Saldo der Immobilienzugänge und -abgänge repräsentiert, könnte der Immobilienzugang als Nachfrage nach der jeweiligen Gemeinde verstanden werden. Eine hohe Nachfrage verknappt den Wohnraum und erhöht den Immobilienpreis.

Effektivzins. Der Effektivzinssatz weist einen signifikanten (fünf Prozent Irrtumswahrscheinlichkeit) Zusammenhang mit dem Immobilienpreis auf. Er besitzt einen negativen Einfluss und einen Koeffizienten von -0,032. Dies kann darin begründet sein, dass bei niedrigen Zinsen die Nachfrage steigt, da Fremdkapital erschwinglicher wird (Gürtler/Rehan 2008: 20). Ursachen für den eher schwachen Zusammenhang können zum einen das insgesamt niedrige Effektivzinsniveau sein, welches in den Jahren 2014 bis 2015 Werte zwischen 2,84 (01/2014) und 1,83 Prozent (12/2015) aufweist (Deutsche Bundesbank 2017). Zum anderen sind die Zinsschwankungen eher gering und insbesondere im Vergleich zu den Effektivzinsen von vor zehn Jahren stark zurückgegangen. Im Jahr 2007 waren bspw. Werte zwischen 4,64 (01/2007) und 5,18 Prozent (08/2007) zu verzeichnen (Deutsche Bundesbank 2017). Der Zinssatz spielt bei den Immobilientransaktionen deswegen ggf. nur eine untergeordnete Rolle. Weiterhin wurde bei der Regressionsanalyse der jeweilige Zinssatz des Transaktionsdatums verwendet. Dies könnte insofern eine Verzerrung hervorrufen, als die Finanzierung erst später abgeschlossen wird und somit der Zinssatz zum Transaktionszeitpunkt nicht den tatsächlichen Finanzierungszinssatz widerspiegelt.

Um Aussagen über die Gültigkeit des Regressionsmodells zu treffen, erfolgt nachfolgend eine Überprüfung der Modellprämissen.

5.2.3.2 Überprüfung der Modellprämissen

Die Linearitätsüberprüfung (A1) wird in Abbildung 9 im unteren rechten Diagramm dargestellt. Das Streudiagramm zeigt die standardisierten geschätzten Werte gegen die Kaufpreise und bestätigt, dass die Linearitätsprämisse bis auf wenige leicht links streuende Residuen erfüllt ist. Homoskedastizität (A4) wird visuell unter Verwendung eines Scatterplots (siehe Abbildung 9, Scatterplot unten links) überprüft. Die Residuen werden dabei gegen die geschätzten Werte geplottet. Diese streuen weitgehend „frei" um den Erwartungswert 0 (vgl. Backhaus et al. 2016: 103). Überdies wird das Modell insgesamt mit heteroskedastie-konsistenten Standardfehlern nach White (1980) geschätzt (siehe Tabelle 18). Da im Rahmen dieses Modells eine Querschnittsanalyse und keine Zeitreihenanalyse durchgeführt wurde und sich der Beobachtungszeitraum auf zwei Jahre beschränkt, kann davon ausgegangen werden, dass die Daten keine Autokorrelation (A5) aufweisen. Dies kann auch unter Verwendung des Durbin-Watson-Tests mit einem Wert von 1,9 bestätigt werden. Dieser Wert liegt nahe 2,0, sodass keine Autokorrelation vorliegt (Janssen/Latz 2017: 425 ff.; Backhaus et al. 2016: 106). Im Rahmen dieses Modells weisen alle Prädiktoren einen VIF von unter bzw. gleich 2 auf. Da dieser deutlich unter einem Grenzwert von 10 liegt, wird eine mögliche Modellverletzung durch Multikollinearität verworfen (Wooldridge 2013: 94; Auer/Rottmann 2015: 516; Backhaus et al. 2016: 108). Eine Überprüfung auf Normalverteilung der Residuen erfolgt mittels Histogramm und PP-Plot (Abbildung 9, beiden oberen Diagramme). Das Histogramm zeigt, dass die Residuen nahezu einer Normalverteilung folgen. Der PP-Plot visualisiert, dass die Residuen auf der Normalverteilungsreferenzlinie liegen, jedoch eine leicht langschwänzig, linksschiefe Verteilung vorliegt. Da der Stichprobenumfang mit 2.736 Kauffällen über der Mindestanforderung von 30 Vergleichsfällen liegt, wird nach dem zentralen Grenzwertsatz von einer Normalverteilung der Residuen ausgegangen (Schendera 2014: 62; Auer/Rottmann 2015: 317 f., 327).

Weiterhin wird die Cook Distance D herangezogen, um neben univariaten Ausreißern weitere multivariate Ausreißer zu ermitteln. Beobachtungen mit einem Wert von $D > 0{,}5$ gelten als auffällig (Fahrmeir/Kneib/Lang 2009: 178). In dem Modell Niedersachsen weist die Beobachtung mit dem höchsten Wert eine Cook Distance von 0,036 auf. Dieser Wert liegt unter dem kritischen Wert von 0,5 (Fahrmeir/Kneib/Lang 2009: 178), sodass von weiteren Extremwerten nicht auszugehen ist.

Abbildung 9: Residuenüberprüfung im TM Niedersachsen

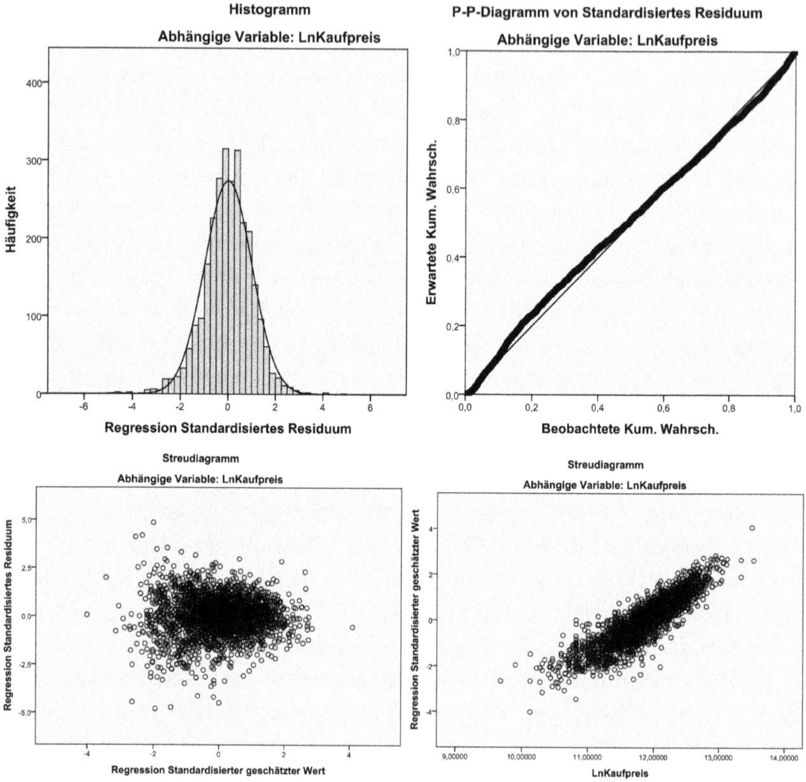

Quelle: eigene Berechnung.

Nachfolgend soll die Regressionsanalyse für den Teilmarkt Bremen nach der gleichen Vorgehensweise wie für den Teilmarkt Niedersachsen erfolgen. Überschneidungen von Erklärungsansätzen und Variablenbeschreibungen sind daher nicht zu vermeiden.

5.3 Teilmarkt Bremen

5.3.1 Beschreibung des Teilmarktes

Das Bundesland Bremen (Freie Hansestadt Bremen) setzt sich aus den Gemeinden Bremen und Bremerhaven zusammen. Die zwei Gemeinden sind durch 53 km niedersächsisches Gebiet voneinander getrennt. Das Bundesland Bremen weist Ende des Jahres 2015 eine Einwohnerzahl von 671.489 auf. Es erstreckt sich über eine Fläche von 41.954 ha, von der 32.618 ha der Stadt Bremen und 9.336 ha der Stadt Bremerhaven zuzurechnen sind (Statistisches Landesamt Bremen 2016: 25, 31). Das Grundsteueraufkommen beträgt im Jahr 2015 insgesamt 162.740 TEUR (Grundsteuer A 206 TEUR und Grundsteuer B 162.534 TEUR). Hiervon generierte die Stadtgemeinde Bremen 137.149 TEUR und die Stadtgemeinde Bremerhaven 25.591 TEUR (Statistisches Landesamt Bremen 2016: 264 f.).

Der Immobilienmarkt in Bremen kann als dynamisch beschrieben werden, da sich eine von der Wohnlage abhängige preisliche Ausdifferenzierung gebildet hat. In bevorzugten Wohnlagen ist ein anhaltender überproportionaler Preisanstieg zu verzeichnen, insbesondere bei neu errichteten Eigentumswohnungen und bei freistehenden Einfamilienhäusern (Gutachterausschuss Bremen 2014: 5). Ebenfalls sind eine steigende Preistendenz innenstadtnaher bzw. bevorzugter Wohnlagen sowie eine uneinheitliche Marktentwicklung in Bremen-Nord erkennbar (Gutachterausschuss Bremen 2015: 5).

Tabelle 19: Anzahl der Kaufverträge in der Stadtgemeinde Bremen (2009 bis 2015)

Jahr	**bebaut**	**unbebaut**	**WE/TE**	**Summe**	**nicht auswertbar**
2009	2.333	458	2.868	5.659	246
2010	2.499	477	3.405	6.381	264
2011	2.655	478	3.660	6.793	263
2012	2.666	538	3.864	7.068	263
2013	2.734	470	3.745	6.949	256
2014	2.567	430	3.492	6.489	345
2015	2.722	428	3.771	6.921	312

Quelle: Gutachterausschuss Bremen 2014: 6; Gutachterausschuss Bremen 2015: 6; Gutachterausschuss Bremen 2016: 6.

Die Eigentumsübertragungen von 2013 bis 2015 beinhalten eine Gesamtfläche bebauter Grundstücke von ca. 720 ha mit einem Gesamtgeldumsatz von ca. 2,8 Mrd. Euro. Bezug nehmend auf den Teilmarkt der auswertbaren bebauten Grundstücke setzt sich die Umsatzzahl wie folgt zusammen (Tabelle 20):

Tabelle 20: Transaktionen beb. Grundstücke in der Stadtgemeinde Bremen (2013 bis 2015)

Grundstücksart	**Flächenumsatz (ha)**			**Geldumsatz (Mio. €)**			**Fallzahl**		
	2015	**2014**	**2013**	**2015**	**2014**	**2013**	**2015**	**2014**	**2013**
Ein- und Zweifamilienhäuser[98]	100,8	96,4	100,9	459,9	387,0	401,2	2.248	2.077	2.231
Mehrfamilienhäuser[99]	23,2	28,1	21,3	205,5	160,0	116,4	305	301	292
Gewerbeobjekte	88,8	100,4	73,8	219,5	187,1	158	109	90	125
Geschäftshäuser	14,0	14,9	7,6	69,9	207,0	117,9	35	43	38
Sonstige Objekte	15,4	22,9	4,6	49,7	21,8	41,6	25	56	48

Quelle: Gutachterausschuss Bremen 2014: 7; Gutachterausschuss Bremen 2015: 7, Gutachterausschuss Bremen 2016: 7.

Für Reihenhäuser, Doppelhaushälften und freistehende Einfamilienhäuser kann im Jahr 2014 eine steigende Tendenz in normalen Wohnlagen verzeichnet werden. Der Durchschnittspreis liegt bei Objekten aus dem Altbestand (Baujahr bis 2009) im Vergleich zum Jahr 2013 für Doppelhaushälften bei ca. 160.000 Euro (+ 4,7 Prozent), bei Reihenhäusern bei ca. 168.000 Euro (+ 6,4 Prozent) und bei freistehenden Ein- und Zweifamilienhäusern bei ca. 238.000 Euro (- 1,7 Prozent) (Gutachterausschuss Bremen 2015: 5). Im Jahr 2015 ist eine Preisniveausteigerung für weiterverkaufte Einfamilienhäuser in bevorzugten Wohnlagen gegenüber 2012 um 39 Prozent und im Vergleich zum Vorjahr um ca. 10 Prozent gegeben (Gutachterausschuss Bremen 2016: 5).

Die Gebäudestruktur in Bremen ist im Vergleich zu anderen Großstädten eher ungewöhnlich, da sie einerseits durch große Wohnanlagen des aus den 1960er Jahren stammenden sozialen Wohnungsbaus und andererseits durch den individuellen Wohnungsbau (z.B. Altbremer Häuser) geprägt ist. Seltener vorzufinden sind hingegen klassische Mehrfamilienhäuser in zentraler Lage (Gutachterausschuss Bremen 2014: 28).

98 Bei Ein- und Zweifamilienhäusern können drei Gebäudetypen unterschieden werden: Reihenhäuser, freistehende Häuser und Doppelhaushälften (Gutachterausschuss Bremen 2014: 8).

99 Mehrfamilienhäuser (MFH) können hinsichtlich ihrer Nutzungsanteile in solche mit gewerblichen und solche ohne gewerbliche Nutzungsteile eingeteilt werden. MFH ohne gewerbliche Nutzungsanteile repräsentieren Gebäude, die in erster Linie zu Wohnzwecken genutzt werden, keine Nutzungsanteile für gewerbliche Zwecke aufweisen und mindestens vier Wohneinheiten umfassen (Gutachterausschuss Bremen 2014: 27).

Als größte Stadt an der deutschen Nordseeküste umfasst Bremerhaven eine Fläche von ca. 94 km^2. Der Wirtschaftsstandort wird durch seine Nähe zum Meer geprägt und weist im Jahr 2015 eine Einwohnerzahl von ca. 120.000 auf (Magistrat der Stadt Bremerhaven Bürger- und Ordnungsamt 2016: 1 f.). Bremerhaven hat eine gute Verkehrserschließung mit benachbarten Großstädten[100] und zeichnet sich durch die nachfolgenden wirtschaftlichen Eigenschaften aus: Kreuzfahrtterminal und Containerterminal, Werften und Fischereihäfen, Forschungs- und Wissenschaftseinrichtungen sowie Kurzzeit- und Städtetourismus.

Bremerhavens Wirtschaft ist somit gekennzeichnet durch ihr maritimes Kompetenzzentrum, ausgerichtet u.a. auf die Kernbranchen Touristik, Hafen und Logistik sowie Spezialschiffbau (Gutachterausschuss Bremerhaven 2016: 10). In der Geschäftsstelle des Gutachterausschusses Bremerhaven wurden im Berichtsjahr 2015 ca. 1.500 und im Vorjahr 2014 1.290 Kaufverträge registriert. Dies ist ein Anstieg gegenüber dem Vorjahr von 14 Prozent. Dieser Trend umfasst alle Teilmärkte. Bei Ein- und Zweifamilienhäusern ist zudem ein Trend hin zu steigenden Wohnflächenpreisen erkennbar. Der Marktanteil von Ein- und Zweifamilienhäusern beläuft sich auf 64 Prozent der Kauffälle und auf einen Geldumsatz von ca. 28 Prozent bei einem Gesamtvolumen von ca. 238 Mio. Euro (Tabelle 21; Gutachterausschuss Bremerhaven 2016: 6).

Tabelle 21: Transaktionen beb. Grundstücke in der Stadtgemeinde Bremerhaven (2014 bis 2015)

Grundstücksart	**Flächenumsatz (ha)**		**Geldumsatz (Mio. €)**		**Fallzahl**	
	2015	**2014**	**2015**	**2014**	**2015**	**2014**
Ein- und Zweifamilienhäuser	20,6	18,7	37,6	30,5	282	250
Reihenhäuser und Doppelhaushälften	4,6	4,1	13,1	13,0	135	124
Mehrfamilienhäuser	17,4	7,2	69,2	34,5	162	128
Gewerbe, Handel und Dienstleistungen	5,6	7,2	41,9	31,7	19	17
Geschäfts-, Büro- und Verwaltungshäuser	0,5	0,6	4,9	2,8	10	8
Sonstige Objekte	10,4	21,7	17,4	14,7	42	55

Quelle: eigene Zusammenstellung auf Basis des Gutachterausschusses Bremerhaven 2015: 27 f.

100 Hierzu zählen u.a. die A27 und die Bahnverbindung nach Bremen (Gutachterausschuss Bremerhaven 2016: 10).

5.3.2 Datensatz und Datengrundlage

Nachdem die wesentlichen Eigenschaften des Bundeslands Bremen und seiner Stadtgemeinden Bremen und Bremerhaven beschrieben wurden, soll die Stichprobe auf Transaktionen für die Stadt Bremen beschränkt werden. Diese umfasst 3.177 Einzeltransaktionen im Zeitraum vom 01.01.2014 bis zum 31.12.2015. Diese Einzeltransaktionen verteilen sich auf 22 Stadtteile.[101] Abbildung 10 zeigt die Kauffallhäufigkeit für den jeweiligen Stadtteil bzw. Ortsteil (OT). Insbesondere in Hemelingen und in Walle haben vergleichsweise viele Transaktionen stattgefunden. Schlusslichter bilden die Ortsteile Blockland, Seehausen und Strom.

Abbildung 10: Kauffallhäufigkeiten nach Stadtteilen im TM Bremen (2014 bis 2015)

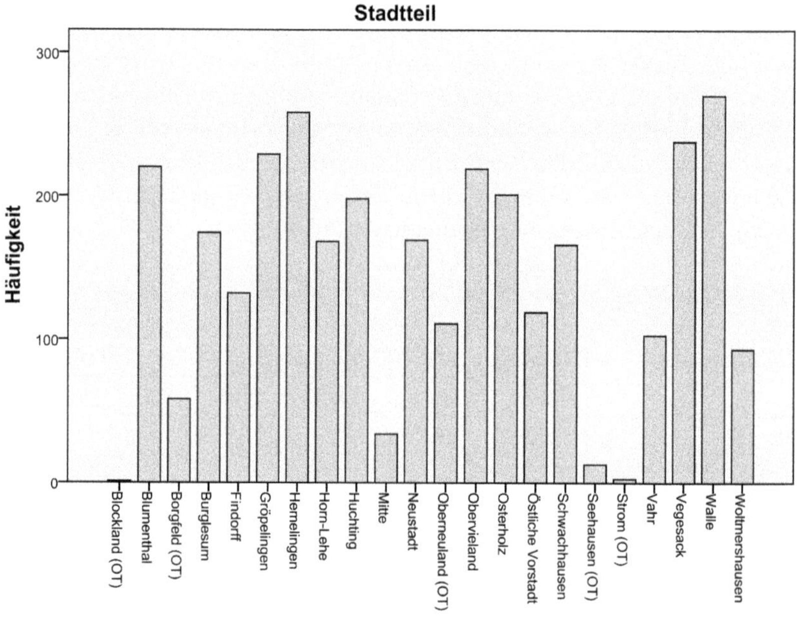

Quelle: eigene Berechnung.

101 Die vier Ortsteile Blockland, Borgfeld, Seehausen und Strom haben im Vergleich zu anderen Ortsteilen keine Stadtteilebene und werden den jeweiligen Stadtbezirken direkt zugeordnet. Oberneuland hingegen ist ein Stadtteil ohne Ortsteil(e). Um die vier Ortsteile nicht auszuschließen, werden sie nachfolgend wie Stadtteile behandelt.

5.3.2.1 *Datenaufbereitung und Modellannahmen*

Auch für das Modell Bremen wird die Stichprobe in einem ersten Schritt einer Plausibilitätsanalyse unterzogen und der Datensatz auf Konsistenz und Vollständigkeit hin überprüft. Nach Cohen et al. ist eine Korrektur bei inkorrekten Daten durch einen plausiblen Wert möglich (Cohen et al. 2009: 412, 415). Die Variable „Baujahr" weist in einem Datensatz einen Wert von „19550" auf. Dieser Ausreißer repräsentiert einen inkorrekten Wert, welcher offensichtlich durch einen Eingabefehler entstanden ist (vgl. Cohen et al. 2009: 390). Dieser Eingabefehler wird durch den Wert 1955 ersetzt. Bei der Berechnung der Variable „Alter", welche die Differenz der Variablen „Verkaufsjahr" und „Baujahr" darstellt, wurde in zwei Datensätzen der Wert „-1" festgestellt. Grund hierfür ist, dass der Kaufvertrag vor Fertigstellung des Gebäudes abgeschlossen wurde. Dieser Wert wird durch „0" ersetzt. Das Immobilienalter wird im Vergleich zu Niedersachsen mit Hilfe des tatsächlichen Baujahrs anstatt des modifizierten Baujahrs berechnet.

Weiterhin wird die Stichprobe auf Dubletten untersucht. Zur Identifikation möglicher Dubletten wird die Registriernummer herangezogen. Mittels dieser Merkmalsausprägung wurden keine Dubletten ermittelt. Daran anschließend wird der Datensatz um Beobachtungen mit ungewöhnlichen oder persönlichen Verhältnissen (z.B. Verkauf der Immobilie an einen Verwandten) oder um sonstige preisbeeinflussende Elemente (z.B. Denkmalschutzbestimmungen) und Widersprüche bereinigt.

Auch für das Modell Bremen werden Mindestanforderungen formuliert, um eine grundsätzliche Vergleichbarkeit der Immobilien zu gewährleisten. Datensätze, die die Mindestanforderungen nicht erfüllen, finden in der weiteren Analyse keine Berücksichtigung. Zusammenfassend werden die wesentlichen Modellannahmen und Mindestanforderungen wie folgt formuliert:

- Berücksichtigung nur solcher Kauffälle, bei denen ein vollständiger Datensatz zur Verfügung steht,
- Berücksichtigung nur für private Zwecke bebauter Grundstücke (Ein- und Zweifamilienhäuser) ohne Erbbaurecht oder andere Lasten (persönliche oder sonstige preisbeeinflussende Umstände),
- Berücksichtigung nur solcher Datensätze, die keine Widersprüche zwischen ihren Elementen enthalten,
- Berücksichtigung nur solcher Immobilienübertragungen, bei denen natürliche Personen am Eigentümerwechsel beteiligt sind. Transaktionen von Zwangsversteigerungen oder unter Beteiligung öffentlicher Rechtspersonen finden keine Berücksichtigung,

- der Beobachtungszeitraum umfasst die Jahre 2014 und 2015 (01.01.2014 bis 31.12.2015),
- Grundstücke mit einer Gesamtfläche von über 20.000 m^2 finden keine Berücksichtigung,
- Berücksichtigung nur solcher Immobilien mit einer Wohnfläche von mehr als 50 m^2,
- Berücksichtigung nur solcher Immobilien mit einem Bodenrichtwert von mehr als 10 Euro/m^2,
- Berücksichtigung nur solcher Transaktionen, bei denen ein höherer Kaufpreis als 5.000 Euro erreicht wurde.

Insgesamt weisen 574 Datensätze wertbeeinflussende Umstände, Widersprüche oder keine Übereinstimmung mit den Annahmen auf, sodass diese Beobachtungen aus dem Datensatz entfernt werden.

Das Modell ist dadurch für eine möglichst hohe Transaktionszahl repräsentativ, berücksichtigt jedoch zudem Transaktionen von Immobilien mit außergewöhnlichen Eigenschaften. Trotz der getroffenen Annahmen weisen die Variablen weiterhin eine hohe Varianz auf (siehe ausführlich Tabelle 22).

5.3.2.2 Bereinigte Stichprobe

Nachdem die Modellannahmen formuliert wurden, ist zu prüfen, ob die Missings in der Stichprobe einem Muster folgen. Insgesamt ist die Stichprobe für Bremen dadurch gekennzeichnet, dass keine fehlenden Werte in den Variablen, die für die Regressionsanalyse als erklärende Variablen dienen sollen, zu verzeichnen sind. Probleme bei der Variablenauswahl aufgrund hoher Ausfallmuster oder Entscheidungsfindungen, wie mit einem unvollständigen Datensatz umzugehen ist, existieren daher nicht. Diese Eigenschaft stellt einen wesentlichen Unterschied zum Datensatz für den Teilmarkt Niedersachsen dar.

Die Daten werden ebenfalls unter Verwendung verschiedener Verfahren auf Ausreißer hin überprüft. Eine visuelle Überprüfung erfolgt wie für das Modell Niedersachsen unter Verwendung eines Boxplots. Dieses Vorgehen basiert auf der Ausreißerdefinition u.a. nach Eid/Gollwitzer/Schmitt (2015: 151 f.), welche einen Ausreißer dadurch definieren, „dass er kleiner ist als der Wert $Q_1 - 1{,}5 * IQA$ bzw. größer ist als der Wert $Q_3 + 1{,}5 * IQA$“ (Eid/Gollwitzer/Schmitt 2015: 151 f.). Neben dieser visuellen Überprüfung werden mögliche Ausreißer für den Teilmarkt Bremen auch mittels o.g. Formel überprüft, indem der Multiplikator mit 3,0 ersetzt wird (Hoaglin/Inglewicz/Tukey 1986: 992, 998). Da Werte mit einem Multiplikator von 3,0 Extremwerte darstellen, werden diese besonders sorgsam analysiert.

Neben einer visuellen und mathematischen Ausreißerüberprüfung wird auch auf die Ausreißerdefinition von Barnett/Lewis' (1994: 7) Bezug genommen. Diese sehen „[...] an observation (or subset of observations) which appears to be inconsistent with the remainder of that set of data" als Identifikationsmerkmal. Auch nach dieser Vorgehensweise kann von den durchaus vorhandenen Extremwerten in den Variablen nicht auf inkorrekte Daten geschlossen werden, sodass diese in der weiteren Analyse im Datensatz erhalten bleiben. Auch für den Teilmarkt Bremen wird unterstellt, dass bei Immobilienpreisen und Immobilieneigenschaften extreme Ausprägungen durch deren unikale Eigenschaft möglich sind. Ferner wird durch die formulierten Modelleigenschaften bereits eine Einschränkung hinsichtlich extremer Ausprägungen vorgenommen.

Nachdem die Datensätze auf Missings und auf Ausreißer untersucht und unter Berücksichtigung der Annahmen bereinigt wurden, sind für den Teilmarkt Bremen noch 2.603 Datensätze für die Analyse vorhanden. Diese Daten werden auf Normalverteilung und auf bivariate Zusammenhänge unter Verwendung von Scatterplots und einer Korrelationsmatrix überprüft.

Unter Verwendung von Histogrammen wurden die Variablen auf Normalverteilung überprüft. Hiernach weisen die meisten Variablen eine Normalverteilung auf. Da sich die Normalverteilungsannahme vordergründig auf die Residuen bezieht, stellen nicht normalverteilte Prädiktoren kein Hindernis für eine lineare Regression dar (Pedace/Kunze 2015: 139). Auch die Stichprobe für den Teilmarkt Bremen umfasst eine deutlich höhere Datensatzmenge als die Mindestgröße von 30 Vergleichsfällen (vgl. Auer/Rottmann 2015: 317 f., 327).

Lineare Zusammenhänge werden unter Verwendung von Scatterplots visuell überprüft und Korrelationen zwischen den metrischen Variablen mittels einer Korrelationsmatrix untersucht. Im Rahmen der Korrelationsmatrix weisen die unabhängigen Variablen keine Werte von über 0,6 auf, sodass der als kritisch diskutierte Wert von 0,8 zwischen den unabhängigen Variablen nicht überschritten wird (Auer/Rottmann 2015: 95) und damit möglicherweise einhergehende Probleme von Kollinearitäten in einer ersten Überprüfung verworfen werden können. Tabelle 22 gibt einen Überblick über das Durchschnittsobjekt unter Berücksichtigung des nach der Bereinigung verbleibenden vollständigen Datensatzes.

Tabelle 22: Durchschnittsobjekt TM Bremen

Variable	MIN	MAX	Σ	Mittelwert	Standard-abweichung
Kaufpreis (€)	10.000	1.300.000	516.900.324	198.578	135.115
Fläche (m^2)	54	4.077	1.106.056	425	385
BRW (€/m^2)	30	1.200	470.635	180	121
Wohnfläche (m^2)	51	760	339.956	130	48
Baujahr	1784	2015	5.064.569	1945	26
ÖPNV	1	100	245.459	94	10
Effektivzins (%)	1,61	2,84	5513,74	2,11	0,36
Alter	0	231	179.251	68	26
Immobestand	-2	108	18.370	7	14

Quelle: eigene Berechnung.

5.3.2.3 Variablenbeschreibung

Die im Selektionskatalog für das Modell Bremen aufgelisteten Variablen finden, wie auch im Modell Niedersachsen, im Rahmen der Regressionsanalyse direkte oder indirekte Berücksichtigung. Das von dem Gutachterausschuss Bremen zur Verfügung gestellte Datenmaterial wird auf wertbeeinflussende Umstände überprüft und es werden nur solche Kauffälle berücksichtigt, die widerspruchsfrei sind. Die Variablen weisen im Vergleich zum Teilmarkt Niedersachsen sowohl Übereinstimmungen als auch Unterschiede auf. Tabelle 23 enthält die Variablenselektion für den Teilmarkt Bremen. Nachfolgend werden die Variablen beschrieben und die Gründe für deren Auswahl erläutert. Die immobilienbeschreibenden Variablen basieren auf den vom Gutachterausschuss Bremen zur Verfügung gestellten Fragebögen.

Tabelle 23: Selektionskatalog für bebaute Grundstücke im TM Bremen

Variable	Statistisch
Registriernummer	Überprüfung Widersprüche
Gemeinde	Zuordnung Stadt Bremen
Stadtteil	Dummy
Ortsteil	Überprüfung Widersprüche
Ungewöhnliche oder sonstige persönliche Preisumstände	Überprüfung Widersprüche
Datum des Vertrages	01.01.2014 bis 31.12.2015

Variable	Statistisch
Anlass Eigentumsübergang	Kauf
Veräußerer	Natürliche Person
Erwerber	Natürliche Person
Bereinigter Kaufpreis (€)	ln
Fläche (m^2)	ln
Bodenrichtwert (€/m^2)	ln
Gebäudeart / Gebäudetyp	Dummy
Baujahr	Linear
Wohnfläche (m^2)	ln
Vertragsart	Ohne Erbbaurecht
Alter	Linear
Effektivzins	Linear
Einzugsbereich von Straßenbahn- und Bushaltestellen	Linear
Lagefaktor	Linear
Zu- und Abgänge des Immobilienbestands	Linear

Quelle: eigene Zusammenstellung auf Basis der Kaufpreissammlung des Gutachterausschusses Bremen.

Gemeindeteil. Diese Variable nennt die Gemeinde, in welchem das Objekt veräußert wurde. Für sämtliche Transaktionen stellt die Stadtgemeinde Bremen den Teilmarkt dar.

Stadtteile. Die Stadtteile werden in die nachfolgenden Dummy-Variablen kodiert, wobei der Stadtteil Hemelingen die Referenzkategorie darstellt.

- Stadtteil 01: Blumenthal
- Stadtteil 02: Borgfeld
- Stadtteil 03: Burglesum
- Stadtteil 04: Findorff
- Stadtteil 05: Gröpelingen
- Stadtteil 06: Hemelingen
- Stadtteil 07: Horn-Lehe
- Stadtteil 08: Huchting
- Stadtteil 09: Mitte
- Stadtteil 10: Neustadt
- Stadtteil 11: Oberneuland
- Stadtteil 12: Obervieland
- Stadtteil 13: Osterholz
- Stadtteil 14: Östliche Vorstadt
- Stadtteil 15: Schwachhausen
- Stadtteil 16: Seehausen
- Stadtteil 17: Strom
- Stadtteil 18: Vahr
- Stadtteil 19: Vegesack
- Stadtteil 20: Walle
- Stadtteil 21: Woltmershausen

Tabelle 24: Häufigkeitsverteilung der Transaktionen nach Stadtteilen im TM Bremen

Stadtteil	Häufigkeit	Prozent	Gültige Prozente	Kumulierte Prozente
Blumenthal	190	7,3	7,3	7,3
Borgfeld (OT)	49	1,9	1,9	9,2
Burglesum	158	6,1	6,1	15,3
Findorff	97	3,7	3,7	19,0
Gröpelingen	170	6,5	6,5	25,5
Hemelingen	210	8,1	8,1	33,6
Horn-Lehe	154	5,9	5,9	39,5
Huchting	172	6,6	6,6	46,1
Mitte	23	0,9	0,9	47,0
Neustadt	103	4,0	4,0	50,9
Oberneuland (OT)	98	3,8	3,8	54,7
Obervieland	204	7,8	7,8	62,5
Osterholz	185	7,1	7,1	69,7
Östliche Vorstadt	79	3,0	3,0	72,7
Schwachhausen	132	5,1	5,1	77,8
Seehausen (OT)	10	0,4	0,4	78,1
Strom (OT)	3	0,1	0,1	78,3
Vahr	92	3,5	3,5	81,8
Vegesack	199	7,6	7,6	89,4
Walle	205	7,9	7,9	97,3
Woltmershausen	70	2,7	2,7	100,0
Gesamt	**2.603**	**100,0**	**100,0**	

Quelle: eigene Berechnung.

Datum des Vertrages. Bezeichnet das Vertragsdatum.

Anlass Eigentumsübergang. Dieses Merkmal repräsentiert den Anlass des Eigentumsüberganges. Es erfolgt eine Unterscheidung in verschiedene Anlässe wie bspw. Kauf, Tausch oder Enteignung. Es werden nachfolgend ausschließlich Kauffälle berücksichtigt.

Veräußerer. Als Veräußerer können sowohl natürliche als auch juristische Personen (z.B. Gemeinden oder Wohnungsbauunternehmen) auftreten. Nachfolgend werden nur natürliche Personen berücksichtigt.

Erwerber. Als Erwerber können sowohl natürliche als auch juristische Personen auftreten. Nachfolgend werden nur natürliche Personen berücksichtigt.

Bereinigter Kaufpreis. Der Kaufpreis stellt den Transaktionspreis dar. Bei dem bereinigten Kaufpreis wurde der absolute Kaufpreis um das Inventar, die Einbauküche und sonstige Wertgegenstände bereinigt.

Vertragsart. Das Element Vertragsart beschreibt die Art des jeweiligen Kaufvertrages wie bspw. Kaufvertrag ohne Erbbaurecht oder Kaufvertrag mit einer vorzeitigen Aufhebung des Erbbaurechtes. Nachfolgend sollen nur Kauffälle ohne Erbbaurecht in der Analyse berücksichtigt werden.

Fläche. Als Fläche wird die Gesamtheit aller Flurstücksteile und Flurstücke eines Objektes bezeichnet. Die Maßeinheit wird in Quadratmeter (m^2) angegeben.

Gebäudeart. Die Gebäudeart wird nachfolgend in vier Hauptkategorien[102] unterteilt (Reihenhaus, Doppelhaushälfte, freistehendes Einfamilienhaus (EFH) und freistehendes Zwei- und Dreifamilienhaus (ZFH, DFH)). Die Referenzkategorie bildet das Reihenhaus.

- o Gebäude 1: Reihenhaus
- o Gebäude 2: Doppelhaus
- o Gebäude 3: Freistehendes EFH
- o Gebäude 4: Freistehendes ZFH und DFH

Tabelle 25: Häufigkeitsverteilung der Gebäudearten im TM Bremen

Ausprägung	Häufigkeit	Prozent	Gültige Prozente	Kumulierte Prozente
Reihenhaus	1.528	58,7	58,7	58,7
Doppelhaus	363	13,9	13,9	72,6
Einfamilienhaus	581	22,4	22,4	95,0
Zwei- und Dreifamilienhaus	131	5,0	5,0	100,0
Gesamt	**2.603**	**100,0**	**100,0**	

Quelle: eigene Berechnung auf Basis des vollständigen Datensatzes.

102 Im Rahmen der jeweiligen Hauptkategorien können weitere Unterteilungen vorgenommen werden. Beispielsweise wird das Reihenhaus wiederum in Reihenmittelhaus, Reihenendhaus, Reihenhaus Bungalow, Reihenhaus Altbremerhaus usw. unterteilt. Selbige Unterkategorien werden auch für Doppelhaushälften verwendet. Um eine Übersichtlichkeit zu gewährleisten und das Modell nicht durch zahlreiche Dummy-Variablen „aufzublähen", beschränkt sich die Einteilung in der Regressionsanalyse auf vier Hauptkategorien. Allein für die Variable Gebäudetyp hätten ansonsten 15 Dummys gebildet werden müssen.

Baujahr. Das Baujahr bezieht sich auf den Zeitpunkt der Fertigstellung des Gebäudes. Es finden Baujahre im Zeitraum von 1784 bis 2015 Berücksichtigung, da der Bremer Immobilienmarkt insbesondere durch seine Altbremer Häuser gekennzeichnet ist.

Wohnfläche. Die Variable enthält die Wohnfläche einer Wohnung oder eines Gebäudes, welche nach Ausstattung und Anlage zu Wohnzwecken geeignet ist. Die Angabe erfolgt in m^2.

Bodenrichtwert. Der Bodenrichtwert stellt den durchschnittlichen Lagewert dar. Grundsätzlich erfolgt eine regelmäßige Aktualisierung der Bodenrichtwerte. Aufgrund von Personalmangel konnten die Bodenrichtwerte jedoch nicht auf den Stichtag 01.01.2015 aktualisiert werden und beziehen sich daher auf das Jahr 2013 (vgl. Gutachterausschuss Bremen 2016: 63). Da in der Studie die Jahre 2014 und 2015 betrachtet werden, ist trotz dieser Tatsache die Variable geeignet, Aussagen über den grundsätzlichen Einfluss des BRW auf den Immobilienpreis zu treffen.

Lagefaktor. Der Lagefaktor wird in 15 Stufen unterteilt. Durch ihn erfolgt eine qualitative Einordnung der Makrolage.

Öffentliche Leistungen. Die öffentlichen Leistungen werden mittels einer infrastrukturbeschreibenden Variable in der Regression berücksichtigt. Öffentliche Leistungen sollen für den Teilmarkt Bremen durch den prozentualen Anteil der „Bevölkerung im Einzugsbereich von 500 Meter um Straßenbahn- und Bushaltestellen" auf Ortsteilebene dargestellt werden. Dieser Indikator wurde ausgewählt, da er sich unmittelbar auf die Infrastruktur bezieht, welche laut Kapitalisierungsthese einen klassischen Einflussfaktor auf den Boden- und Immobilienwert darstellt. Die Daten werden vom Statistischen Landesamt Bremen für die Jahre 2014 und 2015 als Sonderauswertung zur Verfügung gestellt.

Effektivzins. Auch für den Teilmarkt Bremen wird der Effektivzins der Banken für Neugeschäfte für Wohnungsbaukredite an private Haushalte mit einer anfänglichen Zinsbindung von über fünf bis zehn Jahren für die jeweiligen Monate als Makrofaktor im Regressionsmodell berücksichtigt. Die Daten werden von der Deutschen Bundesbank zur Verfügung gestellt.

Zu- und Abgänge des Immobilienbestands. Der Saldo aus den Zu- und Abgängen von Wohngebäuden wird analog zum Modell für den Teilmarkt Niedersachsen als immobilienmarktbeschreibende Variable ausgewählt. Die Daten werden vom Statistischen Landesamt Bremen in der Datenbank Bremen Kleinräumig Infosystem frei zugänglich bereitgestellt.

5.3.3 Modellaufstellung und Modellschätzung

Auch für das Modell Bremen erfolgt nach Aufbereitung des Datensatzes und seiner Überprüfung auf Normalverteilung, Ausreißer, fehlende Werte und Korrelationen die Aufstellung des zu schätzenden Modells mit der OLS-Methode zum einen mit klassischen und zum anderen mit robusten Standardfehlern. Das Modell wird mit der Einschlussmethode geschätzt und sämtliche Prädiktoren werden in das Modell aufgenommen. Ziel ist es, für diesen Teilmarkt in Abhängigkeit seiner besonderen Strukturen ein Modell zu finden, in welchem die unabhängigen Variablen zu einem hohen Erklärungsgehalt der abhängigen Variable beitragen. Die Regressionsergebnisse werden in Tabelle 26 dargestellt.

Modell Bremen:

$$\ln(\text{Kaufpreis}) = \beta_1 + \beta_2 * \ln(\text{Wohnfläche}) + \beta_3 * \ln(\text{Fläche}) + \beta_4 * \text{Alter} + \beta_5 * \ln(\text{BRW}) + \beta_6 * \text{Zins} + \beta_7 * \text{ÖPNV} + \beta_8 * \text{Lagefaktor} + \Sigma_9^{28} \beta i * \text{Stadtteil} + \Sigma_{29}^{31} \beta i * \text{Gebäude} + \beta_{32} * \text{Immobestand} + \varepsilon$$

Tabelle 26: Regressionsergebnisse für den TM Bremen

	OLS*				Robust				
	Koeff.	**SE**	**t**	**Sig.**	**Koeff.**	**SE**	**t**	**Sig.**	**VIF**
(Konstante)	8,631	,261	33,038	,000	8,631	,300	28,74	,000	
lnWohnfläche	-,001	,023	-0,055	,956	-,001	,025	-0,05	,959	1,16
lnFläche	,297	,016	18,287	,000	,297	,018	16,20	,000	3,27
Alter	,001	,000	2,121	,034	,001	,000	2,31	,021	1,46
lnBRW	,361	,034	10,759	,000	,361	,043	8,47	,000	6,78
Zins	-,084	,020	-4,164	,000	-,084	,020	-4,25	,000	1,08
ÖPNV	-,002	,001	-2,242	,025	-,002	,001	-2,24	,025	1,83
Lagefaktor	,033	,008	4,057	,000	,033	,008	3,91	,000	4,34
Stadtteil 1	-,301	,040	-7,433	,000	-,301	,044	-6,84	,000	2,27
Stadtteil 2	,269	,070	3,827	,000	,269	,078	3,44	,001	1,87
Stadtteil 3	-,074	,043	-1,734	,083	-,074	,043	-1,71	,088	2,11
Stadtteil 4	,249	,054	4,607	,000	,249	,060	4,16	,000	2,15
Stadtteil 5	-,266	,040	-6,678	,000	-,266	,042	-6,40	,000	1,98
Stadtteil 7	,139	,043	3,218	,001	,139	,043	3,19	,001	2,11
Stadtteil 8	-,086	,039	-2,184	,029	-,086	,037	-2,32	,020	1,95

	OLS*				Robust				
	Koeff.	SE	t	Sig.	Koeff.	SE	t	Sig.	VIF
Stadtteil 9	,257	,095	2,693	,007	,257	,115	2,23	,026	1,63
Stadtteil 10	,037	,051	0,729	,466	,037	,062	0,60	,550	2,01
Stadtteil 11	,313	,055	5,700	,000	,313	,056	5,63	,000	2,24
Stadtteil 12	,067	,038	1,768	,077	,067	,035	1,90	,058	2,13
Stadtteil 13	,021	,036	0,576	,564	,021	,033	0,63	,527	1,79
Stadtteil 14	,224	,063	3,585	,000	,224	,078	2,86	,004	2,35
Stadtteil 15	,553	,053	10,489	,000	,553	,059	9,34	,000	2,74
Stadtteil 16	-,072	,120	-0,604	,546	-,072	,137	-0,53	,599	1,12
Stadtteil 17	-,310	,210	-1,476	,140	-,310	,427	-0,73	,468	1,04
Stadtteil 18	-,025	,047	-0,546	,585	-,025	,042	-0,60	,547	1,52
Stadtteil 19	-,270	,043	-6,292	,000	-,270	,048	-5,65	,000	2,67
Stadtteil 20	-,114	,040	-2,838	,005	-,114	,044	-2,62	,009	2,41
Stadtteil 21	-,114	,050	-2,262	,024	-,114	,053	-2,14	,033	1,36
Gebäude 2	-,060	,024	-2,479	,013	-,060	,025	-2,37	,018	1,44
Gebäude 3	,041	,027	1,507	,132	,041	,029	1,43	,152	2,63
Gebäude 4	,128	,039	3,276	,001	,128	,039	3,30	,001	1,49
Immobestand	,000	,001	0,559	,576	,000	,001	0,60	,550	1,42
R-Quadrat		0,6051							
Korrigiertes R-Quadrat		0,6003							
Sig. F-Test		0,000							
Anzahl		2.603							
Standardfehler d. Schätzers		0,35679							

Quelle: eigene Berechnung. *Schätzung OLS mit klassischen Standardfehlern und robust mit heteroskedastie-konsistenten Standardfehlern nach White (1980). Koeff. = Koeffizient; SE = Standardfehler; t = T-Wert; Sig. = Signifikanz; VIF = Variance Inflation Factor.

Zur Überprüfung des Modells Bremen wird die gleiche Vorgehensweise wie für das Modell Niedersachsen gewählt.

5.3.3.1 Überprüfung des Gesamtmodells und der Koeffizienten

Überprüfung des Gesamtmodells. Die Modellzusammenfassung zeigt, dass die ausgewählten Variablen für eine Erklärung der Varianzanteile geeignet sind. Ein R^2 von 0,6 kann als annehmbare Anpassung eingestuft werden (Haase 2011: 98).

Das korrigierte Bestimmtheitsmaß weist ebenfalls einen Wert von 0,6 auf und der F-Test bestätigt, dass das Modell signifikant auf einem Niveau von 0,001 ist.

Überprüfung der Regressionskoeffizienten und mögliche Gründe für die Ergebnisse. Die meisten Koeffizienten weisen ein plausibles Vorzeichen auf und werden nachfolgend genauer untersucht. Anders als im Modell Niedersachsen können im Modell Bremen insbesondere standortspezifische Variablen signifikant in den Hauspreisen nachgewiesen werden.

Wohnfläche und Fläche. Die Fläche besitzt ein positives Vorzeichen und einen Koeffizienten von 0,297. Mit steigender Fläche erhöht sich auch der Immobilienpreis. Ein Einfluss der Wohnfläche kann hingegen – anders als im Modell Niedersachsen – nicht signifikant nachgewiesen werden. Ein möglicher Grund für das Ergebnis ist, dass in Bremen grundsätzlich ein knappes Wohnraumangebot existiert und dadurch andere Variablen wie z.B. die Lage kaufpreisbeeinflussende Faktoren darstellen.

Alter. Für das Alter kann – im Vergleich zum Modell Niedersachsen – ein positiv signifikanter (fünf Prozent Irrtumswahrscheinlichkeit) Zusammenhang mit dem Immobilienpreis nachgewiesen werden. Grund für dieses Ergebnis kann der Folgende sein: Der Immobilienmarkt in Bremen ist gekennzeichnet durch viele Altbremer Häuser (Villen), welche sich in hochpreisigen Stadtteilen befinden. Anders als bspw. im Modell Niedersachsen stellt das Immobilienalter in Bremen einen Besonderheitscharakter dar, sodass ältere Immobilien wegen ihrer Besonderheit einen höheren Kaufpreis aufweisen. So besitzt das Durchschnittsobjekt in Bremen ein Baujahr von 1945 und in Niedersachsen von 1972.

Bodenrichtwert. Der Bodenrichtwert weist einen Koeffizienten von 0,361 auf und besitzt daher als Lagevariable einen Einfluss auf den Immobilienpreis. Bei einer einprozentigen Erhöhung des Bodenrichtwertes erhöht sich der Immobilienpreis um 0,361 Prozent. Dieses Ergebnis stimmt mit der in der Literatur beschriebenen Bedeutung der Lage als wichtiges Entscheidungskriterium bei Immobilientransaktionen überein.

Effektivzins. Der Effektivzinssatz weist einen hoch signifikanten Zusammenhang mit dem Immobilienpreis auf. Er besitzt einen negativen Einfluss und einen Koeffizienten von -0,084. Für das Modell Niedersachsen wurde die gleiche Wirkungsrichtung herausgestellt, sodass das Ergebnis auch damit begründet werden kann, dass bei niedrigen Zinsen die Nachfrage steigt, da Fremdkapital erschwinglicher wird (Gürtler/Rehan 2008: 20). Gründe für den eher schwachen Zusammenhang können zum einen das insgesamt niedrige Effektivzinsniveau sein, welches in den Jahren 2014 bis 2015 Werte zwischen 2,84 (01/2014) und 1,83 Prozent (12/2015) aufweist (Deutsche Bundesbank 2017). Die Zinsschwankungen sind eher gering und insbesondere im Vergleich zu den Effektivzinsen von vor zehn Jahren stark zurückgegangen. Der Zinssatz spielt bei den Immobilientransaktionen deswegen ggf. nur eine untergeordnete Rolle. Weiterhin wurde auch für den Teilmarkt Bremen bei der Regressionsanalyse der jeweilige Zinssatz des Transaktionsdatums verwendet. Dies könnte insofern eine Verzerrung hervorrufen, als die Finanzierung erst später abgeschlossen wird und somit der Zinssatz zum Transaktionszeitpunkt nicht den tatsächlichen Finanzierungszinssatz widerspiegelt.

Öffentliche Leistung. Die Variable „Bevölkerung im Einzugsbereich von 500 Meter um Straßenbahn- und Bushaltestellen" weist einen negativen Zusammenhang mit dem Immobilienpreis auf. Der Koeffizient beträgt -0,002 bei einem fünfprozentigen Signifikanzniveau. Gründe für den negativen Zusammenhang können zum einen sein, dass mit zunehmender Entfernung zum Stadtzentrum ein erhöhtes Angebot an Straßenbahn- und Bushaltestellen notwendig ist. Eine ausgebaute Infrastruktur ist nicht zwingend mit einer „besseren" Infrastruktur gleichzusetzen, sondern kann auf eine größere Entfernung zum Stadtzentrum hindeuten. Diese größere Entfernung kann sich wiederum negativ auf den Immobilienpreis auswirken. Zum anderen ist das Straßenbahn- und Busnetz in Bremen insgesamt gleichmäßig ausgebaut (siehe Abbildung A4 im Anhang), sodass – anders als in Flächenländern mit weitläufigen Entfernungen – diese Infrastrukturleistungen in allen Stadtteilen gleichermaßen abrufbar sind und es sowohl mit dem Bus als auch mit der Bahn grundsätzlich möglich ist, das Stadtzentrum zu erreichen.

Stadtteil und Lagefaktor. Eine Vielzahl der Stadtteile weist (hoch) signifikante Werte auf. Die Stadtteile können als „Bündel" verschiedener Leistungen gesehen werden, bei welchen u.a. auch durch nicht monetäre bzw. weiche Standortfaktoren Einfluss auf die Kaufentscheidung ausgeübt werden kann. Dieser Satz von Dummy-Variablen wird auch als „Fixed Effect" bezeichnet, da auch nicht beobachtbare Unterschiede zwischen den verschiedenen Stadtteilen herausgestellt werden sollen. Die einzelnen Schätzwerte der Koeffizienten der Stadtteil-Dummys repräsentieren daher Preisaufschläge oder -abschläge gegenüber der Referenzkategorie (Maier/Herath 2015: 140). Die Stadtteile Borgfeld (0,269), Findorff (0,249), Horn-Lehe (0,139), Mitte (0,257), Oberneuland (0,313), Östliche Vorstadt (0,224) und Schwachhausen (0,553) weisen einen positiven Koeffizienten und damit einen Preiszuschlag im Verhältnis zur Referenzkategorie auf.

Da sich die Stadtteile in ihren Strukturen und Charakteristika voneinander unterscheiden und jeweils ein bestimmtes Leistungsbündel (monetär und nicht monetär) repräsentieren, sind in Abhängigkeit des Individuums unterschiedliche Vorlieben für einen Stadtteil zu verzeichnen. Diese Vorlieben können sich auch auf ausschließlich nicht monetäre Immobilieneigenschaften beziehen wie z.B. auf das Image, den Wohlfühlfaktor oder das Flair. Die monetär messbaren Größen wären in diesem Fall den nicht monetären Größen untergeordnet. Die Variable „Lagefaktor", welche eine Bewertung des Makrostandortes der Immobilie darstellt, konnte ebenfalls hoch signifikant in den Immobilienwerten mit einem positiven Koeffizienten nachgewiesen werden.

Hebesatz. Für die Stadt Bremen existiert ein einheitlicher Hebesatz von 580 Prozent (Jahre 2014 und 2015). Die Hebesatzhöhe kann sich daher weder positiv noch negativ auf den Immobilienpreis auswirken. Im Unterschied zu den Gemeinden des Teilmarktes Niedersachsen kann die Stadtgemeinde Bremen verschiedene Leistungsbündel in den jeweiligen Stadt- bzw. Ortsteilen nicht durch verschiedene Grundsteuerhebesätze differieren. Niedersächsische Gemeinden haben die Möglichkeit, sich durch verschiedene Hebesatzhöhen und damit auch dem Grundsteueraufkommen voneinander abzugrenzen. In der Stadtgemeinde Bremen hingegen wirken sich Hebesatzänderungen gleichermaßen auf sämtliche Stadt- und Ortsteile aus. Diese Tatsache verhindert zwar eine unmittelbare Einbeziehung des Hebesatzes als Steuervariable in das Regressionsmodell für den Teilmarkt Bremen, ermöglicht jedoch bei der Ergebnisanalyse eine differenzierte Darstellung und Bewertung.

Gebäudeart und Immobilienbestand. Die Gebäudearten (Gebäudeart 2 und 4) im Bremer Modell weisen einen signifikanten Unterschied zur Referenzkategorie auf. Ein Zweifamilienhaus führt zu einem Preisaufschlag von 12,8 Prozent und ein Doppelhaus zu einem Preisabschlag von 6,0 Prozent im Vergleich zum Durchschnittsobjekt. Der Saldo aus den Immobilienzu- und -abgängen konnte hingegen nicht signifikant in den Immobilienpreisen nachgewiesen werden. Ein möglicher Grund für diese Tatsache ist, dass in vielen (insbesondere stadtnahen) Stadtteilen Bremens freie Bauflächen nur bedingt zur Verfügung stehen, sodass in erster Linie Bestandsimmobilien veräußert werden.

5.3.3.2 Überprüfung der Modellprämissen

Abbildung 11 stellt im unteren rechten Diagramm die Linearitätsüberprüfung dar. Hierbei zeigt das Streudiagramm die standardisierten geschätzten Werte gegen die Kaufpreise und bestätigt, dass die Linearitätsprämisse bis auf wenige Residuen erfüllt ist. Eine Überprüfung auf Homoskedastizität (A4) erfolgt visuell mittels Scatterplot (siehe Abbildung 11, Scatterplot unten links). Die standardisierten Residuen streuen auch im Modell Bremen „frei" um den Erwartungswert 0 (Backhaus et al. 2016: 103). Neben einer visuellen Überprüfung wurde dieses Modell mit heteroskedastie-konsistenten Standardfehlern nach White (1980) geschätzt (siehe Tabelle 26). Im Rahmen dieses Modells stellt ebenfalls eine Querschnittsanalyse und keine Zeitreihenanalyse den Untersuchungsgegenstand dar, sodass davon ausgegangen werden kann, dass die Daten keine Autokorrelation (A5) aufweisen. Dies konnte auch unter Verwendung des Durbin-Watson-Tests mit einem Wert von 1,9 bestätigt werden, welcher nahe an dem kritischen Wert von 2,0 liegt, sodass keine Autokorrelation vorliegt (Backhaus et al. 2016: 106). Es weisen alle Prädiktoren einen VIF von kleiner oder gleich 4 auf, einzig die Variable BRW weist einen VIF von 6 auf. Da alle Werte deutlich unter einem Grenzwert von 10 liegen, wird eine Modellverletzung durch Multikollinearität verworfen (vgl. Wooldridge 2013: 94; Backhaus et al. 2016: 108). Unter Verwendung eines Histogramms und eines PP-Plots (Abbildung 11 beide oberen Diagramme) werden die Residuen auf Normalverteilung überprüft. Das Histogramm zeigt, dass die Residuen nahezu einer Normalverteilung folgen. Ferner visualisiert der PP-Plot, dass die Residuen auf der Referenzlinie der Normalverteilung liegen, jedoch eine leicht langschwänzig linksschiefe Verteilung vorliegt.

Um weitere mögliche Ausreißer zu identifizieren, die für die geringfügig linksschiefe Verteilung ursächlich sein könnten, wird mit Hilfe der Cook Distance D auf multivariate Ausreißer hin überprüft. Beobachtungen mit einem Wert von $D > 0{,}5$, welche als auffällig gelten (Fahrmeir/Kneib/Lang 2009: 178), konnten im Modell Bremen nicht nachgewiesen werden. Der höchste Wert weist einen Wert von 0,173 auf. Da dieser unter dem kritischen Wert von 0,5 (Fahrmeir/Kneib/Lang 2009: 178) liegt, wird nicht von weiteren Extremwerten ausgegangen.

Abbildung 11: Residuenüberprüfung im TM Bremen

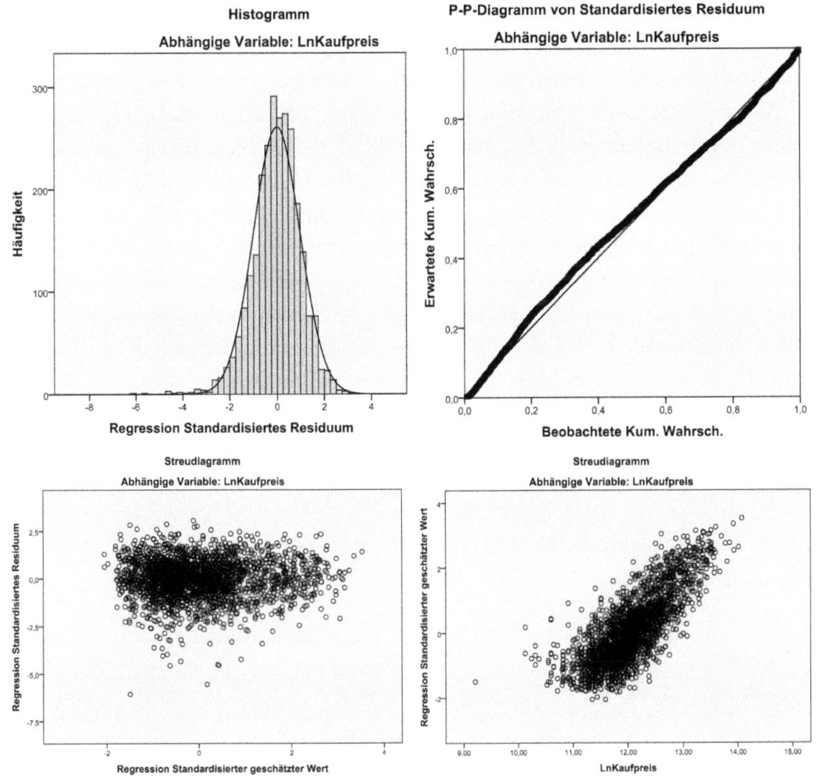

Quelle: eigene Berechnung.

5.4 Zusammenfassung

Im Rahmen der empirischen Studie kann kein signifikanter Zusammenhang zwischen der Grundsteuervariable und dem Immobilienpreis nachgewiesen werden. Der Grundsteuerhebesatz besitzt keinen messbaren Einfluss auf den Immobilienpreis, sodass die Hypothese 1 nicht verworfen werden kann.

Das mathematische Ergebnis besagt, dass die Nullhypothese H_0 nicht durch die Alternativhypothese H_1 widerlegt werden kann. Dieses Ergebnis deckt sich mit anderen Kapitalisierungsstudien für den deutschen Immobilienmarkt. Die Steuerlast wird daher von den Erwerbern getragen und kann folglich als kostenrelevanter Standortfaktor identifiziert werden (Haußmann/Schweinberger 2012: 112).

Die öffentlichen Leistungen können hingegen für beide Teilmärkte signifikant in den Immobilienpreisen nachgewiesen werden. Für den Teilmarkt Niedersachsen repräsentiert die Variable „Bruttoauszahlungen für die Gemeindestraßen pro Bewohner“ und für Bremen die Variable „Bevölkerung im Einzugsbereich von 500 Meter um Straßenbahn- und Bushaltestellen“ die öffentlichen Leistungen.

Die Teilmärkte unterscheiden sich sowohl in den Studienergebnissen als auch in dem aus den Stichproben abgeleiteten Durchschnittsobjekt (Tabelle 27). So ist der durchschnittliche Kaufpreis in Bremen um 25 Prozent höher als in Niedersachsen, jedoch geht der relativ höhere Kaufpreis mit einer mehr als um die Hälfte verkleinerten Grundstücksfläche, einer geringeren Wohnfläche, einer 30 Jahre älteren Immobilie und einem anderen Gebäudetyp (Reihen- anstatt Einfamilienhaus) einher. Der Bodenrichtwert in Bremen ist hingegen fast dreimal so hoch wie in Niedersachsen. Das Durchschnittsobjekt spiegelt die Ergebnisse der Regressionsanalyse adäquat wider. Während in Bremen insbesondere die Lage (Standort) kapitalisiert wird, schlagen sich in Niedersachsen vor allem Gebäudeattribute in den Immobilienwerten nieder.

Tabelle 27: Durchschnittsobjekte der TM Bremen und Niedersachsen (2014 bis 2015)

Eigenschaft	**Bremen***	**Niedersachsen***
Kaufpreis (€)	198.578	157.792
Fläche (m^2)	425	963
Wohnfläche (m^2)	130	136
Baujahr	1945	1972
Alter	68	42
BRW (€/m^2)	180	69
Gebäudetyp (Modus)	Reihenhaus	Einfamilienhaus
Effektivzins (%)	2,11	2,07
Hebesatz (%)	580	430

Quelle: eigene Berechnung. *Die Vergleichbarkeit ist z.T. aufgrund der verschiedenen Variablendefinitionen (siehe bspw. den Kaufpreis, die Gebäudeart und das für Niedersachsen verwendete modifizierte Baujahr bei Durchführung von Instandhaltungsmaßnahmen, welches in Bremen keine Anwendung findet, sowie die nicht erfolgte Aktualisierung des Bodenrichtwertes in Bremen) eingeschränkt.

Eine allumfassende Aussage zur Bedeutung der einzelnen Attribute und deren Einflussnahme auf die Immobilienpreisbildung ist nicht möglich, da in Abhängigkeit des Teilmarktes unterschiedliche Kapitalisierungsergebnisse zu verzeichnen sind. Weiterhin kann dasselbe Modell mit einer anderen Vorgehensweise, z.B. nach der schrittweisen Methode, zu unterschiedlichen Ergebnissen führen.

Vor dem Hintergrund einer Grundsteuerkapitalisierung bedeutet dies, dass mögliche Veränderungen der Grundsteuerausgestaltung und deren Kapitalisierungsauswirkungen teilmarktbezogen zu analysieren sind, da die Immobilienattribute in Abhängigkeit des jeweiligen Teilmarktes eine unterschiedliche Bedeutsamkeit aufweisen. Diese Tatsache ist insbesondere für weitere Untersuchungen im Hinblick auf die Auswirkungen einer bundeseinheitlichen und teilmarktübergreifenden Grundsteuerausgestaltung von Bedeutung.

Das nachfolgende Kapitel beinhaltet eine theoretische Analyse der möglichen Gründe, die ursächlich für das herausgestellte Studienergebnis sein könnten. Weiterhin sollen Möglichkeiten zur Auslösung einer Grundsteuerkapitalisierung erörtert werden. Das „Phänomen der Steuerkapitalisierung“ (Haußmann et al. 2012: 567) soll näher betrachtet werden, indem Faktoren, die in unmittelbarem Zusammenhang mit Immobilien und der Grundsteuer stehen, wissenschaftlich untersucht werden.

Teil III

6 Institutionenökonomische Beschreibung und Analyse der auf den Kapitalisierungsprozess einflussnehmenden Faktoren

„Capitalization is everywhere" (Fischel 2001a: 56). Die Vielzahl existierender Studien zielt vorrangig auf eine Überprüfung einer möglichen Kapitalisierung ab. Demzufolge steht der Output (z.B. Kapitalisierungsgrad) der Regressionsanalyse im Fokus, nicht jedoch eine Untersuchung der einzelnen auf den Kapitalisierungsprozess einflussnehmenden Variablen und Institutionen. In Kapitel 6 soll der Schwerpunkt auf diese Variablen gelegt und Verknüpfungen zwischen ökonomischen und ökonometrischen Inhalten und der NIÖ bzw. dem Governance-Konzept hergestellt werden.

Weder die eigene noch andere für den deutschen Immobilienmarkt durchgeführte Studien konnten überhaupt einen oder einen hohen signifikanten Nachweis einer Grundsteuerkapitalisierung in den Immobilienpreisen nachweisen. Einzig Buettner (2003) konnte eine Grundsteuerkapitalisierung in den Bodenwerten belegen. Der Einfluss anderer Variablen ist ebenfalls uneinheitlich. Obwohl Immobilien und Immobilienmärkte aus ökonomischer Sicht jeweils die gleichen Eigenschaften aufweisen, resultieren aufgrund eben gerade dieser Eigenschaften unterschiedliche Governance-Strukturen in den jeweiligen Teilmärkten, sodass ihr Einfluss ursächlich für die verschiedenen Ergebnisse sein könnte.

Da in der eigenen Studie der Immobilienpreis die abhängige Variable darstellt, soll nachfolgend insbesondere die Preisfindung auf dem Immobilienmarkt betrachtet werden. Um dabei die Besonderheit des Produktionsfaktors Boden und dessen Preisbildung hervorzuheben, soll dieser getrennt vom Immobilienpreis untersucht werden. In diesem Zusammenhang wird nachfolgend auch auf die Unterschiede zwischen Immobilien- und Bodenpreis eingegangen. Beide Märkte bzw. Preise sind jedoch nicht vollkommen getrennt voneinander zu betrachten, da der Bodenmarkt den vorgelagerten Markt des Immobilienmarktes darstellt (Brauer 2018a: 10).

Eine Auseinandersetzung mit den Elementen des Kapitalisierungsprozesses stellt die Grundlage zur Interpretation der Studienergebnisse dar. Neben einer rein ökonomischen Betrachtung eignet sich die Neue Institutionenökonomik als sinnvolle Analyseerweiterung, bei der auch institutionelle Einflussmöglichkeiten auf den Kapitalisierungsprozess Berücksichtigung finden und dadurch mögliche

Gründe für unterschiedliche Studienergebnisse aufgedeckt und diskutiert werden können. Die nachfolgende Forschungsfrage 2, inwiefern Governance auf den Kapitalisierungsprozess Einfluss nehmen kann und die Hypothese 2, dass der Governance-Mix in einem Staatssystem wesentlichen Einfluss auf den Kapitalisierungsprozess ausüben kann, sollen in diesem Kapitel analysiert werden. Dazu wird zum einen untersucht, welche Faktoren grundsätzlich Einfluss auf den Kapitalisierungsprozess nehmen. Zum anderen wird auf die eigene Studie Bezug genommen, um in diesem Zusammenhang die unterschiedlichen Strukturen eines Flächenlandes und eines Stadtstaates hervorzuheben.

Im ersten Teil (Kapitel 6.1) werden die Immobilienpreisbildung mit Hilfe des Vier-Quadranten-Modells (DiPasquale/Wheaton 1996) erklärt sowie immobilienwirtschaftliche Hintergründe zur Visualisierung des Kapitalisierungsprozesses herangezogen.

Im zweiten Teil (Kapitel 6.2) wird der Kapitalisierungsprozess von Immobilien im Allgemeinen untersucht. Inhalt der Analyse ist die Fragestellung, welche Faktoren sich im Immobilienpreis kapitalisieren und von welchen Governance-Strukturen diese Kapitalisierungsfelder (Markt, Standort, Gebäude) beeinflusst werden.

Im dritten Teil (Kapitel 6.3) wird der Grundsteuerkapitalisierungsprozess im Speziellen analysiert. Eine Besonderheit der Grundsteuervariable besteht darin, dass sie einerseits eine Variable des Kapitalisierungsprozesses von Immobilien darstellt, jedoch andererseits ihrem eigenen Kapitalisierungsprozess unterliegt, welcher von verschiedenen Markt-, Standort- und Akteurskonstellationen beeinflusst wird. Die Grundsteuer stellt keinen statischen, sondern einen dynamischen Faktor dar, auf den auch durch Multilevel-Governance Einfluss ausgeübt wird. Obwohl in der eigenen Studie lediglich die in der Grundsteuerberechnung „letzte Stellschraube", der Hebesatz, als Steuervariable dient, sollen in diesem Kapitel sämtliche Komponenten der Grundsteuerberechnung analysiert werden. Der Hebesatz stellt die „transparenteste Stellschraube" dar, ist ein wettbewerbliches und politisches Instrument der Gemeinde und wurde wegen seines wesentlichen Einflusses auf die Grundsteuerhöhe als geeignete Steuervariable ausgewählt.

6.1 Immobilienwirtschaft und Kapitalisierungsfelder

Im Rahmen von Immobilienanalysen werden u.a. die auf den Immobilienwert einflussnehmenden Faktoren untersucht (vgl. Isenhöfer/Väth/Hofmann 2008: 394 ff.). Da die eigene Studie wesentliche Elemente der Immobilienwirtschaft enthält, eignet sich diese Vorgehensweise auch zur Interpretation der in einer

Kapitalisierungsüberprüfung verwendeten Variablen. Abbildung 12 veranschaulicht den Untersuchungsgegenstand, welcher die ökonomische Betrachtung einer Steuerkapitalisierung um zusätzliche Elemente des Governance-Ansatzes erweitert und damit den Kapitalisierungsprozess als solchen in den Vordergrund stellt. Eine Immobilienanalyse soll daher das Fundament bilden, um den Kapitalisierungsprozess und damit das Kapitalisierungsergebnis beschreiben und auswerten zu können. Immobilienanalysen werden in Basisanalysen und Spezialanalysen unterteilt.[103] Basisanalysen umfassen eine Standort-, eine Markt- und eine Gebäudeanalyse (Isenhöfer/Väth/Hofmann 2008: 393; Vornholz 2013: 145).[104] Im Folgenden soll eine Basisanalyse als Grundlage zur Betrachtung des Kapitalisierungsprozesses dienen (Abbildung 12).

Abbildung 12: Darstellung eines Kapitalisierungsprozesses

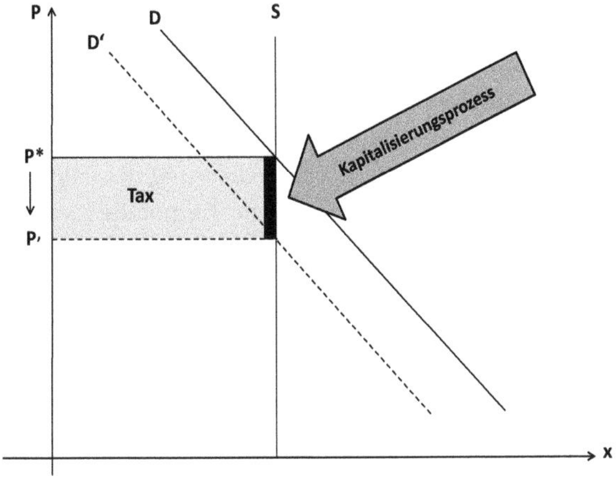

Quelle: eigene Darstellung in Anlehnung an Haußmann et al. 2012: 561.

103 Basisanalysen dienen als Grundlage der Spezialanalysen, welche sich auf den gesamten Lebenszyklus einer Immobilie beziehen. Spezialanalysen können hingegen in Bewertungs-, Investitions-, Finanzierungs-, und Machbarkeitsstudien unterschieden werden (Isenhöfer/Väth/Hofmann 2008: 393).

104 In den meisten Fällen sind Standort- und Marktanalysen nicht separat zu betrachten, sondern werden zusammen durchgeführt. Oftmals werden diese beiden Analyseinhalte als „Immobilienanalyse" zusammengefasst und die Gebäudeanalyse separat genannt (Vornholz 2013: 145). Nachfolgend soll jedoch noch zwischen der Markt- und Standortanalyse unterschieden werden, um präziser den Kapitalisierungsprozess analysieren zu können.

6.1.1 Vier-Quadranten-Modell

Um eine Preisbildung auf dem Immobilienmarkt darzustellen, wird das Vier-Quadranten-Modell von DiPasquale/Wheaton (1996: 6 ff.) als Grundmodell herangezogen (Abbildung 13). Jeder Teilmarkt repräsentiert dabei einen Quadranten. Das Modell stellt einen Zusammenhang zwischen Angebot und Nachfrage auf jedem Teilmarkt und darüber hinaus eine Verbindung zwischen den verschiedenen Quadranten (Teilmärkten) dar.

In diesem Modell dienen Immobilien zwei verschiedenen Zwecken: der Immobiliennutzung und der Immobilienanlage. Diese Zwecke können mit Hilfe des Güter- und des Kapitalmarktes abgebildet werden. Die rechte Hälfte (Quadranten 1 und 4) repräsentiert den Gütermarkt (Immobiliennutzungsmarkt) und die linke Hälfte (Quadranten 2 und 3) den Kapitalmarkt (Immobilienanlagemarkt). Ziel ist es, einen Zusammenhang zwischen beiden Märkten herzustellen (DiPasquale/Wheaton 1996: 7).

Der auf dem Immobiliennutzungsmarkt gebildete Mietpreis[105] beeinflusst die Nachfrage nach Immobilienanlagen auf dem Kapitalmarkt, sodass derzeitige und zukünftige Erträge, die durch die Immobilie erwirtschaftet werden sollen, in die Preisbildung einfließen. Eine Änderung des Mietpreises auf dem Immobiliennutzungsmarkt wirkt sich auf die Immobiliennachfrage auf dem Kapitalmarkt aus. Eine Ausweitung der Neubauaktivitäten führt zu einem Angebotsanstieg. Dieser wiederum geht mit sinkenden Immobilienpreisen, sowohl auf dem Kapital- als auch auf dem Immobiliennutzungsmarkt, einher (DiPasquale/Wheaton 1996: 6).

Die Mietpreisbestimmung erfolgt im Quadranten 1 (Q1), welcher unter Verwendung der Achsenbeschriftungen Mietpreis (R) und Bestandsangebot (S) dargestellt wird. Die Nachfrage (D) nach Wohnraum ist abhängig von der Miete und dem Einkommen. Dieser Zusammenhang wird durch eine fallende Nachfragekurve dargestellt. Im Falle einer unelastischen Nachfrage würde sich das Mietniveau nur marginal auf die Nachfrage auswirken, sodass die Kurve einen nahezu vertikalen Verlauf aufzeigen würde. Im Falle einer elastischen Nachfrage hingegen verliefe die Kurve horizontal, da sich das Bestandsangebot in den Mietpreisen niederschlagen würde. Im Gleichgewicht sind Angebot und Nachfrage identisch, sodass die Nachfragefunktion mit D (R, Economy) = S angegeben werden kann (DiPasquale/Wheaton 1996: 7 f.).

105 Das Vier-Quadranten-Modell kann auch auf den Kaufmarkt und damit auf Immobilieneigentümer übertragen werden. Anstatt des Mietpreises werden die Unterhaltungskosten für das Eigentum äquivalent benutzt (DiPasquale/Wheaton 1996: 10 f.).

Abbildung 13: Das Vier-Quadranten-Modell nach DiPasquale/Wheaton

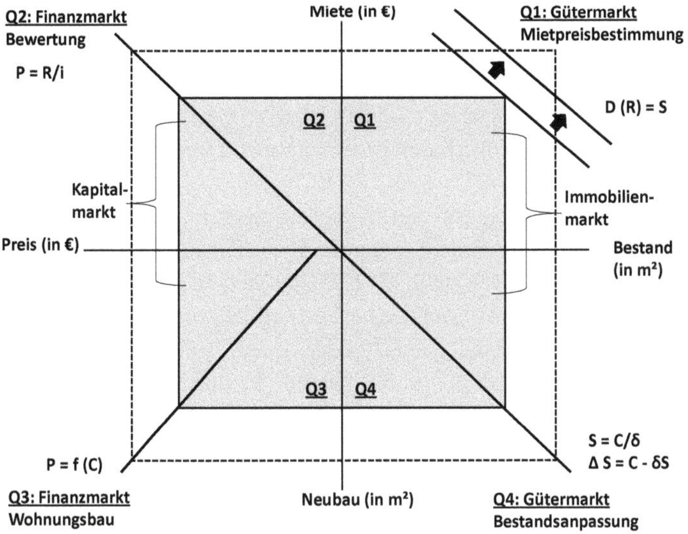

Quelle: eigene Darstellung in Anlehnung an DiPasquale/Wheaton 1996: 12.

Einen weiteren wesentlichen Faktor für die Immobilienpreisbildung stellt das langfristige Gleichgewicht des Mietmarktes dar. Unter der Annahme, dass Mieterträge jährlich in gleicher Höhe anfallen, erfolgt eine Transformation der Cash-Flows auf dem Mietmarkt in Preise des Investmentmarktes. Quadrant 2 (Q2) basiert auf dieser Annahme und wird durch die Achsen Mietpreis und Immobilienpreis bestimmt. Resultat ist eine Immobilienpreisbildung mittels Kapitalisierung zukünftiger Mieterträge. Der Immobilienpreis entspricht somit dem Barwert zukünftiger Mieterträge (Cieleback 2008: 138; DiPasquale/Wheaton 1996: 7 ff.).

Sinkende Immobilienpreise resultieren aus fallenden Mietpreisen. Die vom Ursprung ausgehende Achse stellt die capitalization rate für Immobilienvermögen dar. Diese wird durch den Quotienten aus Miete und Preis bestimmt. Die capitalization rate kann als Liegenschaftszinssatz verstanden werden (siehe hierzu Kleiber 2014: 1168 ff.) und wird von verschiedenen Einflussfaktoren, wie u.a. der langfristigen Zinsrate in der Wirtschaft, dem Mietpreiswachstum, den möglichen Risiken im Hinblick auf den Mieteinnahmestrom und der Handhabung von Immobilien im Rahmen der Steuerpolitik, bestimmt. Eine ansteigende Kapitalisierungsrate kann durch eine in Uhrzeigerrichtung verlaufende Rotation des Strahls, eine sinkende Kapitalisierungsrate hingegen durch eine Rotation der Ursprungsgeraden entgegen dem Uhrzeigersinn, verdeutlicht werden (DiPasquale/Wheaton 1996: 8 f.; Lee 2008: 298).

Im Quadranten 3 (Q3) erfolgt eine Abbildung des Neubaumarktes, welcher durch die Achsen Preis und Neubau repräsentiert wird. Projektentwickler orientieren sich am Immobilienwert, der durch den Investmentmarkt und die Immobilienherstellungskosten bestimmt wird. Die Kurve P = f(C) stellt dabei die Produktionsfunktion von Immobilien in Abhängigkeit der Herstellungskosten dar. Ein Gleichgewicht im Neubaumarkt wird dann erreicht, wenn die Herstellungskosten dem Immobilienpreis entsprechen (Cieleback 2008: 139 f.; DiPasquale/Wheaton 1996: 9 f.).

Im Quadranten 4 (Q4) erfolgt eine Bestandsanpassung. Ein Gleichgewicht existiert, wenn die Immobilienabgänge der Anzahl an Neubauten entsprechen. Es wird der jährliche Zufluss von Neubauten (C) unter Einbeziehung von Abschreibungen auf existierende Bestände (δS) betrachtet. Eine Veränderung des Bestandes ΔS resultiert aus der Differenz von Neubauaktivitäten und der Abschreibungsrate δ des aktuellen Bestandes. Es gilt $\Delta S = C - \delta S$. Die horizontale Ursprungsgerade im vierten Quadranten repräsentiert die Bestandsanpassung (DiPasquale/Wheaton 1996: 9 f.).

Die Wechselwirkungen auf allen vier Teilmärkten werden in Form einer 360-Grad-Drehung verdeutlicht. Ausgangspunkt ist ein vorgegebenes Bestandsniveau, welches auf dem Immobilienmarkt den Mietpreis bestimmt. Der daraus resultierende Mietpreis wird wiederum in einen Immobilienpreis auf dem Kapitalmarkt transformiert. Dieser Immobilienpreis generiert Neubauaktivitäten, sodass ein neues Bestandsniveau erreicht wird. Der Gütermarkt und der Kapitalmarkt sind folglich dann im Gleichgewicht, wenn auch Anfangs- und Endbestand übereinstimmen (DiPasquale/Wheaton 1996: 10).

Da jeder Quadrant von einer Vielzahl von Akteuren und Institutionen beeinflusst wird, soll nachfolgend auf aktuelle immobilienpolitische Themen Bezug genommen werden, um unter Verwendung der Neuen Institutionenökonomik und des Governance-Konzeptes die Dynamik und die Komplexität der auf den Kapitalisierungsprozess einflussnehmenden Faktoren zu beschreiben (Abbildung 14).

6.1.2 Kapitalisierungsprozess

Das Vier-Quadranten-Modell soll unter Verwendung der Neuen Institutionenökonomik erweitert werden und durch die Einbeziehung von Governance sollen die Wechselwirkungen zwischen den verschiedenen Kapitalisierungsfeldern und innerhalb der einzelnen Felder, unter besonderer Berücksichtigung der Grundsteuervariable, herausgestellt werden.

Im Folgenden werden die Variablen als Inputfaktoren verstanden. Diese Faktoren können im Rahmen des Kapitalisierungsprozesses in acht Kategorien[106] und diese wiederum in drei Analysefelder (nachfolgend Kapitalisierungsfelder), die bei Immobilienanalysen regelmäßig Anwendung finden, unterteilt werden (Blackbox):

- Marktanalyse: Analyse von marktabhängigen Faktoren (z.B. Immobilienmarkt, Immobilienzyklen).
- Standortanalyse: Analyse von standortgebundenen Eigenschaften (z.B. Lage, Steuer, föderale Strukturen).
- Gebäudeanalyse: Analyse von gebäudeabhängigen Attributen (z.B. externe und interne Hauseigenschaften).

Unter Verwendung dieser Kapitalisierungsfelder soll der Kapitalisierungsprozess transparent dargestellt und aufgeschlüsselt werden. Die drei Felder sind jedoch nicht separat zu betrachten, sondern stehen in Wechselwirkung zueinander und unterliegen verschiedenen Governance-Strukturen, welche auf den Output Einfluss nehmen können (siehe Abbildung 14). Das bislang in der Kapitalisierungsforschung in erster Linie angewandte klassische SR-Modell (Input-Output-Analyse) wird an dieser Stelle unter Verwendung von Governance-Inhalten zum SOR-Modell erweitert, um die Blackbox in eine „Whitebox“ zu transformieren.

106 Nachfolgend soll die Kategorisierung nach Sirmans/Macpherson/Zietz (2005) als Übersicht dienen und um zusätzliche Inhalte erweitert werden.

Abbildung 14: Kapitalisierungsprozesse und Governance als SOR-Modell

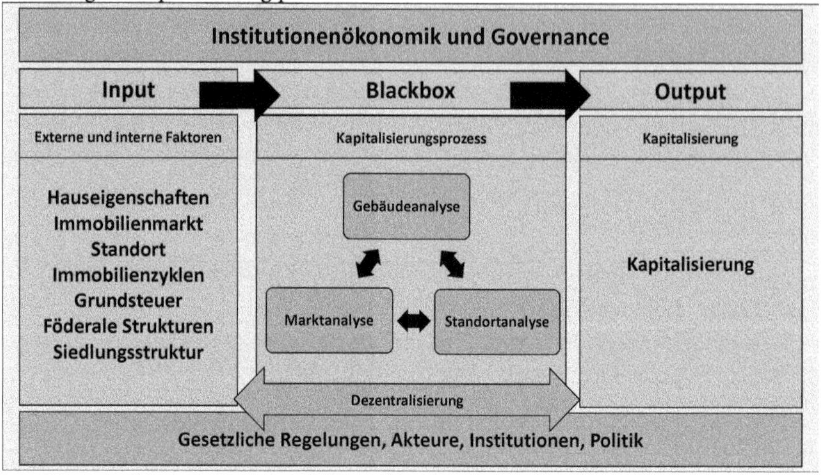

Quelle: eigene Darstellung.

In Kapitel 4.2 erfolgte eine Zusammenstellung verschiedener Kapitalisierungsstudien. Tabelle 28 gibt eine Übersicht über die Variablen, die im Rahmen dieser Studien (hedonische Immobilienbewertung siehe Kapitel 4.3.1) oftmals als Untersuchungsgegenstand dienten. Es soll analysiert werden, welche ökonomischen Attribute (Variablen) Immobilien gemein haben und warum trotz dieser ökonomischen Gemeinsamkeiten unterschiedliche Ergebnisse auftreten.

Bezug nehmend auf den im zweiten Kapitel dargestellten Grundsteuerreformbedarf und auf die möglichen Reformoptionen können die drei Analysefelder des Kapitalisierungsprozesses als mögliche Stellschrauben einer Grundsteuerreform verstanden werden. Abhängig davon, auf welche dieser Stellschrauben der Fokus gelegt wird, kann gezielt auf den Grundsteuerkapitalisierungsprozess Einfluss genommen werden. Würde ein Reformmodell auf Basis physischer Eigenschaften bevorzugt, fänden in erster Linie gebäudeabhängige Variablen Berücksichtigung. Soll hingegen ein Modell auf Basis von Verkehrswerten umgesetzt werden, wäre insbesondere der Immobilienstandort für die Grundsteuerbemessung maßgeblich. Nachfolgend sollen daher solche Variablen analysiert werden, die sich bei verschiedenen Studien in den Immobilienpreisen widerspiegeln. Dabei soll untersucht werden, wie sich diese Variablen auf eine Grundsteuerkapitalisierung auswirken (Tabelle 28).

Tabelle 28: Hedonische Immobilienbewertung im Rahmen eines Kapitalisierungsprozesses

Kategorie	**Variable (Input)**	**Analysefeld im Rahmen des Kapitalisierungsprozesses (Blackbox)**
1 Struktur- und Baueigenschaften	• Größe (in Quadratmeter) • Alter • Badezimmeranzahl • Schlafzimmer • Preisbestimmende Grundstücksart • Gebäudeart	Gebäudeanalyse
2 Innere Eigenschaften	• Vollständige / halbe Badezimmer • Kamin • Klimaanlage • Hartholz-Fußboden • Keller • Dachgeschossausbau	Gebäudeanalyse
3 Äußere Eigenschaften	• Garagenplatz / Unterstellplatz • Sonnenterrasse • Pool • Veranda	Gebäudeanalyse
4 Natürliche Umwelt	• Seeblick / Meerblick • Seeuferzeile • „gute Sicht“	Standortanalyse
5 Nachbarschaft und Lage	• Lage („gut“, „mittel“, „schlecht“) • Kriminalität • Entfernung zum Stadtzentrum • Golfplatz • Bodenrichtwert	Standortanalyse
6 Öffentliche Leistungen	• Schulbezirk • Öffentlicher Kanalisationsschacht • Infrastruktur / ÖPNV • Krankenhäuser • Sport- und Freizeitaktivitäten • Schulausgaben pro Schüler • Straßen	Standortanalyse

Kategorie	Variable (Input)	Analysefeld im Rahmen des Kapitalisierungsprozesses (Blackbox)
7 Marketing und Verkauf	• Gutachter • Konditionen • Leerstand • Verkauf durch Makler • Zeit auf dem Markt • Zu- und Abgänge von Immobilien • Baugenehmigungen	Marktanalyse
8 Finanzielle Aspekte	• Zwangsvollstreckung • Günstige Finanzierung • Grundsteuer • Zins (Effektivzins)	Standortanalyse

Quelle: eigene Darstellung und Erweiterung in Anlehnung an Sirmans/Macpherson/Zietz 2005: 11 f..

6.2 Einfluss der Governance-Modi auf Elemente des Kapitalisierungsprozesses

6.2.1 Marktanalyse im Kapitalisierungsprozess

„Eine gute Immobilie vermietet sich von selbst!" (Isenhöfer/Väth/Hofmann 2008: 449). Die Marktanalyse stellt eine Untersuchung der Angebots- und der Nachfragesituation in den Fokus. Der Markt stellt dabei eine besondere Form des Governance-Modus „Wettbewerb" dar (Benz 2006: 33). Hierbei können verschiedene Arten von Marktanalysen unterschieden werden.[107] In den meisten Kapitalisierungsstudien wird im Rahmen einer hedonischen Bewertungsmethode eine Transaktionsanalyse vorgenommen. In Kapitalisierungsstudien wurden marktspezifische Charakteristika mittels verschiedener Variablen beschrieben wie bspw. durch den Anteil an Einfamilienhäusern in einem Wohngebiet

107 Es kann zwischen einer aggregierten und einer disaggregierten Marktanalyse unterschieden werden. Bei einer aggregierten Analyse wird der Gesamtmarkt untersucht, wohingegen bei einer disaggregierten Analyse bestimmte Teilmärkte betrachtet werden. Als Sonderformen der Marktanalyse sind die Transaktions- und die Wettbewerbsanalyse zu nennen. Wettbewerbsanalysen sind gerichtet auf aus Sicht potenzieller Nutzer und/oder Investoren in Konkurrenz zueinander stehende Immobilien. Transaktionsanalysen beziehen sich dagegen auf Auswertungen von Miet- und Kauftransaktionen (Isenhöfer/Väth/Hofmann 2008: 395).

(Haußmann/Schweinberger 2012), durch den Anteil an Immobilienleerstand oder durch die Anzahl an Baugenehmigungen pro Einwohner (Gürtler/Rehan 2008). Um den Einfluss von Transaktionen auf den Kapitalisierungsprozess zu untersuchen, sollen nachfolgend (1) der Immobilienmarkt, (2) die Akteure sowie (3) die Institutionen betrachtet werden.

6.2.1.1 Eigenschaften und Akteure des Immobilienmarktes

Der (Immobilien)-Markt stellt den ökonomischen „Ort" des Tausches dar, auf dem ein Zusammentreffen von Angebot und Nachfrage stattfindet (Ott 1978: 7 ff.). Er ist als Abstraktion mehrerer Teilmärkte zu sehen, die jeweils unterschiedliche Strukturen aufweisen und aus denen Standortgebundenheit resultiert. Immobilienmärkte können in regionale Teilmärkte und anschließend in Teilmärkte nach Nutzungsart oder nach Vertragsart untergliedert werden. Für jede Nutzungsart kann z.B. noch eine Einteilung in den Markt für unbebaute Grundstücke, für Wohnimmobilien und für Gewerbeimmobilien erfolgen. Der Teilmarkt nach Vertragsart kann in den Käufermarkt und in den Mieter- bzw. Pächtermarkt unterteilt werden (Abbildung 15; Brauer 2018a: 13 f.; Isenhöfer/Väth/Hofmann 2008: 433 f.).

Abbildung 15: Darstellung des Immobilienmarktes

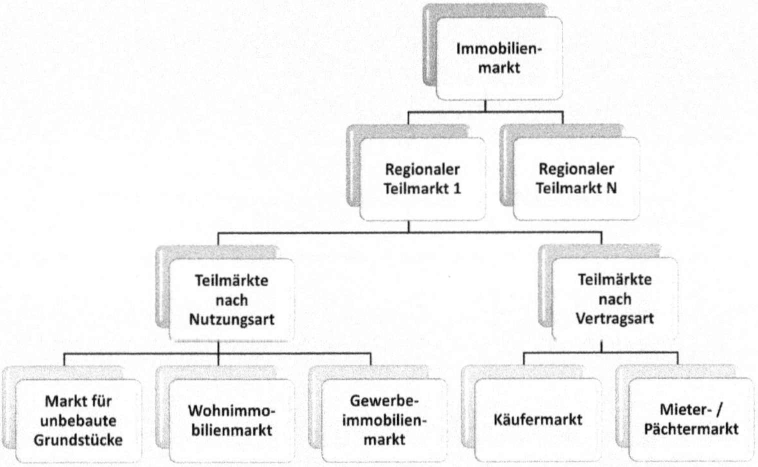

Quelle: eigene Darstellung in Anlehnung an Brauer 2018a: 14.

Märkte können hinsichtlich ihrer Eigenschaften in vollkommene und unvollkommene Märkte eingeteilt werden. Um die Unvollkommenheit des Immobilienmarktes zu charakterisieren, werden die nachfolgenden Kriterien herangezogen. Diese resultieren aus den besonderen Eigenschaften des Wirtschaftsgutes Immobilie (Brauer 2018a: 13 f.; Gondring 2013: 23):

- Heterogenität der angebotenen Güter,
- partielle Markttransparenz,
- begrenzte Anzahl von Anbietern und Nachfragern,
- geringe Angebotselastizität gegenüber Nachfrageänderungen.

Transaktionskosten. Die Kostspieligkeit einer Transaktion wird durch Institutionen bestimmt. Transaktionskosten, welche aus einem Eigentumstransfer resultieren, setzen sich aus Marktkosten (z.B. Kosten für Anwälte, Immobilienmakler, Versicherungen und Bonitätsprüfungen) und Zeitkosten[108] zusammen. Überdies fallen Wertermittlungskosten, Kontroll- und Durchsetzungskosten[109] und Kosten für die Berücksichtigung eines Unsicherheitsfaktors[110] hinsichtlich der Unvollkommenheit bei Wertbemessung und Einigung[111] an (North 2009: 75 f.).

Framing. Dem Framing kommt eine wesentliche Bedeutung bei einem Immobilientransfer zu. Die Art und Weise, wie die Optionen in einer Verhandlung dargestellt werden, kann maßgeblichen Einfluss auf eine Entscheidung nehmen

---

108 Einer Transaktion können verschiedene Such- und Informationskosten vorausgehen (vgl. Sheppard 1999: 1602 f.). Suchkosten i.e.S. beinhalten z.B. Kosten für die Einholung von Informationen über den Immobilienmarkt (Informationssuche). Nach umfangreicher Informationssuche erfolgt die Informationsselektion und -auswertung von den in Betracht kommenden Immobilien. Damit einhergehend können Zeitkosten i.F.v. Besichtigungen und Gutachterbestellung zur Immobilienüberprüfung entstehen.

109 Können sich auf die Vertragsvereinbarungen beziehen, z.B. ob der Bau der Immobilie zeitgemäß erfolgt und die vereinbarten Rahmenbedingungen (Grundriss etc.) eingehalten werden (Richter/Furubotn 2010: 59 f.).

110 Der Unsicherheitsfaktor stellt die Höhe der Unvollkommenheit der Vertragsvereinbarung dar. Einflussnehmende Faktoren auf die Unsicherheitshöhe sind bspw. asymmetrische Informationen zum Hauszustand, die Bonität des Käufers, standortspezifische Faktoren wie z.B. die Kriminalität sowie bundesweite Gegebenheiten (z.B. Preisniveau) (North 2009: 75).

111 Verhandlungs- und Entscheidungskosten existieren auf unterschiedlichen Ebenen und zwischen verschiedenen Akteuren (Institutionen) bspw. i.F.v. Bankgesprächen, Notarkosten, Maklergesprächen und Grunderwerbsteuern.

(Bazerman/Neale 1993: 31). In diesem Zusammenhang kann nicht nur das Framing der Verhandlung, sondern auch das Framing des Hauses (sog. home staging oder visual merchandising) Einfluss auf die Kaufentscheidung ausüben. Eine Möglichkeit des home stagings kann bei bereits fertiggestellten Neubauten z.B. die möblierte Ausstattung des Objektes sein. Eine stilvolle Einrichtung kann eine positive Einstellung gegenüber dem Objekt verstärken, sodass sich der potenzielle Käufer unmittelbar „wohlfühlt" und dies im Unterbewusstsein auf die Kaufentscheidung Einfluss nimmt. Staging kann somit sogar ausschlaggebend für eine Transaktion sein und daher einen Einfluss auf die Kapitalisierung ausüben (vgl. Häusel 2012: 219 ff.; vgl. Gräber 2017; vgl. Immobilienscout24 2017a).

Heterogenität. Da sich Immobilien hinsichtlich ihrer qualitativen und quantitativen Merkmale voneinander unterscheiden, stellt jede Immobilie ein Unikat dar. Aus der Heterogenität resultiert, dass sich unterschiedliche Präferenzen in Bezug auf räumliche, persönliche und zeitliche Aspekte entwickeln. Ferner begründet die Standortgebundenheit die Bildung verschiedener Teilmärkte in Bezug auf geografische Lage, Rahmenbedingungen und Strukturen (Brauer 2018a: 11, 13).

Der deutsche Immobilienmarkt weist unterschiedliche stadtspezifische Durchschnittswachstumsraten von Miet- und Immobilienpreisen auf. Grund hierfür ist u.a. die Heterogenität der verschiedenen Teilmärkte. Seit 2010 sind die Kaufpreise im Verhältnis zu den Mietpreisen stärker gestiegen. Insbesondere die Städte Berlin, Hamburg, München, Frankfurt und Nürnberg sind betroffen (Kholodilin/Wittenberg 2012: 14). Gründe für die steigenden Kaufpreise liegen u.a. in den niedrigen Finanzierungszinssätzen. Nicht nur die Entwicklung der Kaufpreise, sondern auch das Verhältnis zwischen Kauf- und Mietpreisen ist von Relevanz. So ist bspw. in Berlin in den Jahren von 2009 bis 2012 das einstige Verhältnis von 19 bis 20 auf einen Wert von 26 angestiegen. Es sind somit 26 Jahresmieten notwendig, um eine Wohnung abzubezahlen. Die Kaufpreise koppeln sich von den Mieten ab, da sie viel stärker steigen (Kholodilin/Wittenberg 2012: 14).

Regionale Teilmärkte. Die regionalen Teilmärkte unterscheiden sich in ihrer Angebots- und Nachfragestruktur voneinander. Dies kann dazu führen, dass die Immobilienpreisbildung keiner vollständigen Informationsfunktion unterliegt und Immobilienpreise daher keine vollständige Informationsfunktion aufweisen. Die Repräsentativität der Daten stellt somit eine Herausforderung dar, da sich regionale Märkte voneinander unterscheiden und Immobilien durch eine geringe Umschlagshäufigkeit gekennzeichnet sind. Folglich können Verzerrungen bei transaktionsbasierten Preisindizes auftreten, da Transaktionsdaten durch zufällige Entwicklungen beeinflusst werden (Vornholz 2013: 137). Für Kapitalisierungsstudien stellt sich diese Eigenschaft als Schwierigkeit dar, da „verzerrte" bzw. unterschiedliche Ergebnisse studienübergreifend auftreten und deren Gründe wegen der Intransparenz nicht eindeutig zu bestimmen sind. In den einzelnen Bundesländern liegen z.B. Unterschiede bei den Erwerbsnebenkosten vor. Diese können aus unterschiedlichen Grunderwerbsteuersätzen oder aus Unterschieden bei den Maklergebühren resultieren (Kleiber 2014: 341 f., 1231 f., 1484). Durch die uneinheitlichen Governance-Strukturen auf den verschiedenen Teilmärkten sind eine einheitliche Ergebnisfindung und eine Vergleichbarkeit schwierig zu erreichen.

Aufgrund verschiedener Organisationsformen, welche bei der Immobilienvermarktung nebeneinander existieren, ist nur eine partielle Markttransparenz gegeben (Brauer 2018a: 13). Die Akteure verfügen über keine vollständigen Informationen, sodass mit der Intransparenz Suchkosten einhergehen (vgl. Eekhoff 2006: 14). Diese Informationsmängel zeigen sich in Form eines ineffizienten Agierens der Marktteilnehmer.

Informationsasymmetrien. Neben Informationsmängeln können auch Informationsasymmetrien zwischen den Marktteilnehmern suboptimale Ergebnisse begünstigen. Im Hinblick auf die Immobilieneigenschaften (z.B. bauliche oder technische) können Anbieter über umfangreichere Informationen als Nachfrager verfügen. Vor Vertragsabschluss besitzen beide Marktteilnehmer dann einen ungleichen Informationsstand (adverse selection). Weiterhin können Marktakteure (z.B. private und institutionelle) über unterschiedliche Markterfahrungen und -kenntnisse verfügen (vgl. Vornholz 2013: 139).

Informationsasymmetrien können grundsätzlich zu einem ineffizienten oder fehlenden Marktgleichgewicht (Vornholz 2013: 139) und zu sog. rent-seeking-Aktivitäten führen (Hilber 1998: 228). Die Gutachterausschüsse der Bundesländer versuchen mit den Marktberichten daher, eine erhöhte Transparenz auf dem jeweiligen Teilmarkt zu erreichen.

Die Nachfrageseite bezieht verschiedene Attribute in die Preisfindung mit ein. Dabei existieren Attribute, die leicht nachprüfbar sind, wie z.B. die Grundstücksgröße und die durch den Kauf erworbenen Eigentumsrechte. Andere Attribute, wie bspw. die Betriebs- und Erhaltungskosten, sind hingegen schwieriger zu bestimmen. Überdies existieren weitere, in der Zukunft liegende Aspekte, deren Eintrittswahrscheinlichkeiten schwierig zu bestimmen sind (North 2009: 75).

Überdies können sich unterschiedliche Präferenzen der Marktteilnehmer in den Kaufpreisen widerspiegeln. Bevorzugt ein Individuum A bspw. einen bestimmten Baustil, würde es einen hohen Preis trotz möglicherweise einer schlechten Lage oder einer in die Jahre gekommenen Bauweise bezahlen. Der von Individuum A bezahlte Preis könnte folglich weit über dem Preis liegen, den ein Individuum B, welches bspw. großen Wert auf eine energiesparende Bauweise legt, zu zahlen bereit wäre (Gürtler/Rehan 2008: 14).

Die Angebotsseite bezieht in ihre Nutzenfunktion den Preis, die Vertragsvereinbarungen und die dem Käufer auferlegten vertraglichen Verpflichtungen ein (North 2009: 75). Sie sorgt sich nicht um die Grundsteuerbelastung oder das Angebot an öffentlichen Leistungen, sondern vielmehr um den Einfluss der beiden Variablen auf die Wohnraumnachfrage. Ziel ist es, die Differenz aus Verkaufspreis und Produktionskosten zu maximieren (Hamilton 1979: 172).

Asymmetrische Informationen liegen in verschiedenen Phasen einer Immobilientransaktion vor. Im Hinblick auf die Immobilieneigenschaften hat der Verkäufer einen Informationsvorsprung. Der Käufer hat hingegen hinsichtlich seiner eigenen finanziellen Bonität gegenüber dem Verkäufer einen Informationsvorteil. Über standortspezifische Faktoren, die die Mikro- und Makrolage betreffen, sind beide Akteure in unterschiedlicher Art und Weise informiert (vgl. North 2009: 75 f.).

Eine allumfängliche Informationsbeschaffung zu sämtlichen Standorteigenschaften ist mit hohen Kosten verbunden, sodass es für die Marktteilnehmer selten möglich ist, über allumfassende Informationen zu verfügen. Weiterhin sind sie oftmals nicht über mögliche Veränderungen der jeweiligen Standorteigenschaften informiert (Hilber 1998: 52). Es erfolgt eine Über- oder Unterschätzung des Nettonutzens/der Nettokosten staatlicher Tätigkeit, woraus eine „Über- oder Unterkapitalisierung" resultiert. Diese Einschätzungsfehler haben Einfluss auf die Kapitalisierung in den Boden- und Immobilienpreisen, nicht jedoch auf die Mietzinsen (Hilber 1998: 53; Yinger et al. 1988: 57 ff.).

Neben den beiden Akteuren Käufer und Verkäufer können Agenten als weitere Verhandlungspartner mit einbezogen werden. Sie sind Repräsentanten eines Akteurs und verfügen oftmals über detailliertere Informationen als einer der beiden Akteure. Bei einem Hausverkauf verfügt der Agent über fundiertes Wissen zum Immobilienmarkt und über ein Gespür dafür, Verkäufer und Käufer zu identifizieren und zusammenzubringen. Agenten müssen jedoch von einer oder von beiden Parteien für ihren Aufwand entschädigt werden, was wiederum dazu führt, dass die bargaining-zone zwischen Käufer und Verkäufer reduziert wird (Bazerman/Neale 1993: 146 f.).

In Abhängigkeit von Art und Anzahl der Akteurstrategien kann eine gemeinsame Lösungsfindung erschwert werden. Verhandlungen bei Immobilientransaktionen werden häufig von Maklern (Agenten) geführt, deren Interesse am

Resultat der Verhandlung mit dem Interesse der vertretenen Partei übereinstimmt. Trotz alledem kann es sein, dass der Agent auch eigene Ziele verfolgt, insbesondere dann, wenn seine Ziele von denen des Auftraggebers abweichen (z.B. im Hinblick auf die Bezahlung) (Bazerman/Neale 1993: 145 ff.).

Die Intransparenz von Immobilienmärkten kann als mögliche Erklärung für die hohe Spanne bei Immobilienpreisen herangezogen werden. Aus Informationsasymmetrien und daraus resultierender unzureichender Preistransparenz kann gefolgert werden, dass Individuen unterschiedliche Preise für dieselbe Immobilie bezahlen würden (Gürtler/Rehan 2008: 13).

Begrenzte Akteursanzahl. Teilmärkte sind auch durch eine begrenzte Anzahl von Anbietern und Nachfragern gekennzeichnet (Brauer 2018a: 13). Insgesamt weist der deutsche Immobilienmarkt zwar keine bestimmte Machtkonzentration auf, auf lokalen Teilmärkten ist jedoch eine Marktunvollkommenheit vor allem in Bezug auf die Anzahl an Marktteilnehmern zu beobachten. Eine geringe Anzahl von Wohnungsunternehmen in bestimmten Wohnbezirken kann bspw. zu einer oligopolistischen Marktsituation führen. Diese lässt eine hohe Marktmacht auf der Angebotsseite entstehen. Weiterhin kann die Situation, in der sich ein Verkäufer einer Vielzahl an Nachfragern gegenübersieht, auch zu höheren Preisen als bei vollständiger Konkurrenz führen (Vornholz 2013: 138). In Abhängigkeit der jeweiligen Marktstruktur sind daher unterschiedliche Auswirkungen auf die Kapitalisierung von Immobilienattributen in Immobilienpreisen zu verzeichnen.

Bei Vorliegen eines diskriminierenden Monopolisten würde ein Eigentümer über sämtliche Objekte auf einem Immobilienmarkt verfügen. Dieser könnte die gesamte Rente abschöpfen. Im Falle einer monopolitischen Konkurrenz hingegen würden die Immobilien sehr unterschiedliche Charakteristika aufweisen und auf dem Markt viele Anbieter und viele Nachfrager vertreten sein. Die Ausprägung der Unterscheidungsmerkmale der Immobilien beeinflusst die Monopolmacht. Die Monopolmacht eines Vermieters wäre bspw. umso höher, je stärker sich die Wohnungen unterscheiden. Daraus könnte ein hoher Kapitalisierungsgrad resultieren, während die Renten durch die Monopolmacht großteilig abgeschöpft werden. Ein hoher Anteil leerstehender Wohnungen in einem Wohnungsmarkt kann hingegen dazu führen, dass keine Kapitalisierung stattfindet. Die Marktmacht läge folglich bei den Mietern (Hilber 1998: 56).

Demgegenüber besteht jedoch auch die Möglichkeit, dass im Ganzen keine Transaktion stattfindet. Dieser Fall kann eintreten, wenn die unterschiedlichen Präferenzen der Marktteilnehmer eine hohe Divergenz aufweisen (Vornholz 2013: 138). Insbesondere bei immobilem Vermögen wird der Kaufpreis durch alternative Kaufmöglichkeiten beeinflusst. Individuen wägen bei ihrer Kaufentscheidung die in einem Wohnort angebotenen Leistungen und Steuerbelastungen gegeneinander ab. Diese beeinflussen folglich die Wohnraumnachfrage des Individuums. Der Marktpreis für Boden wird somit von der individuellen Nachfrage und der anderer Käufer beeinflusst. Bei identischen Präferenzen wird der Bodenpreis durch Wettbewerb hochgetrieben, sodass dieser letztlich den Wert öffentlicher Leistungen widerspiegelt (Feld 2000: 37 f.).

Lange Produktionsdauer. Aufgrund der langen Produktionsdauer weist der Immobilienmarkt eine geringe Angebotselastizität auf (Brauer 2018a: 11 f.; Gondring 2013: 23, 39). Bei einer unelastischen Angebotskurve führt jede Erhöhung der Wohnnachfrage auf dem regionalen Teilmarkt zu einem Preisanstieg. Ein Anstieg des öffentlichen Leistungsangebots oder eine Steuerreduktion gehen mit einem Nachfrageanstieg und folglich auch mit einem Preisanstieg einher. Der daraus resultierende Nachfragerückgang auf anderen regionalen Teilmärkten führt zu niedrigeren Hauspreisen, bis sich wieder ein Gleichgewicht zwischen den Teilmärkten eingependelt hat (Sirmans/Gatzlaff/Macpherson 2008: 328).

Bodenpreis. Bei einer ausschließlichen Betrachtung der Veräußerung von Bodeneigentum ist die Übereinstimmung zwischen dem zu erwartenden Bodenrentenstrom und dem zu erwartenden Zinsstrom Voraussetzung dafür, dass eine Transaktion überhaupt stattfindet. Der Zinssatz entscheidet darüber, welcher Kaufpreis erforderlich ist, damit diese Gleichung erfüllt wird.[112] Der Bodenpreis steigt bei einem Kapitalzins von Null ins Unendliche, weil Boden in einer Welt mit knappen Gütern eine Einzigartigkeit darstellt (Andres 2004: 4 f.).

6.2.1.2 Institutionen des Immobilienmarktes

Neben den beteiligten Akteuren haben auch Institutionen Einfluss auf die Rahmenbedingungen, unter welchen Verhandlungen stattfinden. Dies soll nachfolgend beispielhaft anhand von zwei Mietpreisinstrumenten, dem „Bestellerprinzip“ und der „Mietpreisbremse“ veranschaulicht werden. Beide Instrumente sind

112 Bei einem hohen Zinssatz auf dem Kapitalmarkt kann ein Verkäufer sein Grundstück zu einem vergleichsweise geringen Kaufpreis anbieten. Bei einem niedrigen Zinssatz hingegen kann er auf einen höheren Kapitalbetrag als Kaufpreis bestehen, damit sein in der Zukunft liegendes Zinseinkommen nicht geringer als sein gegenwärtiges Bodenrenteneinkommen ist. Bei einer Bodenrente von bspw. 1.000 Euro und einem Kapitalzins von 10 Prozent beträgt der Grundstückspreis 10.000 Euro. Bei einer Bodenrente von 1.000 Euro und einem Zins von 0 Prozent ist der Grundstückspreis unendlich (Andres 2004: 4).

gesetzlich geregelt, ihre Umsetzung erfolgte durch das Mietrechtsnovellierungsgesetz (MietNovG) mit Wirkung zum 01.06.2015 (MietNovG v. 21.04.2015, BGBl. 2015 I: 610 ff.). Da Institutionen dadurch wesentlich in den Mietmarkt eingegriffen haben, sollen nachfolgend mögliche Auswirkungen zusammengefasst werden.

Mietpreisbremse. Die sog. Mietpreisbremse stellt die Regelung des § 556d BGB dar. Regelungsinhalt der Mietpreisbremse ist, dass Mieten in angespannten Wohnungsmärkten[113] das Mietniveau ortsüblicher Vergleichsmieten nicht um mehr als 10 Prozent überschreiten sollen (§§ 556d Abs. 1 BGB und 558 Abs. 2 BGB). In bestimmten Großstädten schreitet ein Anstieg der Wohnungsknappheit fort. Um diesem Problem entgegenzuwirken, soll mit der Mietpreisbremse das Ziel verfolgt werden, eine „Dämpfung des Mietanstiegs auf angespannten Wohnungsmärkten" (BGBl. 2015 I: 610 ff.) zu erreichen. Bezug nehmend auf das Vier-Quadranten-Modell könnte jedoch die Mietpreisbremse zu verzerrten Mietpreisen führen, in dem sie sich auf die Immobilienpreisbildung im Kapitalmarkt auswirkt und daher mit einer verzerrten Immobilienbewertung einhergeht.[114]

Bestellerprinzip. Neben der Einführung der Mietpreisbremse wurde auch das Gesetz zur Regelung der Wohnungsvermittlung (WoVermG) durch das MietNovG (Art. 3 MietNovG, BGBl. 2015 I: 611) neu geregelt. Wesentliche Änderung durch das sog. Bestellerprinzip ist, dass diejenige Partei, welche den Makler beauftragt, auch die Maklergebühren trägt. So heißt es in dem neu eingefügten § 2 Abs. 1a WoVermG: „Der Wohnungsvermittler darf vom Wohnungssuchenden für die Vermittlung oder den Nachweis der Gelegenheit zum Abschluss von Mietverträgen über Wohnräume kein Entgelt fordern, sich versprechen lassen oder annehmen [...]." In diesem Zusammenhang wird diskutiert, ob das

113 Als angespannte Wohnungsmärkte sind Märkte zu verstehen, die keine ausreichende Versorgung mit Mietwohnungen für die Bevölkerung gewährleisten. Kennzeichnende Eigenschaften sind die nachfolgenden: „[...] wenn 1. die Mieten deutlich stärker steigen als im bundesweiten Durchschnitt, 2. die durchschnittliche Mietbelastung der Haushalte den bundesweiten Durchschnitt deutlich übersteigt, 3. die Wohnbevölkerung wächst, ohne dass durch Neubautätigkeit insoweit erforderlicher Wohnraum geschaffen wird, oder 4. geringer Leerstand bei großer Nachfrage besteht" (§ 556d Abs. 2 BGB).

114 Bislang sind die tatsächlichen Auswirkungen der Mietpreisbremse empirisch noch nicht ausreichend erforscht, sodass im Wesentlichen eine normative Diskussion auf Basis der Gesetzesbegründung erfolgt.

Bestellerprinzip nicht nur bei der Wohnungsvermittlung, sondern auch bei einem Eigentümerwechsel Anwendung finden soll (Toschka/Voigtländer 2017).

Aufgrund mangelnder gesetzlicher Regelung variiert in Abhängigkeit des jeweiligen Bundeslandes sowohl die Höhe der Maklerprovision als auch der belastete Akteur (Käufer, Verkäufer oder anteilig beide). Der institutionelle Rahmen einer Immobilientransaktion wird von den unterschiedlichen Regelungen bei der Aufteilung der Maklerprovision zwischen den Ländern beeinflusst. Während sich in den Bundesländern Baden-Württemberg, Bayern, Nordrhein-Westfalen, Rheinland-Pfalz, Saarland, Sachsen, Sachsen-Anhalt, Schleswig-Holstein, Thüringen und Niedersachsen Verkäufer und Käufer die Maklerprovision teilen, übernehmen in Berlin, Brandenburg, Bremen, Hamburg und Hessen die Käufer die Maklerkosten (Immobilienscout24: 2017b).

Die Wohneigentumsquote stagniert in Deutschland (Niehues/Voigtländer 2016), sodass nur 45 Prozent der Haushalte Wohneigentum besitzen. Gründe hierfür sind u.a. die hohen Erwerbsnebenkosten und die hohen Eigenkapitalanforderungen der Banken (Voigtländer 2017: 144 f.). Grundsätzlich sind Maklergebühren den sog. nicht verpflichtenden Kosten zuzuordnen. Eine Kostenumgehung ist jedoch kaum möglich, da viele Objekte ausschließlich von Maklern angeboten werden (Köln 63 Prozent, Düsseldorf 76 Prozent, Berlin 79 Prozent, Stuttgart 57 Prozent, München 55 Prozent und Frankfurt 53 Prozent) (Toschka/Voigtländer 2017).

Maklergebühren zählen zu den wesentlichen Erwerbsnebenkosten bei einem Wohnungs- oder Haustransfer. Ihre Höhe bemisst sich auf ca. 7,14 Prozent des Kaufpreises (Voigtländer 2017: 149). In den meisten Bundesländern wird die Maklercourtage von Käufern und Verkäufern gemeinsam getragen. Zwischen Maklern in Großstädten ist ein Preiswettbewerb kaum vorhanden, sodass die Nachfrage im Vergleich zum Angebot hoch ist und ein Umgehen der Maklergebühr aufgrund des geringen Verhandlungsspielraums und der nicht vorhandenen Marktmacht der Nachfrager kaum möglich ist (Toschka/Voigtländer 2017). Die Interessen von Verkäufer, Käufer und Makler divergieren, was bei einer Ausdehnung des Bestellerprinzips berücksichtigt werden muss.

Grundsätzlich werden Makler aufgrund ihres Fachwissens in eine Verhandlung mit einbezogen. Sie müssen von einer oder von beiden Parteien entlohnt werden. Dies führt in einer Verhandlung zwischen Käufer und Verkäufer zu einer Reduktion der bargaining-zone.[115] Die von einem Makler zur Verfügung

115 Bei einem Immobilienverkauf, in welchem der Verkäufer die Maklercourtage bezahlt, hat der Makler ein deutliches Interesse daran, die Interessen des Verkäufers

gestellten Informationen sind abhängig davon, welche Partei er vertritt (Bazerman/Neale 1993: 146). Nachfolgend sollen mögliche theoretische Auswirkungen bei einer Erweiterung des Bestellerprinzips auf Immobilientransaktionen kurz dargelegt werden.

Ohne Bestellerprinzip. Aus Verkäufersicht ist die Einschaltung eines Maklers insoweit attraktiv, als der Makler eine Vorauswahl der Käufer trifft und die Immobilie vermarktet. Die Provisionskosten, die eigentlich den Verkäufer belasten (z.B. 3,57 Prozent bei Teilung der Maklercourtage), könnte er auf den Käufer überwälzen. Nichtsdestotrotz kann der Makler dem Verkäufer im Hinblick auf den Preis entgegenkommen. Für Makler ist die Marktlage insofern attraktiv, als sie ohnehin von dem Immobilienboom durch eine prozentuale Bindung an den Kaufpreis profitieren (Toschka/Voigtländer 2017).

Mit Bestellerprinzip. Fände hingegen das Bestellerprinzip Anwendung, so müsste der Makler sowohl mit dem Preis als auch mit seiner Qualität überzeugen. Hieraus könnte sich ein Preiswettbewerb entfachen. Da Verkäufer in angespannten Märkten ein knappes Gut besitzen, können Makler ihre Provision nicht weiterhin über den Käufer beziehen, da die Provisionshöhe einem stärkeren Druck unterliegt. Das Bestellerprinzip kann daher zu einer Bereinigung des Marktes führen (Toschka/Voigtländer 2017). Abhängig von den Rahmenbedingungen, die auf einem Teilmarkt gelten, kann das Bestellerprinzip zu folgenden Effekten und Auswirkungen führen:

- Dem Governance-Modus Wettbewerb kommt zwischen den Maklern eine höhere Bedeutung zu,
- Maklerkosten finden in den Immobilienpreisen größere Berücksichtigung,
- Preiswettbewerb wird hervorgerufen (Toschka/Voigtländer 2017).

Zusammenfassend werden im Rahmen der Marktanalyse der Immobilienmarkt und das Zusammentreffen von Angebot und Nachfrage dargestellt sowie die

zu vertreten. Der Verkaufspreis erhöht sich um die Maklercourtage, da der Verkäufer die Courtage durch den erzielbaren Überschuss ausgleichen möchte. Der Verkäufer kann in Abhängigkeit der Überschusshöhe einen Teilbetrag für sich einbehalten. Makler machen sich diese Tatsache zunutze, um den Vorteil einer Maklerkooperation, im Vergleich zu einem eigenständigen Hausverkauf, zu unterstreichen. Oftmals existiert ein objektiver Marktwert des Hauses (z.B. durch ein Gutachten oder eine Wertermittlung), dieser stimmt mit dem tatsächlich am Markt erzielten Kaufpreis jedoch nicht immer überein (Bazerman/Neale 1993: 146 f.). Bargaining hat daher wesentlichen Einfluss auf den Preisfindungsprozess bei heterogenen Gütern (Harding/Knight/Sirmans 2003: 601).

unterschiedlichen Wirtschaftssubjekte, die jeweils unterschiedliche Ziele verfolgen. Aus der aufgezeigten Unvollkommenheit des Immobilienmarktes kann für eine Kapitalisierung gefolgert werden, dass in Abhängigkeit des jeweiligen Teilmarktes:

- Die Variablenauswahl und der Kapitalisierungsgrad variieren,
- verschiedene Institutionen und Akteure Einfluss auf den Kapitalisierungsprozess nehmen,
- eine tatsächlich stattfindende Kapitalisierung nicht nachzuweisen ist, weil „verzerrte“ Preisbildungsmechanismen wirken,
- eine nachgewiesene Kapitalisierung durch andere Faktoren begünstigt wird.

6.2.2 Standortanalyse im Kapitalisierungsprozess

„Lage, Lage und nochmals Lage!“ (Isenhöfer/Väth/Hofmann 2008: 449) wird mit Immobilienkäufen oftmals als erstes assoziiert. Kapitalisierungsstudien sehen verschiedene Möglichkeiten zur Berücksichtigung der Lage vor. Die Nutzungsmöglichkeiten und die Wertentwicklung einer Immobilie werden durch ihren Standort beeinflusst. Um den optimalen Standort einer Immobilie zu bestimmen, bilden Standortanalysen, in denen eine Beschreibung und Bewertung des Standortes vorgenommen werden, ein geeignetes Instrument. Bei der Standortanalyse wird zwischen einer Betrachtung des Mikro- und des Makrostandortes[116] unterschieden. Standortfaktoren[117] bilden die Grundlage zur Durchführung von Mikro- bzw. Makroanalysen, da diese Faktoren Einfluss auf die Nachfrage zukünftiger Nutzer haben (Vornholz 2013: 153 f.).

6.2.2.1 Makroanalyse

Als Makrostandort wird der geografische Großraum[118] beschrieben, in dem sich das zu untersuchende Grundstück befindet (Brauer 2018b: 609). Im Rahmen einer Analyse des Makrostandortes steht somit die großräumige

116 Als Standort wird ein geografischer Ort einer Immobilie verstanden, welcher wesentlichen Einfluss auf den Erfolg eines Immobilienprojektes hat (Vornholz 2013: 153).

117 Als Standortfaktoren sind sämtliche auf die Immobilie einflussnehmenden räumlichen Bedingungen zu verstehen, die für die Prägung des Standortes und folglich auch für die nutzungsspezifische Lagequalität verantwortlich sind (Vornholz 2013: 154).

118 Als geografischer Großraum ist das Land, ein Bundesland, eine Kommune oder auch eine Region zu verstehen (Vornholz 2013: 154 f.).

Immobilienumgebung im Vordergrund. Harte Faktoren sind in diesem Zusammenhang die geografische Lage im Allgemeinen oder z.B. die Verkehrs- und Wirtschaftsstruktur im Besonderen. Als weiche Faktoren sind bspw. das Image oder die Wohn- und Lebensqualität zu nennen (Vornholz 2013: 154 f.). Makrostandortspezifische Faktoren lassen sich in sozio-demografische, ökonomische und sonstige Faktoren untergliedern und können der folgenden Darstellung entnommen werden (Abbildung 16).

Abbildung 16: Makrostandortspezifische Faktoren

Quelle: eigene Darstellung in Anlehnung an Brauer 2018b: 611.

In Kapitalisierungsstudien wird die Standortberücksichtigung unterschiedlich umgesetzt. Als Lagevariablen werden bei Studien für den deutschen Immobilienmarkt u.a. der Bodenrichtwert (BRW), die Gemeinde oder der Ortsteil herangezogen. Nach § 196 BauGB wird der BRW als durchschnittlicher Lagewert definiert (§ 196 Abs. 1 Satz 1 BauGB), mit dem Ziel, eine Transparenz des Immobilienmarktes zu erreichen (§ 196 Abs. 3 BauGB). Der BRW kann Auskunft über die Ertragskraft des Grundstücks und über seine Lagequalität geben (Sanftenberg 2015: 103). Gürtler/Rehan (2008) verwenden den BRW als Lagekriterium, diskutieren jedoch gleichzeitig seine Eignung als Lagevariable.[119]

119 Sie kommen im Rahmen ihrer Studie unter Verwendung dieser Variablen zu widersprüchlichen und nicht erwartungsgemäßen Ergebnissen. Zum einen können sie in Braunschweig einen positiven Zusammenhang zwischen BRW und Gebäudepreis feststellen. Ein steigender BRW stehe so für eine bessere Lagequalität und das Ergebnis entspreche den Erwartungen. Zum anderen können sie in anderen Landkreisen einen negativen Zusammenhang von BRW und Gebäudepreis nachweisen. Sie folgern daraus, dass ein Individuum auf ein kleineres Grundstück ausweichen

Haußmann/Schweinberger (2012: 108 f.) verwenden hingegen die Umgebung der Immobilie als Lagekriterium, welche u.a. in „dörfliches Umfeld" und „stadträumliche Wohnlage" unterteilt wird. Sanftenberg (2015: 102 ff.) sieht als mögliche Parameter der Standortqualität die stadträumliche Wohnlage,[120] den BRW oder den jeweiligen Immobilienbezirk. Hilber (1998: 165 ff.) verwendet als lagebedingte Standortfaktoren die Nähe zum Zürichersee und die Lärmemissionen des nahegelegenen Flughafens. Als Bodenpreisvariable werden die durchschnittlichen Bodenpreise pro Quadratmeter von unbebautem Wohnland verwendet (Hilber 1998: 170). Weiterhin kann auch die Entfernung zum Stadtzentrum als Lagevariable dienen (Maier/Herath 2015: 118). Haußmann/Schweinberger (2012: 109) sehen als makroökonomische Variablen das durchschnittliche Einkommen sowie das Bildungs- und Zinsniveau. Gürtler/Rehan (2012: 20 ff.) verwenden hingegen das Zinsniveau, die Arbeitslosigkeit und die Baugenehmigungen pro Einwohner. Fahrländer (2007: 38) sieht stattdessen die Postleitzahl oder die politische Gemeinde als geeignete Variable für den Makrostandort.

6.2.2.2 Mikroanalyse und Standortattraktivität

Bei einer Untersuchung des Mikrostandortes wird lediglich die unmittelbare Immobilienumgebung betrachtet. Hierbei kann es sich um angrenzende Grundstücke oder um einen angrenzenden Ortsteil handeln (Brauer 2018b: 609). Harte Faktoren im Rahmen einer Mikroanalyse sind bspw. die Infrastruktur und die Parkplatzsituation. Weiche Standortfaktoren beziehen sich auf das Image und auf übrige Standorteigenschaften (Vornholz 2013: 155).

Da bei mikroökonomischen Studien eine hohe Variablenvielfalt Verwendung findet, können auch objektspezifische Merkmale in die Analyse einbezogen werden. In US-amerikanischen Studien werden bspw. insbesondere Faktoren der Infrastruktur berücksichtigt. Fahrländer (2007: 42) verwendet die Attraktivität des Objektstandortes innerhalb einer Gemeinde im Vergleich zur Gesamtheit der Wohnlage als Mikrofaktor. Sanftenberg (2015: 113 f.) sieht als Standortfak-

---

und daher die Preise trotz besserer Lage und steigendem BRW konstant halten könne. Ferner überlegen sie, ob der BRW grundsätzlich eine geeignete Lagevariable darstellt, da in vielen Gebieten unbebauter Boden nur geringfügig verkauft wird und eine angemessene Berechnung des BRW sich als Herausforderung darstellt. Ein steigender BRW würde daher nicht zwangsläufig eine bessere Lage repräsentieren (siehe ausführlich Gürtler/Rehan 2008: 19 f.).

120 Studien für den Berliner Immobilienmarkt teilen die „stadträumliche Wohnlage" in die Kategorien „einfach", „mittel" „gut" und „sehr gut" ein (Gutachterausschuss Berlin 2017: o.S.).

toren der Mikrolage Kriterien wie z.B. Distanzen zu Erholungsgebieten, Anzahl an Grünflächen, Anbindungsniveau an den ÖPNV, Image des Wohnviertels, BRW, stadträumliche Wohnlage oder Entwicklungsmöglichkeiten des Standortes. Sanftenberg (2015: 134, 137) legt den Schwerpunkt u.a. auf den BRW und auf die stadträumliche Wohnlage. Nachfolgende Abbildung 17 zeigt eine Übersicht von mikrostandortspezifischen Faktoren.

Abbildung 17: Mikrostandortspezifische Faktoren

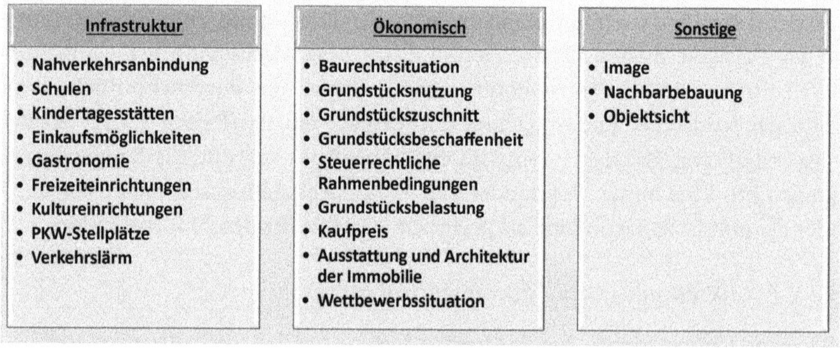

Quelle: eigene Darstellung in Anlehnung an Brauer 2018b: 611.

Eine Verbesserung der relativen Standortattraktivität kann zu einer Erhöhung des Mietniveaus bzw. zu steigenden Grundstückspreisen führen. Dies bedeutet, dass auch bestehende Immobilieneigentümer dadurch bessergestellt würden. Von einer verbesserten Standortattraktivität können zwar auch Mieter profitieren, jedoch verbunden mit möglichen Mieterhöhungen. Andersherum besteht bei standortspezifischen Verschlechterungen die Möglichkeit eines negativen Einflusses auf Grundstückspreise und Mieten (Hilber 1998: 123). Durch standortspezifische Investitionen können sich daher in der Zukunft liegende Erträge bereits heute in höheren Grundstückspreisen kapitalisieren (Hilber 2008: 349). Demzufolge stellt die Kapitalisierung einen solchen Anreizmechanismus dar, dass der zukünftige Nettonutzen eines Investitionsobjektes bei Investitionsentscheidungen durch den Eigentümer berücksichtigt wird. Der Eigentümer muss die Präferenzen zukünftiger Anwohner bei seinen Investitionsentscheidungen antizipieren. Eine Kapitalisierung kann daher Anreize vermitteln, eine Internalisierung intertemporaler (zwischenzeitlicher) Externalitäten vorzunehmen (Hilber 2008: 351).

In der derzeitigen (immobilien)politischen Diskussion sind klimabezogene Themen wie z.B. die Ausgestaltung von energieeffizienten Gebäudestandards und der Ausbau von Ladestationen für Elektroautos von Bedeutung. Sofern diese Themen in Kapitalisierungsprozesse einbezogen werden, kann sich zukünftig das Vorhandensein einer Ladestation (in unmittelbarer Umgebung; am Haus selbst) positiv auf den Hauspreis auswirken. In Abhängigkeit der zukünftigen Entwicklung der Automobilindustrie werden sich andere Faktoren als die heutigen in den Hauspreisen widerspiegeln. Während derzeit die Variable „Garage" in vielen Studien verwendet wird, könnte zukünftig die „Ladestation" als besser geeigneter Faktor herangezogen werden. Die Wichtigkeit der Variablen variiert jedoch auch aufgrund ihrer klimapolitischen Vorgaben zwischen verschiedenen Ländern.

6.2.2.3 Multilevel-Governance in der Raumordnung

Nach Darstellung der wesentlichen Inhalte einer Standortanalyse und der Berücksichtigungsmöglichkeiten von standortspezifischen Faktoren in Kapitalisierungsstudien wird vor dem Hintergrund eines Multilevel-Systems auf die unterschiedlichen Ebenen Bezug genommen, die Einfluss auf die Variablen einer Standortanalyse ausüben. Grundsätzlich wird von verschiedenen Koordinationsstrukturen und Ebenen auf den Bodenmarkt in Deutschland eingewirkt. Der Governance-Modus Hierarchie bezieht sich in erster Linie auf die Anordnung der unterschiedlichen Rechtsvorschriften, die dem Ziel einer ganzheitlichen Raumordnung unterliegen. Verhandlung wird insbesondere durch den gemeinsamen Abstimmungsprozess der Bauleitplanung zwischen den verschiedenen Ebenen und innerhalb einer Ebene ausgeübt. Wettbewerb auf Gemeindeebene wird durch den gemeinsamen Abstimmungsbedarf der jeweiligen Bauleitpläne verdeutlicht. Nachfolgend sollen die Governance-Modi die Komplexität der Flächenplanung – insbesondere auf Gemeindeebene – hervorheben und deren Einflussnahme auf die Kapitalisierung von Standortfaktoren verdeutlichen.

Die Siedlungsstruktur eines Bundeslandes stellt den Ausgangspunkt des Kapitalisierungsprozesses dar. Die sog. „Zentrale-Orte-Theorie" wurde von Christaller (1933) entwickelt. Diese beruht auf der Überlegung, dass zentrale Orte eine Vielzahl von Angeboten (Gütern und Dienstleitungen) aufweisen, die in unterschiedlicher Art und Weise von den ansässigen Bewohnern beansprucht werden (Christaller 1968: 21 ff.). Orte können in Abhängigkeit ihrer Funktionen in verschiedene Zentralitätsstufen eingeteilt werden. Bis heute findet das System Zentraler Orte bei der Raumordnung und der Landes- und Regionalplanung Verwendung (Heineberg 2014: 90 ff.) und stellt somit die Grundlage der Siedlungsstruktur dar. Diese wird in Deutschland auf den nachfolgenden Ebenen geplant und untereinander koordiniert:

- Raumordnung auf Bundesebene,
- Raumordnungsplan für das Landesgebiet und Regionalpläne für die Teilräume der Länder,
- Flächennutzungsplan für die Kommunenflächen[121] (§§ 13, 17 ROG; Krautzberger 2008: 517, 519).

Die Standortattraktivität als Ergebnis einer Standortanalyse wird somit von der Siedlungsstruktur und folglich von der damit einhergehenden Koordination der verschiedenen Ebenen sowie von den gesetzlichen Rahmenbedingungen beeinflusst. Nachfolgend sollen die komplexen Wechselwirkungen zwischen den Ebenen veranschaulicht werden.

Rechtsgrundlagen der Bebauung. Als Raumordnung wird die übergeordnete Planung und Ordnung des Raumes verstanden. In den Ländern wird sie als Landesplanung bezeichnet (§§ 3, 7, 13 ROG) und bezieht sich bei der Regionalplanung auf eine Teilfläche eines Landes (§ 13 Abs. 1 Nr. 2 ROG). Die Bauleitplanung ist hingegen auf die Planung der Grundstücksnutzung beschränkt und führt zur Außenwirkung der überörtlichen Gesamtplanung. Nichtsdestotrotz können sich Kollisionen und Zielkonflikte zwischen den Ebenen und der Koordination der Flächennutzung ergeben. Es erfolgt ein Abstimmungsprozess zwischen überörtlichen und örtlichen Zielsetzungen (vgl. Krautzberger 2008: 519). Auf die Bauleitplanung wird daher durch vertikale und horizontale Abstimmungsprozesse Einfluss genommen. Es ist eine Anpassung der Bauleitpläne an die Raumordnungspläne nach § 1 Abs. 4 BauGB und § 2 Abs. 2 BauGB vorzunehmen (Abbildung 18).

Nach der deutschen Rechtsordnung sind bauplanrechtliche Voraussetzungen die Grundlage zur Verwirklichung baulicher Vorhaben. Diese bestimmen für den konkreten Standort die Intensität und die Art der jeweiligen Nutzung. In erster Linie wird die bauplanungsrechtliche Zulässigkeit von Bauvorhaben durch das Baugesetzbuch des Bundes bestimmt. Dieses ist eingebettet in das verzweigte System des öffentlichen Baurechts[122] (Krautzberger 2008: 516). Das Baurecht umfasst Rechtsverhältnisse der beteiligten Personen am Bau sowie

---

121 Der Flächennutzungsplan erfüllt in den Stadtstaaten die Aufgabe der Landesplanung (§ 13 Abs. 1 ROG).

122 Das öffentliche Baurecht umfasst sämtliche Rechtsvorschriften, die die Zulässigkeit und die Grenzen, die Ordnung und die Förderung der baulichen Bodennutzung, insbesondere durch Veränderungen, Errichtung und Beseitigungen von baulichen Anlagen, betreffen. Es werden drei Hauptregelungsbereiche (Bauplanungsrecht, Bauordnungsrecht und Baunebenrecht) unterschieden (Dammert 2018: 124 f.). Hierunter fallen der Denkmalschutz, der Naturschutz und weitere Regelungsbereiche.

Ordnungsvorschriften der Bebauung und kann in das private[123] und das öffentliche Baurecht eingeteilt werden (Dammert 2018: 123 f.).

Das Grundgesetz teilt die Gesetzgebungskompetenz des öffentlichen Baurechts zwischen Bund und Ländern auf. Nach Art. 74 Abs. 1 Nr. 18 GG wird das öffentliche Baurecht vom Bund geregelt, unterliegt jedoch der konkurrierenden Gesetzgebungskompetenz u.a. für den Grundstücksverkehr und für das Bodenrecht. Das Bundesverfassungsgericht hat in seinem sog. Baurechtsgutachten vom 16.06.1954 beschlossen, dass das Bodenrecht unterschiedlichen Kompetenzordnungen unterliegt: dem Bundesrecht, dem Landesrecht und dem den Gemeinden eingeräumten Ortsrecht (BVerfG v. 16.06.1954, 1 PBvV 2/52, BVerfGE 3, 407, 423 f.).

Die verschiedenen Ebenen besitzen unterschiedliche Kompetenzen und sind daher mit unterschiedlichen Rechtsquellen des öffentlichen Baurechts betraut. Das Bundesrecht beinhaltet im Wesentlichen Rechtsverordnungen mit planungsrechtlichem Inhalt. Dabei bilden die bedeutsamen Rechtsquellen das Baugesetzbuch (BauGB), die Baunutzungsverordnung (BauNVO), die Planzeichenverordnung (PlanzVO) sowie die Wertermittlungsverordnung (WertV) (Dammert 2018: 126 f.). Die Länderebene ist durch verschiedene Landesplanungsgesetze gekennzeichnet. Im Rahmen des öffentlichen Baurechts der Länder sind wesentliche Rechtsquellen die jeweiligen Bauordnungen der 16 Bundesländer sowie das Baunebenrecht.[124] Ferner existieren sog. Regionalplanungen, die sich auf die Planung eines bestimmten Gebiets beziehen (Dammert 2018: 126 f.).

Die Gemeinden haben die Möglichkeit, mittels kommunaler Satzungen Rechtsvorschriften des öffentlichen Baurechts zu erlassen. Nach § 2 Abs. 1 Satz 1 BauGB besitzt eine Gemeinde die Verantwortung zur Aufstellung von Bauleitplänen. Diese sind im Selbstverwaltungsrecht (Art. 28 Abs. 2 GG) wesentlicher Bestandteil ihrer kommunalen Planungshoheit. Für Gemeinden stellt

123 Im Rahmen des privaten Baurechts sind Regelungen zur Bauerrichtung (Planung bis Fertigstellung) vor dem Hintergrund von sog. Bauerrichtungsverträgen (Bauvertragsrecht) vordergründig (Dammert 2018: 123).

124 Die Bauordnungen der 16 Bundesländer bilden die zentrale Rechtsquelle des öffentlichen Baurechts. Es erfolgt zwar eine Orientierung der Landesbauordnungen an den Musterbauordnungen, die von den Ländern unter Mitwirkung des Bundes erarbeitet wurden, jedoch unterscheiden sie sich zum Teil deutlich voneinander. Wichtige Regelungen für das öffentliche Baurecht sind in den Denkmalschutzgesetzen der Länder enthalten (Dammert 2018: 127).

die Bauleitplanung[125] das wichtigste Instrument zur rechtlichen Ordnung der baulichen Nutzung von Grund und Boden im Gemeindegebiet dar. Die Bauleitplanung umfasst verschiedene Instrumente, wie u.a. die Flächennutzungsplanung und den Bebauungsplan (Dammert 2018: 127 ff.).

Abbildung 18: Raumordnung in der Bundesrepublik Deutschland

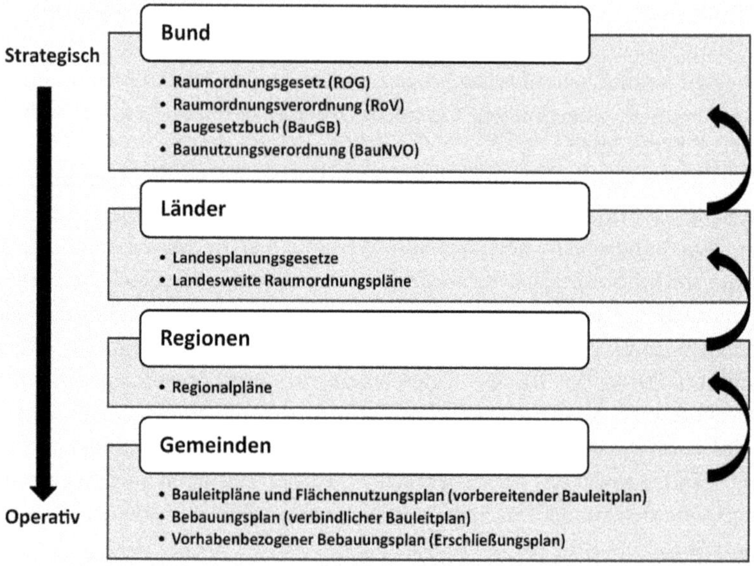

Quelle: eigene Darstellung in Anlehnung an Bundesministerium f. Umwelt, Naturschutz, Bau u. Reaktorsicherheit 2017: o.S..

Die Gemeinde kann daher in unterschiedlicher Art und Weise auf den Bodenmarkt Einfluss nehmen. Grundsätzlich wird bei der Flächeninanspruchnahme die Nutzungsart der Fläche bestimmt. Diese kann verschiedene Ausprägungen annehmen, wie bspw. die Gebäude- und Freifläche, die Betriebsfläche, die

125 Nach § 1 Abs. 1 BauGB ist die Aufgabe der Bauleitplanung, „die bauliche und sonstige Nutzung der Grundstücke in der Gemeinde nach Maßgabe dieses Gesetzbuchs vorzubereiten und zu leiten." Als Bauleitplan wird nach § 1 Abs. 2 BauGB „der Flächennutzungsplan (vorbereitender Bauleitplan) und der Bebauungsplan (verbindlicher Bauleitplan)" verstanden. Eine Aufstellung der Bauleitpläne erfolgt von den Gemeinden „sobald und soweit es für die städtebauliche Entwicklung und Ordnung erforderlich ist [...]" (§ 1 Abs. 3 BauGB).

Grünflächen und die Verkehrsflächen (§ 5 Abs. 2 Nr. 1 bis 10 BauGB). Nach § 5 BauGB wird mittels eines Flächennutzungsplans die Art der Bodennutzung nach den voraussichtlichen Präferenzen einer Gemeinde dargestellt. Im Flächennutzungsplan werden Bauflächen und Baugebiete sowie die Ausstattung des Gemeindegebiets (z.B. Anlagen und Einrichtungen) festgelegt (§ 5 BauGB). Der Bebauungsplan stellt, anders als der Flächennutzungsplan, eine Rechtsnorm dar und enthält somit die „rechtsverbindlichen Festsetzungen für die städtebauliche Ordnung" (§ 8 Abs. 1 BauGB). Nach § 10 Abs. 1 BauGB beschließt die Gemeinde den Bebauungsplan als Satzung.

Weiterhin wird den Gemeinden durch Landesbauordnungen die Möglichkeit gegeben, über sog. Gestaltungssatzungen oder Regelungen im Bebauungsplan nach § 9 Abs. 4 BauGB Einfluss auf die Gebäude auszuüben. Gestaltungssatzungen beinhalten Regelungsinhalte zu gestalterischen Maßnahmen wie bspw. Anforderungen an die Gebäudefassaden (§ 86 Abs. 1 MBO).

Die Bauleitplanung einer Gemeinde steht in Wechselbeziehung zu Planungen anderer Gemeinden (horizontal). Sie umfasst die Flächen des jeweiligen Gemeindegebiets, jedoch nicht solche über das Gemeindegebiet hinaus. Gemäß § 2 Abs. 2 BauGB ist ein horizontaler Abstimmungsbedarf der jeweiligen Bauleitpläne mit benachbarten Gemeinden notwendig (Krautzberger 2008: 517 f.).

Weiterhin wird die Planung des Gemeindegebiets nicht ausschließlich von der Bauleitplanung einer Gemeinde bestimmt, sondern unterliegt überörtlichen Planungen (vertikal). Derselbe Raum wird durch die Raumordnung, die Regionalplanung und die Bauleitplanung entwickelt. Es handelt sich dabei um räumliche Gesamtplanungen mit dem Ziel, ein überörtliches Gesamtkonzept zu verfolgen (Krautzberger 2008: 518). Gemäß § 1 Abs. 4 BauGB erfolgt über die Anpassungspflicht der Bauleitpläne an die Raumordnungsziele die Umsetzung und Konkretisierung der überörtlichen Planungen. Es entsteht dadurch ein Abstimmungsbedarf zwischen den verschiedenen Ebenen (vgl. Krautzberger 2008: 518). Die Planung und Organisation des Bodenmarktes wird durch die Multilevel-Governance-Strukturen somit wesentlich beeinflusst und unterliegt einer Koordination der verschiedenen Ebenen.

Eine Koordination kann sich nicht nur auf die Flächenausweisung, sondern auch auf die Flächenumgestaltung beziehen. Hierbei sind insbesondere Eigentumsordnungen des Bodens innerhalb einer Gemeinde zu berücksichtigen. Es erfolgt eine Koordination zur Änderung der bestehenden Bodenordnung und damit auch der Eigentumsrechte. Die Gemeinde steht dabei in Verhandlungen mit Eigentümern, z.B. bei Umlegungs-, Flurbereinigungs- und Enteignungsverfahren (§§ 45 ff., 85, 188 ff. BauGB). Die Entwicklung eines Gebietes ist folglich einerseits abhängig von den Planungsaussagen der Kommune und andererseits von privaten Investoren/Eigentümern. Eine Koordination von kommunalen und privaten Maßnahmen ist daher notwendig (Eekhoff 2000: 65). Es kann weiterhin angenommen werden, dass Kommunalverwaltungen – im Gegensatz zu privaten Eigentümern – das Ziel einer effizienten Flächennutzung verfolgen und somit nicht einzig auf die betriebswirtschaftliche Rentabilität einer Investition aus sind (vgl. Eekhoff 2006: 64).

Die politischen Akteure einer Gemeinde müssen zusammenfassend die Interessen verschiedener Akteure und Ebenen koordinieren. Zum einen müssen sie ihren Bauleitplan mit verschiedenen Gemeinden abstimmen und zum anderen sich an das Konzept der ganzheitlichen Raumplanung halten. Weiterhin haben sie unterschiedliche Interessen, bspw. bei der Flächenausweisung innerhalb eines Gemeindegebietes, zu berücksichtigen. Einerseits sind solche Bürger (Wähler) präsent, die bspw. ein hohes Maß an Grünflächen präferieren. Andererseits kann die Umnutzung einer Grünfläche in eine Gewerbefläche ebenfalls Bürgerpräferenzen erfüllen und Investoren anlocken, sodass durch erhöhte Einnahmen (z.B. Gewerbe- und Grundsteuer) wiederum bessere öffentliche Leistungen im Vergleich zu einer anderen Gemeinde angeboten werden können (vgl. Wellisch 2004: 18; vgl. Blankart 2017: 179 ff.).

Die Besonderheit von Gemeinden besteht darin, dass sie aufgrund ihrer hohen Anzahl und ihrer erheblichen Entscheidungsspielräume hinsichtlich Einnahmen und Ausgaben in Wettbewerb zueinander stehen. Wenn Aufgaben von bestimmten Gemeinden besonders gut ausgeführt werden, kann dies zu Nachahmern führen. Innovationen im öffentlichen Sektor gingen in der Vergangenheit oftmals von der Gemeindeebene aus. Dem Wettbewerb auf Gemeindeebene wird daher eine wichtige Bedeutung zugeschrieben (Zimmermann 2009: 35 f.), insbesondere der Wettbewerbsform yardstick competition.

Auch der Informationsgrad von Individuen kann sich wesentlich auf eine Kapitalisierung auswirken. Werden Standortunterschiede nicht durch Individuen wahrgenommen, gehen Veränderungen mit keiner Signalwirkung einher und Reaktionen von Seiten der Individuen bleiben aus. Werden Veränderungen hingegen wahrgenommen, die Wirtschaftssubjekte jedoch nicht ausreichend über Kosten und Nutzen der Maßnahmen informiert, kommt es zu sog. Einschätzungsfehlern. Dies bedeutet, dass bestimmte Maßnahmen über- oder unterschätzt werden. Solche Einschätzungsfehler können letztlich zu einer „Über- oder Unterkapitalisierung" führen (Yinger et al. 1988: 57 ff.; Hilber 1998: 52 f.).

Fehlerhafte Einschätzungen von langfristigen Wirkungen können sich auf die Kapitalisierung in den Boden- und Immobilienpreisen auswirken, nicht jedoch unmittelbar auf die Mietzinsen. Dies ist so zu begründen, dass die Mietzinsen, im Unterschied zu den Boden- und Immobilienpreisen, nicht die zukünftigen Bodenrenten widerspiegeln (Hilber 1998: 53). Der Zusammenhang zwischen lokalen Regierungen und Immobilienmärkten besteht in einer gegenseitigen Abhängigkeit. Dadurch, dass jede lokale Regierung ein individuelles Bündel aus öffentlichen Gütern/Leistungen und Steuern bereitstellt, werden Entscheidungen von Haushalten und Unternehmen beeinflusst. Der Immobilienpreis wird somit bspw. durch ein gutes Schulsystem positiv oder durch eine hohe Kriminalitätsrate oder einen hohen Steuersatz negativ beeinflusst (DiPasquale/Wheaton 1996: 320).

Bodenwert. Der Bodenwert wird gemäß der ökonomischen Theorie, anders als der Immobilienwert, ausschließlich durch die Gemeinde und deren Infrastrukturleistungen beeinflusst (vgl. Voigtländer 2017: 93; Kriese 2016b: 268). Grundsätzlich entsteht eine Bodenrente[126] aus Ertragsvorteilen, die sich aus der Bodenbewirtschaftung ergeben. Das Konzept hat seinen Ursprung in der Landwirtschaft. Die Bodenrente und der Bodenwert steigen, wenn bspw. Infrastrukturleistungen erweitert werden, weil sich die Grundstückslage verbessert. Die Bodenrente wird von der Infrastruktur beeinflusst, welche durch die öffentliche Hand finanziert und bereitgestellt wird. Erfolgt durch eine Änderung der Bauleitplanung eine Erhöhung der zulässigen Grundstücksbebauung, erfolgt ein Anstieg des Bodenwertes und der Bodenrente. Nichtsdestotrotz gehen mit den Ertragsvorteilen auch Kosten einher wie bspw. Landschaftsveränderungen und Agglomerationskosten (Löhr 2014: 23 f.).

Alfred Marshall (1920) bezeichnete die Bodenrente als „the annual public value of the land", wonach der Staat eine „rentengenerierende Institution" darstellt. Die Bodenrente bleibt nach Abzug der Produktionsfaktoren Arbeit und Kapital übrig. Das Henry George-Theorem unterstellt eine Internalisierung externer Kosten, da der soziale Überschuss nicht zu Lasten anderer Mitmenschen oder der Umwelt gehen dürfe. Die Bodenrente sei jedoch nicht als absolute Größe zu sehen, sondern vielmehr im Zusammenspiel mit anderen Abgabelasten. Weiterhin ist zwischen der tatsächlichen und der potenziellen Bodenrente zu differenzieren (Löhr 2014: 24). Oppenheimer (1910: 681 ff.) sieht den Boden als besonderen Produktionsfaktor, da er weder produziert noch reproduziert werden könne. Die Bodeneigentümer seien Monopolisten und für Boden

126 Siehe Winterhager (1997) für eine ausführliche geschichtliche Entwicklung und Beschreibung der Bodenrente und der Eigentumsrechte (an Boden).

bestehe insgesamt ein Monopol. Es werde durch Bodeneigentum eine Machtposition erreicht, da die Eigentümer andere von der Natur ausschließen können.

6.2.3 Gebäudeanalyse im Kapitalisierungsprozess

Die Gebäudeanalyse stellt Ausstattungs- und Qualitätsstandards der baulichen Immobiliengestaltung in den Vordergrund (vgl. Brauer 2018a: 10 ff.). In den Regressionsmodellen der existierenden Kapitalisierungsstudien finden ebenfalls insbesondere Gebäudeattribute Verwendung (z.B. die Wohnfläche und die Grundstücksfläche). Gebäudeattribute können auch als sog. Sucheigenschaften beschrieben werden, da zumindest bei bebauten Grundstücken durch sie ein Eindruck über die Immobilie gewonnen werden kann. Obwohl jede Immobilie einzigartige Eigenschaften besitzt, existieren dennoch die folgenden ökonomischen Gemeinsamkeiten:

- Standortgebundenheit und damit Immobilität,
- Heterogenität, woraus sich ihre unikale Eigenschaft ableitet,
- hohe Produktionsdauer und eine damit oftmals einhergehende Langlebigkeit (Brauer 2018a: 11 ff.),
- hohe Investitions-, Such- und Transaktionskosten,
- begrenzte Substituierbarkeit aufgrund der Tatsache, dass Wohnen ein Grundbedürfnis darstellt (Gondring 2013: 17; Vornholz 2013: 7).

6.2.3.1 Immobilieneigenschaften

Standortgebundenheit. Immobilität und die damit einhergehende Standortgebundenheit sind wesentliche Charaktereigenschaften einer Immobilie (Brauer 2018a: 10). Nach § 94 BGB gehört die Bindung an den Grund und Boden zu den wesentlichen Bestandteilen eines Hauses. Daher wird der Bodenmarkt als vorgelagerter Markt des Immobilienmarktes gesehen und unterliegt der immobilienwirtschaftlichen Marktentwicklung. Er wird von quantitativen und qualitativen Baulandausweisungen beeinflusst und kann als Komplementärgut zum Gebäude gesehen werden. Aus dieser Standortgebundenheit resultiert eine Vielzahl an Teilmärkten (Brauer 2018a: 10).

Die Standortgebundenheit führt dazu, dass sich regionale Maßnahmen auf die Boden- bzw. Immobilienpreise auswirken. Einerseits können solche Maßnahmen die Hauspreise innerhalb einer Gemeinde beeinflussen. Andererseits können sie sich auch auf das gesamte Preisniveau einer Gemeinde auswirken. Bei Immobilien können bereits kleine Standortunterschiede wesentlichen Einfluss auf den individuellen Wertschätzungsprozess nehmen. Der Immobilienkauf ist folglich eine Entscheidung unter Unsicherheit, da nicht sämtliche wertbeeinflussenden Elemente im Vorhinein antizipiert werden können (vgl. Brauer 2018a: 10 ff.; Rottke 2017: 97).

Heterogenität. Ursächlich für die Einmaligkeit von Immobilien ist ihre Vielzahl an Eigenschaften, in welchen sie sich voneinander unterscheiden, z.B. die Größe oder der Zuschnitt (Eekhoff 2006: 13). Da keine Immobilie vollkommen identisch mit einer anderen ist, stellt jede Immobilie folglich ein Unikat dar (Brauer 2018a: 11). Das Ausmaß an Heterogenität variiert jedoch. Eine höhere Heterogenität liegt dann vor, wenn sich bspw. Drei-Raum-Wohnungen zwar im gleichen Teilmarkt (Wohnimmobilien) befinden, jedoch wegen eines unterschiedlichen Stadtbezirks in Konkurrenz zueinander stehen. Eine (vergleichsweise) geringere Ungleichartigkeit ist hingegen dann gegeben, wenn z.B. zwei sich in der Ausstattung ähnelnde Wohnungen in dem gleichen Haus in Konkurrenz zueinander stehen. Durch eine mögliche Substituierbarkeit der beiden Wohnungen besteht, anders als bei Wohnungen auf unterschiedlichen Teilmärkten, eine „höhere" Homogenität (Brauer 2018a: 11). Nicht nur Immobilien stehen in Konkurrenz zueinander, sondern auch potenzielle Käufer. Die Einmaligkeit von Immobilien kann zu einem erhöhten Wettbewerb zwischen Kaufinteressenten führen und den Kaufpreis steigern.

Lange Produktionsdauer und Langlebigkeit sind weitere kennzeichnende Eigenschaften einer Immobilie. Hierunter ist nicht nur die eigentliche Bauphase, sondern auch die damit einhergehenden Planungs- und Genehmigungsverfahren, die als vorgelagerte Stufen der eigentlichen Bauphase zu sehen sind, zu verstehen. Als Folge des langen Produktionszeitraums besteht eine geringe Angebotselastizität, da auf Nachfrageänderungen nur mit zeitlicher Verzögerung reagiert werden kann (Brauer 2018a: 11 f.). Insbesondere bei Immobilien entstehen diese sog. time lags, welche sich auf die Kapitalisierung in Form von sog. Vor- oder Rückkopplungseffekten auswirken. Wegen der langen Produktionszeit können sich geplante Bauvorhaben entweder bereits im Vor- oder erst im Nachhinein bei Projektvollendung in sich verändernden Immobilienpreisen widerspiegeln (vgl. Hilber 1998: 84 f., 117 ff.).

Hohe Transaktionskosten sind ebenfalls wesentliche Merkmale einer Immobilie. Transaktions- bzw. Übertragungskosten[127] sind solche Kosten, die mit der Übertragung des Eigentums oder der Nutzungsmöglichkeit einhergehen

127 Als Übertragungskosten i.F.v. Erwerbsnebenkosten können z.B. Grunderwerbsteuer, Notar- und Gerichtskosten sowie Maklercourtage entstehen. Weitere Übertragungskosten fallen z.B. durch die Nutzungsübertragung i.F.v. Umzugskosten, Adressumschreibungen etc. an (Brauer 2018a: 13).

(Brauer 2018a: 13). Im Rahmen des Tiebout-Modells erfolgt ein „voting by feet", indem die Individuen ihre Präferenzen durch ihre Wanderungsentscheidung offenlegen. Hierbei wird vollständige Mobilität unterstellt (Tiebout 1956). Tatsächlich entstehen dem Individuum bei seiner Standortentscheidung jedoch Wanderungskosten, sodass neben dem eigentlichen Kaufpreis zusätzliche und oftmals nicht monetär messbare Kosten (Zeitaufwand, Beratung etc.) hinzukommen (Hilber 1998: 54 f.).

Eine **Substitution** ist bei Immobilien nur eigeschränkt bzw. gar nicht möglich. Für einen Haushalt ist Wohnen ein Grundbedürfnis. Da Immobilien i.d.R. zweckgebunden errichtet werden, schränkt dies die Möglichkeiten einer alternativen Verwendung ein (Vornholz 2013: 7). In diesem Zusammenhang ist auch die relativ hohe und lange Kapitalbindung beim Investor (Vermieter oder Eigennutzer) zu nennen. Dieser trägt Kosten in Form einer sich verändernden Marktlage, die Einfluss auf die Werthaltigkeit der Immobilie nehmen kann. Dazu zählen sowohl wirtschaftliche als auch demografische Veränderungen, die den regionalen Standort und damit auch den Immobilienwert beeinflussen (Brauer 2018a: 12).

Im Zeitverlauf kann sich die Bedeutsamkeit der einzelnen Immobilienattribute verändern, sodass Individuen bestimmte Attribute vermehrt oder vermindert nachfragen. Je nach geografischem Gebiet kann den Attributen eine unterschiedliche Priorität beigemessen werden (Sirmans/Macpherson/Zietz 2005: 3 f.). Die Dynamik bei gebäudespezifischen Veränderungen kann z.B. anhand sich ändernder Gebäudestandards verdeutlicht werden. In Zeiten erhöhten Energiebewusstseins ist z.B. die Gebäudeenergieeffizienz von wesentlicher Bedeutung. Im Energieplan der Bundesregierung wird eine klimaneutrale Gestaltung des Gebäudebestands bis zum Jahr 2050 angestrebt. Dadurch sind bei den baulichen Standards weitere Anpassungen möglich und notwendig (vgl. Henger/Hude 2017: 4 f.).

6.2.3.2 Immobilienlebenszyklus

Immobilien stellen eine attraktive Assetklasse dar und sind als Anlage- und Produktionsfaktor von großer Bedeutung. Bei Entscheidungen in Bezug auf Entwicklung, Bewirtschaftung und Optimierung von Immobilienbeständen wird das sog. Immobilienmanagement herangezogen (Lange 2018: 531). In Abhängigkeit der jeweiligen Immobilienphase sind unterschiedliche Entscheidungen zu treffen und verschiedene immobilienbezogene Steuern bedeutsam. Es werden fünf Hauptphasen einer Immobilie unterschieden:

- Planungs- und Bauphase bzw. Erstellungsphase (Boden und Kapital werden kombiniert, um eine Einheit zu produzieren),
- Nutzung und Instandhaltungsphase (Einsetzung des Kapitals, um keine Wertminderung zu erleiden),
- Degenerationsphase,
- Revitalisierungsphase,
- Umnutzungsphase (vgl. Arnott 1987: 961 f.; Ertle-Straub 2018: 411).

Diese Phasen bilden den klassischen Immobilienlebenszyklus[128] ab (Gondring 2013: 37 f.). Die Lebensdauer ist abhängig von ökonomischen und technischen Einflüssen (Simons/Hirschberger/Stölting 1987: 3). Die wirtschaftliche Lebensdauer wird durch die drei folgenden Dimensionen determiniert: (1) Die finanzwirtschaftliche Dimension[129], (2) die Marktdimension[130] und (3) die technische Dimension (Rottke/Wernecke 2008: 215). In Kapitalisierungsstudien wird auf unterschiedliche Dimensionen des Lebenszyklus eingegangen. Die meisten der im Promotionsvorhaben betrachteten Studien bewerten das Alter als eine auf den Hauspreis einflussnehmende Variable, sodass nachfolgend die technische Dimension hervorgehoben wird. Bei der technischen Dimension stehen die physikalischen Prozesse im Vordergrund, welche sich in die Erstellungs-, Nutzungs- und Abrissphase unterteilen lassen (siehe Abbildung 19). Die verschiedenen Phasen bauen aufeinander auf und stehen in Wechselwirkung zueinander (Preuß/

128 Der Begriff „Lebenszyklus" weist einen organischen Zusammenhang zur Geburt, zum Leben und zum Tod auf. Übertragen auf eine Immobilie ist der Lebenszyklus gekennzeichnet durch eine zeitliche Abfolge verschiedener Prozesse, die das Gebäude von der Entstehung bis zum Abriss „durchlebt". Der Lebenszyklus spiegelt demnach die tatsächliche Lebensdauer der Immobilie wider (Rottke/Wernecke 2008: 211 f.).

129 Die finanzwirtschaftliche Dimension ist gekennzeichnet durch eine mit der Immobilie und ihrem Lebenszyklus einhergehende Betrachtung der Zahlungsströme. Dementsprechend ist eine systematische Erfassung von Einnahmen und Ausgaben für die finanzwirtschaftliche Dimension von Bedeutung. In dem Zusammenhang wird auch die Terminologie Immobilieninvestitionsrechnung gebraucht (Rottke/Wernecke 2008: 223).

130 Im Rahmen der Marktdimension wird der Lebenszyklus in einen volkswirtschaftlichen Kontext eingebettet (Phyrr 1989), welcher durch mikro- und makroökonomische Einflussgrößen, exogene Schocks sowie Werte- und Strukturwandel (demografische Trends, verstärktes Umweltbewusstsein, neue technologische Möglichkeiten) beeinflusst wird (Rottke/Wernecke 2008: 220 ff.).

Schöne 2016: 11). Nichtsdestotrotz existieren auch Kapitalisierungsstudien, die auf Zahlungsströme (finanzwirtschaftliche Dimension) oder auf die marktwirtschaftliche Dimension abzielen.

Während Immobilien eine endliche Lebensdauer aufweisen und deren Alter zu einem steigenden oder sinkenden Immobilienwert beiträgt, weist der Bodenwert eine unendliche Lebensdauer auf. Boden- und Immobilienwert entwickeln sich somit in gegenläufige Richtungen (vgl. Bone-Winkel/Focke/Schulte 2016: 19 f.). Der Boden „übersteht" daher mehrere Immobilienlebenszyklen und kann auf unterschiedliche Art und Weise genutzt werden. Eine Umnutzung von Immobilien, bspw. durch Umgestaltung eines Einfamilienhauses in ein Bürogebäude, dürfte sich hingegen schwieriger gestalten.

Im Rahmen der Erstellungsphase sind insbesondere die Projektentwicklung und das Projektmanagement von besonderer Bedeutung. Es werden grundlegende Entscheidungen zum Standort und zum Kapital getroffen (Rottke/Wernecke 2008: 216). Der Immobilienbau oder -erwerb wird mit der Umsatzsteuer und/oder der Grunderwerbsteuer besteuert. Die Umsatzsteuer bezieht sich dabei auf die Wertschöpfung, die mit der Immobilienproduktion verbunden ist (Lerbs 2017: 535). Die Nutzungsphase ist abhängig von der Materialqualität, den Bauleistungen und dem architektonischen Erscheinungsbild (Rottke/Wernecke 2008: 216). Inmitten der laufenden Immobiliennutzung werden Mieteinnahmen mit Einkommensteuer und Immobilienvermögen mit Grundsteuer belastet (Lerbs 2017: 535). Die Immobiliennutzung geht mit einer Abnutzung einher, welche sich in Form von Verschleiß, Alterung, Korrosion und Witterung zeigen kann. Die Abnutzung basiert auf physikalischen Gesetzmäßigkeiten und auf exogenen Einflüssen (vgl. Rottke/Wernecke 2008: 217). Nach der Nutzungsphase wird die Immobilie oftmals verkauft, vererbt oder verschenkt, sodass Erbschaft- und Schenkungsteuer anfallen (Lerbs 2017: 535). Der Abnutzung kann mittels Instandhaltungen entgegengewirkt werden (Simons/Hirschberger/Stölting 1987: 3; vgl. Voss 2000: 132). Der Abriss stellt das Ende der technischen Lebensdauer dar. Er wird durch den Gebäudetyp, die gesetzlichen Rahmenbedingungen sowie die verwendeten Baumaterialen beeinflusst (Rottke/Wernecke 2008: 219; Abbildung 19).

Abbildung 19: Immobilienlebenszyklus

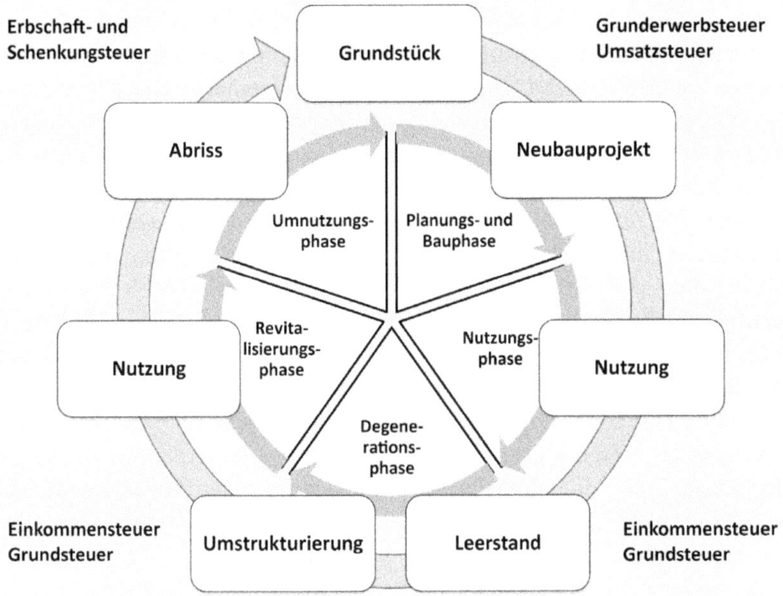

Quelle: eigene Darstellung in Anlehnung an Rottke/Wernecke 2008: 211; Gondring 2013: 38; Ertle-Straub 2018: 411.

Während ihrer Lebensdauer werden Immobilien mehrfach ge- bzw. verkauft. Neubauten und Immobilienbestand stehen daher in Konkurrenz zueinander (Brauer 2018a: 12). Die Langlebigkeit einer Immobilie wird durch ihren Lebenszyklus verdeutlicht. Es ist daher anzunehmen, dass die Ergebnisse einer Kapitalisierungsüberprüfung in Abhängigkeit des jeweiligen Beobachtungszeitraumes variieren. Beispielsweise könnte sich das „junge" Alter von Neubauten signifikant hoch in den Immobilienpreisen widerspiegeln, wohingegen eine spätere Kapitalisierungsüberprüfung – bspw. zu einem 30 Jahre späteren Zeitpunkt – zu einem anderen Ergebnis führen würde. Eigenschaften, die in bestimmten Zeitabschnitten als positiv erachtet (positive Korrelation) werden, können sich im Zeitverlauf ins Gegenteil verändern. Einerseits kann sich das hohe Immobilienalter negativ auf den Preis auswirken. Andererseits kann das hohe Alter als besondere Charaktereigenschaft gelten und daher einen positiven Einfluss ausüben. Wegen der langen Lebensdauer durchläuft die Immobilie verschiedene Kapitalisierungsprozesse, weshalb letztendlich unterschiedliche Kapitalisierungsergebnisse erzielt werden.

6.2.4 Zusammenfassung

Zusammenfassend erfolgt in jedem Kapitalisierungsfeld eine Koordination verschiedener Akteure und Institutionen. In der Marktanalyse findet eine Koordination von Angebot und Nachfrage, in der Standortanalyse eine Koordination der Bodennutzung und in der Gebäudeanalyse eine Koordination verschiedener politisch erwünschter Bebauungsweisen und Gebäudestandards statt. Weiterhin beeinflussen sich die Kapitalisierungsfelder gegenseitig und sind voneinander abhängig. Die Ausweisung der Flächennutzung und der Bebauung wirkt sich wiederum auf die Angebots- und Nachfragestruktur auf dem Immobilienmarkt und auf die Gebäudestrukturen aus. Es existiert daher eine Wechselwirkung zwischen den drei Kapitalisierungsfeldern.

Da die Flächennutzung auf unterschiedlichen Ebenen geplant wird, ist eine Koordination zwischen den verschiedenen Ebenen und den jeweiligen Akteuren notwendig. Durch die verflochtenen Koordinationsstrukturen innerhalb einer und zwischen verschiedenen Ebenen ist Multilevel-Governance vorzufinden. Die Gemeinde ist durch ihr Selbstverwaltungsrecht in der Lage, die Bodennutzung zu gestalten und durch das Hebesatzrecht Einfluss auf den steuerlichen Ertrag auszuüben.

Der Boden wird dem Kapitalmarkt zugeordnet. Wird bei der Betrachtung des Bodens seine ewige Nutzung hervorgehoben, kann er als Stromgröße eingestuft werden (Bodenrente). Wird jedoch von Bodenpreisen und deren Veränderungen gesprochen, wird er als Bestandsgröße verstanden (Andres 2004: 3 f.). Aus Sicht der Property-Rights-Theorie wurde der Boden insbesondere im Hinblick auf Eigentumsbeschränkungen und eigentumsähnliche Rechte sowie auf deren ökonomische Wirkungen und Eigenschaften hin analysiert (Mieterschutz, Baubeschränkungen etc.). Der Boden wird als Allmende gesehen. Bis in die Neuzeit hat das gemeinschaftliche Eigentum an Grund und Boden eine bedeutende Rolle verkörpert. Jedoch wurde eine systematische Entwicklung hin zur Übernutzung festgestellt. Die Allmende wurde von Miteigentümern intensiv genutzt, trotzdem erfolgten kaum Investitionen in das gemeinschaftliche Eigentum (sog. „tragedy of the commons“; Winterhager 1997: 11).

Die beschriebenen Elemente des Kapitalisierungsprozesses zeigen, dass Immobilien aufgrund ihrer ökonomischen Eigenschaften deutliche Unterschiede in ihren Merkmalsausprägungen aufweisen. Die jeweilige Wertschätzung einer Immobilie variiert jedoch in Abhängigkeit des Käufers. Diese unterscheiden sich in ihren aktivierenden (Emotionen, Motivation), kognitiven (Gedächtnis, Wahrnehmung) und prädisponierenden (Involvement) Eigenschaften voneinander (vgl. Foscht/Swoboda/Schramm-Klein 2015: 30).

Um eine weitreichendere Analyse des Kapitalisierungsprozesses vornehmen zu können, müssten nicht nur externe Einflussfaktoren (Governance-Strukturen, institutionenökonomische Gründe, staatliche Gesetzgebungsstrukturen) auf die Immobilien- und Bodenpreisbildung untersucht werden (wie in dieser Arbeit), sondern zusätzlich interne Einflussfaktoren, die aus Sicht des Käufers ausschlaggebend für seine Immobilienbewertung waren. Die jeweiligen hedonischen Preise der Hausattribute müssten zusätzlich gewichtet werden, um ihre Bedeutung deutlicher hervorzuheben. An dieser Stelle besteht weiterer Forschungsbedarf, der jedoch im Rahmen dieser Arbeit nicht weiter behandelt werden soll.

6.3 Analyse der Elemente des Grundsteuerkapitalisierungsprozesses

Die empirische Kapitalisierungsforschung konzentriert sich bislang überwiegend auf den US-amerikanischen Immobilienmarkt. Gegenstand der Analysen ist zum einen die Grundsteuerausgestaltung, da ihr stets eine bedeutende Rolle zugeschrieben wird, zum anderen die Fragestellung, ob eine Kapitalisierung fiskalischer Unterschiede zwischen Gemeinden vorliegt (Hilber 1998: 17). Für den deutschen Immobilienmarkt wurden bisher unterschiedliche Grundsteuervariablen verwendet, die jedoch alle zu ähnlichen empirischen Studienergebnissen geführt haben.

Es erfolgt eine Analyse der deutschen Grundsteuerausgestaltung, basierend auf den in Kapitel 2 herausgearbeiteten Eigenschaften, um die wesentlich wertbeeinflussenden Elemente herauszustellen. Dabei werden die Felder des Kapitalisierungsprozesses und ihr möglicher Einfluss im Rahmen einer qualitativen Analyse untersucht.

Es soll zum einen überprüft werden, warum auch für den deutschen Immobilienmarkt Kapitalisierungsstudien zu unterschiedlichen Ergebnissen führen und weshalb die derzeitige Grundsteuerausgestaltung theoretisch von allen drei Feldern des Kapitalisierungsprozesses tangiert wird, jedoch trotzdem nur geringfügig, wie bei Gürtler/Rehan (2008: 21) oder nicht signifikant, wie in der eigenen Studie und auch in den Studien von Haußmann/Schweinberger (2012) und Haußmann et al. (2012), nachgewiesen werden kann. Zum anderen soll gezeigt werden, wie sich eine Änderung der Grundsteuerausgestaltung auf die Kapitalisierungsfelder auswirken würde.

Dabei wird die ökonomische Kapitalisierungstheorie auf die Grundsteuerermittlung und den Grundsteuerkapitalisierungsprozess angewendet, indem sowohl auf die ökonomischen Grundsteuereigenschaften als auch auf ihre einzelnen Komponenten eingegangen wird. Nachfolgende Fragestellungen sollen in diesem Kapitel untersucht werden:

- Warum existieren unterschiedliche Studienergebnisse und warum findet oftmals kein signifikanter Nachweis einer Grundsteuerkapitalisierung statt, obwohl alle drei Felder des Kapitalisierungsprozesses von der Grundsteuer berührt werden?
- Was übt grundsätzlichen Einfluss auf die Grundsteuervariable bzw. auf die Grundsteuerbemessungsgrundlage aus und warum führt diese Ausgestaltung oftmals zu keiner Kapitalisierung?
- Wie wirkt sich der Governance-Mix des allgemeinen Kapitalisierungsprozesses auf die Grundsteuer aus?

Nachdem in den vorherigen Kapiteln der Kapitalisierungsprozess von Immobilien im Allgemeinen analysiert wurde, wird nachfolgend der Grundsteuerkapitalisierungsprozess im Speziellen untersucht. Abbildung 20 veranschaulicht den komplexen Grundsteuerkapitalisierungsprozess. Als Inputfaktor zur Ermittlung der Grundsteuerbemessungsgrundlage dienen die Einheitswerte. In einem ersten Analyseschritt werden beide Verfahren zur Einheitswertermittlung kurz dargestellt. Der Grundsteuerkapitalisierungsprozess als Blackbox wird ebenfalls unter Anwendung der Kapitalisierungsfelder Gebäude-, Standort- und Marktanalyse untersucht, um Gründe für die verschiedenen Ergebnisse (Outputs) deuten zu können. In der nachfolgenden Analyse erfolgt insbesondere eine ausführliche Beschreibung der Elemente der Blackbox.

Abbildung 20: Darstellung des Grundsteuerkapitalisierungsprozesses

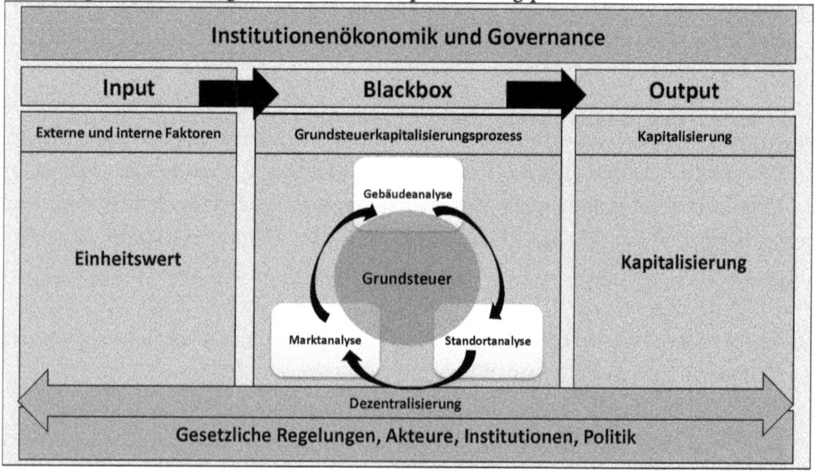

Quelle: eigene Darstellung.

Die drei Kapitalisierungsfelder finden sich in der Einheitswertermittlung[131] wieder, welche als Bemessungsgrundlage die Ausgangssituation darstellt. Nachfolgende Tabellen 29 und 30 stellen jeweils ein fiktives Rechenbeispiel zur Ermittlung des Einheitswertes für bebaute Grundstücke nach dem Ertrags- und dem Sachwertverfahren (§§ 76, 78 bis 82 und 83 bis 90 BewG) dar.

6.3.1 Kapitalisierungsfelder in der Einheitswertermittlung

6.3.1.1 Ertragswertverfahren

Das Ertragswertverfahren ist bei Ertrag bringenden Grundstücken (§ 75 BewG) vorgesehen und findet grundsätzlich u.a. bei Ein- und Zweifamilienhäusern Anwendung (§ 76 Abs. 1 BewG). Im Rahmen des Ertragswertverfahrens (Tabelle 29) soll der gemeine Wert eines Grundstücks über den marktüblichen Ertrag dargestellt werden.

Nach § 78 BewG umfasst der Grundstückswert dabei grundsätzlich den Boden- und den Gebäudewert sowie den Wert der Außenanlagen. Die Jahresrohmiete (§ 79 BewG) wird mit einem im Bewertungsgesetz vorgeschriebenen Vervielfältiger (§ 80 BewG) gewichtet und ergibt den Ertragswert. Die tatsächliche Abbildung des gemeinen Wertes wird jedoch durch die im Ertragswertverfahren angewendeten pauschalierten Bewirtschaftungskosten[132] und die pauschal berücksichtigten Zinssätze bei der Bestimmung des Vervielfältigers erschwert (Glier 2012: 75). Nach § 80 BewG stellt der Vervielfältiger die Zahl dar, mit welcher die Jahresrohmiete zu vervielfachen ist. Diese Zahl wird aus den Anlagen 3 bis 8 des BewG entnommen. „Der Vervielfältiger bestimmt sich nach der Grundstücksart, der Bauart und Bauausführung, dem Baujahr des Gebäudes sowie nach der Einwohnerzahl der Belegenheitsgemeinde im Hauptfeststellungszeitpunkt" (§ 80 Abs. 1 Satz 2 BewG). Die gesetzliche Bezugnahme auf unterschiedliche Mietpreisermittlungen erschwert zusätzlich einen Vergleich der Einheitswerte mit den Verkehrswerten (§ 80 BewG; Glier 2012: 75).

131 Es sollen nur die wesentlichen Elemente skizziert und keine allumfassende Analyse der Einheitswertermittlung vorgenommen werden.

132 Als Bewirtschaftungskosten sind jährliche Aufwendungen zu verstehen, welche nicht durch sonstige Kostenübernahmen oder Umlagen gedeckt sind. Sie entstehen bei ordnungsgemäßer Nutzung und Bewirtschaftung der Immobilie. Grundsätzlich zählen zu den Bewirtschaftungskosten: Verwaltungs-, Instandhaltungs- und Betriebskosten sowie Mietausfallwagnis (Mannek 2012: 65 f.).

Tabelle 29: Einheitswertermittlung nach dem Ertragswertverfahren

Rechenschritt	**Beispiel Rechnung***	**Kapitalisierungsfeld/ Einflussnahme**
1.) Lageplan Nr. 1 **Ermittlung Jahresrohmiete** Jahresrohmiete insgesamt	198 m² zu 3,30 DM x 12 = 7.840 DM **= 7.840 DM**	Standort- und Marktanalyse
2.) **Ermittlung des Grundstückswertes** Durchschnittliches Baujahr 1932 Bauausführung A Gemeindegrößenklasse bis 2.000 Einw. Vervielfältiger nach Anlage 3 BewG (9,8)	7.840 DM x 9,8 **= 76.832 DM**	Gebäudeanalyse
3.) Lageplan Nr. 2 **Garage** Jahresrohmiete insgesamt Vervielfältiger nach Anlage 3 BewG (9,8)	= 150 DM 150 DM x 9,8 **= 1.470 DM**	Gebäudeanalyse
Grundstückswert insgesamt Lageplan Nr. 1 Lageplan Nr. 2 **Grundstückswert** (davon Bodenwertanteil 8.033 DM, Gebäudewertanteil 70.269 DM)	 **76.832 DM** **1.470 DM** **Σ 78.302 DM**	Gebäude- und Standortanalyse
Abgerundeter Wert	**78.000 DM**	
Einheitswert **Umgerechnet in Euro**	**78.000 DM** **39.881 €**	Grundsteuergesetzgebung Vorläufigkeitsvermerk Einheitsbewertung
Berechnung Steuermessbetrag Einheitswert x Steuermesszahl	39.881 € x 3,5 v.T. **139,58 €**	Konkurrierende Gesetzgebung
Steuermessbetrag x Hebesatz = **Grundsteuer**	139,58 € x 430 % **= 600,19 €**	Gemeinde

Quelle: eigene Berechnung auf Basis eines Einheitswertbescheides. *Es handelt sich um ein fiktives Rechenbeispiel.

6.3.1.2 *Sachwertverfahren*

Im Gegensatz zum Ertragswertverfahren wird beim Sachwertverfahren (Tabelle 30) in einem ersten Schritt der Bodenwert ermittelt (§ 84 BewG), sodass hierbei insbesondere die Kapitalisierungsfelder Standort und Markt von Bedeutung sind. In einem zweiten Schritt erfolgt die Gebäudewertermittlung (§§ 85 bis 88 BewG). Die Berechnung basiert auf dem sog. Normalherstellungswert[133] (§ 85 BewG). In Abhängigkeit des jeweiligen Baujahrs erfolgt eine Alterswertminderung (§ 86 BewG) auf den Normalherstellungskostenwert. Der Gebäudenormalherstellungskostenwert basiert auf Baupreisverhältnissen zum Hauptfeststellungszeitpunkt. Daran anschließend wird der Wert der Außenanlagen (§ 89 BewG) in prozentualer Abhängigkeit des Gebäudewertes berechnet. Anschließend wird die Summe aus Boden-, Gebäude- und Außenanlagewert gebildet (vgl. Glier 2012: 101 ff.). Dieser Wert wird wiederum um einen Wertansatz von 50 bis 85 Prozent reduziert und bildet letztlich den Einheitswert (§ 90 BewG).

Tabelle 30: Einheitswertermittlung nach dem Sachwertverfahren

Rechenschritt	**Beispiel Rechnung***	**Kapitalisierungsfeld/ Einflussnahme**
1.) Ermittlung Bodenwert	$1.700\ m^2 \times 6{,}00\ DM/m^2$ = 10.200 DM $3.000\ m^2 \times 3{,}50\ DM/m^2$ = 10.500 DM **= 20.700 DM**	Standort- und Marktanalyse
2.) Ermittlung Gebäudewert Normalherstellungswert Baujahr 1928, gew. Lebensdauer 100 Jahre Wertminderung wg. Alters 36 % **Gebäudesachwert** **Gebäudewert**	$2.800\ m^3 \times 160{,}00\ DM/m^3$ = 448.000 DM 448.000 DM - 161.280 DM **= 286.720 DM** **= 286.720 DM**	Gebäudeanalyse
3.) Ermittlung Außenanlagen 5 % des Gebäudewertes ergibt den Wert der Außenanlagen	**= 14.336 DM**	Gebäudeanalyse

133 Als Normalherstellungskosten werden die Kosten verstanden, „die marktüblich für die Neuerrichtung einer entsprechenden baulichen Anlage aufzuwenden wären" (Mannek 2012: 111). Normalherstellungskosten sind bspw. Kosten für Planung, Baudurchführung, behördliche Prüfungen und Genehmigungen (Mannek 2012: 111).

Rechenschritt	Beispiel Rechnung*	Kapitalisierungsfeld/ Einflussnahme
Bodenwert Gesamt-Gebäudewert Gesamtwert Außenanlagen Ausgangswert	**20.700 DM** **286.720 DM** **14.336 DM** **Σ 321.756 DM**	
Wertzahl 75 %	**241.317 DM**	Marktanalyse
Einheitswert **Umgerechnet in Euro**	**241.317 DM** **123.383 €**	Grundsteuergesetzgebung Vorläufigkeitsvermerk Einheitsbewertung
Berechnung Steuermessbetrag Einheitswert x Steuermesszahl	123.383 € x 3,5 v.T. = **431,84 €**	Konkurrierende Gesetzgebung
Steuermessbetrag x Hebesatz = **Grundsteuer**	431,84 € x 430 % = **1.856,91 €**	Gemeinde

Quelle: eigene Berechnung auf Basis eines Einheitswertbescheides. *Es handelt sich um ein fiktives Rechenbeispiel.

Nachfolgend werden die drei Kapitalisierungsfelder als Elemente der Blackbox im Grundsteuerkapitalisierungsprozess ausführlich dargestellt.

6.3.2 Marktanalyse im Grundsteuerkapitalisierungsprozess

6.3.2.1 Transparenz und Akteure

Partielle Transparenz. Intransparenz begünstigt eine Über- oder Unterkapitalisierung (vgl. Yinger et al. 1988: 57 f.). Vor einem Immobilienerwerb stellt nicht nur die Intransparenz des Immobilienmarktes, sondern auch die Ermittlung der voraussichtlichen Grundsteuerbelastung eine Herausforderung dar. Sowohl eine konkrete Grundsteuerermittlung einer potenziell zu erwerbenden Immobilie als auch ein Grundsteuerbelastungsvergleich zwischen verschiedenen Immobilien sind intransparent (Yinger et al. 1988: 4 ff.). Diese Tatsache ist der komplizierten Berechnung geschuldet, sodass eine allumfängliche, eigenständige und im Vorhinein zu ermittelnde Grundsteuerlast mit hohen Transaktionskosten i.F.v. Such- und Informationskosten einhergeht. Einzig die Hebesatzermittlung ist mit vergleichsweise geringen Transaktionskosten verbunden, da der Hebesatz oftmals transparent von der jeweiligen Gemeinde veröffentlicht wird (z.B. auf der Homepage oder beim Statistischen Bundesamt).

Marktteilnehmer verfügen daher über unvollständige Informationen. Selbst wenn sie vorab Informationen über eine Immobilie einholen würden, wäre eine allumfängliche Information über sämtliche Steuerzahlungen aller Immobilien kaum möglich. Das ist zum einen auf die Komplexität des Immobilienmarktes zurückzuführen. Zum anderen verzeichnet der Teilmarkt nur wenige Transaktionen, sodass Vergleiche kaum möglich sind. Diese unvollständigen Informationen führen dazu, dass die Nachfragefunktion verzerrt wird. Aufgrund der Tatsache, dass mit einem Immobilienkauf hohe Suchkosten einhergehen, können Anbieter den Immobilienpreis unabhängig von einer vollständigen Reflektion der Steuerzahlung im Immobilienwert festlegen (vgl. Yinger et al. 1988: 57 f.).

Akteure. Steuersubjekt der Grundsteuer ist der Grundstückseigentümer, welcher die Grundsteuerlast aber als Betriebskostenbestandteil auf den Mieter überwälzen kann. Als Bestandteil der Betriebskostenverordnung wird davon häufig Gebrauch gemacht. Auf langfristige Sicht entscheidet jedoch der Markt und nicht die gesetzliche Umlageregelung, ob Eigentümer oder Mieter effektiv durch die Grundsteuer belastet werden (Wissenschaftlicher Beirat 2010: 4).

Neben den unmittelbar von der Grundsteuerbelastung wirtschaftlich betroffenen Akteuren existieren auch politische Akteure im Grundsteuerkapitalisierungsprozess, die von unterschiedlichen Ebenen Einfluss auf die Grundsteuerbelastung ausüben. Auf Gemeindeebene erfolgt dies über die Bestimmung des Hebesatzes. Die Einflussnahme auf weitere Grundsteuerelemente wird durch die konkurrierende Gesetzgebung zwischen der Bundes- und der Länderebene verhandelt. Zwischen den drei Ebenen sind im Hinblick auf Präferenzen asymmetrische Informationen anzutreffen, sodass jeder Akteur unterschiedliche Ziele verfolgt.

Steuerberater sind weitere Akteure, die auf die Grundsteuerhöhe Einfluss ausüben können und werden als Agenten zwischen Staat und Grundstückseigentümer verstanden. Steuerberater können – ähnlich wie Makler bei einer Immobilientransaktion – neben den Interessen einer Partei auch eigene Interessen verfolgen. Die Zuständigkeit des Steuerberaters liegt u.a. darin, Einheitswertbescheide auf ihre Richtigkeit zu prüfen. Hierbei erfolgt zum einen eine Analyse der einzelnen Rechenschritte der Einheitswertermittlung, z.B. ob die richtigen Wertansätze gewählt wurden oder ob die zu bewertende Immobilie dem richtigen Bewertungsverfahren unterliegt. Zum anderen werden bestehende Gesetzestatbestände auf eine mögliche Anwendung hin untersucht, ob Merkmale für einen Grundsteuererlass erfüllt sind wie z.B. wesentliche Ertragsminderung oder Leerstand (§§ 32 ff. GrStG). Die Einschaltung eines Steuerberaters kann zu einer Über- oder Unterkapitalisierung führen, da nicht jeder Marktteilnehmer die Beratungsausgaben tätigen und dadurch mögliche Vergünstigungen erzielen kann. Immobilieneigentümer, welche die Kosten für einen Steuerberater vermeiden, könnten bei erhöhten Einheitswerten mit einer über einen langen Zeitraum zu hohen Grundsteuerlast belastet werden.

6.3.2.2 Elastizität und Steuerinzidenz

Da bei einer verbundenen Bemessungsgrundlage zwei Faktoren mit unterschiedlicher Elastizität besteuert werden, sind unterschiedliche Auswirkungen auf die Steuerlast gegeben. Nachfolgend werden beide Faktoren betrachtet. Grundsätzlich wird in der ökonomischen Theorie davon ausgegangen, dass sich bei einem elastischen Angebot weder Steuern noch öffentliche Leistungen in den Hauswerten kapitalisieren, da sich Nachfrageänderungen nicht auf die Immobilienpreise auswirken. Es existiert keine Notwendigkeit zur Immobilienpreisanpassung, um dadurch ein Gleichgewicht zwischen verschiedenen Gemeinden zu erreichen (Sirmans/Gatzlaff/Macpherson 2008: 328). Eine separate Betrachtung der (1) Gebäude- und (2) Bodenkomponente hebt die Unterschiede zwischen Immobilien- und Bodenwert einmal mehr hervor (siehe Abbildung 21).[134]

(1) Gebäudekomponente (Abbildung 21 Diagramm a). Aufstehende Gebäude weisen im Vergleich zum Grund und Boden eine deutlich höhere Angebotselastizität auf (Löhr 2012a: 818). Der Grundstückseigentümer hat die Wahl, ob das Grundstück bebaut, ggf. auch saniert bzw. aufgestockt oder im unbebauten Zustand belassen werden soll. Wegen der verbundenen Bemessungsgrundlage erzeugen Investitionen des Eigentümers in das Grundstück eine steuerliche Zusatzlast (Henger/Schaefer 2016b; Löhr 2012a: 818). Erfolgt eine bauliche Inanspruchnahme der zur Verfügung stehenden Fläche F_1, entsprechen die Gebäudekosten den im Marktgleichgewicht diskontierten zukünftigen Cash Flows (Reinerträgen) und liegen bei P_1. Es kann eine Überwälzung der auf dem Gebäude auferlegten Steuer erfolgen. Weiterhin findet ein Anstieg der Bebauungskosten durch die Steuer T auf P_2 statt. Bei gleichbleibender Nachfragefunktion N sinkt der Anteil der Bebauung von F_1 auf F_2 (Löhr 2012a: 818 f.).

(2) Bodenkomponente (Abbildung 21 Diagramm b). Im Gegensatz dazu führt eine ausschließlich am Bodenwert ausgerichtete Steuer zu einer entgegengesetzten Wirkung. Ausgehend von einer bebaubaren Fläche F_1 führt eine Besteuerung weder zu einer Änderung der Fläche F_1 noch zu einer Nachfrageänderung.

134 Nachfolgend sollen nur die wesentlichen Unterschiede einer verbundenen und einer unverbundenen Bemessungsgrundlage dargestellt werden. Eine allumfängliche Diskussion und Bewertung einer Bodensteuer und ihrer möglichen Ausgestaltungen (Flächensteuer, Wertsteuer) sind nicht Ziele dieser Arbeit. Siehe dazu exemplarisch Löhr 2012a; Eekhoff 2006: 185 ff.; Richter 2016.

Aufgrund der unelastischen Angebotskurve ist eine Steuerüberwälzung somit nicht umsetzbar. Der Grundstückseigentümer wird mit der Steuer aus der Bodenrente belastet und erhält den Preis P_3. Es stehen dem Ertrag (Rente) keine variablen Kosten gegenüber. Das Verhalten der Grundstückseigentümer verändert sich folglich nicht, da die Kostenfunktion nicht beeinflusst wird – im Unterschied zur Besteuerung bei baulichen Verbesserungen (Löhr 2012a: 818). Die Grundsteuer würde bei einer ausschließlichen Bodenbesteuerung vom Eigentümer (Nutznießer) getragen, da dieser von den öffentlichen Infrastrukturinvestitionen profitiert. Die Steuer mindert den Bodenwert im Umfang von P_1 auf P_3, weil sie einen Teilbetrag der Bodenrente abschöpft (Löhr 2012a: 819).

Die sich aus der Einheitswertermittlung ergebende verbundene Bemessungsgrundlage kann hingegen zu einer Überwälzung der Steuerlast auf die Mieter führen. Daher trifft die Steuer in erster Linie die Gebäudenutzer, nicht jedoch die Bodeneigentümer (Löhr 2012a: 820). Nachfolgende Abbildung 21 veranschaulicht die Auswirkungen einer verbundenen und einer unverbundenen Bemessungsgrundlage.

Abbildung 21: Vergleich verbundene und unverbundene Bemessungsgrundlage am Beispiel der Gebäude- und Bodenkomponente

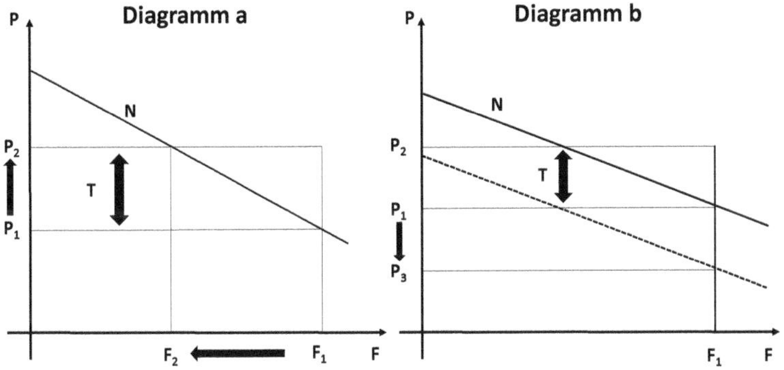

Quelle: Löhr 2012a: 819.

Bei einer Grundsteuer, die einzig den Boden belastet, wären daher die nachfolgenden Auswirkungen zu erwarten. Aus gesellschaftlicher Sicht würde eine Grundsteuererhöhung für den Nutzer zu keiner Veränderung der

Grundstückskosten führen. Der gesellschaftliche Wert und der Nutzen[135] des Grundstücks, welche als Barwert zukünftiger Erträge ermittelt werden, veränderten sich dadurch nicht. Aus Eigentümersicht fände jedoch eine Minderung des Grundstückswertes und somit seines Vermögens um den Steueranteil statt. Eine Grundsteuererhebung würde daher zu einer Verringerung der am Markt erzielbaren Grundstückspreise führen. Der Kaufpreis sänke um die zu erwartenden kapitalisierten Grundsteuerzahlungen. Aus kostentheoretischer Sicht würde ein Käufer, der das Grundstück für den Eigennutz erwirbt, an den vorherigen Eigentümer einen Teil der Kosten als Kaufpreis und den anderen Teil an den Staat in Form laufender Steuern zahlen. Der Kaufpreis würde durch die Grundsteuer verringert und die zukünftige Grundsteuer verbliebe wirtschaftlich beim Käufer. Da jedoch eine verbundene Steuer vorliegt, hat die Ausgestaltung der Grundsteuer wesentlichen Einfluss auf die Prinzipien der Allokationsneutralität und der Äquivalenz von Steuereinnahmen und öffentlichen Leistungen (vgl. Eekhoff 2006: 231).

Gude (2004: 24) fasst zusammen, dass eine Bodensteuer zu keinen Marktstörungen führe und eine effiziente Steuer sei, da sie keinen Einfluss auf das Handelsgleichgewicht ausübe. Samuelson/Nordhaus (2010: 270) sehen eine ausschließliche Bodenwertsteuer als positiv, da Ineffizienzen und Verzerrungen vermieden werden könnten. Bei der Bodenwertsteuer sei der Eigentümer nicht in der Lage, den Boden dem Markt zu entziehen und der einzelne könne daher das Angebot nicht verknappen, um eine Möglichkeit zu schaffen, die Bodenwertsteuer abzuwälzen (Dieterich 2004: 20).

Richter (2016: 25) ist der Meinung, dass kommunale Budgetentscheidungen von den Anwohnern eines Gebietes beeinflusst und wahrgenommen werden, auch wenn diese keine Eigentümer sind. Eigentümer verfolgten eine langfristige Weiterentwicklung ihres Grundstücks. Da Mieter jedoch oftmals politisch in der Überzahl seien, fänden vielmehr kurz- und mittelfristige Interessen Berücksichtigung. Würde unter diesen Annahmen eine Bodensteuer erhoben, orientierte sich die Politik zuvorderst an den Ausgabenwünschen der Mieter.

135 Als Nutzen wird ein Maß für Zufriedenheit und Glück verstanden, welches einem Konsumenten durch ein bestimmtes Güterbündel verschafft wird. Der Nutzen kann als Wohlfahrtsmaß gesehen werden und stellt das Handlungsziel staatlicher und privater Akteure dar. Eine Darstellung von Präferenzen kann über das Nutzenkonzept und damit über Indifferenzkurven erfolgen. Güterbündel auf derselben Indifferenzkurve liefern dem Konsumenten den gleichen Nutzen, wohingegen Güterbündel auf einer höheren Indifferenzkurve einen höheren Nutzen bringen (Pindyck/Rubinfeld 2016: 110 ff., 121 ff.; Mankiw/Taylor 2012: 522, 548).

Die Finanzierung entsprechender Leistungen würde über eine Bodensteuer erfolgen. Dadurch, dass die Grundsteuer den umlagefähigen Betriebskosten zuzuweisen ist, erfolge allenfalls eine Verzögerung des Prozesses. Bei rationalen Mietern würde dies zu einer effizienten Abwägung von Kosten und zusätzlichen kommunalen Leistungen führen. Vor dem Hintergrund der Marktkräfte erfolge jedoch eine separate Betrachtung von Brutto-Kosten der Bodennutzung und individuell zurechenbaren Kosten. Es sei daher davon auszugehen, dass aufgrund des unelastischen Bodenangebots die Grundstückseigentümer längerfristig die Bodensteuer tragen. Auf langfristige Sicht würde die Zuwanderung verstärkt, während sich Mieter zu Lasten der Eigentümer bereichern (Richter 2016: 25).

Oates (2005b) untersucht in seiner Studie diesen sog. „renter effect". Er konnte einen positiven Zusammenhang zwischen dem relativen Mieteranteil und Ausgaben für das öffentliche Leistungsangebot feststellen. Er unterstellt, dass Mietern nicht bewusst ist, dass sie Grundsteuern zahlen (sog. „renter illusion"). Die Unkenntnis der Mieter über ihre Grundsteuerbelastung führe zu einer übertriebenen Ausgabe für öffentliche Leistungen (Oates 2005b: 419 f.).

Für das Kapitalisierungsfeld der Marktanalyse können nachfolgende Aussagen zusammengefasst werden:

- Eine Grundsteuerkapitalisierung ist bei einer reinen Bodensteuer bzw. in Bezug auf den Bodenanteil grundsätzlich möglich. Bei einer verbundenen Bemessungsgrundlage kann die Steuerlast jedoch überwälzt werden, was ein geringes Kapitalisierungsmaß begünstigt.
- Bei fehlender Grundsteuerkapitalisierung ist der Kaufpreis als „Nettobetrag" zu sehen, da die zukünftige Grundsteuerbelastung vom Käufer zusätzlich aufgebracht werden muss.
- Der Immobilienpreis wird auch durch den institutionalisierten Rahmen (Steuerberater, Makler, Bundesland, Verhandlungsstärke etc.) bestimmt, sodass eine unterschiedliche Kapitalisierungsrate vorliegt.
- Nicht nur auf die Grundsteuerlast, sondern auch auf die Immobilienpreise wird durch den Governance-Mix eingewirkt.
- Eine Grundsteuerkapitalisierung wird durch Informationsunterschiede und Informationskosten auf dem Immobilienmarkt beeinflusst (Yinger et al. 1988: 6).
- In Gebieten mit „komplexen" Immobilienmärkten, in welchen Informationen schwieriger zu beschaffen sind, ist der Grundsteuerkapitalisierungsgrad geringer (Yinger et al. 1988: 6).

- Die Unsicherheit über das Fortbestehen der Grundsteuer bzw. über die Umsetzung einer möglichen Reform kann Einfluss auf die Kapitalisierung ausüben, sodass dies keine oder nur eine unvollständige Kapitalisierung zur Folge hat (vgl. Yinger et al. 1988: 6 f.).
- Unter der aktuellen Grundsteuerbemessungsgrundlage würde die Mietpreisbremse keinen Einfluss auf die Grundsteuerkapitalisierung ausüben, da vergangenheitsbezogene Wertverhältnisse zu Grunde gelegt werden. Bei einer gegenwartsorientierten Bemessungsgrundlage hingegen könnte eine Über- oder Unterkapitalisierung auftreten.

6.3.3 Standortanalyse im Grundsteuerkapitalisierungsprozess

„Land is a good investment: they ain't making it no more" (Will Rogers zit. nach Samuelson/Nordhaus 2010: 267). Grundsätzlich bietet eine Verknüpfung der Grundsteuerbemessungsgrundlage an die Standortqualität den Vorteil, dass eine verlässliche Finanzierung und eine Verbesserung von kommunalen Leistungen (z.B. Straßen, Kultureinrichtungen, Grünanlagen und Kindergärten) durch steigende Steuereinnahmen zu erwarten sind (vgl. Lemmer 2004; Eekhoff 2006: 229; Tschentscher 2016: 23).

Eine Bewertung kommunaler Maßnahmen findet über den Markt statt, weil der Bodenwert in die Bemessungsgrundlage eingeht. Eine Bestimmung der Steuerbasis erfolgt somit nicht nur von Seiten der Kommunen, sondern auch über die von den Grundstücksnutzern zugemessenen Vorteile. Eine Wertschätzung verschiedener Maßnahmen wird von Unternehmen und Bürgern anhand von Zu- oder Abwanderung vorgenommen. Diese kann die Kommune zur Wettbewerbsorientierung mit anderen Kommunen in ihre Überlegung mit einbeziehen (vgl. Lemmer 2004; Eekhoff 2006: 229).

6.3.3.1 Standortwettbewerb und Finanzierungszweck

Standortwettbewerb. Die Grundsteuer ist wegen ihrer immobilen Bemessungsgrundlage im interkommunalen Standortwettbewerb von großer Bedeutsamkeit. Das kommunale Ertragsteuersystem konzentriert sich seit Wegfall der Gewerbekapitalertragsteuer auf die Gewerbe- und Grundsteuer (vgl. Littmann 1980: 565 ff.).

Die Begründung als Standortsteuer fußt auf der Verbindung zwischen Grundstückswert und kommunalen Leistungen. Der Immobilienstandort bestimmt die kommunalen Leistungen, die in Anspruch genommen werden und die dafür einhergehenden Belastungen. Der Bodenwert (bzw. Standortwert) innerhalb einer Gemeinde kann so bspw. durch Ausstattung mit einem Park oder einer

Bibliothek ansteigen oder durch eine Müllverbrennungsanlage sinken. Standortqualitäten sind folglich dynamisch und eine daran ausgerichtete Grundsteuer ist wünschenswert (vgl. Eekhoff 2006: 229). Eine Gemeinde kann durch die mit einer Steuerbelastung verbundene Lenkungswirkung auf die Immobiliennutzung Einfluss nehmen und erwünschte Nutzungsarten fördern bzw. unerwünschte Nutzungsarten schwächen (Rosenfeld 2007: 110).

Ein potenzieller Eigentümer kann aufgrund der hohen Gemeindeanzahl in Deutschland (ca. 8.000) abwägen, in welcher Gemeinde er ein Grundstück kauft und damit mittelbar grundsteuerpflichtig wird. Ex ante steht die Gemeinde somit als Infrastrukturanbieter mit anderen Gemeinden in Konkurrenz. Sie ist daher kein Monopolist und muss potenzielle Neubürger durch ein ansprechendes Verhältnis von Infrastruktur und Grundsteuer anlocken. Die Gemeinde agiert dann wie ein Unternehmen auf dem freien Markt, da sie bei einem zu geringen Angebot von Infrastruktur geringe Grundsteuererträge erhält und somit kein optimales Ergebnis erzielt. Ein zu großes Angebot hingegen führt zu Verlusten. Ex post kann sich die Gemeinde wie ein Monopolist verhalten und Bürger steuerlich ausbeuten. Gemeinden adaptieren das Verhalten von anderen Gemeinden, wodurch ein Standortwettbewerb entsteht. Sie investieren im Steuerwettbewerb solange in die Lokalität, bis eine Erwirtschaftung der Infrastrukturkosten durch Steuermehrerträge erfolgt (Blankart 2017: 179 ff.).

Der jeweilige Grundstücksstandort nimmt wesentlichen Einfluss auf den aktuellen Bodenwert. Insbesondere in Großstädten divergieren die Bodenwerte stark, was in der derzeitigen Einheitswertermittlung jedoch keine Berücksichtigung findet. Im ländlichen Raum ist hingegen eine vermehrte Einflussnahme von gebäudespezifischen Faktoren zu erwarten (vgl. Färber 2016: 11 f.). Diese auf den Einheitswerten basierende Grundsteuerausgestaltung spiegelt weder die Gewichtung der Kapitalisierungsfelder noch die innerstädtische Bodenmarktentwicklung adäquat wider.

Finanzierungszweck. In den Diskussionen über den Finanzierungszweck der deutschen Grundsteuer findet, im Vergleich zum angloamerikanischen Raum, das von Stiglitz/Arnott/Atkinson dargestellte Henry George-Theorem („golden rule of local public finance") kaum Berücksichtigung (Arnott/Stiglitz 1979: 471 ff.). Unter bestimmten Optimalbedingungen[136] können danach öffentliche Leistungen einer Gemeinde ausschließlich aus den Einnahmen der

136 Optimale Bevölkerungsgröße und hohe Angebotselastizität der Arbeit. Insbesondere Faktoren mit geringer Angebotselastizität sind von der Besteuerungslast betroffen (Löhr 2012a: 817).

Bodenrente finanziert werden. Ferner wird im Henry George-Theorem die Verknüpfung zwischen Auf- und Abwertung des Bodens durch öffentliche Leistungen und Bodenrenten verdeutlicht. Die derzeit geltende und auch in einigen Reformmodellen angestrebte verbundene Bemessungsgrundlage belastet insbesondere über die Gebäudekomponente Leistungen der Grundstückseigentümer, nicht hingegen die Bodenrenten. Der „goldenen Regel lokaler öffentlicher Finanzen"[137] wird daher wenig Beachtung geschenkt (Löhr 2012a: 817, 820). Auch Stiglitz (2010: 5) vertritt die Ansicht, dass wenn primär Elemente mit geringer Angebotselastizität für eine Besteuerung herangezogen werden, einer Erosion der Steuerbasis entgegengewirkt werden kann (Stiglitz 2010: 5).

In diesem Zusammenhang wird auf Ricardo (1817) und sein Werk „The Principles of Political Economy and Taxation" Bezug genommen. Den Fokus richtet Ricardo auf die langfristige Entwicklung des Bodenpreises und die Höhe der Bodenrente. Er interessiert sich insbesondere für das Paradoxon,[138] nach dem der Boden im Verhältnis zu anderen Gütern knapper ist, wenn Bevölkerung und Produktion anhaltend wachsen. Daraus schließt Ricardo, dass eine immer höhere Besteuerung der Bodenrente eine logische und befriedigende Lösung sei. Dies hat sich jedoch insofern nicht bewahrheitet, als die Bodenrente über einen langen Zeitraum sehr hoch geblieben ist, jedoch der Wert landwirtschaftlicher Nutzflächen im Vergleich zu anderen Vermögensarten in der Höhe gesunken ist, in dem auch der Anteil der Landwirtschaft am Nationaleinkommen abnahm. Gründe hierfür seien gemäß Piketty technischer Fortschritt und Industriewachstum im Verlauf des Jahrhunderts (Piketty 2014: 18 ff.).

Für Piketty (2014: 18 ff.) ist, obwohl die von Ricardo prophezeiten Folgen nicht eingetreten sind, die unter dem Begriff „Knappheitsprinzip"[139] formulierte Problematik dennoch von Bedeutung, da Preise für einige Güter über viele

137 Siehe hierzu Behrens/Kenemoto/Murata 2015.

138 Demnach würden unter dem Gesetz von Angebot und Nachfrage ein anhaltender Anstieg des Bodenpreises und der Pachtzinsen stattfinden. Dies würde das soziale Gleichgewicht stören, da Grundbesitzer einen immer größeren Anteil des Nationaleinkommens und die übrige Bevölkerung einen immer geringeren Anteil erhalten (Piketty 2014: 18 ff.).

139 Anstatt wie Ricardo den Preis der Agrarflächen zu betrachten, könne dieser durch den Immobilienpreis ersetzt werden. Würde die Tendenz, die sich für den Zeitraum von 1970 bis 2010 ergibt, über den Zeitraum 2010 bis 2050 fortgeschrieben, würden politische, ökonomische und soziale Ungleichgewichte zwischen und innerhalb vieler Länder zu verzeichnen sein. Nichtsdestotrotz führe das Gesetz von Angebot und Nachfrage wieder zu einem Gleichgewicht. Die Nachfrage nach einem Gut werde sinken, wenn der Preis hoch und das Gut knapp seien (Piketty 2014: 18 ff.).

Jahrzehnte hin exorbitant hoch seien, deswegen ein negativer Einfluss auf die Gesellschaft ausgeübt würde und zugleich die Güterbereitstellung für viele Millionen Menschen aufwendig koordiniert werden müsse. Bei steigenden Immobilienpreisen könne eine Möglichkeit darin bestehen, auf das Land auszuweichen[140] oder für eine Ausweitung des Angebots, z.B. in Form einer Verdichtung des Wohnraums (Bau von Hochhäusern), zu sorgen. Das Knappheitsprinzip führe zu einem Auseinanderfallen der Vermögensverteilung durch starke Ausschläge auf bestimmte relative Preise (Piketty 2014: 18 ff.).

Durch die stetig steigenden Immobilienpreise und die statische Grundsteuer wird eine Steuerkapitalisierung erschwert. Aus den steigenden Immobilienpreisen kann gefolgert werden, dass die geringe Grundsteuerbelastung die Immobilienpreiserhöhungen nicht vollständig widerspiegelt.

6.3.3.2 Ertragskompetenz und Rechtfertigung

Ertragskompetenz. Dass die Ertragskompetenz der Grundsteuer den Gemeinden obliegt, ist keine historische Zufälligkeit. Grundsteuerähnliche Finanzierungsinstrumente eignen sich in besonderem Maße, um den ökonomischen Anforderungen eines kommunalen Finanzierungsinstrumentes gerecht zu werden. Die Begründung liegt in der Aufgabenwahrnehmung der Gemeinden, welche für die Bereitstellung öffentlicher Güter und Dienstleistungen[141] verantwortlich sind. Der Gesetzgeber muss den Gemeinden daher ein Abgabeinstrument ermöglichen. In Frage kommen insbesondere solche Instrumente, die im Standortwettbewerb um Bürger und Unternehmen fortbestehen und zu keinen allokativen Verzerrungen führen. In diesem Zusammenhang sind zwei Auswirkungen der öffentlichen Güter auf den kommunalen Markt zu erwarten. In Abhängigkeit der Lage werden die Grundstückswerte in einer Gemeinde in unterschiedlicher Art und Weise von der Bereitstellung öffentlicher Güter beeinflusst. Bei der Standortsuche reagieren potenzielle Nutznießer unterschiedlich

140 Dies sei jedoch kompliziert und unangenehm, sodass sich eine Anpassung über Jahrzehnte lang erstrecken könnte. In diesem Zeitraum könnten Immobilieneigentümer Forderungen gegenüber der verbleibenden Bevölkerung geltend machen (Piketty 2014: 18 ff.).

141 Diese Güter und Dienstleistungen sind dadurch gekennzeichnet, dass Bürger nicht von deren Konsum ausgeschlossen werden können. Weiterhin handelt es sich um Güter, deren räumliche Nähe von wesentlicher Bedeutung ist. Klassische Beispiele sind die öffentliche Verwaltung, die örtliche Infrastruktur und die öffentliche Ordnung (Wissenschaftlicher Beirat 2010: 2).

auf die örtlichen Annehmlichkeiten, die i.F.v. lokalen öffentlichen Gütern bereitgestellt werden (Wissenschaftlicher Beirat 2010: 2).

Hinsichtlich der ersten Wirkung ist folglich ein Abgabeninstrument sinnvoll, welches Wertänderungen bei Grund und Boden in der Bemessungsgrundlage widerspiegelt. Dadurch erfolgt eine Entschärfung von Interessenkonflikten bei kommunalen Entscheidungsprozessen. Herausforderungen stellen Infrastrukturinvestitionen dar, da Grundstücke unterschiedlich (positiv oder negativ) von Leistungen betroffen sind. Um einer Verschärfung von Interessendivergenzen der Grundstückseigentümer entgegenzuwirken, sollte die Finanzierung nicht völlig beziehungslos von der Bodenwertentwicklung erfolgen. Die Berücksichtigung einer Bodenwertkomponente in der Bemessungsgrundlage ist als Abgabeinstrument für Gemeinden besonders geeignet (Wissenschaftlicher Beirat 2010: 2). Steuern, die sich auf Immobilien bzw. auf den Boden beziehen, sind „geborene" Gemeindesteuern, da man sich ihnen kaum entziehen kann (Zimmermann 2007: 28; Schratzenstaller 2011: 12). Grundstücke (Immobilien) sind, im Vergleich zu anderen Gütern, nicht durch andere Güter zu ersetzen und eine räumliche Verlagerung ist nicht möglich (Rosenfeld 2007: 107).

Bei der zweiten Wirkung steht die Berücksichtigung von sog. Grenzballungskosten im Fokus. Findet darin das Prinzip der poll tax (Kopfsteuer) keine Berücksichtigung, hat dies zur Folge, dass sowohl die Kostenverursacher (bspw. Bewohner einer Gemeinde) als auch nicht ansässige Bewohner (evtl. die Grundstückseigentümer) mit der Steuer belastet werden. Daher sollte eine Abgabenüberwälzung auf Bewohner, sofern sie Grundstückseigentümer belastet, möglich sein. Eine reine Bodenwertsteuer ist hingegen langfristig nicht überwälzbar (Wissenschaftlicher Beirat 2010: 2 f.).

Rechtfertigung. Grundsätzlich ist die Rechtfertigung der Grundsteuererhebung an den Immobilienwert geknüpft und stellt einen Zusammenhang mit der Bereitstellung öffentlicher Güter her. Fischel (2001a: 33–77) ist der Meinung, dass sich insbesondere kommunale Maßnahmen in den Boden- und Grundstückswerten kapitalisieren. Dieses Phänomen wird von Harriss (2001: 15) auch als „getting richer while sleeping" bezeichnet, weil Grund- und Immobilieneigentümer Renten erhielten, die ihnen unabhängig von einer Eigeninitiative zufließen würden. Prinzipiell soll die Grundsteuer den Kommunen als Instrument zur Abschöpfung dieser „unverdienten" ökonomischen Renten dienen, um damit kommunale Leistungen zu finanzieren (Färber/Salm/Hengstwerth 2014: 741).

Daher kann in Abhängigkeit der jeweiligen Akteure und ihrer präferierten Reformmodelle ein rent seeking oder ein state capture herbeigeführt werden.

Die Ausgestaltung einer Bauleitplanung, z.B. Baulandneuausweisung, kann sich somit auf den Wert von Bestandsimmobilien auswirken. Durch die Ausweitung des Angebots sinkt der Wert und umgekehrt. Weiterhin können die Kosten für die Infrastrukturausweitung auf die Allgemeinheit überwälzt werden (vgl. Löhr 2012a: 818 f.; Löhr 2012b: 314).

6.3.3.3 Hebesatzrecht und Wertentwicklung

Hebesatzrecht. Durch das Hebesatzrecht wird den Kommunen die Möglichkeit eingeräumt, zwischengebietliche Unterschiede bei der Bereitstellung öffentlicher Güter und bei implizierten Ausgabenbelastungen auszugleichen. Hebesatzunterschiede sind insbesondere zwischen städtischen und ländlichen Kommunen zu verzeichnen. Im Bundesdurchschnitt sind die Hebesätze der Grundsteuer B von 1970 bis 2011 um 74 Prozent angestiegen. Steigende Hebesätze sollen als Ausgleich einer fehlenden Dynamisierung der Bemessungsgrundlage dienen (Färber/Salm/Hengstwerth 2014: 741). Da jedoch auch innerhalb einzelner Gemeinden oftmals eine divergierende Wertentwicklung stattfindet, können gemeindespezifische Hebesätze nur bedingt die Wertverzerrungen der Einheitsbewertung ausgleichen (Spengel/Heckemeyer/Zinn 2011: 10).

Da sich die Grundsteuerbemessungsgrundlage aus einer Gebäude- und einer Bodenkomponente zusammensetzt, könnte hinterfragt werden, ob diese Komponenten mit unterschiedlichen Hebesätzen belastet werden sollten. Schwierig gestaltet sich diese Überlegung dahingehend, dass bei einer politischen Mehrheit der Mieter innerhalb einer Gemeinde diese versucht sein könnten, eine überhöhte Besteuerung der Bodenkomponente anzustreben. Die von der Steuerbelastung betroffenen Grundstückseigentümer könnten sich dieser Belastung kaum entziehen, da eine Überwälzbarkeit von Abgaben auf den Bodenwert langfristig nicht möglich ist. Eine entsprechende Belastung der Gebäudekomponenten wäre unwahrscheinlich, da es sich eine Gemeinde im Standortwettbewerb dauerhaft nicht erlauben kann, die Bewohner mit Kosten zu belasten, ohne dementsprechende Vorteile zu gewähren. Sie würde sich dadurch selbst schaden, da eine Abwanderung der Individuen die Konsequenz sein könnte (Wissenschaftlicher Beirat 2010: 3). Weiterhin wird diskutiert, ob zur Mobilisierung unbebauter Grundstücke ein separater Hebesatz für Baulücken Anwendung finden soll, falls ein Weiterbestehen der verbundenen Bemessungsgrundlage bei der Grundsteuer angestrebt wird (Kriese 2016a: 54).

In Niedersachsen existiert eine hohe Varianz von Hebesätzen. In der eigenen Studie variieren diese zwischen 315 und 490 Prozent. Daraus könnte gefolgert werden, dass einerseits der Hauspreis umso geringer ist, je höher der Hebesatz ist, andererseits könnte der höhere Hebesatz mit einem höheren Niveau öffentlicher Leistungen gerechtfertigt werden, sodass daher keine Kapitalisierungseffekte auftreten (so auch Haußmann/Schweinberger 2012: 109). Im Bundesland Bremen sind zwei Hebesätze für die Stadt Bremen und Bremerhaven zu verzeichnen. Da sich die verschiedenen Stadtteile in der Stadt Bremen in ihren Kaufpreisen, ihrer Infrastruktur und ihren öffentlichen Leistungen deutlich voneinander unterscheiden, erscheint der Hebesatz als Steuervariable, um ein divergierendes Niveau an öffentlichen Gütern zu präsentieren, wenig geeignet.

Mit Blick auf diese Variablen wird der Unterschied zwischen einem Flächenland und einem Stadtstaat besonders hervorgehoben. Während in Niedersachen eine hohe Gemeindeanzahl mit verschiedenen Hebesätzen existiert, wird in den Stadtstaaten Hamburg, Berlin und Bremen keine separate Hebesatzanwendung für die verschiedenen Stadtteile diskutiert, sodass ein einheitlicher Hebesatz fortbesteht.

Unterschiedliche Grundsteuerhebesätze wirken sich auf die Höhe der Gemeindeeinnahmen und somit mittelbar auf das Bereitstellungsniveau öffentlicher Leistungen aus. Die Bürger einer Gemeinde können diese Leistungen wiederum antizipieren, sodass der Vergleich zwischen den Gemeinden die Grundlage einer yardstick competition bildet. Dies würde bedeuten, dass keine Kapitalisierung von Hebesätzen in den Immobilienpreisen nachgewiesen werden kann, da durch höhere Hebesätze ein höheres Niveau öffentlicher Leistungen bereitgestellt wird und sich Unterschiede somit nicht in den Hauspreisen kapitalisieren.

Wertentwicklung. Zu erheblichen Differenzen bei der Wertentwicklung des Grundvermögens haben städte- und gemeindeplanerische Entwicklungen beigetragen (Spengel/Heckemeyer/Zinn 2011: 10). Es haben dadurch gravierende Veränderungen in der Verkehrswertentwicklung stattgefunden. Beispielsweise haben sich neue Wohnviertel entwickelt, neue Straßen sind entstanden und die Infrastruktur ist ausgebaut oder verändert worden. Das Festhalten an historischen Wertverhältnissen, die auf den Hauptfeststellungszeitpunkt zurückzuführen sind, resultiert in einer Reduktion der effektiven Steuerlast bei Grundstücken, die von der Entwicklung profitieren, wohingegen wertbeeinträchtigte Grundstücke durch Hebesatzanhebungen relativ höher betroffen sind (Wissenschaftlicher Beirat 2010: 1). Nach der Statistik der Kaufwerte für Bauland sind die Verkehrswerte von 1964 bis 2016 durchschnittlich um jährlich ca. acht Prozent angestiegen (Statistisches Bundesamt 2017b: 43 ff.). Die Einheitswerte entsprechen daher im Durchschnitt lediglich ca. 1/20 des Verkehrswertes. Die jahrelang anhaltende Suburbanisierung hat zu einer Umverteilung der Steuerbelastung von einst florierenden Gemeinde- und Stadtteilen zu dürftiger entwickelten Regionen beigetragen (Wissenschaftlicher Beirat 2010: 1), sodass die effektive Steuerbelastung auf weniger entwickelte Regionen umgeschichtet wird (Spengel/Heckemeyer/Zinn 2011: 10). Werterhöhungen und Wertunterschiede beziehen sich im Wesentlichen auf den Bodenwert- und nicht auf den Gebäudewertanteil (Kriese 2016b: 268).

Es werden bspw. hinsichtlich ihrer Gebäudekomponenten (Wohnfläche, Grundriss) nahezu identische Neubauten in unterschiedlichen Bremer Stadtteilen angeboten (BRIK GmbH & Co. KG 2016; M Projekt GmbH 2017). Deren Kaufpreise unterscheiden sich jedoch deutlich voneinander, was das Studienergebnis einmal mehr unterstreicht, nach welchem sich zwar Gebäudekomponenten in den Kaufpreisen widerspiegeln, jedoch insbesondere die Lage Einfluss auf den Kaufpreis ausübt (so auch Kriese 2016b: 268). In der Stadt Bremen, in welcher ein stark unelastisches Baulandangebot vorliegt, kapitalisiert sich die Lage sogar noch stärker in den Hauspreisen als in Niedersachsen, wo sich vor allem auch gebäudespezifische Attribute kapitalisieren. Für eine Grundsteuerkapitalisierung stellt die nicht adäquate Berücksichtigung des Bodenwertes ein Hindernis dar, da sich die Stadtteile über Jahrzehnte hinweg stark verändert haben.

Flächennutzung. Im Kontext einer Flächennutzung verleitet die derzeitige Grundsteuerausgestaltung wegen ihrer relativ geringen Belastungshöhe zum „Horten" von unbebauten Grundstücken. Daraus resultiert eine Erhöhung der Siedlungsflächen durch weitere Neuausweisungen. Durch ihre Ausgestaltung als verbundene Steuer wird einer effizienten Flächennutzung insofern entgegengewirkt, als die Steuerbelastung durch eine Grundstücksbebauung ansteigt. Die Grundsteuer unterstützt daher die in den Bauleitplänen vorgesehene Flächennutzung nicht. Ferner führen die ermäßigten Steuermesszahlen (§ 15 Abs. 2 GrStG) bei flächenintensiven Ein- und Zweifamilienhäusern zu keinen Anreizen, eine Flächeninanspruchnahme zu reduzieren (Löhr 2008: 122).

Bei der Umsetzung einer effizienten und nachhaltigen Flächennutzung kann das Governance-Konzept die Herausforderungen bei der Koordination verdeutlichen. In der Bundesrepublik Deutschland ist die Ausweisung neuer Siedlungs- und Verkehrsflächen zu hoch, um unter den Aspekt der Nachhaltigkeit zu fallen. Daher könnte in Abhängigkeit der Grundsteuerausgestaltung Einfluss auf Änderungen in der Siedlungspolitik ausgeübt werden. Eine Überlegung stellt das sog. zonierte Satzungsrecht dar, welches den Kommunen die Möglichkeit geben soll, in bestimmten Zonen den Grundsteuerhebesatz zu erhöhen oder zu senken. Ziele sind eine Förderung der Innenentwicklung und ein Entgegenwirken von weiteren Flächeninanspruchnahmen (Löhr 2008: 121; Kriese 2016b: 270).

Der resultierende Zielkonflikt zwischen den Themenbereichen Flächenhaushaltspolitik und Wohnungsbauförderung wird dadurch verdeutlicht (Löhr 2008: 122). Die verflochtenen Governance-Modi innerhalb und zwischen den Themenbereichen werden durch das Vier-Quadranten-Modell und seine verschiedenen Teilmärkte hervorgehoben.

Im Rahmen der Standortanalyse können die Grundsteuereigenschaften wie folgt zusammengetragen werden:

- Die Grundsteuer entspricht grundsätzlich den allokationspolitischen Anforderungen eines kommunalen Finanzierungsinstruments (Wissenschaftlicher Beirat 2010: 4).
- Die Nicht-Berücksichtigung von Wertsteigerungen in den Bodenpreisen führt zu Verzerrungen bei der Grundsteuerkapitalisierung.
- In der Grundsteuerermittlung findet die fortschreitende städtebauliche Entwicklung nur unzureichend Berücksichtigung.
- Die Grundsteuer ist als standortspezifischer Faktor grundsätzlich geeignet und erfährt eine weitgehend hohe Akzeptanz, reagiert jedoch nicht zeitnah auf veränderte Standorteigenschaften.

6.3.4 Gebäudeanalyse im Grundsteuerkapitalisierungsprozess

6.3.4.1 Bewertungskomponenten

Die Bauweisen, -techniken und -stoffe im Baugewerbe haben sich in den letzten Jahrzehnten erheblich verändert (Spengel/Heckemeyer/Zinn 2011: 10). Bei der Ermittlung der Grundsteuerbemessungsgrundlage finden diese Änderungen keine adäquate Berücksichtigung, sodass daher auch im Kapitalisierungsfeld der Gebäudeanalyse Verzerrungen auftreten. Die einzelnen Komponenten der Einheitswertermittlung (unter Verwendung des Vervielfältigers) bergen jeweils Probleme bei einer adäquaten Abbildung der tatsächlichen Wertverhältnisse und können wie folgt nach Glier (2012: 75 ff.) dargestellt werden:

- **Jahresrohmiete.** Ein Vergleich der Einheitswerte mit den tatsächlichen Verkehrswerten ist durch die gesetzliche Anknüpfung an die verschiedenen Mietpreisgestaltungen schwierig. Der Bodenwert entspricht nicht dem tatsächlichen Wert (Glier 2012: 75), da bei der Grundsteuerermittlung mittels Ertragswertverfahren die Mieterträge (Jahresrohmiete) als Bewertungsgrundlage herangezogen werden. Mit Kritik behaftet sind die unrealistischen, veralteten Mietansätze und die daraus hervorgerufenen Fehlbewertungen (Wissenschaftlicher Beirat 2010: 5). Die zu Grunde gelegten Monatsmieten werden den Mietspiegeln nach den Wertverhältnissen von 1964 bzw. 1935 entnommen (Glier 2012: 83). Die Abbildung des gemeinen Wertes wird weiterhin durch die im Rahmen des Ertragswertverfahrens angewendeten pauschalierten Bewirtschaftungskosten und durch die vorsichtig gewählten Zinssätze des Vervielfältigers erschwert (Glier 2012: 75).

- **Grundstücksart.** Wegen der unterschiedlichen Sollzinssätze sind für jede Grundstücksart verschiedene Vervielfältiger notwendig (Glier 2012: 86).
- **Bauart und Bauausführung.** In Abhängigkeit der Bauart und der Bauausführung wird den verschiedenen Gebäuden eine unterschiedliche Gesamtlebensdauer zugeschrieben (Glier 2012: 86). Die Bauweisen haben sich jedoch über die letzten Jahrzehnte verändert, sodass die auf den Hauptfeststellungszeitpunkt zurückliegenden Bauweisen mit den tatsächlichen Bauweisen nicht übereinstimmen.
- **Baujahr.** Bei baulichen Maßnahmen, die die Lebensdauer des Gebäudes verlängern oder verkürzen, ist die Restnutzungsdauer anzupassen (§ 80 Abs. 3 BewG; vgl. Glier 2012: 88).
- **Einwohnerzahl.** Die bei dem anzuwendenden Vervielfältiger zu Grunde gelegten Gemeindegrößenklassen sind auf die Einwohnerzahl zum Hauptfeststellungszeitpunkt gerichtet. Diese Einwohnerzahl ist maßgebend, auch wenn sich der Gebietsumfang und die Gemeinde geändert haben (Glier 2012: 87).

Diese einzelnen Komponenten sind Elemente des Immobilienlebenszyklus und wirken sich wie in Kapitel 6.2.3 herausgestellt auf den Immobilienpreis aus. Werden sie jedoch auf die Grundsteuerbemessungsgrundlage bezogen, ist erkennbar, dass sie zu einer auf Vergangenheitswerten basierenden Grundsteuerermittlung führen. Im Grundsteuerkapitalisierungsprozess führt ein nicht dem Verkehrswert entsprechender Bodenwertansatz dazu, dass bei der Zusammensetzung der Bemessungsgrundlage der zu besteuernde Bodenwert zu gering ist und die Grundsteuer daher nicht an die tatsächlichen Transaktionspreise anknüpft. Dies könnte als eine mögliche Ursache herangezogen werden, warum eine Grundsteuerkapitalisierung nicht signifikant in den Immobilienpreisen nachzuweisen ist. Diese Intransparenz kann auch eine „Über- oder Unterkapitalisierung" begünstigen (vgl. Yinger et al. 1988: 57 f.).

Der Immobilienmarkt weist eine geringe Angebotselastizität auf (Brauer 2018a: 11 f.; Gondring 2013: 39), sodass bei einer unelastischen Angebotskurve jede Erhöhung der Wohnnachfrage auf dem regionalen Teilmarkt zu einem Preisanstieg führt. Eine Änderung der Grundsteuerbelastung müsste sich daher in den Immobilienwerten positiv oder negativ widerspiegeln (Sirmans/Gatzlaff/Macpherson 2008: 328). Sowohl die Immobilienpreise als auch die Grundsteuerhebesätze zeigen steigende Tendenzen auf. In 2015 wurden in vielen Gemeinden Niedersachsens die Hebesätze erhöht. Weiterhin ist auch der durchschnittliche Kaufpreis angestiegen. Gemäß der Kapitalisierungstheorie müssten jedoch bei steigenden Grundsteuerhebesätzen die Kaufpreise sinken. Aus dem langen Produktionsprozess von Immobilien und dem insbesondere in vielen Großstädten zu verzeichnenden geringen Wohnraumangebot kann vielmehr gefolgert werden, dass die Hebesätze nicht in Relation zu den Kaufpreisen ansteigen und daher nicht antizipiert werden.

6.3.4.2 Verfahrensanwendung

Die Heterogenität von Ein- und Zweifamilienhäusern findet bei der Ermittlung der Grundsteuerbemessungsgrundlage durch die Anwendung verschiedener und aufwendiger Bewertungsverfahren Berücksichtigung. In Abhängigkeit bestimmter sog. „besonderer" Gestaltungs- und Ausstattungsmerkmale unterliegt die Bewertung von Ein- und Zweifamilienhäusern dem Sach- anstatt dem Ertragswertverfahren (§ 76 Abs. 3 Nr. 1 BewG). Zur besonderen Gestaltung eines Grundstücks im Sinne der Rechtsnorm zählen aus der Rechtsprechung abgeleitete Attribute, wie z.B. innere und äußere architektonische Anlagen, Größe und Wohnfläche sowie auch die Grundstücksfläche (unbebaute Fläche), da zur wirtschaftlichen Einheit neben dem Gebäude auch der Grund und Boden zählt (BFH v. 23.07.1971, III R 86/69, BStBl. 1971 II: 797 und v. 27.04.1978, III R 6/77, BStBl. 1978 II: 523).

So wird bspw. ein Einfamilienhaus im Sachwertverfahren bewertet, wenn die Wohnfläche 220 m^2 überschreitet (BFH v. 12.02.1986, II R 192/78, BStBl. 1986 II: 320). In Bremen wurde ein EFH mit einer Wohnfläche von 266 m^2 und einer Grundstücksgröße von 5.000 m^2 dem Sachwertverfahren unterzogen. Weitere Elemente der Ausstattung wurden in diesem Fall vernachlässigt, da die Wohnfläche und die Grundstücksgröße für sich und insbesondere zusammen die Anforderungen an eine besondere Gestaltung erfüllen (FG Bremen v. 11.12.1975, II 83–84/73, EFG 1976: 168–169).

In Münster fand das Sachwertverfahren bei einem EFH mit parkähnlicher Gartenanlage Anwendung. Das EFH zeichnete sich durch seine Grundstücksgröße von 7.774 m^2 und seinem Zusammenwirken von Gestaltung und Ausstattung aus. Es hatte eine großzügige Raumaufteilung und ein Treibhaus (FG Münster v. 31.08.1976, III 1082/75 EW, EFG 1977: 302–303).

Darüber hinaus findet das Sachwertverfahren bei einer Vielzahl weiterer Rechtsprechungen Verwendung. Die Tatsache, dass sowohl das Ertrags- als auch das Sachwertverfahren nebeneinander Anwendung finden, führt zu Unterschieden und Verzerrungen in der Steuerbelastung (vgl. Scheffler 2012: 372) und wirkt sich daher kapitalisierungshemmend aus.

Im Rahmen der Gebäudeanalyse können folgende Aussagen zusammengefasst werden:

- In Kapitalisierungsstudien wird das Baujahr nicht einheitlich, sondern durch die Variablen „modifiziertes Baujahr“ und „tatsächliches Baujahr“ repräsentiert. Immobilien werden daher in ihrem tatsächlichen Lebenslauf „verschoben“, sodass ein verzerrter Zusammenhang mit dem Kaufpreis entsteht.
- Das Immobilienalter wird in der Grundsteuerbemessungsgrundlage über einen linearen Wertminderungsansatz berücksichtigt. Hierbei ist zu hinterfragen, ob die lineare Abschreibung den Altersabschlag adäquat wiedergibt.
- Die Daten zur Restnutzungsdauer müssen individuell bestimmt werden. Eine Baualtersbestimmung ist verwaltungsmäßig jedoch schwierig umzusetzen (Dieterich 2004: 15).
- Die Anwendung zweier nebeneinander existierender Bewertungsverfahren zur Einheitswertermittlung führt zu unterschiedlichen Grundsteuerbelastungen.

6.3.5 Zusammenfassung

Tabelle 31 gibt einen Überblick über Gründe, die in der ökonomischen Literatur für das Auftreten oder für die Begünstigung einer Kapitalisierung (Output) herangezogen werden. Auf die Grundsteuer bezogen können die Einflussfaktoren wie folgt zusammengefasst werden:

Tabelle 31: Kapitalisierungsbeeinflussende Faktoren in Bezug auf die Grundsteuer

Merkmal	**Einfluss ökonomische Theorie / normativ**	**Einfluss bezogen auf die deutsche Grundsteuer / positiv**
Elastizität	• Kapitalisierung bei unelastischem Angebot • Keine Kapitalisierung bei elastischem Angebot	• Grundsätzlich ist von einem unelastischen Bodenangebot auszugehen, jedoch knüpft die GrSt nicht an den tatsächlichen Bodenwert an

Merkmal	Einfluss ökonomische Theorie / normativ	Einfluss bezogen auf die deutsche Grundsteuer / positiv
Vollständiges Tiebout-Gleichgewicht	• Keine Kapitalisierung, da Steuerbelastung dem Maß an öffentlichen Leistungen entspricht (keine interjurisdiktionelle Kapitalisierung)	• Öffentliche Leistungen werden z.T. auch über Gebühren und Beiträge finanziert • Grundsteuerbelastung ist in Deutschland deutlich geringer als in den USA
Erweiterungen durch Hamilton und Fischel	• Intrajurisdiktionelle Kapitalisierung, da sich die Reichweite öffentlicher Leistungen unterschiedlich auf die jeweiligen Hauspreise auswirkt	• Hebesätze z.B. in den Stadtstaaten Hamburg und Berlin für alle Stadtteile einheitlich; Bundesland Bremen zwei Hebesätze • Einheitswerte spiegeln nicht tatsächliche Wertverhältnisse wider
Bestandsangebot von Boden	• Kurzfristig fix, daher Kapitalisierung • Langfristig variabel, daher keine Kapitalisierung	• In Abhängigkeit des jeweiligen Teilmarktes unterschiedliche Elastizität
Anstehende Neubewertungen / Reformen	• Keine vollständige Kapitalisierung	• Eine Reform wird in Deutschland seit mehr als 20 Jahren angestrebt
Verkehrswertfremde Bewertungen	• Unter- oder Überkapitalisierung	• Durch das Ausbleiben einer Reform werden weiterhin die Wertverhältnisse von 1964/1935 für die steuerliche Bewertung zu Grunde gelegt
Transparenz	• Unter- oder Überkapitalisierung	• Durch das aufwendige Bewertungsverfahren liegt partielle Transparenz vor
Bemessungsgrundlage	• Rückkopplungseffekte	• Da sich der Immobilienwert und die Grundsteuerbelastung nicht im gleichen Verhältnis ändern, kann nicht von einer Rückkopplung ausgegangen werden

Quelle: eigene Zusammenstellung auf Basis von Feld 2000; Sirmans/Gatzlaff/Macpherson 2008; Hilber 1998; Yinger et al. 1988; Haußmann/Schweinberger 2012.

Die aufgezeigte Analyse hat verdeutlicht, dass die Einheitswerte zwar sämtliche Felder des Kapitalisierungsprozesses tangieren, jedoch weder die realen Grundstückswerte abbilden noch dem relativen Wertverhältnis der Bewertungsobjekte entsprechen (Seer 2015b: 872, 878, § 16 GrSt Rz. 6, Rz. 23; Scheffler 2012: 371). Die Kapitalisierungsfelder werden durch die Grundsteuer nicht „adäquat" reflektiert.

Die Einheitswerte als Steuerbemessungsgrundlage stellen daher den Hauptkritikpunkt dar. Der Bezug zu Verkehrswerten wird durch Festhalten an historischen Wertverhältnissen ausgeschaltet (Wissenschaftlicher Beirat 2010: 5). Weiterhin ist vor dem Hintergrund der Reformbemühungen ersichtlich, dass nicht nur die Grundsteuer von den Kapitalisierungsfeldern beeinflusst wird, sondern eine Änderung der Grundsteuerausgestaltung sich wiederum auf die Kapitalisierungsfelder auswirken würde.

Es konnte gezeigt werden, dass der Kapitalisierungsprozess allgemein dynamisch ist und eine nahezu unendliche Anzahl an Kombinationsmöglichkeiten innerhalb und zwischen den verschiedenen Kapitalisierungsfeldern existiert (z.B. Zusammensetzung der Akteure, Hauseigenschaften, Änderungen des Standortes etc.). Der Immobilienwert reagiert auf veränderte Rahmenbedingungen, indem er sich erhöht oder verringert. Im Gegensatz dazu zeigt der Kapitalisierungsprozess der Grundsteuer, dass zwar alle Felder dynamisch sind, jedoch die Grundsteuer aufgrund ihrer Bemessungsgrundlage zu statisch ist, um auf sich ändernde Rahmenbedingungen zeitnah zu reagieren. Vielmehr verzerrt sie die Kapitalisierungsfelder. Daraus kann gefolgert werden, dass der derzeitige Governance-Mix den Kapitalisierungsprozess behindert. Die Dynamik der Immobilienpreisbildung einerseits und die statische Grundsteuerbildung andererseits sind nicht im Einklang, sodass Preisbewegungen auf dem Immobilienmarkt nicht über die Bemessungsgrundlage transferiert werden und folglich kein oder nur ein geringer Kapitalisierungseffekt auftritt. Grundsätzlich sind die Variablen der Grundsteuerbemessungsgrundlage dynamisch, verkommen in der derzeitigen Bemessungsgrundlage jedoch zu statischen Variablen. Da sich diese nicht an verändernde Bedingungen anpassen, ist eine Kapitalisierung schwer nachzuweisen.

Nicht nur der Immobilienwert, sondern auch die Grundsteuerlast sollten in weiteren Forschungsarbeiten aus Sichtweise des Steuerzahlers ausführlicher untersucht werden. Insbesondere Aussagen zu den aktivierenden (Emotionen, Motivation), kognitiven (Gedächtnis, Wahrnehmung) und prädisponierenden (Involvement) (vgl. Foscht/Swoboda/Schramm-Klein 2015: 30) Einflussnahmen auf einen Immobilienkäufer liegen nicht vor. Um eine weitreichendere Analyse des Grundsteuerkapitalisierungsprozesses vornehmen zu können, sind daher die externen Einflussfaktoren (Governance-Strukturen, institutionenökonomische Gründe, staatliche Gesetzgebungsstrukturen) um die internen Einflussfaktoren zu erweitern. Die Grundsteuerwahrnehmung in Deutschland bietet daher weiteren Forschungsbedarf.

Eine Reform kann grundsätzlich mit Umverteilungen und Steuererhöhungen einhergehen. Da bislang kaum Bürgerinitiativen für eine Grundsteuerreform in den Medien für Aufsehen gesorgt haben, könnte auf eine zumindest weit verbreitete Akzeptanz der Grundsteuer geschlossen werden, getreu dem Motto, den „schlafenden Riesen“ (Zimmermann 2009: 159) bloß nicht zu wecken.

Die aufgeführten Verflechtungen der Institutionen und der am Entscheidungsprozess beteiligten Akteure verdeutlichen, dass der Grundsteuerkapitalisierungsprozess verschiedene Ebenen durchläuft und von einer Vielzahl von Akteuren beeinflusst wird. Demnach können die Eigenschaften, die nach Benz (2010: 111 f., 116, 121 und 2009: 27 f.) kennzeichnend für Multilevel-Governance sind, herangezogen und auf den Kapitalisierungsprozess wie folgt angewendet werden:

- Interdependenzen ergeben sich in allen Feldern des Kapitalisierungsprozesses (Gebäude-, Standort- und Marktanalyse).
- Es erfolgt ein Zusammentreffen von öffentlichen und privaten Akteuren, die verschiedene Ziele mit unterschiedlichen Strategien verfolgen (z.B. Grundsteuerinzidenz, Reformmodelle, Flächenausweisung).
- Innerhalb von Ebenen existieren in Abhängigkeit der dort zu verrichtenden Aufgaben (z.B. BauGB, Einheitswertbestimmung) institutionalisierte Regelsysteme.
- Zwischen den Ebenen existieren Koordinationsmechanismen und -formen (vgl. Benz 2010: 121).
- Mit den verschiedenen Ebenen und den unterschiedlichen Aufgabenbereichen geht eine Macht- und Kompetenzaufteilung einher (vgl. Benz 2009: 27 f.).
- Die Politikverflechtungstheorie von Scharpf (1976) kann auf die Thematik von Kapitalisierungsprozessen übertragen werden. Es liegen Interdependenzen zwischen und innerhalb der Ebenen vor, sodass MLG den Kapitalisierungsprozess von Immobilien im Allgemeinen und von der Grundsteuer im Speziellen beeinflusst.

Sowohl die Auswertung der eigenen Studie als auch die Ergebnisse bereits durchgeführter Studien führen zur Feststellung, dass eine allgemein gültige Aussage zur Grundsteuerkapitalisierung nicht getroffen werden kann. Bezug nehmend auf Hypothese 2 konnten durch die Verwendung des Governance-Konzeptes mögliche Ursachen für die unterschiedlichen Ergebnisse herausgefunden werden. Der im Regressionsmodell vorhandene Störterm, welcher einen nicht messbaren Einfluss auf die abhängige Variable (Kaufpreis) ausübt, wurde auf die Grundsteuereigenschaften bezogen, um mögliche Gründe für den nicht nachgewiesenen signifikanten Zusammenhang zwischen Grundsteuer und Immobilienpreis zu beschreiben. Die komplexen Koordinationsstrukturen innerhalb der jeweiligen Kapitalisierungsfelder können auf das Vier-Quadranten-Modell übertragen und um Elemente des Governance-Konzeptes erweitert werden (Abbildung 22).

Im Rahmen des institutionenökonomischen Vier-Quadranten-Modells werden die von DiPasquale/Wheaton (1996) formulierten Inhalte beibehalten, jedoch bieten die Governance-Modi innerhalb eines Quadranten eine weitere Möglichkeit zur Erklärung von Unterschieden auf verschiedenen Teilmärkten. Es werden dabei für jeden Quadranten aktuelle immobilienpreisbeeinflussende und sich ändernde Rahmenbedingungen beschrieben. Innerhalb des ersten Quadranten (Q1) könnten die Mietpreisbremse und das Bestellerprinzip mietpreisbestimmende Einflussfaktoren sein. Der zweite Quadrant (Q2) kann durch steuerpolitische Reformen beeinflusst werden. Eine Immobilienbewertung würde daher in unterschiedlichen Teilmärkten zu verschiedenen Ergebnissen führen. Quadrant 3 und Quadrant 4 werden durch die Governance-Strukturen insbesondere bei flächenhaushaltspolitischen Themen beeinflusst. Das institutionenökonomische Vier-Quadranten-Modell bietet daher die Möglichkeit einer Individualisierung der verschiedenen Immobilienteilmärkte, indem für jeden Quadranten individuelle Strukturen und politische sowie wirtschaftliche Themen anzupassen sind. Die Kapitalisierungsinterpretation ist letztlich von dem jeweiligen Teilmarkt und seinen Governance-Strukturen abhängig.

Abbildung 22: Das institutionenökonomische Vier-Quadranten-Modell

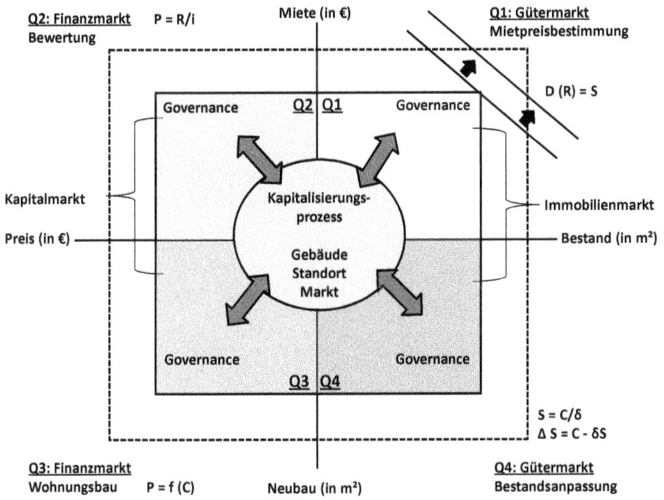

Quelle: eigene Darstellung in Anlehnung an DiPasquale/Wheaton 1996: 12.

Teil IV

7 Analyse der Grundsteuer im Mehrebenensystem und ihre Eignung zur Dezentralisierung

Neben den bereits beschriebenen Kapitalisierungsfeldern, die indirekt auf die Grundsteuerberechnung Einfluss nehmen, wird von verschiedenen Ebenen auch direkter Einfluss auf die Grundsteuerausgestaltung ausgeübt, sodass mehrere Koordinationsmodi und Interaktionsmechanismen aufeinandertreffen. Die Grundsteuer tangiert alle drei Kapitalisierungsfelder, ist jedoch in ihrer derzeitigen Ausgestaltung eine Variable, bei der in der eigenen Studie oder in anderen existierenden Studien für den deutschen Immobilienmarkt kein oder lediglich ein geringer signifikanter Einfluss auf den Immobilienpreis nachgewiesen werden konnte.

So schreiben Yinger et al. (1988: 6), dass „[...] property tax differences arise because of assessment errors that occur before revaluation. Even before revaluation is announced, households may expect that these errors eventually will be corrected. The effect of this expectation can be dramatic; [...]. If errors that exist when a house is sold are expected to disappear over time, then house values will reflect only a fraction of the present value of current tax differences; that is, the capitalization of current tax differences will be incomplete" (Yinger et al. 1988: 6).

Vorstehende Aussage soll in diesem Kapitel auf die seit mehr als 20 Jahren anhaltenden Grundsteuerreformbemühungen bezogen und dabei auf den gegenwärtigen gesetzlichen Governance-Mix der Grundsteuer eingegangen werden, um Gestaltungsvarianten darzustellen, die zu einem signifikanten Einfluss der Grundsteuervariablen führen könnten. Infolge der aktuell schwach ausgeprägten Finanzierungswirkung der Grundsteuer (Lerbs 2017: 544) kann angenommen werden, dass ihre wirtschaftliche Belastung von den Bürgern kaum wahrgenommen wird und daher eine geringe „Fühlbarkeit" vorliegt. Durch eine Dezentralisierung der Gesetzgebungskompetenz könnte hingegen die Bedeutsamkeit der Grundsteuer gegebenenfalls erhöht werden.

Daraus resultieren die Forschungsfrage 3, inwiefern eine Dezentralisierung der Grundsteuergesetzgebungskompetenz Einfluss auf die Grundsteuerkapitalisierung nehmen kann und die Hypothese 3, dass durch eine Dezentralisierung der Gesetzgebungskompetenz ein dadurch möglicherweise entfachter

Wettbewerb zwischen den Ländern mit einer erhöhten Grundsteuerwahrnehmung einhergehen kann.

7.1 Gesetzlicher Governance-Mix der Grundsteuer

Vor dem Hintergrund, dass sich ein hierarchisches System aus mehreren Subsystemen zusammensetzt (Simon 1978: 96), kann die derzeitige Ausgestaltung und Umsetzung des Grundsteuergesetzes als eine hierarchische Anordnung verstanden werden. Da die Koordination über mehrere Ebenen erfolgt, liegt eine klassische Multilevel-Governance-Struktur vor. Den in unterschiedlichen Ebenen agierenden Akteuren werden verschiedene Aufgaben im Rahmen der Steuerkompetenz zugeschrieben.

Das Grundsteuergesetz als Bundesgesetz verpflichtet jedes Bundesland dazu, eine in ihrer Ausgestaltung einheitliche Grundsteuer zu erheben, sodass das Gesetz durch Zwang umgesetzt wird. Die Bundesebene kann somit als Principal verstanden werden, da von ihr die Leitungs- und Koordinationsfunktion ausgeführt werden (Gesetzgebungsbefugnis). Die Länder hingegen sind Agenten, deren Funktion in der Ausführung der Grundsteuererhebung besteht (Ausführungsbefugnis/Verwaltungskompetenz). Diese Situation beschreibt ein klassisches Über- und Unterordnungsverhältnis, da eine Funktionsdifferenzierung und folglich auch asymmetrische Informationen zwischen der Bund- und Landesebene existieren. Die Koordination erfolgt über wechselseitige Anpassungen, umgesetzt durch Funktionsdifferenzierung von Aufgaben, durch Aufstellung eindeutiger Interaktionsregeln und durch Herstellung von Zuständigkeiten.

Der Hierarchie kann im Rahmen der Governance-Modi insofern eine bedeutende Rolle zugeschrieben werden, als sich durch eine Dezentralisierung oder Zentralisierung der Gesetzgebungskompetenz die Bedeutsamkeit der jeweiligen anderen Governance-Modi erhöht oder verringert. Durch Zentralisierung (bottom-up-Ansatz) können Verhandlungen reduziert und Reformvorhaben schneller umgesetzt werden, wohingegen Dezentralisierung (top-down-Ansatz) einen Wettbewerb zwischen den Ländern begünstigt und dadurch eine solide Grundlage für eine yardstick competition entsteht. Eine Dezentralisierung könnte z.B. die Ermittlung der Bemessungsgrundlage oder die Bestimmung der Steuermesszahl betreffen.

Die Länder besitzen die Gesetzgebungsbefugnis nach Art. 72 Abs. 1 GG i.V.m. Art. 105 Abs. 2 GG, soweit der Bund keinen Gebrauch von seiner Gesetzgebungskompetenz macht. Sie haben derzeit keine eigene Regelungskompetenz, da eine bundeseinheitliche Regelung existiert. Ob eine Grundsteuerreform zu einer grundlegenden Gesetzesänderung führt und sich damit die Gesetzgebungskompetenz des Bundes in Bezug auf die Grundsteuer ändert, muss nach der Verfassungsreform aus dem Jahr 1994 und der damit verbundenen Änderung des Art. 72 Abs. 2 GG i.V.m. Art. 125a Abs. 2 S. 1 GG geprüft werden. Danach ist zu untersuchen, ob die Voraussetzungen des Art. 72 Abs. 2 GG für die Grundsteuerregelung noch vorlägen. In Art. 72 Abs. 2 GG sind Voraussetzungen für das Gesetzgebungsrecht des Bundes in der aktuellen Gesetzesfassung dargelegt. Inhaltlich bezieht sich die bundeseinheitliche Regelung auf die Einhaltung der Herstellung gleichwertiger Lebensverhältnisse und auf die Wahrung der Rechts- und Wirtschaftseinheit im gesamtstaatlichen Interesse.

Bei der konkurrierenden Gesetzgebung im deutschen Föderalismus ist Multilevel-Governance von besonderer Bedeutung, da insbesondere die zwei Koordinationsmodi Verhandlung und Wettbewerb wesentlichen Einfluss auf Entscheidungen haben. Diese beiden Modi finden bei der Grundsteuergesetzgebung zwischen den verschiedenen Ebenen (Bund-Länder-Gemeindeebenen; interjurisdiktionell) und innerhalb einer Ebene (intrajurisdiktionell) Anwendung. Dadurch, dass die Grundsteuergesetzgebungskompetenz der konkurrierenden Gesetzgebung unterliegt, sind an einer grundsätzlichen Reform oder an einer Gesetzesänderung sowohl Bund als auch Länder beteiligt. Dies ist darauf zurückzuführen, dass die Grundsteuer als Steuergesetz dem Bund unterliegt, jedoch Administration und Verwaltung in die Kompetenz der Länder fallen.

Da sich die aufgestellten Reformmodelle in ihrer Ausgestaltung grundlegend voneinander unterscheiden und stets die jeweiligen Präferenzen der (politischen) Akteure darin zum Ausdruck gebracht werden, war eine Einigung bislang nicht möglich. Die Umsetzungsmöglichkeiten variieren stark. Wegen der konkurrierenden Gesetzgebung sind Zwangsverhandlungen zur Änderung des Status quo (vgl. Scharpf 1992: 65 ff.; vgl. Scharpf 1976: 29 f.; vgl. Scharpf 2009: 21 ff.) notwendig. Die unterschiedlichen Akteure besitzen jedoch kein gemeinsames winset, sodass die Verhandlung als ineffizient vor dem Hintergrund von Zeit- und Kostenaufwand einzustufen ist.

Diese Politikverflechtung (Scharpf 1976) verdeutlicht die Schwierigkeit von Governance in einem Mehrebenensystem. Die beteiligten Akteure führen einerseits Zwangsverhandlungen aufgrund der konkurrierenden Gesetzgebung, andererseits stehen sie aber auch im parteilichen Wettbewerb zueinander.

Abbildung 23 verdeutlicht die Einflussfaktoren auf den Grundsteuerkapitalisierungsprozess. Die drei Kapitalisierungsfelder werden von verschiedenen Akteuren und Governance-Strukturen beeinflusst, sodass in Abhängigkeit des jeweiligen Immobilienmarktes eine unterschiedliche

Akteurs- oder Informationsstruktur vorliegt. Auf diese drei Kapitalisierungsfelder wird bei der Einheitswertermittlung zur Berechnung der Grundsteuer zurückgegriffen.

Abbildung 23: Einflussfaktoren auf den Grundsteuerkapitalisierungsprozess

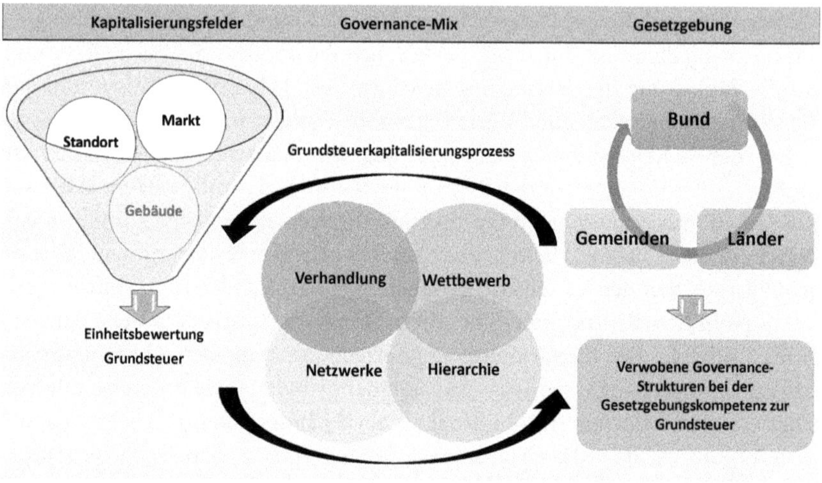

Quelle: eigene Darstellung.

Da jedoch die einzelnen Grundsteuerkomponenten in ihrer Ausgestaltung nicht adäquat auf die Kapitalisierungstheorie übertragen werden können, stellt sich ein signifikant (hoher) Nachweis einer Grundsteuerkapitalisierung als schwierig dar. Die Bodenkomponente der Grundsteuer reagiert nicht zeitnah auf veränderte Wertverhältnisse, sodass der Verkehrswert nicht über die Kapitalisierungsfelder Markt oder Standort wiedergegeben wird. Auch die Gebäudekomponente knüpft an veraltete Werte an, sodass Gebäudeveränderungen keine angemessene Berücksichtigung bei der Einheitswertermittlung finden. Das Kapitalisierungsfeld Gebäude wird daher nicht entsprechend in der Grundsteuerberechnung berücksichtigt.

Daraus folgernd eignet sich die Ermittlung der Grundsteuerbemessungsgrundlage für eine Kompetenzübertragung auf die Länder, um eine angemessene und verfassungskonforme Regelung zu erreichen (Heinemann 2012: 479). Die verflochtenen Governance-Strukturen der Gesetzgebungskompetenz erschweren eine Reform jedoch deutlich, sodass die Kapitalisierungsfelder der Grundsteuer nicht angepasst werden. Im nachfolgenden Kapitel soll daher auf mögliche Dezentralisierungsoptionen im Rahmen des Grundsteuerkapitalisierungsprozesses eingegangen werden.

7.2 Dezentralisierung der Grundsteuergesetzgebungskompetenz

Regionale Bürgerpräferenzen finden bei der derzeitigen Grundsteuerausgestaltung nur bedingt Berücksichtigung. Benz folgert aus einer mangelnden Präferenzberücksichtigung ein Demokratieproblem, welches durch erhöhte Transaktionskosten bei Entscheidungen gekennzeichnet sei (Benz 2012: 34 ff.; Benz 2009: 18 ff.). Eine Dezentralisierung zur Entflechtung der derzeit verwobenen Governance-Strukturen biete sich daher grundsätzlich an, um diesem Problem entgegenzuwirken (Salmon 1987: 26 f.). Thöne (2006: 11 ff.) sieht verschiedene Ziele, die mit einer Grundsteuerreform verfolgt werden könnten, wie u.a. die Stärkung der lokalen Demokratie durch erhöhte Fühlbarkeit der Grundsteuer, die Realisierung von fiskalischer Äquivalenz sowie die Leichtigkeit und Bequemlichkeit bei der Grundsteuererhebung. Nachfolgend soll ökonomisch und rechtlich analysiert werden, welche Argumente in Bezug auf die Grundsteuer für oder gegen eine Dezentralisierung sprechen, mit welchen Herausforderungen umzugehen ist und wie sich Veränderungen in der Ausgestaltung auf den Grundsteuerkapitalisierungsprozess auswirken könnten.

7.2.1 Dezentralisierungsmöglichkeiten

Es existieren grundsätzlich verschiedene Möglichkeiten zur Dezentralisierung der Grundsteuergesetzgebungskompetenz. In Abhängigkeit des jeweiligen Reformmodells würde gesetzlich festgelegt, ob die Kompetenz weiterhin in die Fortschreibungskompetenz des Bundes oder in die Länderkompetenz fiele. Wenn sich die derzeit wesentlichen Grundsteuereigenschaften nicht verändern, kann die Grundsteuergesetzgebungskompetenz weiterhin unter die Fortschreibungskompetenz des Bundes fallen, da bestimmte Anpassungen der Bemessungsgrundlage durch Bundesgesetz umgesetzt werden können (Becker 2013: 865 f.; Hantzsch 2012: 762 ff.).

7.2.1.1 Fortschreibungskompetenz des Bundes

Sowohl Art. 125a Abs. 2 GG als auch Art. 72 Abs. 4 GG regeln, wie Gesetze behandelt werden, die nicht weiter den Voraussetzungen des Art. 72 Abs. 2 GG entsprechen. Gemäß Art. 125a Abs. 2 S. 1 GG steht dem Bund eine Fortschreibungskompetenz zu. Dies bedeutet, dass der Bundesgesetzgeber zur weiteren

Gesetzgebung angehalten ist. Er kann folglich einzelne Vorschriften im Gesetz ändern oder ein Freigabegesetz i.S.d. Art. 125a Abs. 2 S. 2 GG erlassen und durch diese Freigabekompetenz die Zuständigkeit des Landesgesetzgebers begründen. Der Bund ist somit befugt, partielle Änderungen i.S.d. Art. 125a Abs. 2 GG beim derzeit geltenden Grundsteuergesetz vorzunehmen. Eine grundlegende Neuregelung fällt jedoch nicht darunter (Becker 2013: 865).

Die Reformmodelle müssten hierzu auf ihre Eigenschaften hin überprüft werden. Abhängig davon, ob eine grundlegende Neukonzeption vorläge oder ob sich die Änderungen noch im Rahmen des derzeit geltenden Grundsteuergesetzes bewögen, würde die Fortschreibungskompetenz greifen oder nicht (Becker 2013: 863, 865). Zusammenfassend können die wesentlichen Besteuerungseigenschaften des geltenden Grundsteuergesetzes wie folgt dargestellt werden:

- Die Grundsteuer ist eine Objekt- bzw. Realsteuer (§ 3 Abs. 2 AO),
- der Grundbesitz stellt den Steuergegenstand dar (§§ 1 bis 2 GrStG; §§ 33, 48a, 51a und §§ 68, 70 BewG),
- die Person, der der Grundbesitz zuzurechnen ist, ist Steuerschuldner (§ 10 GrStG),
- Trägerin der Grundsteuer ist die Belegenheitsgemeinde, Ausnahmen bilden die Stadtstaaten (Art. 106 Abs. 6 GG),
- das Hebesatzrecht obliegt den Gemeinden (§ 1 GrStG, § 25 GrStG, Art. 106 Abs. 6 GG),
- der Grundsteuerbescheid wird von der Gemeinde erteilt und ihr steht das Grundsteueraufkommen zu (§§ 27 bis 31 GrStG),
- es existieren Steuerbefreiungen und Erlassregelungen in Sonderfällen (§§ 3 bis 8, 32 bis 36 GrStG),
- das Prinzip der Einzelbewertung findet Anwendung (§§ 2, 70 BewG),
- es wird bei der Bewertung auf den gemeinen Wert abgestellt (§ 9 BewG),
- die Grundsteuer wird jährlich erhoben (§ 27 GrStG) und eine Festsetzung erfolgt zu Beginn des Kalenderjahres (§ 9 GrStG),
- die Grundsteuer ist grundsätzlich vierteljährlich vom Steuerpflichtigen an die Gemeinde zu zahlen (§ 28 GrStG),
- die Grundsteuer ist eine sog. Festsetzungsteuer (Hantzsch 2012: 763 f.).

Das Verkehrswertmodell stimmt in seinen Grundzügen mit der bisherigen Grundsteuerkonzeption überein und würde somit in die anpassende Fortschreibungskompetenz des Bundes fallen. Das Süd-Modell unterscheidet sich deutlich hinsichtlich der Bemessungsgrundlage, da der Grundstückswert nicht in die Besteuerung mit einfließt. Diese Eigenschaft weicht von der derzeitigen Ausgestaltung ab und würde somit zu einer Neukonzeption führen. Ähnliche

Auswirkungen würden sich bei der Umsetzung des Kombinationsmodells ergeben. Es vereint Eigenschaften des Verkehrswertmodells sowie wesentliche Elemente des Süd-Modells, sodass auch bei diesem Modell eine deutliche Differenz zur derzeitigen Ausgestaltung des Grundsteuergesetzes vorliegt und es somit nicht in die anpassende Fortschreibungskompetenz des Bundes fiele (Becker 2013: 866).

7.2.1.2 Öffnungsklausel

Durch eine gesetzliche Öffnungsklausel könnte den Ländern die Möglichkeit gegeben werden, individuelle landesrechtliche Regelungen umzusetzen, die sich von der bundeseinheitlichen Lösung unterscheiden (Löhr 2008: 129; Zeitler 2002: 133).

Ein von den Ländern Hessen und Bayern eingereichter Gesetzesantrag vom 17.04.2001 (BR-Drucksache 306/01) sah in § 38 GrStG-E folgenden Inhalt vor: „(2) Dieses Gesetz findet keine Anwendung in einem Lande, in dem eine andere landesrechtliche Regelung besteht." Eine Verfassungsänderung (Art. 105 GG und Art. 106 GG), wie im Gesetzesentwurf vom 20.04.2005 (BR-Drucksache 15/5358) vorgeschlagen, würde dadurch entfallen. Bestehende Regelungen würden beibehalten, jedoch hätten die Länder die Möglichkeit, ihre eigenen landesrechtlichen Regelungen umzusetzen. Dadurch könnten sie sich über die Grundsteuer positionieren und einen Wettbewerb auslösen. Das Ziel eines Föderalismuswettbewerbs würde so umgesetzt werden (Löhr 2008: 129). Neben einer allumfänglichen landesrechtlichen Grundsteuerregelung könnte den Ländern ein erhöhter Spielraum bei der Grundsteuerausgestaltung eingeräumt werden, damit sie verstärkt Einfluss und Rücksicht auf verschiedene Wertverhältnisse innerhalb ihres Hoheitsgebietes nehmen können (vgl. Zeitler 2002: 133 f.).

Schulemann (2011: 21 f.) betont, dass eine verbesserte Abstimmung mit den zwischen den Bundesländern variierenden landesrechtlichen kommunalen Gesetzgebungen erfolgen würde. Im Rahmen der Öffnungsklausel böten sich verschiedene Parameter an, die auf die Länder übertragen werden könnten (z.B. Steuermesszahlen oder Äquivalenzziffern). Da die Länder derzeit kaum Einfluss auf die Grundsteuerhöhe hätten, könnte die Zuteilung der Steuermesszahlbestimmung ihnen einen erhöhten Handlungsspielraum einräumen (Schulemann 2011: 21 f.). Im Jahr 2006 wurde den Ländern bspw. bereits das Recht einer eigenständigen Bestimmung des Grunderwerbsteuersatzes gewährt (vgl. Buettner/Krause 2017: 1).

7.2.1.3 Steuersatzautonomie

Broer (2015) ist der Auffassung, dass die Steuersatzautonomie der Länder im Vergleich zu den Gemeinden und dem Bund gering ausgeprägt sei. Die Länder besäßen ausschließlich bei der Grunderwerbsteuer eine Steuersatzautonomie. Um einem Liquiditätsproblem entgegenzuwirken, welches durch die ab 2020 geltende Schuldenbremse verschärft wird, biete sich eine Ausweitung der Steuersatzautonomie an. Es solle durch Ausweitung der Steuersatzautonomie einer Reduktion von öffentlichen Investitionen (Baumaßnahmen) entgegengewirkt werden, da diese als wichtige Faktoren der Standortqualität gelten (Broer 2015: 135 ff.).

Daraus kann gefolgert werden, dass die Grundsteuer nicht zwangsweise der Gesetzgebungskompetenz des Bundes unterliegen muss, sondern Argumente für eine Gesetzgebungskompetenz der Länder sprechen (Seer 2015a: 48 f., Rn. 40 f.). Eine Länderregelung wurde jedoch sowohl vom Bund als auch von den Ländern aufgrund nachfolgender Risiken abgelehnt (Deutscher Bundestag/ Bundesrat 2010: 156, 162 f.):

- Erhöhter Bürokratieaufwand,
- möglicher Subventionswettlauf, z.B. bei der Besteuerung von Gewerbeimmobilien,
- Gefahr der Rechtszersplitterung,
- fehlende Bedingungen für die Funktionsfähigkeit eines Steuerwettbewerbs in Deutschland,
- fehlende gesellschaftliche Akzeptanz,
- fehlende praktikable Lösung für den Finanzausgleich (Becker 2013: 864).

Als Zwischenergebnis kann festgehalten werden, dass in der herrschenden Literatur keine einheitliche Meinung über die Vorteilhaftigkeit einer Dezentralisierung der Grundsteuerregelungskompetenz existiert (Becker 2013; Hantzsch 2012; Löhr 2012a; Broer 2015). In Abhängigkeit davon, wie das Grundgesetz ausgelegt wird, bestehen Argumente dafür oder dagegen. Im Hinblick auf eine (rein) ökonomische Begründung sprechen jedoch eine Vielzahl von Argumenten und Interpretationen des Gesetzes für eine Dezentralisierung. Unter gleichzeitiger Einbeziehung auch rechtlicher Aspekte wird jedoch die Komplexität durch die verflochtenen Governance-Strukturen einmal mehr verdeutlicht.

7.2.2 Ökonomische und institutionenökonomische Auseinandersetzung

7.2.2.1 Effizienz und Entscheidungsverflechtungen

Eine effiziente Allokation wird grundsätzlich dann erreicht, wenn (1) lokale Entscheidungsträger mit einem hinreichend flexiblen Steuerinstrument ausgestattet und (2) lokale Regierungen besser als zentrale Regierungen über die Bürgerpräferenzen informiert sind. Eine Bereitstellung öffentlicher Güter über die lokale Ebene ist vorteilhaft, wenn beide Prämissen erfüllt sind. In Deutschland besitzen die Gemeinden keine hinreichende Autorität, ihre Bewohner zu besteuern. Vielmehr ist die zentrale Ebene für eine Besteuerung der privaten Haushalte und Unternehmen verantwortlich. Die Gemeinden erheben zwar die Grundsteuer, jedoch ist es fraglich, ob diese in ihrer derzeitigen Ausgestaltung ein ausreichendes Steueraufkommen generiert. Dies ist auch der Tatsache geschuldet, dass die Steuerbasis zu gering ist, da sie nicht die tatsächlichen Werte reflektiert. Eine höhere Autonomie der unteren Ebenen wäre daher wünschenswert (Wellisch 2004: 195).

Vor dem Hintergrund der institutionellen Kongruenz („Prinzip der fiskalischen Äquivalenz"), nach welcher Entscheidungsträger, Nutznießer und Steuerzahler eine Einheit bilden, soll erreicht werden, dass der Personenkreis, welcher eine Entscheidung zu treffen hat, über die damit einhergehenden Kosten und Nutzen informiert ist. Eine Inkongruenz soll zur Vermeidung von Unstimmigkeiten zwischen den jeweiligen Elementen der institutionellen Kongruenz nicht entstehen (Blankart 2017: 431 ff., 434 f.; Olson 1969).

Ausgehend davon, dass eine vollumfängliche Besteuerung sämtlicher Grundstücke und eine Steuerüberwälzung auf Mieter bzw. Pächter erfolgen, tragen sämtliche Bewohner über die Grundsteuer zur Gemeindefinanzierung bei. Ein Steuerexport (Überwälzung) auf Bewohner anderer Gemeinden unterbleibt hingegen. Dadurch liegt eine Übereinstimmung von Finanziererkollektiv und Entscheiderkollektiv vor. Im Vergleich zum Entscheiderkollektiv nimmt das Nutzerkollektiv ein größeres Maß an kommunalen Leistungen in Anspruch. Insbesondere Bewohner der sog. „Speckgürtel" von Großstädten nutzen als Pendler zentralörtliche Leistungsangebote der Städte. Durch die Grundsteuer wird fiskalische Äquivalenz nicht vollständig erreicht (Rosenfeld 2007: 109). Konnexität zwischen Ländern und Kommunen besteht hingegen nur in einigen Bundesländern. Vielmehr kommt dem „run to the commons" eine wesentliche Bedeutung zu (vgl. Feldmann 2013: 64).

Auch auf die Gesetzgebung bezogen liegt institutionelle Kongruenz bei der Grundsteuer nicht vor, da diese gemäß Art. 105 Abs. 2 GG i.V.m. Art. 72 Abs. 2 GG im Rahmen der konkurrierenden Gesetzgebung durch den Bund gesetzlich geregelt wird. Da der Bund von seiner Gesetzgebungskompetenz Gebrauch gemacht hat, sind die Länder in ihrem Entscheidungsspielraum eingeschränkt.

Nutznießer der über das Grundsteueraufkommen finanzierten öffentlichen Leistungen sind die Bewohner der jeweiligen Gemeinde. Spillover-Effekte können jedoch dazu führen, dass auch Bewohner anderer Gemeinden einen Nutzen von diesen öffentlichen Leistungen haben. Als Effizienzkriterium sollte gleichwohl institutionelle Kongruenz in Bezug auf die Grundsteuer angestrebt werden. Wird dieses Argument auf eine Dezentralisierungsanalyse übertragen, so spricht die vorliegende Inkongruenz für eine Dezentralisierung der Gesetzgebungskompetenz.

Insbesondere wegen der Verflechtung von Zuständigkeiten kann eine Dezentralisierung der Gesetzgebungskompetenz die derzeit anhaltende Reformblockade aufweichen. Die langjährigen Reformbemühungen und das zuletzt gescheiterte Reformvorhaben des Kostenwertmodells legen die Vermutung nahe, dass kein Konsens in Bezug auf ein mögliches Reformmodell zwischen und innerhalb der Institutionen (Bundestag und Bundesrat) erreicht werden wird. Eine Dezentralisierung der Gesetzgebungskompetenz kann dem Verhandlungsstau entgegenwirken.

Eine Dezentralisierung würde die Entscheidung über das umzusetzende Reformmodell auf eine tiefere Ebene (Länderebene) verlagern. Dies hätte zur Folge, dass zum einen keine Verhandlungen zwischen den Akteuren des Bundestags und Bundesrats erfolgen müssten und zum anderen, dass keine Verhandlungen innerhalb des Bundesrats um eine absolute Mehrheit erforderlich wären. Folglich würde eine Dezentralisierung mit einer Reduktion des Koordinationsaufwands zwischen der Bund- und Länderebene und mit einer geringeren Akteursanzahl im Entscheidungsprozess einhergehen. Die jeweiligen Länderregierungen erhielten die Möglichkeit, das Reformmodell zu wählen, welches die strukturellen Eigenschaften des Landes und die Bürgerpräferenzen bestmöglich berücksichtigt.

Die folgende Abbildung 24 verdeutlicht die Situation aus einer spieltheoretischen Sichtweise i.F.d. klassischen Gefangenendilemmas (siehe exemplarisch Bolle/Ockenfels 1990). Die rechte untere Box zeigt, dass individuell rationales Verhalten im Modus bargaining zu einer Reformblockade und somit zu einem ineffizienten Nash-Gleichgewicht führt. Demgegenüber könnte ein Ausweg aus der Reformblockade nicht in der Einigung auf ein Reformmodell, wie seit Jahrzehnten angestrebt, sondern in dem Kompromiss der Dezentralisierung der Gesetzgebungskompetenz bzw. in einer erhöhten Entscheidungsautonomie der Länder liegen. Dies würde bedeuten, dass die Akteure nicht erst in das ‚Dilemma' eines Grundsteuerreformstaus gelangten, sondern die Entscheidung vorab auf eine tiefere Ebene verlagert würde.

Abbildung 24: Gefangenendilemma bei den Grundsteuerreformbestrebungen

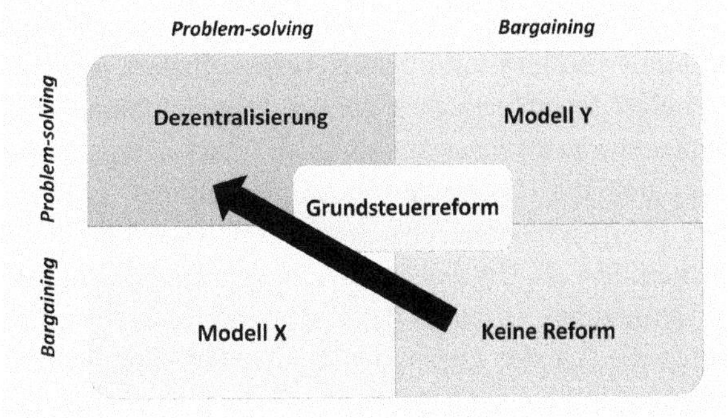

Quelle: eigene Darstellung.

Nichtsdestotrotz ginge mit einer Dezentralisierung ein erhöhter Koordinationsaufwand der intergouvernementalen fiskalischen Relationen einher. Erhöhte Autonomie führt zu erhöhter Komplexität bei der Koordination der unteren Ebenen (De Mello 2000: 366), in diesem Fall der Länder- und der Gemeindeebenen. Erfolgt bspw. eine dezentrale Bestimmung der Steuermesszahlen (Länderkompetenz), kann sich daraus ein erhöhter Koordinationsaufwand zwischen der Länder- und der Gemeindeebene ergeben. Würde weiterhin das Ziel verfolgt, den Gemeinden nach einer Reform das gleiche Steueraufkommen zu gewährleisten, so wären die Festlegung von Steuermesszahlen und von Hebesätzen miteinander abzustimmen (vgl. Scheffler 2016: 10).

Die empirische Literatur zum Steuerwettbewerb zeigt, dass Steuerwettbewerb die Steuersätze sowohl erhöhen als auch verringern kann (Goodspeed 1998: 579). Einerseits kann die Freigabe der Steuermesszahlen zu einem race to the top führen, wie dies z.B. bei der Grunderwerbsteuer der Fall ist (vgl. Scheffler 2016: 10). Bis auf Bayern und Sachsen haben alle Bundesländer seit der Einführung der eigenständigen Steuersatzfestlegung im September 2006 eine Steuersatzerhöhung umgesetzt. Thüringen erhöhte zuletzt mit Wirkung zum 01.01.2017 den Steuersatz von 5,0 auf 6,5 Prozent (Hentze/Voigtländer 2017: 6 f.). Für bestehende Eigentümer bedeuten derartige Steueranhebungen eine Entwertung ihrer Grundstücke. Die Bundesländer können solche Steuererhöhungen umsetzen, da Eigentümer dieser nicht ausweichen können. Dies führt zu einer Teilenteignung der Eigentümer (Blankart 2017: 179). Andererseits entsteht ein race to the bottom, wenn Landesregierungen für eine Steuersenkung plädieren. Die Gemeinden hingegen müssen zur Sicherung des Steueraufkommens durch eine entsprechende Hebesatzpolitik den Hebesatz anheben (vgl. Scheffler 2016: 10).

Bei einer Dezentralisierung würden Verhandlungen und der politische Wettbewerb zwischen der Bundes- und Länderebene reduziert, jedoch würden sich diese auf eine tiefere Ebene verlagern. Im übertragenen Sinne kann diese strategische Verhaltensweise als Stackelbergmodell (Stackelberg 1934) beschrieben und die Länder und die Gemeinden als „Unternehmen" bezeichnet werden, deren Ziel eine Gewinnmaximierung ist (Wilson 2006: 358).[142] Schon Fischel beschreibt Gemeinden als Unternehmen mit den Hauseigentümern als Shareholder. Die Gemeinden verfolgen das Ziel, den Häuserwert innerhalb einer Gemeinde durch die Art der Zusammenstellung von öffentlichen Leistungen, Flächennutzungsregelungen und Steuern zu maximieren (vgl. Fischel 2001b: 157). Die Länder („Leader") könnten autonom die Steuermesszahlen festlegen und einkalkulieren, wie die Gemeinden („Follower") daraufhin ihre Hebesatzwahl treffen. Jedoch könnte die Gemeinde nicht nur auf die Steuermesszahlen reagieren, sondern müsste auch Entscheidungen anderer Gemeinden mit in ihr Kalkül einbeziehen.

7.2.2.2 Regionale Präferenzen und Vielfalt

Da die Regelungen zur Ermittlung der Bemessungsgrundlage und die Steuermesszahlen (§ 15 GrStG) auf zentraler Ebene bundeseinheitlich für alle Bundesländer festgelegt werden, ist der Gestaltungsspielraum der Bundesländer und Gemeinden sehr eingeschränkt. Eine erhöhte Steuerautonomie kann dem Problem grundsätzlich entgegenwirken. Eine Übertragung der Gesetzgebungskompetenz wurde jedoch bislang sowohl von den Ländern als auch vom Bund abgelehnt (Deutscher Bundestag/Bundesrat 2010: 162 f., 282). Die von den Ländern eingebrachten Reformvorschläge sind durch landeseigene Präferenzen geprägt. Die Bundesländer unterscheiden sich in ihren Strukturen deutlich voneinander, was auf eine Vielzahl an unterschiedlichen Bedürfnissen und Präferenzen schließen lässt. Einzig die Gemeinden haben gegenwärtig die Möglichkeit, durch

142 Anders als im ursprünglichen Modell bezieht sich die Gewinnmaximierung z.B. auf einen politischen Stimmenfang.

das Hebesatzrecht Einfluss auf das Grundsteueraufkommen auszuüben. Durch höhere Mitbestimmungsrechte bei der Grundsteuerausgestaltung könnten lokale Bedürfnisse eine höhere Berücksichtigung finden (vgl. Wellisch 2004: 14).

Dezentrale Strukturen gehen mit einer vielfältigen Politikgestaltung einher. Politische Vielfalt kann aus zwei Gründen als positiv erachtet werden. (1) Unterschiedliche Grundsteuerausgestaltungen zwischen den Bundesländern können dazu führen, dass Bürger diese als mögliches Kriterium vor einem Immobilienerwerb in ihre Entscheidung mit einbeziehen. Bei Bestandsimmobilien ist die Mobilität jedoch eingeschränkt, da eine Wanderungsentscheidung aufgrund einer veränderten Bemessungsgrundlage mit erhöhten Transaktionskosten einhergeht. (2) Weiterhin können dezentrale Strukturen zu differenzierter Politikgestaltung (unterschiedliche Reformmodelle, unterschiedliche Steuermesszahlen) führen. Die Bundesländer hätten die Möglichkeit, in Abhängigkeit der Bürgerpräferenzen das Reformmodell zu wählen, welches die Präferenzen bestmöglich widerspiegelt. Ferner könnten dadurch die verschiedenen Reformmodelle erprobt werden, sodass sich länderübergreifend das Modell durchsetzt, welches sich ex post in der Praxis als am besten geeignet herausstellt.

7.2.2.3 Transaktionskosten und Einschränkung des Leviathan

Brennan und Buchanan sehen im institutionellen Wettbewerb die Möglichkeit, den von ihnen metaphorisch beschriebenen budgetmaximierenden Leviathan einzuschränken (Brennan/Buchanan 1980: 168, 184). Dieser Effekt kann jedoch nur eintreten, wenn Wettbewerbsregeln zwischen den dezentralisierten Einheiten eingehalten werden (Apolte 2001: 360). Eine Dezentralisierung der Grundsteuergesetzgebungskompetenz kann einen Länderwettbewerb um das „beste“ Reformmodell entfachen. Steuerwettbewerb ist abhängig von der Autonomie der unteren Ebene, eigene Steuerpolitik zu bestimmen. Autonomie bezieht sich in diesem Zusammenhang darauf, entweder Steuersätze auf eine zentral definierte Steuerbemessungsgrundlage anzuwenden oder die Steuerbemessungsgrundlage zu beeinflussen, während die Steuersätze zentral fixiert sind (Blöchliger/Pinero-Campos 2011: 10).

Wettbewerb auf Länderebene. Die Bundesländer befinden sich in einer yardstick competition um das bestmögliche Reformmodell als Output. Innovationen bei einer möglichen Grundsteuerneuausgestaltung werden dadurch begünstigt. Das erfolgreichste Reformmodell kann somit von anderen Ländern adaptiert oder sogar auf zentraler Ebene letztendlich für alle Bundesländer einheitlich übernommen werden (vgl. Wolman 1990: 33). Für die Umsetzung eines präferierten Reformmodells sind jedoch Verhandlungen zwischen den

Ländern notwendig, um eine Mehrheit im Bundesrat zu erlangen. Sollten sich die Länder auf ein Reformmodell einigen, erfolgen weitere Verhandlungen mit der Bundesebene.

Ausgangspunkt einer yardstick competition sind asymmetrische Informationen zwischen Wählern und Politikern. Bei neu gewählten Politikern wird davon ausgegangen, dass sie besser als ihre Vorgänger über die Kosten zur Bereitstellung öffentlicher Güter informiert sind. Es existieren jedoch Politiker, die rent-seeking betreiben und ihren eigenen Nutzen maximieren wollen. Wähler stehen vor der Herausforderung, zwischen Politikern zu unterscheiden, die das Eigenwohl über das Gemeinwohl stellen (Besley/Case 1995: 25 ff.).

Wettbewerb zwischen Ebenen. Wettbewerb zwischen den Institutionen Bundestag und Bundesrat bezieht sich auf die Kompetenzverteilung. Dies führt zu einer yardstick competition um Macht und Kompetenzen. Je nach Ausgestaltung des jeweiligen Reformmodells ist eine Kompetenzverlagerung nicht auszuschließen. Der Bund möchte weiterhin die Grundsteuergesetzgebungskompetenz besitzen und die Länder einen erhöhten Entscheidungsspielraum eingeräumt bekommen. Der Wettbewerb bezieht sich folglich auf die Kompetenzverteilung hinsichtlich der Gesetzgebungskompetenz.

Wettbewerb auf Gemeindeebene. Die Bewohner einer Gemeinde vergleichen die Grundsteuerlast und das bereitgestellte öffentliche Leistungsangebot mit dem Bündel anderer Gemeinden. Daher kann sich die lokale Regierung diesem politischen Wettbewerb nicht entziehen. Für diese Wettbewerbsart sind somit weder Umsiedlungen noch Wanderungen notwendig (Besley/Case 1995: 25 ff.). Im interkommunalen Standortwettbewerb ist die Grundsteuer wegen ihrer immobilen Bemessungsgrundlage von großer Bedeutung (Färber/Salm/Hengstwerth 2014: 740). Wird das Regierungsverhalten als unbefriedigend empfunden und entspricht nicht den Bürgerpräferenzen, kann dies eine Abwahl der politisch verantwortlichen Akteure bedeuten. Daher sind Regierungen gezwungen, den Präferenzen ihrer Bürger bestmöglich nachzukommen. Sie werden sich mit anderen Regierungen vergleichen und sich an den besten politischen Leistungen (Outputs) orientieren. Es erfolgt dabei ein Vergleich von sog. „benchmarks" (vgl. Benz 2007a: 62; Besley/Case 1995: 25 ff.; Salmon 1987: 32; Shleifer 1985). Bei der Grundsteuer handelt es sich daher in erster Linie um eine (political) yardstick competition (Blöchliger/Pinero-Campos 2011: 7), da die Gemeinden ein sog. tax mimicking betreiben und sich an Steuersätzen anderer Gemeinden orientieren (vgl. Santolini 2009).

Neben einer Einschränkung des Leviathans kann eine Dezentralisierung zu erhöhter Transparenz der finanziellen Ausgestaltungen führen (vgl. De Mello

2000: 365). Die derzeitige Grundsteuerberechnung unter Berücksichtigung der Einheitswerte ist intransparent und für Bürger schwer nachvollziehbar. Durch eine grundsätzliche Neugestaltung könnten erhöhte Akzeptanz und Transparenz erreicht werden. Bei einer Vielzahl zwischen den Bundesländern nebeneinander existierender Grundsteuermodelle wäre eine Vergleichbarkeit jedoch aufwendig und mit hohen Transaktionskosten verbunden. Ferner führen auch langwierige Reformverhandlungen zu hohen Transaktionskosten,[143] da sowohl Institutionen als auch Akteure an der Entscheidungsfindung beteiligt sind (siehe Kapitel 2.3.2).

7.2.2.4 Zwischengemeindliche Mobilität

Grundsätzlich stellen die dargestellten Steuerwettbewerbstheorien (Kapitel 3.4 und 4.1) von Tiebout (1956) und Zodrow/Mieszkowski (1986/1989) Extremformen dar.

Steuerwettbewerb bezieht sich auf die Bereitschaft von Haushalten und Unternehmen, in Abhängigkeit von Politikentscheidungen zu wandern. Es existiert daher kein Steuerwettbewerb ohne mobile Steuerbemessungsgrundlage. Die Frage ist folglich, wie sensitiv die Steuerbasis auf Politikänderungen reagiert (Blöchliger/Pinero-Campos 2011: 7). Bei einer vollkommen immobilen Bemessungsgrundlage, wie z.B. bei einer ausschließlichen Besteuerung von Landrenten, ist es fraglich, ob der Begriff Steuerwettbewerb angemessen ist. Im Fall einer immobilen Bemessungsgrundlage wird daher der voice-option eine bedeutendere Rolle zugeschrieben, um eine überhöhte Besteuerung zu vermeiden. Die voice-option findet durch Wahlen Anwendung, über die Bürger ihre Präferenzen zum Ausdruck bringen und politischer Wettbewerb entfacht wird. In Bezug auf die deutsche Grundsteuer bedeutet Wettbewerb in erster Linie, dass Bürger das Handeln der politischen Akteure bei Wahlen evaluieren und nicht, dass sie sich einer Besteuerung durch Abwanderung entziehen. Den Wählern wird dadurch die Möglichkeit gegeben, unerwünschte Politik zu sanktionieren (vgl. Blöchliger/Pinero-Campos 2011: 6 f., 15 f., 19).

Da in der ökonomischen Theorie Grundbesitz die immobilste Bemessungsgrundlage darstellt, ist dieser für Gemeinden eine gut geeignete Steuerquelle und auf lokaler Ebene weit verbreitet. Dadurch, dass weder Land noch Grundbesitz bewegt werden können und oftmals ein unelastisches Bodenangebot vorliegt, wird davon ausgegangen, dass sich Steuerunterschiede in den Immobilienpreisen widerspiegeln. Die Grundsteuer stellt daher den stärksten Zusammenhang

143 Transaktionskosten bei Reformverhandlungen sind bspw. Zeitkosten, Erprobung der Reformmodelle usw..

zwischen Besteuerung und öffentlichen Leistungen dar (Blöchliger/Pinero-Campos 2011: 15 f.). Da sowohl für den deutschen als auch den US-amerikanischen Immobilienmarkt unterschiedliche Forschungsergebnisse vorliegen und insbesondere für Deutschland der Nachweis einer Grundsteuerkapitalisierung mehrheitlich nicht erbracht wurde, kann von einer yardstick competition ausgegangen werden, indem die Gemeinden untereinander ein sog. tax policy mimicking betreiben. Das Wahlverhalten der Wähler bezieht sich auf Steuern und öffentliche Leistungen (vgl. Blöchliger/Pinero-Campos 2011: 15 f.).

Bei vorherrschender Kapitalisierung wird die zwischengemeindliche Mobilität eingeschränkt. Verringert eine Gemeinde die Steuersätze, so steigt die Nachfrage nach Grundbesitz in der jeweiligen Gemeinde. Nachfrageunterschiede werden in den Grundstückspreisen durch die Immobilität und eine unelastische Nachfrage von Land reflektiert. Nichtsdestotrotz ist eine effektive Kapitalisierung schwierig zu messen. Neben der Herausforderung, den zukünftigen Steuersatz zu bestimmen, wirken sich noch andere Faktoren auf den Kapitalisierungsgrad aus. So haben ältere Studien herausgefunden, dass Steuersatzunterschiede keinen signifikanten Einfluss auf die Anzahl an Wanderungsbewegungen haben, welche jedoch aus ökonomischer Sichtweise einen der Gründe für eine Kapitalisierung darstellen (Blöchliger/Pinero-Campos 2011: 19).

Dies zeigt sich auch in der kontroversen Diskussion um die Einordnung der deutschen Grundsteuer B als Äquivalenzsteuer oder als Leistungssteuer (siehe exemplarisch Scheffler 2012: 365 f.; Seer 2015b: 870, § 16 GrSt Rz. 2; Feldmann 2013: 15 f.). Viele Eigenschaften können durch beide Prinzipien gerechtfertigt werden, weshalb eine eindeutige Einordnung kaum möglich ist. Bei der äquivalenztheoretischen Grundsteuerrechtfertigung gestaltet sich jedoch der Nachweis einer eindeutigen Verknüpfung zwischen der von einem Individuum getragenen Grundsteuerlast und den in Anspruch genommenen öffentlichen Leistungen schwierig (Schulemann 2011: 12 f.; Sachverständigenrat 2010: 230; vgl. Eekhoff 2006: 228 f.).

Trotz alledem ist die Einbeziehung einer immobilen Bemessungsgrundlage bei der Grundsteuer insofern sinnvoll, als durch einen immobilen Teil (Bodenkomponente) der Bezug zum jeweiligen Immobilienmarkt (Teilmarkt) hergestellt wird. Vor dem Hintergrund der Reformmodelle stellt sich daher vielmehr die Frage, wie immobil die Bemessungsgrundlage der Grundsteuer sein sollte.

Die Grundsteuer bietet sich auch als Instrument zur Stadtentwicklung an. Eine steuerliche Begünstigung könnte für Immobilien in Regionen mit abnehmender Einwohneranzahl gewährt werden, wohingegen für solche in wachsenden

Agglomerationen eine erhöhte Grundsteuerbelastung bestimmt werden könnte (Färber 2016: 13).

7.2.2.5 Ruinöser Steuerwettbewerb

Ausgehend davon, dass Regionen in Konkurrenz um (mobile) Haushalte und um (mobile) Unternehmen stehen, wird oftmals befürchtet, dass ein strategisches Verhalten bei der Bereitstellung öffentlicher Güter vorliegt. Grundsätzlich werden vorzugsweise geringe Kapitalsteuersätze gewählt, um Abwanderungen zu vermeiden (Wellisch 2004: 18). Tatsächlich ist jedoch vielmehr ein Anstieg als ein Rückgang von Steuersätzen zu verzeichnen (Blöchliger/Pinero-Campos 2011: 24). Weiterhin wird bei der Grundsteuerbemessungsgrundlage in erster Linie ein immobiler und kein mobiler Faktor besteuert. Daher ist eine Abwanderung oder Verlagerung des zu besteuernden Faktors (Grundbesitz) eher unwahrscheinlich (vgl. Korte 2008: 124).

Die Befürchtung eines race to the bottom bei den Grundsteuerhebesätzen kann durch die Grundsteuereigenschaft des autonomen Hebesatzrechtes der Gemeinden entkräftet werden. Seit Jahrzehnten erhöhen Gemeinden die Steuersätze. Sowohl das stetig ansteigende Grundsteueraufkommen (Kapitel 2.1) als auch die steigenden Hebesätze sprechen gegen ein race to the bottom. Für den Teilmarkt Niedersachen ist in vielen Gemeinden von 2014 auf 2015 ein Hebesatzanstieg zu registrieren. Ebenfalls ist für den Teilmarkt Bremen ein Hebesatzanstieg von 580 auf 695 Prozent für die Stadt Bremen und von 530 auf 645 Prozent für Bremerhaven von 2015 auf 2016 zu verzeichnen (Statistische Ämter des Bundes und der Länder 2014, 2015, 2016).

Färber/Salm/Hengstwerth (2014: 741) weisen ebenfalls darauf hin, dass die Grundsteuerhebesätze B im Bundesdurchschnitt von 1970 bis 2011 um 74 Prozent angestiegen sind. Ein ähnliches Bild ist auch bei den Gewerbesteuerhebesätzen zu verzeichnen (Statistische Ämter des Bundes und der Länder 2014, 2015, 2016), sodass vielmehr ein race to the top gegeben ist. Steuererhöhungen sind leichter durchzusetzen, wenn benachbarte Gebietskörperschaften auch höhere Steuern aufweisen (Feld 2000: 152). Die Hebesatzentwicklungen sprechen daher für eine yardstick competition. Abbildung 25 zeigt die Entwicklung der Durchschnittshebesätze von Grundsteuer A und Grundsteuer B in Deutschland im Zeitraum von 1999 bis 2016.

Abbildung 25: Entwicklung der Grundsteuerdurchschnittshebesätze (1999 bis 2016)

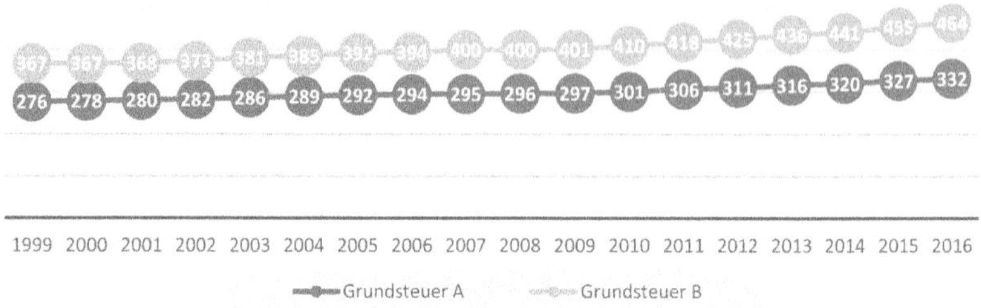

Quelle: eigene Zusammenstellung und Darstellung auf Datenbasis Statistisches Bundesamt (Destatis) 2017c.

Die Grundsteuer stellt eine stabile, konjunkturunabhängige und wachsende Einnahmequelle dar. Dies ist widersprüchlich zu der Theorie, dass Steuerwettbewerb durch einen Wettlauf nach unten in einem geringen Steuerniveau und daher in einem zu geringen Niveau öffentlicher Leistungen endet (Blöchliger/Pinero-Campos 2011: 24).

7.2.2.6 Steuerexport und Spillover-Effekte

Interregionaler Steuerexport bedeutet, dass Regionen in der Lage sind, Steuern teilweise auf Anwohner anderer Regionen zu überwälzen. Einerseits wird argumentiert, dass die Vorteile aus der Bereitstellung lokaler öffentlicher Güter von den eigenen Anwohnern internalisiert und die Kosten teilweise von Bewohnern anderer Regionen getragen werden. Dies führt letztendlich zu einem ineffizient hohen Angebot an lokalen öffentlichen Gütern. Beispielhaft kann auf die Besteuerung von Landrenten verwiesen werden, wenn sich Land teilweise im Besitz von Nicht-Anwohnern befindet. Steuerexport oder Steuerimport entstehen, wenn Bürger, die in Gemeinde A residieren, auch in Gemeinde B Einkäufe erledigen und andersherum. Andererseits wird argumentiert, dass weder ein Steuerexport noch -import stattfindet und auch keine Verzerrungen resultieren, wenn Grundsteuern Leistungen mit Gegenleistungen darstellen. Würden Grundsteuerzahlungen als Beiträge gesehen, welche in den Preisen lokaler Unternehmen inkludiert seien, sei eine ausschließliche Grundbesteuerung ökonomisch richtig (Blankart 2017: 182).

7.2.2.7 *Gleichberechtigung*

Wird Gleichberechtigung als Gleichmäßigkeit der Besteuerung i.S. des allgemeinen Gleichheitssatzes verstanden (Art. 3 Abs. 1 GG), bedeutet dies, dass Steuerpflichtige sowohl gleich behandelt (belastet) als auch Steuergesetze gleichmäßig angewendet werden (Seer 2017: 1, § 85 AO). In § 85 AO heißt es: „Die Finanzbehörden haben die Steuern nach Maßgabe der Gesetze gleichmäßig festzusetzen und zu erheben. Insbesondere haben sie sicherzustellen, dass Steuern nicht verkürzt, zu Unrecht erhoben oder Steuererstattungen und Steuervergütungen nicht zu Unrecht gewährt oder versagt werden."

Eine Übertragung dieses Gleichheitssatzes auf die gegenwärtige Grundsteuer verdeutlicht, dass durch die Verwendung der veralteten Bemessungsgrundlage eine Gleichmäßigkeit nicht gegeben ist, da sich sowohl zwischen verschiedenen Gebieten als auch innerhalb eines Gebiets die Wertverhältnisse verändert haben (vgl. Dedy 2016: 18). Eine sich an ändernde Wertverhältnisse anpassende Besteuerung erfolgt nicht.

Durch Dezentralisierung ist eine an den tatsächlichen Wertverhältnissen anknüpfende Grundsteuer grundsätzlich umsetzbar. Eine Dezentralisierung kann jedoch mit divergierenden Niveaus öffentlicher Leistungen und Steuerzahlungen zwischen verschiedenen Gebietskörperschaften einhergehen (Wolman 1990: 36). Nichtsdestotrotz können durch unterschiedliche Reformmodelle (unterschiedliche Bemessungsgrundlagen) zwischen den Bundesländern unterschiedliche Bündel aus Steuerbelastung und öffentlichen Leistungen hervorgerufen werden. Daher ist zu hinterfragen, ob sich Gleichberechtigung in erster Linie auf eine gesetzliche Gleichmäßigkeit der Besteuerung oder darüber hinaus auch auf ein zwischen den Bundesländern ähnliches Niveau an öffentlichen Leistungen und Steuerbelastung beziehen soll.

Weiterhin kann der Gleichberechtigungsaspekt bei der Besteuerung von Grundvermögen auf mehrere Generationen erweitert werden. Davon ausgehend, dass die Grundsteuerbemessungsgrundlage über Jahrzehnte auf veralteten Einheitswerten beruhte und die Grundsteuerbelastung durch die ansteigenden Wertverhältnisse flächendeckend für sämtlichen Grundbesitz in Deutschland als zu niedrig einzustufen ist, würde eine Neukonzeption der Grundsteuer (z.B. unter Verwendung des Kostenwertmodells) zu einer relativ hohen Besteuerung von Neubauten im Vergleich zu Bestandsbauten ähnlicher Wertigkeit führen (Kriese 2017: 31). Bestandsimmobilien haben über einen langen Zeitraum hinweg einer in der Summe viel zu geringen Grundsteuerbelastung unterlegen. Immobilienerwerber nach einer Reform würden daher über eine unbegrenzte Immobilienlebensdauer eine höhere Steuerbelastung tragen. Der Gerechtigkeitsaspekt wäre somit nicht nur auf derzeitige Generationen beschränkt, sondern vielmehr auch für zukünftige Generationen von Bedeutung. Diese würden nicht von der langjährigen Niedrigbesteuerung profitieren.

Durch eine Dezentralisierung der Grundsteuergesetzgebungskompetenz i.F. einer Öffnungsklausel kann grundsätzlich Wettbewerb zwischen den Bundesländern herbeigeführt werden (vgl. Löhr 2008: 129). Die ökonomischen Grundsteuereigenschaften entkräften die Gefahr eines race to the bottom und aus ökonomischer Sichtweise spricht eine Vielzahl von Argumenten für eine Dezentralisierung der Grundsteuergesetzgebungskompetenz, wenn:

- Spillover-Effekte vermieden werden können,
- heterogene Interessen zwischen den Ländern existieren,
- sich dem Ziel der institutionellen Kongruenz angenähert werden soll,
- eine yardstick competition vorliegt, die insbesondere auf Gemeindeebene besteht (vgl. Blöchliger/Pinero-Campos 2011: 6 f.) und hohe Wanderungsbewegungen nicht zu erwarten sind (Hantzsch 2012: 762),
- sich die Besteuerung auf eine immobile Bemessungsgrundlage richtet (Musgrave 1983; vgl. Scherf 2011: 453) und die Besteuerung eines immobilen Faktors nicht zu einer Verlagerung des Grundbesitzes führen kann (Korte 2008: 124). Die Grundsteuer knüpft an den Immobilienwert an und durch die verbundene Bemessungsgrundlage erfolgt die Berücksichtigung eines immobilen Produktionsfaktors,
- die Grundsteuerausgestaltung durch das Äquivalenzprinzip begründet wird. Lokale öffentliche Leistungen sollen durch eine lokale Steuer finanziert und für ein abgrenzbares Gebiet bereitgestellt werden (benefit principle). Wettbewerb erfolgt i.F. einer yardstick competition und nicht i.F. eines ruinösen Steuerwettbewerbs. Eine Evaluation der politischen Leistung innerhalb einer Gemeinde und ein Vergleich mit anderen (benachbarten) Gemeinden um das „bessere" Steuer- und Leistungsbündel stehen im Vordergrund,
- die Grundsteuer eine lokale Wirkung und Ausgestaltung besitzt (Hantzsch 2012: 761 f.),
- verschieden ausgestaltete Grundsteuergesetze und unterschiedliche Besteuerungsgrundlagen, z.B. i.F.v. verschiedenen Grundsteuerreformmodellen zwischen den Bundesländern, mit erhöhten Transaktionskosten (z.B. Suchkosten) für die Bürger einhergehen. Ein ruinöser Steuerwettbewerb ist daher nicht zu erwarten (vgl. Konrad 2009: 120 ff., Konrad 2010; Diamond 1971).

Werden die Diskussionsinhalte über den US-amerikanischen Immobilienmarkt auf die deutsche Grundsteuer übertragen, so ist insbesondere die steuerliche Bemessungsgrundlage ausschlaggebend dafür, ob sich das benefit view, das capital view oder Inhalte beider views als passende Sichtweise herausstellen (Kapitel 4.1). Da die US-amerikanische Grundsteuer über das Immobilienvermögen hinaus weitere Vermögensgegenstände besteuert, ist das capital view zumindest für die US-amerikanische Grundsteuer zutreffender als für die deutsche Grundsteuer. Die derzeitige Rechtfertigung der Grundsteuererhebung in Deutschland erfolgt vorrangig durch das Äquivalenzprinzip, sodass das benefit view zutreffender erscheint.

Zodrow (2014) betont, dass das capital view überhaupt erst dadurch entstanden sei, dass im Rahmen des benefit views Besteuerungsobjekte, die über eine ausschließliche Immobilienbesteuerung hinausgingen, vernachlässigt worden seien (vgl. Zodrow 2014: 57 ff.). Die deutsche Grundsteuer hingegen werde ausschließlich auf den Immobilienbestand erhoben.

Neben den ökonomischen Aspekten, die sich im Wesentlichen auf die Grundsteuerausgestaltung, die Grundsteuerrechtfertigung, die Wettbewerbsart und die Mobilität beziehen, sind bei einer Dezentralisierung weitere Faktoren zu berücksichtigen. Diese sind u.a. die regionale Einbettung der Steuer, ihre Verknüpfung mit lokalen Tätigkeiten, Multilevel-Governance-Herausforderungen, welche inter- und intragebietlich auftreten können und institutionelle Regelsysteme, wie z.B. in Deutschland der Länderfinanzausgleich oder der kommunale Finanzausgleich.

Alle vier Governance-Modi wurden hinsichtlich ihrer Bedeutung bei der ökonomischen und institutionenökonomischen Analyse deutlich dargestellt. Da jedoch im Rahmen dieses Promotionsvorhabens eine interdisziplinäre Betrachtungsweise vorgenommen wird, soll nachfolgend auch die rechtliche Auseinandersetzung im Hinblick auf eine Dezentralisierung der Gesetzgebungskompetenz erfolgen. Dabei soll überprüft werden, ob aus rechtlicher Sicht eine Dezentralisierung umsetzbar und wünschenswert ist und mit welchen Herausforderungen diese einhergehen würde.

7.2.3 Rechtliche und politische Auseinandersetzung

Die Grundsteuer war ursprünglich (vor dem Ersten Weltkrieg) landesgesetzlich geregelt. Die Grundsteuererhebung erfolgte je nach Bundesland entweder als Grund- und Flächensteuer, als Haus- und Gebäudesteuer oder als Miet- und Wohnungsteuer. Da diese Ausgestaltung als unbefriedigend empfunden wurde, wurden im Jahre 1920 reichseinheitliche Regelungen getroffen (Troll/Eisele 2014: 19). Im Rahmen dieser Regelungen knüpfte das Grundsteuergesetz vom 01.12.1936 (RGBl. 1936 I: 986–991) an das Reichsbewertungsgesetz zur Einheitswertfeststellung an (RGBl. 1934 I: 1035 f.).

Seit dem neukonzipierten Grundsteuergesetz 1951 (BGBl. 1951 I: 515, 519) unterliegen das Bewertungs- und das Grundsteuergesetz bundeseinheitlichen Regelungen (Troll/Eisele 2014: 21). Dies ist der konkurrierenden Gesetzgebung zuzuschreiben. Vor dem Hintergrund dieser gilt es daher zu analysieren, inwiefern sich eine Neuregelung der Grundsteuerausgestaltung i.F. einer Kompetenzdezentralisierung auf das Sozialgefüge und auf die Gesetzgebungskompetenz insgesamt auswirken würde.

7.2.3.1 Herstellung gleichwertiger Lebensverhältnisse

Die Rechtfertigung zur Herstellung gleichwertiger Lebensverhältnisse durch ein Eingreifen des Bundes ist dann gegeben, wenn sich zwischen den Ländern die Lebensverhältnisse deutlich unterscheiden und sich daraus eine Auseinanderentwicklung des Sozialgefüges abzeichnen lässt (Hantzsch 2012: 760). Sofern Länderregelungen eine Herstellung gleichwertiger Lebensverhältnisse nicht gewährleisten, begründet dies die Notwendigkeit einer bundeseinheitlichen Regelung. Daraus kann jedoch nicht grundsätzlich gefolgert werden, dass unterschiedliche Regelungen der Bundesländer zwangsweise das Ziel der Herstellung gleichwertiger Lebensverhältnisse ausschließen oder diesem entgegenwirken (Sannwald 2014: 1763, Rn. 63).

Das BVerfG äußerte sich in Bezug auf Art. 72 Abs. 2 GG wie folgt: „Das Erfordernis der ‚Herstellung gleichwertiger Lebensverhältnisse' ist nicht schon dann erfüllt, wenn es nur um das Inkraftsetzen bundeseinheitlicher Regelungen geht. Das bundesstaatliche Rechtsgut gleichwertiger Lebensverhältnisse ist vielmehr erst dann bedroht und der Bund erst dann zum Eingreifen ermächtigt, wenn sich die Lebensverhältnisse in den Ländern der Bundesrepublik in erheblicher, das bundesstaatliche Sozialgefüge beeinträchtigender Weise auseinander entwickelt haben oder sich eine derartige Entwicklung konkret abzeichnet" (BVerfG v. 24.10.2002, 2 BvF 1/01, NJW 2003: 41).

Es existieren unterschiedliche Meinungen darüber, inwiefern eine von den Ländern geregelte Grundbesteuerung das bundesstaatliche Sozialgefüge beeinflusst und zu einer möglichen Auseinanderentwicklung beitragen würde (Becker 2013: 862). Die Argumentationen knüpfen an die Grundsteuercharakteristika an, wobei Cremers (2012: 11 zit. nach Becker 2013: 862) die Besteuerung eines immobilen Faktors als gesamtstaatliche wirtschaftliche Möglichkeit sieht und Hantzsch (2012: 758 ff.) hingegen die Grundsteuer aufgrund ihrer geringen Finanzierungswirkung nicht als Instrument zur Herstellung gleichwertiger Lebensverhältnisse versteht.

Gegen die Eignung einer bundeseinheitlichen Grundsteuer zur Herstellung gleichwertiger Lebensverhältnisse sprechen im Wesentlichen zwei Gründe. Zum einen führt die derzeitige Grundsteuerausgestaltung zu einer geringen Finanzierungswirkung, sodass sie als Regulierungsinstrument zum Ausgleich unterschiedlicher Lebensverhältnisse zwischen den Ländern gar nicht geeignet ist. Eine Gefährdung des gesamtstaatlichen Zusammenhaltes i.F. unterschiedlicher Lebensverhältnisse liegt daher bei einer unterschiedlichen Grundsteuerbelastung nicht vor (Hantzsch 2012: 761). Hantzsch (2012: 761) unterstreicht dies damit, dass der Bund weder Empfänger des Steueraufkommens sei, noch das Recht zur Belastungssteuerung und daher auch kein Umverteilungspotenzial besitze. Als Instrument zur Herstellung gleichwertiger Lebensverhältnisse könne die Grundsteuer folglich nicht herangezogen werden (Hantzsch 2012: 761; Löhr 2008: 124; Zeitler 2002: 133). Unterstützt wird dieses Argument durch den vom BFH festgestellten limitierten Belastungseffekt der Grundsteuer (BFH v. 02.02.2005, II R 36/03, BB 2005: 1208) sowie durch die geringe Einflussnahme des Bundes auf die tatsächliche Belastungswirkung (Becker 2013: 862).

Zum anderen argumentieren Hantzsch und Löhr, dass den Gemeinden bereits das Recht zur autonomen Bestimmung der Grundsteuerhebesätze nach Art. 106 Abs. 6 GG und § 26 GrStG obliege. Sie folgern daraus, dass das gesamtwirtschaftliche Gleichgewicht und damit auch die Funktionsfähigkeit der Gesamtwirtschaft durch eine zwischen den Ländern abweichende Grundsteuerausgestaltung nicht gefährdet werden würde. Gleichzeitig merken sie jedoch an, dass für Steuerpflichtige, die über länderübergreifenden Grundbesitz verfügten, ein erhöhter Aufwand durch die differenzierten Grundsteuerregelungen entstehen könnte (vgl. Löhr 2008: 124; Hantzsch 2012: 761 f.; so auch Zeitler 2002: 133).

7.2.3.2 Wahrung der Rechts- und Wirtschaftseinheit

Artikel 72 Abs. 2 GG wurde mit der Verfassungsreform aus dem Jahr 1994 enger gefasst, sodass der Bund nur noch die Gesetzgebungskompetenz besitzt, wenn die Herstellung gleichwertiger Lebensverhältnisse und die Wahrung der Rechtseinheit und der Wirtschaftseinheit von gesamtstaatlichem Interesse sind (vgl. Hantzsch 2012: 760; Seer 2015a: 48, Rn. 35). Das Grundgesetz und die Strukturbestimmungen prägen den Begriff des gesamtstaatlichen Interesses (Sannwald 2014: 1767, Rn. 78). Inhalt des Grundsatzes zur „Wahrung der Rechts- und Wirtschaftseinheit" ist nach dem BVerfG die Vermeidung einer Rechtszersplitterung und ihrer Folgen (BVerfG v. 24.10.2002, 2 BvF 1/01, NJW 2003: 41 ff.; Seer 2015a:

48, Rn. 37 f.). Durch dieses Urteil hat das BVerfG hinsichtlich der Kompetenzverteilung deutliche Vorgaben erlassen.

Hierzu äußerte sich das BVerfG wie folgt: „Eine Gesetzesvielfalt auf Länderebene erfüllt die Voraussetzungen des Art. 72 II GG erst dann, wenn sie eine Rechtszersplitterung mit problematischen Folgen darstellt, die im Interesse sowohl des Bundes als auch der Länder nicht hingenommen werden kann" (BVerfG v. 24.10.2002, 2 BvF 1/01, NJW 2003: 41). Einheitliche Regelungen können dann gefordert werden, „wenn die unterschiedliche rechtliche Behandlung desselben Lebenssachverhalts unter Umständen erhebliche Rechtsunsicherheiten und damit unzumutbare Behinderungen für den länderübergreifenden Rechtsverkehr erzeugen kann" (BVerfG v. 24.10.2002, 2 BvF 1/01, NJW 2003: 52). Es gilt daher im Hinblick auf diese Äußerung abzuwägen, ob für die Grundsteuer eine bundeseinheitliche Regelung erforderlich ist.

Ein bundeseinheitliches Recht für sämtliche Angelegenheiten zur Wahrung der Rechts- und Wirtschaftseinheit könne jedoch nicht allein wegen des bundesstaatlichen Aufbaus gerechtfertigt werden (BVerfG v. 24.10.2002, 2 BvF 1/01, NJW 2003: 52 ff.). Hantzsch (2012: 760) sieht die Notwendigkeit einer bundeseinheitlichen Lösung erst dann, wenn aus der Gesetzesvielfalt der Länder unzumutbare länderübergreifende Behinderungen resultierten oder gleiche Lebenssachverhalte unterschiedliche Rechtsbehandlungen nach sich zögen und Rechtsunsicherheit entstehe. Eine durch Bundesrecht hergestellte Einheitlichkeit sei erst bei länderübergreifenden Problemen oder bei einer starken Rechtsunsicherheit zu rechtfertigen.

Eine Gefährdung der Rechtssicherheit oder Funktionsfähigkeit bei einer landesgeregelten Grundsteuer sieht Hantzsch jedoch aufgrund des begrenzten örtlichen Bezugs, des Objektcharakters und des Hebesatzrechts der Gemeinden als unwahrscheinlich an. Unzumutbare Behinderungen zwischen den Ländern seien aufgrund dieser Eigenschaften nicht zu erwarten. Da der örtliche Wirkungskreis der Grundsteuer in erster Linie Inhalte der Verwaltungsökonomie und der Gerechtigkeit betreffe, könne daraus gefolgert werden, dass eine bundesgesetzliche Regelung und eine Grundsteuererhebung als gesamtstaatliche Aufgabe nicht gerechtfertigt seien (Hantzsch 2012: 761 f.). Korte (2008: 124) argumentiert ebenfalls, dass die Grundsteuer aufgrund ihres regionalen Bezuges nicht das geeignete Instrument für die Standortpolitik sei, da der Grundbesitz zwischen den Gemeinden nicht verlagert werden könne (Korte 2008: 124). Eine Landeskompetenz kann daher insbesondere bei lokalen Steuern, die einen Bezug zur Infrastruktur aufweisen und bei anhaltenden Reformblockaden gerechtfertigt werden (so auch Seer 2015a: 48 f., Rn. 40 f.) und bietet sich daher auch bei der Grundsteuer an.

Becker sieht die Herausforderung einer möglichen Regelungskompetenz der Länder darin, dass diese im „Höchstfall" mit 16 verschiedenen Grundsteuerrechten einherginge und dies zu einer Rechtszersplitterung führen könnte. Inhalt des Grundsatzes „Wahrung der Rechts- und Wirtschaftseinheit" sei eben auch die Vermeidung von steuermotivierten Wanderungsbewegungen und der Bildung von Steueroasen (Becker 2013: 863).

Eine Bundeskompetenz ist dennoch nicht eindeutig zu bevorzugen, zumal das Einheitswertkonzept vom Bundesgesetzgeber bereits aufgegeben wurde und derzeit unterschiedliche Bewertungsverfahren für die Grundsteuer, die Grunderwerbsteuer und die Erbschaft- und Schenkungsteuer existieren (§§ 138 bis 150 und §§ 157 bis 198 BewG).

Becker (2013: 863) vertritt die Meinung, dass verschiedene Regelungskompetenzen dazu führten, dass sich Bürger und Wirtschaft nicht nur mit den von einer Gemeinde festgesetzten Hebesätzen, sondern auch mit den unterschiedlichen „Grundsteuerrechten", Bemessungsgrundlagen und Verwaltungsverfahren auseinandersetzen müssten. Aus administrativer Sicht sei daher eine Mehrbelastung der Bürger zu erwarten, weswegen eine länderübergreifende Behinderung des Rechtsverkehrs entstehen könnte (Becker 2013: 863).

Anders als bei der Gewerbesteuer, welche den Gewerbeertrag als Besteuerungsobjekt heranziehe, würde bei der Grundsteuer immobiles Vermögen besteuert. Beide Steuerarten seien zwar den Realsteuern zuzuordnen, jedoch erscheine eine Wanderungsbewegung bei mobilem Unternehmenssitz wahrscheinlicher als bei immobilem Grundbesitz. Eine bundeseinheitliche Regelung zur Vermeidung von schädlichem Steuerwettbewerb und Steueroasen sei bei der Grundsteuer anders zu beurteilen als bei der Gewerbesteuer (Becker 2013: 863; Schmidt 2016: 79, Rn. 199). Hantzsch (2012: 758 ff.) folgert daraus, dass der örtliche Wirkungskreis der Steuer diese Aussage einmal mehr unterstütze, da die Belastungswirkung nicht von gesamtstaatlicher Auswirkung sei (Hantzsch 2012: 758 ff.; 761).

Eine Bundesgesetzgebungskompetenz könnte jedoch insofern bevorzugt werden, als die Grundsteuer am Grund und Boden anknüpft und daher derzeit nicht angewendete normierte Mindesthebesätze zu befürworten wären. Ein möglicher schädlicher Steuerwettbewerb könnte durch die Einführung von Mindesthebesätzen eingedämmt und die Vorzüge einer bundeseinheitlichen Regelung bestärkt werden (BVerfG v. 27.01.2010, 2 BvR 2185/04, 2 BvR 2189/04, Der Betrieb 2010: 542 ff.).

Für die Gewerbesteuer erscheint dieses Argument jedoch zutreffender als für die Grundsteuer, da bereits eine bundesrechtliche Regelung existiert, die dem Landesgesetzgeber eine Beeinflussung der Hebesätze erlaubt (§ 26 GrStG: Koppelungsvorschriften und Höchsthebesätze). In § 26 GrStG heißt es: „In welchem Verhältnis die Hebesätze für die Grundsteuer der Betriebe der Land- und Forstwirtschaft, für die Grundsteuer der Grundstücke und für die Gewerbesteuer zueinander stehen müssen, welche Höchstsätze nicht überschritten werden dürfen und inwieweit mit Genehmigung der Gemeindeaufsichtsbehörde Ausnahmen zugelassen werden können, bleibt einer landesrechtlichen Regelung vorbehalten." Da kein flächendeckender Gebrauch von dieser Regelung gemacht wird, kann sie in erster Linie als Korrektur von Finanz- und Ausgleichssystemen verstanden werden (Art. 106, 107 GG) (Becker 2013: 864; Hantzsch 2012: 762). Gemäß § 26 GrStG ist ein Höchsthebesatz für die Grundsteuer derzeit jedoch nicht vorgesehen (Schmidt 2016: 79, Rn. 200).

Die Begründung einer bundeseinheitlichen Grundsteuer zur Vermeidung von Steueroasen kann durch den bestehenden § 1 GrStG bereits relativiert werden. Den Gemeinden steht es derzeit frei, die Grundsteuer in ihrem Gebiet zu erheben oder nicht. Dem Argument eines daraus möglicherweise resultierenden Steuerwettbewerbs könne daher entgegengewirkt werden (vgl. Seer 2015a: 49, Rn. 41).

7.2.3.3 Subsidiaritätsprinzip und Länderfinanzausgleich

Gemäß dem Subsidiaritätsprinzip, Aufgaben möglichst auf unterer Ebene auszuführen und erst einer Intervention bei Nichterfüllung zuzustimmen, ist ein Eingreifen in das Gesetzgebungsrecht der Länder nach Möglichkeit zu vermeiden (Hantzsch 2012: 761; Becker 2013: 863; vgl. Seer 2015a: 48, Rn. 40). Eine Berücksichtigung unterschiedlicher Partikularinteressen hinsichtlich der Grundsteuerausgestaltung kann erst dann erfolgen, wenn die Länder eigenständige Gesetzgebungskompetenzen besitzen. Es ist der Grundsatz einzuhalten, dass durch den Bund nur geringfügig in die Gesetzgebungskompetenz der Länder eingegriffen werden sollte (Hantzsch 2012: 761 f.).

Auch stellt die Berücksichtigung der Grundsteuer im Länderfinanzausgleich kein hinreichendes Argument zur Rechtfertigung eines Bundesgesetzes dar, da mit diesem Argument sämtliche Länderkompetenzen hinterfragt werden könnten (Hantzsch 2012: 762). Die Grundsteuer kann im Länderfinanzausgleich als Korrektiv für die Finanz- und Umverteilung verstanden werden. Weiterhin kann auf die Gesetzgebungskompetenz der Länder gemäß Art. 105 Abs. 2a GG verwiesen werden, wonach die Länder für Aufwand- und Verbrauchsteuern die

Gesetzgebungskompetenz besitzen. Daraus kann gefolgert werden, dass die Grundsteuer in ihrer Art und Weise der Wirkung dieser Steuerarten ähnlich ist und damit auch derselben Gesetzgebungskompetenz unterliegt (Hantzsch 2012: 762). Grundsätzlich können zwei Lösungsansätze für die Herausforderung einer Dezentralisierung der Grundsteuer im Länderfinanzausgleich herangezogen werden: (1) Eine Nichtberücksichtigung der Grundsteuer oder (2) mittels einer sachgerechten Normierung nicht erwünschten finanziellen Effekten im Finanzausgleich entgegenzuwirken (Becker 2013: 864).

Zusammenfassend sprechen die folgenden ökonomischen, politischen und rechtlichen Gründe für oder gegen eine Dezentralisierung der Grundsteuergesetzgebungskompetenz (Tabelle 32):

Tabelle 32: Vor- und Nachteile einer Dezentralisierung der Grundsteuergesetzgebungskompetenz

Vorteile	Nachteile
Ökonomisch	
• Erreichung institutioneller Kongruenz und fiskalischer Äquivalenz • Erhöhung der „Fühlbarkeit“ der Grundsteuer • Einschränkung des Leviathan	• Erhöhter Bürokratieaufwand • Umständlich im Finanzausgleich • Administrative Mehrbelastung der Bürger
Politisch	
• Entflechtung der Zuständigkeiten • Auflösung von Reformblockaden • Berücksichtigung von Bürgerpräferenzen und politischer Vielfalt • Ausbau von Länderkompetenzen	• Fehlende gesellschaftliche Akzeptanz • Verflechtungen werden auf die unteren Ebenen verlagert
Rechtlich	
• Erfüllung des Subsidiaritätsprinzips	• Gefahr der Rechtszersplitterung

Quelle: eigene Zusammenstellung und Erweiterung auf Basis von Becker 2013; Hantzsch 2012; Löhr 2008; Korte 2008, Seer 2015a,b.

7.2.4 Zusammenfassung

In Bezug auf Hypothese 3 hat die Analyse der Grundsteuergesetzgebung gezeigt, dass in Abhängigkeit der Grundsteuerausgestaltung eine Einflussnahme auf den Kapitalisierungsprozess und auf die Grundsteuerwahrnehmung grundsätzlich möglich ist. Eine Grundsteuerkapitalisierung kann somit durch eine entsprechende Gesetzesreform herbeigeführt werden.

Dieser Zusammenhang wird in Abbildung 26 verdeutlicht. Durch eine Entflechtung der Gesetzgebungskompetenz würden insbesondere die Modi Hierarchie und Verhandlung zulasten des Modus Wettbewerb an Bedeutung verlieren. Die beschriebenen Reformoptionen unterscheiden sich in ihrer Berücksichtigung und Gewichtung der einzelnen Kapitalisierungsfelder. Durch eine geänderte Zusammensetzung der Grundsteuerbemessungsgrundlage ist eine unterschiedliche Einflussnahme auf den Kapitalisierungsprozess möglich. Die Art und Weise der Beeinflussung ist abhängig von den Zielen, die mit einer Grundsteuerreform zukünftig verfolgt werden sollen.

Abbildung 26: Entflechtung des Grundsteuerkapitalisierungsprozesses

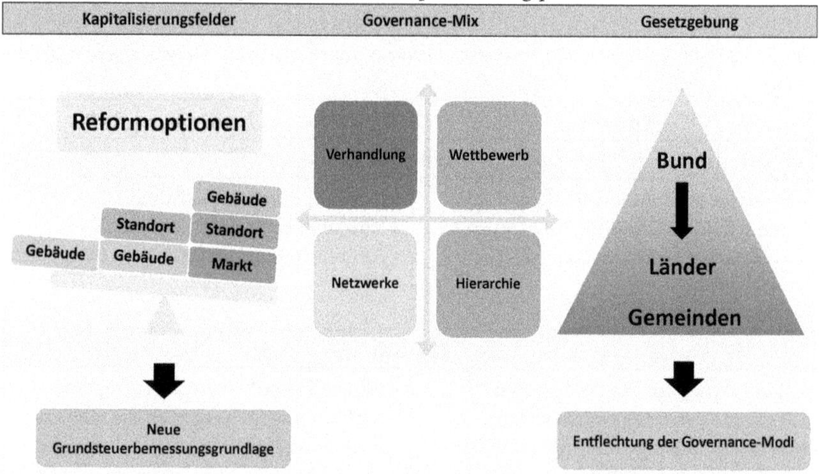

Quelle: eigene Darstellung.

Tabelle 33 gibt einen Überblick über die potenziellen Auswirkungen bereits diskutierter Reformmodelle auf den Grundsteuerkapitalisierungsprozess und über deren in der herrschenden Literatur ausführlich diskutierten Vor- und Nachteile. Für ausgiebige Diskussionen zu den Reformmodellen und ihren fiskalischen Auswirkungen siehe exemplarisch Schulemann 2011; Henger/Schaefer 2015; Arbeitsgruppe der Länder Baden-Württemberg, Bayern und Hessen 2010; Arbeitsgruppe Thüringen 2011; Senatorin der Freien Hansestadt Bremen 2010; Löhr 2012a; Färber/Salm/Hengstwerth 2014 und Nehls/Scheffler 2015.

Tabelle 33: Auswirkungen der Reformmodelle auf die Grundsteuerbelastung und auf den Kapitalisierungsprozess

Modell	Vorteile*	Nachteile*	Grundsteuer-belastung	Analysefeld Kapitalisierungs-prozess
VWM	• Herstellung fiskalischer Äquivalenz • Verfassungskonformität • Konformität bzgl. Länderfinanzausgleich • Hohe Akzeptanz • Gute Administrierbarkeit	• Hoher Verwaltungsaufwand • Instandhaltungen haben negativen Effekt auf Besteuerung • Regional verschiedene Immobilienmärkte	• Relativ hohe Belastung	• Gebäude-, standort- und marktspezifische Faktoren
WUM	• Gute Administrierbarkeit • Instandhaltungen • Einfache Ermittlung • Automatisierte Festsetzung	• Keine kostenmäßige / fiskalische Äquivalenz • Belastungs-verschiebungen • Zweifelhafte Verfassungsmäßigkeit	• Relativ geringe Belastung	• Gebäude-spezifische Faktoren
KOM	• Mittlerer Verwaltungsaufwand • Effizienz und Allokation können erreicht werden • Fiskalische Äquivalenz • Gute Akzeptanz • Daten vorhanden • Gute Nachvollziehbarkeit	• Zweifel an der Verfassungskonfor-mität • Verwendung von Bodenrichtwerten, obwohl wertunabhängige Begründung herangezogen wird	• Mittlere Belastung	• Gebäude-, standort- und marktspezifische Faktoren finden Berücksichtigung, jedoch weniger ausgeprägt als im VWM
BM	• Förderung der Mobilisierung und Innenentwicklung von Grundstücken • Geringer Verwaltungsaufwand • Kostenmäßige Äquivalenz • Instandhaltungen haben keinen Einfluss auf Besteuerung • Hohe Akzeptanz • Hohes und solides Mittelaufkommen für Gemeinden • Effiziente Grundstücksnutzung • Keine Überwälzung auf Mieter/Pächter	• Belastungs-verschiebungen • Regelmäßige Aktualisierung der Bodenwerte	• Gerechtig-keitsaspekte • Geringeres Steuer-aufkommen	• Standort- und marktspezifische Faktoren

Quelle: eigene Zusammenstellung auf Basis von Schulemann 2011; Henger/Schaefer 2015; Senatorin für Finanzen der Freien Hansestadt Bremen 2010; Arbeitsgruppe der Länder Baden-Württemberg, Bayern und Hessen 2010; Arbeitsgruppe Thüringen 2011; Löhr 2012a: 821; Voigtländer 2017: 90 ff.; *Die jeweiligen Vor- und Nachteile werden in der herrschenden Literatur kontrovers diskutiert, sodass ein einheitlicher Konsens nicht besteht.

Nachdem in Kapitel 5 die eigene Studie durchgeführt und die Analyse des Kapitalisierungsprozesses um Elemente der Neuen Institutionenökonomik und des Governance-Konzeptes in Kapitel 6 erweitert wurde, erfolgte in Kapitel 7 eine ökonomische und rechtliche Auseinandersetzung mit den Vor- und Nachteilen einer Dezentralisierung der Grundsteuergesetzgebungskompetenz. In Kapitel 8 sollen nachfolgend die Ergebnisse formal und inhaltlich mit denen anderer Studienergebnisse verglichen und diskutiert werden. Dabei soll auch auf Herausforderungen bei der Durchführung von Kapitalisierungsstudien und auf verschiedene Schlussfolgerungen eingegangen werden. In diesem Zusammenhang soll sich insbesondere mit der Fragestellung auseinandergesetzt werden, ob ein möglicher Kapitalisierungsnachweis einen Beweis zugunsten oder zulasten der Tiebout-Hypothese, auch vor dem Hintergrund der Effizienz- und Mobilitätsthese, darstellt. Es erfolgt daher eine normative Betrachtung der Kapitalisierungstheorie.

8 Evaluation der durchgeführten Studie und Vergleich mit anderen Kapitalisierungsstudien

Die durchgeführten Kapitalisierungsstudien weisen eine Vielzahl an unterschiedlichen Vorgehensweisen und Ergebnissen auf. Insbesondere Oates' Studie (1969) wurde viel Aufmerksamkeit gewidmet, sodass daran anknüpfend weitere Studien von verschiedenen Wissenschaftlern durchgeführt wurden. Mehrere Autoren üben jedoch Kritik an der von Oates gewählten Verfahrensweise und auch an den Vorgehensweisen darauf aufbauender Studien. Diese bezieht sich u.a. auf die Wahl des Steuerpreises (Oates 1969; King 1977), auf die Höhe der Diskontrate (King 1977; Quang Do/Sirmans 1994), auf die Form der Funktion (Oates 1973; Pollakowski 1973), auf die Verwendung einer geeigneten Variable für die Darstellung öffentlicher Leistungen (Rosen/Fullerton 1977; Yinger et al. 1988) sowie auf die jeweilige Schätztechnik (Hamilton 1979; Zusammenstellung Feld 2000: 145).

Die Kritik lässt sich in die (1) formale und die (2) inhaltliche Kritik unterteilen. Die formale Kritik bezieht sich auf die ökonometrische Umsetzung, wohingegen sich die inhaltliche Kritik auf die darauf basierenden ökonomischen Schlussfolgerungen bezieht. Nachfolgend soll eine kritische Auseinandersetzung mit Kapitalisierungsstudien im Allgemeinen und mit der eigenen Studie im Speziellen erfolgen. Ziel ist es, nicht nur die unterschiedlichen Ergebnisse mit Hilfe des Governance-Konzeptes zu begründen, sondern auch die ökonometrischen Herausforderungen von Kapitalisierungsstudien zu beschreiben, um deren Aussagekraft zu bewerten. Ferner soll der Frage nachgegangen werden, ob eine Grundsteuerkapitalisierung erstrebenswert ist und welche Schlussfolgerung daraus abgeleitet werden kann.

8.1 Formale Auseinandersetzung

Die Zusammenstellung der Faktoren, die in theoretischen Modellen wesentlichen Einfluss ausüben, stellt eine grundlegende Schwierigkeit bei der Durchführung von Kapitalisierungsstudien dar. In Abhängigkeit der getroffenen Annahmen, der ausgewählten Indikatoren und des zur Verfügung stehenden Datenmaterials ist mit den nachstehenden methodischen und ökonometrischen Herausforderungen umzugehen. Es erfolgen eine Zusammenstellung und eine Erweiterung der von Bloom/Ladd/Yinger (1983: 151 ff.), Palmon/Smith (1998b),

Ross/Yinger (1999) und Sheppard (1999: 1614 ff.) aufgestellten möglichen Herausforderungen, mit denen bei der Durchführung einer Kapitalisierungsstudie umzugehen ist:

- Die Berücksichtigung von sich gegenseitig beeinflussenden Variablen innerhalb eines Regressionsmodells,
- die Bestimmung der im Regressionsmodell zu verwendenden Variablen,
- die Bestimmung des Niveaus öffentlicher Leistungen und der Diskontrate,
- die Bestimmung einer geeigneten Grundsteuervariable,
- der Umgang mit der Unsicherheit über die zukünftige Grundsteuerausgestaltung und -belastung,
- die Charakteristika des jeweiligen Teilmarktes,
- die Vergleichbarkeit der Variablen und die Messfehler im Datenmaterial,
- fehlerhafte oder unterschiedliche Modellspezifikationen.

8.1.1 Variablenberücksichtigung

Das in Kapitel 3.4 beschriebene Tiebout-Modell unterstellt einen Zusammenhang zwischen öffentlichen Leistungen und der dafür zu entrichtenden Steuerzahlung. Die Individuen entscheiden sich durch „voting by feet" für die Gemeinde, welche das für sie passende Bündel aus öffentlichen Leistungen und Steuerzahlung zur Verfügung stellt. Da öffentliche Leistungen aus Steuern finanziert werden, kann daraus geschlossen werden, dass die beiden Variablen in unmittelbarem Zusammenhang zueinander stehen und nicht separat betrachtet werden können (Bloom/Ladd/Yinger 1983: 152 ff.; Oates 1969).

Oates (1969) weist im Rahmen seiner Studie auf das Problem von Kollinearitäten[144] zwischen den Variablen hin. Um diesem Problem entgegenzuwirken, kann auf eine Kollinearitätsdiagnose zurückgegriffen werden, um solche Variablen zu identifizieren, die miteinander korrelieren. Als mögliche Lösung kann das Entfernen der betroffenen Variablen aus der zu berücksichtigenden Stichprobe dienen. Die entfernten Variablen könnten jedoch gerade von besonderer Bedeutung für die weitere Analyse sein. In der eigenen Studie wurden keine Kollinearitäten zwischen den Variablen der Grundsteuer und der öffentlichen Leistung festgestellt. Beide Variablen weisen einen VIF von unter 2 auf.

144 Es existieren verschiedene Tests und Möglichkeiten, um eine Kollinearität bzw. Multikollinearität aufzudecken (z.B. der VIF, die Toleranz, der Konditionsindex, die Korrelationsmatrix etc.). Bezüglich der Toleranzwerte liegen auch hier deutliche Unterschiede vor (vgl. Kapitel 4.3.2).

Bei der Aufstellung des Regressionsmodells sind vorab Entscheidungen hinsichtlich der zu berücksichtigenden Variablen zu treffen. Es erfolgt eine Variablenselektion, bei der jedoch möglicherweise solche Variablen ausgeklammert werden, die maßgeblichen Einfluss auf die zu untersuchende Fragestellung haben (Bloom/Ladd/Yinger 1983: 145, 151 f.). Durch die Variablenvielzahl ist eine allumfängliche Betrachtung sämtlicher Variablen nahezu unmöglich. Gleichzeitig ist das Ziel von (ökonometrischen) Modellen, einen Sachverhalt in vereinfachter Art und Weise darzustellen. Es soll sowohl ein „overfitting" als auch ein „underfitting" vermieden werden (Backhaus et al. 2016: 102).

Nach ausführlicher Analyse existierender Studien wurden im Rahmen des Promotionsvorhabens die Variablen ausgewählt, die in den Studien vermehrt verwendet wurden und bei denen ein Einfluss auf den Immobilienwert nachgewiesen werden konnte. Der Anspruch der Studie bestand nicht darin, eine allumfängliche Immobilienbewertung durchzuführen, sondern sich speziell auf öffentliche Leistungen und auf die Grundsteuervariable zu fokussieren, weshalb die Variable „Hebesatz" von wesentlichem Interesse war.

8.1.2 Öffentliche Leistungen und Diskontsatz

In den Studien werden öffentliche Leistungen durch eine Vielzahl verschiedener Variablen repräsentiert. Sie können sich bspw. auf die Schulanzahl in bestimmten Gebieten, die Anzahl der Schulabsolventen oder die Ausstattung einer Gemeinde mit Parkanlagen oder Schwimmbädern beziehen. Die grundsätzliche Herausforderung besteht darin, einen plausiblen Indikator auszuwählen. Eine Vergleichbarkeit der Studienergebnisse wird durch die unterschiedlichen Ausprägungen jedoch erschwert. In US-amerikanischen Studien werden die öffentlichen Leistungen u.a. durch die Variablen „Schulausgaben je Schüler", „Distanz zur Schule", „Schulabschlüsse" oder „Krankenhäuser in der Umgebung" definiert (Bloom/Ladd/Yinger 1983: 152 f.). Für die eigene Studie wurde für das Modell Niedersachsen die Variable „Gemeindestraßen" ausgewählt, weil Gemeindestraßen u.a. über das generierte Grundsteueraufkommen der jeweiligen Gemeinde finanziert werden. Weiterhin stellen Gemeindestraßen einen wesentlichen Bereich der Infrastruktur dar, sodass eine gut ausgebaute Infrastruktur sich gemäß der Kapitalisierungsthese positiv auf die Immobilienwerte auswirken sollte, was für Niedersachsen auch nachgewiesen werden konnte. Für das Modell Bremen wurde die Variable „ÖPNV" ausgewählt, da diese auch einen wesentlichen Infrastrukturfaktor darstellt. Der eher geringe signifikante Nachweis in den Immobilienpreisen kann mit einer gleichmäßigen stadtteilübergreifenden Verteilung der Bus- und Bahnhaltestellen (Anhang 4) begründet werden.

Ferner variiert auch die Diskontrate zwischen den verschiedenen Studien. Sie beträgt bei Oates (1969) und King (1977) jeweils fünf Prozent, bei Rosen und Fullerton (1977) sechs Prozent und bei Edel und Sclar (1974) acht Prozent. Durch den Diskontsatz kann ein wesentlicher Einfluss auf den Kapitalisierungsgrad ausgeübt werden (Yinger et al. 1988), weshalb Unterschiede bei dieser Variable einen Ergebnisvergleich erschweren.

8.1.3 Grundsteuervariable

Ein einheitlicher Konsens darüber, welche Grundsteuervariable die bestgeeignete ist, existiert nicht. Es sind stattdessen verschiedene Möglichkeiten zur Berücksichtigung der Grundsteuer in den Studien zu verzeichnen (Bloom/Ladd/Yinger 1983: 154), bei denen jede verwendete Grundsteuervariable mit Vor- und Nachteilen einhergeht. Nachfolgende Grundsteuervariablen wurden in den Studien verwendet:

- der effektive Steuersatz[145] (z.B. Oates 1969),
- der Hebesatz der jeweiligen Gemeinden (z.B. Haußmann/Schweinberger 2012),
- die absolute Grundsteuerbelastung (z.B. Edelstein 1974),
- der durchschnittliche Grundsteuernettobetrag je Einwohner (z.B. Gürtler/Rehan 2008),
- die Einführung einer (Steuer-)Dummy-Variable, welche eine Änderung der Steuerbelastung darstellt (z.B. Haußmann et al. 2012).

Da die Bestimmung der tatsächlichen Grundsteuerbelastung vom jeweiligen Immobilienwert abhängig ist, jedoch gerade dieser Zusammenhang im Regressionsmodell untersucht werden soll, existiert eine Wechselbeziehung zwischen abhängiger und unabhängiger Variable. Es wird daher von sog. Rückkopplungseffekten gesprochen (vgl. Yinger et al. 1988: 45, 71 f.; Bloom/Ladd/Yinger 1983: 151).

Bei Verwendung des Hebesatzes, welcher oftmals auch als Lagefaktor bezeichnet wird, könnten hingegen Abhängigkeiten zwischen öffentlichen Leistungen und der Steuervariable auftreten, sodass auch in diesem Fall mögliche Kollinearitäten die Aussagekraft des Regressionsmodells beeinflussen. Nichtsdestotrotz stellt der Hebesatz eine geeignete Steuervariable zur Überprüfung des

145 Der effektive Steuersatz errechnet sich aus der Steuerlast dividiert durch den Verkaufspreis (Bloom/Ladd/Yinger 1983: 154).

Tiebout-Modells dar, da die Gemeinden diesen autonom bestimmen können und sich daraus eine yardstick competition entwickeln kann.

Neben der Bestimmung der Grundsteuervariablen stellt auch die Ungewissheit über die zukünftige Grundsteuerausgestaltung einen Unsicherheitsfaktor dar. Diese beeinträchtigt die langfristige Darstellung der Grundsteuervariablen und führt daher zu einer grundsätzlichen Herausforderung bei der Durchführung von Kapitalisierungsstudien. Die Unsicherheit bezieht sich auf sämtliche Grundsteuereigenschaften, welche wie folgt zusammengefasst werden können:

- Änderungen der wesentlichen Stellschrauben im Rahmen der Grundsteuerberechnung (Hebesatz, Steuermesszahl, Bemessungsgrundlage),
- Änderungen bei der Grundsteuerausgestaltung (siehe Reformmöglichkeiten Kapitel 2.3.2),
- distributive Auswirkungen von Reformmodellen auf die Grundsteuerbelastung,
- Verbot der Grundsteuererhebung aufgrund einer möglichen Verfassungswidrigkeit (siehe Kapitel 2.3.1).

Insbesondere bei capitalization models kann die Unsicherheit über die zukünftige Grundsteuerbelastung zu Modellverzerrungen führen. Wie in Kapitel 4.3.1 dargestellt werden innerhalb dieses Modells die diskontierten Steuerzahlungen verwendet. Eine Gesetzesänderung, die mit einer Änderung der Grundsteuerbelastung einhergeht, würde folglich zu einer verzerrten Modellschätzung führen.

Eine Neubewertung der ca. 35 Mio. Grundstücke in Deutschland würde nach gegenwärtigen Planungen ungefähr zehn Jahre beanspruchen. Die Bewertungsphase würde mit einer hohen Verwaltungsbelastung einhergehen und eine erhöhte Planungsunsicherheit mit sich bringen (Henger/Schaefer 2016a: 21).

8.1.4 Immobilienmarkt und Vergleichbarkeit

Verschiedene Messprobleme können aus den speziellen Eigenschaften des Immobilienmarktes wie bspw. Intransparenz und aufwendiger Datenerhebung resultieren. Zum einen können beim Kauf asymmetrische Informationen zwischen Käufer und Verkäufer vorliegen. Zum anderen kann keine Vollständigkeit bei der Datenerhebung gewährleistet werden. Überdies erschweren individuelle Standortgegebenheiten, welche u.a. in den durchgeführten Regressionsanalysen beobachtet werden konnten, eine Vergleichbarkeit von verschiedenen Teilmärkten. In Abhängigkeit des Teilmarktes hatten die Variablen stets einen unterschiedlichen Einfluss auf den Immobilienpreis.

Unter Einbeziehung des Governance-Konzeptes kann gezeigt werden, dass veränderte Rahmenbedingungen im Hinblick auf immobilienpolitische Themen Einfluss auf die Strukturen des jeweiligen Teilmarktes und auf das Akteursverhalten ausüben können (z.B. Bestellerprinzip, Mietpreisbremse). Die Preisbildung auf dem Mietmarkt im Vier-Quadranten-Modell wird dadurch beeinflusst, was mit einer Kettenreaktion bei der Gleichgewichtsbildung im gesamten Vier-Quadranten-Modell einhergehen kann. Die Mietpreisbremse könnte dadurch z.B. zu einem vergleichsweise niedrigen Mietzins führen, welcher möglicherweise im Rahmen einer freien Mietpreisbildung höher wäre. Für den Kapitalisierungsprozess bedeutet dies, dass Institutionen und der jeweilige Governance-Modi-Mix wesentlichen Einfluss auf das Ergebnis ausüben.

Je nach Region weisen die Variablen Unterschiede in Definition, Zusammensetzung und Aufbereitung auf. Die von den Gutachterausschüssen aufbereiteten Daten werden von den Immobilienkäufern auf freiwilliger Basis mittels eines Fragebogens zur Verfügung gestellt. Die Studienvergleichbarkeit kann durch unvollständige Datensätze, unterschiedliche Verfahren der Datenerhebung und (unbeabsichtigte) falsche Angaben über die Variablenausprägungen erschwert werden.

Unvollständige Datensätze können (siehe Kapitel 4.3.2) auch mit dem Zeit- und Informationsaufwand zur Vervollständigung des Fragebogens begründet werden, sodass Fragen teilweise oder vollständig vernachlässigt und deswegen unvollständige Antworten gegeben werden.

Die Kaufpreissammlungen der Gutachterausschüsse werden hinsichtlich Variablenanzahl, Variablendefinition und Merkmalsausprägungen (Antwortmöglichkeiten) unterschiedlich aufbereitet. Beispielsweise wird in Niedersachsen die Variable „Kaufpreis“ als absoluter Kaufpreis ausgewiesen, wohingegen in Bremen die Variable „Kaufpreis“ den bereinigten Kaufpreis darstellt. Ein weiteres Beispiel kann durch die Variable „Garage“ aufgezeigt werden. In Niedersachsen erfolgt eine Unterteilung in Garagen, die im Gebäude integriert sind oder als Nebengebäude existieren. In Bremen hingegen erfolgt eine Unterteilung in Garage, Stellplatz und Carport. Weiterhin wird die Variable „Garage“ entweder als Objektanzahl oder als Dummy-Variable („vorhanden“ oder „nicht vorhanden“) ausgewiesen.

Falsche Angaben zur Variablenausprägung können auch durch Nichtkenntnis herbeigeführt werden (z.B. falsche Wohnflächenberechnung). Für die Wohnflächenberechnung existieren Besonderheiten z.B. bei der Berücksichtigung eines

Balkons, einer Dachterrasse oder eines Zimmers mit hoher Wandschräge.[146] Diese Besonderheiten können zu einer verzerrten Wohnflächenberechnung führen und daher Einfluss auf das Ergebnis nehmen. Aufgrund der Tatsache, dass der Fragebogen oftmals auf subjektiven Einschätzungen beruht, können weitere Ergebnisverzerrungen auftreten.

So wies der Landesrechnungshof Rheinland-Pfalz bereits 2008 darauf hin, dass die Bewertungsstellen der Finanzämter die Grundsteuermessbetragsfestsetzung auf Grundlage nicht aktualisierter und damit oftmals nicht zutreffender Daten vornehmen. In 20 Prozent der betrachteten Fälle weichen bspw. die Angaben zur Wohnfläche bedeutend von den tatsächlichen Werten ab. Wertfeststellungen auf Basis unrichtiger Daten führen zu fehlerhaften Grundsteuerfestsetzungen (Rechnungshof Rheinland-Pfalz 2007/2008: 62) und im Rahmen von Kapitalisierungsstudien zu einer verzerrten Datenbasis.

Auch das „modifizierte Immobilienalter" ist nicht auf alle Immobilien in derselben Art und Weise übertragbar. In Abhängigkeit des „tatsächlichen Baujahrs" und dem Zeitpunkt durchgeführter Instandhaltungsmaßnahmen sind verschiedene Ergebnisse zu verzeichnen. Dies liegt an sich ändernden Anforderungen an Instandhaltungsmaßnahmen über die letzten Jahrzehnte und an der Tatsache, dass modernisierte Immobilien in ihren Eigenschaften (z.B. Grundriss oder Bauweise) nicht eins zu eins auf heutige Neubauten übertragen werden können. Ferner können asymmetrische Informationen zu unterschiedlichen Antworten im Fragebogen führen. Je nachdem, ob der Käufer oder der Verkäufer die Immobilienbeurteilung vornimmt, können die Angaben ebenfalls voneinander abweichen.

Weiterhin ist auch die Rücklaufquote der Fragebögen entscheidend für die Repräsentativität des Teilmarktes und eine Aussage in Bezug auf den Kapitalisierungsgrad. Die Immobilienerwerber erhalten von der jeweiligen Geschäftsstelle des Gutachterausschusses einen Fragebogen, welcher für die weiteren Datenanalysen von Bedeutung ist. Die Rücklaufquote der Fragebögen beträgt in Bremen bei Reihenhäusern zwischen 45 und 50 Prozent (Gutachterausschuss Bremen 2016: 11). Weitere die Immobilie betreffende Daten müssen darüber hinaus oftmals vom Gutachterausschuss eigenständig ermittelt werden, wie z.B. der Bodenrichtwert, der Instandhaltungsfaktor und die qualitative Einordnung der Immobilienlage.

---

146 Bei der Wohnflächenberechnung existieren unterschiedliche Verfahren, z.B. nach der Wohnflächenverordnung (WoFIV) oder nach DIN 277. In Abhängigkeit des jeweiligen Verfahrens können unterschiedliche Ergebnisse ermittelt werden (Kleiber 2014: 231 f., 240 f.).

8.1.5 Vorgehensweisen und Modellspezifikation

Unterschiedliche Vorgehensweisen können bei der Modellaufstellung erfolgen und verschiedene Transformationen beinhalten. Dazu zählen z.B. die Logarithmierung der Daten und der Umgang mit mangelhafter Datenqualität. Hierbei handelt es sich um mögliche Stellschrauben, die Einfluss auf die Ergebnisinterpretation ausüben können. Weiterhin kann die unterschiedliche Verwendung (Aufbereitung) des Datenmaterials (mikroökonomisch, aggregiert) zu verschiedenen Ergebnissen führen (siehe Kapitel 4.2).

Kapitalisierungsstudien unterscheiden sich auch hinsichtlich ihrer logarithmierten Variablenanzahl. In einigen Studien werden metrische Variablen logarithmiert, in weiteren sind nur quantitative Daten in logarithmierter Form eingeflossen und in anderen wiederum gehen ausschließlich tatsächliche Werte in das Regressionsmodell ein. Die Interpretation der Koeffizienten kann folglich variieren. Auch stellt die allgemeine Datenverfügbarkeit eine Herausforderung dar, welche Einfluss auf die Modellplanung haben kann.

Zur Überprüfung der Kapitalisierungsthese (siehe ausführlich Kapitel 4.2) existieren ebenfalls unterschiedliche Herangehensweisen. Jede Methodenwahl geht mit Vor- und Nachteilen einher. Im Rahmen aggregierter Analysen wird durch die Bildung eines „Medianhauses" der Ausreißerproblematik entgegengewirkt, sodass Immobilien mit extremen Ausprägungen keinen hohen Einfluss auf das Modell haben. Nachteilig ist jedoch, dass insbesondere extreme Immobilienausprägungen dadurch kaum Berücksichtigung finden und diese Vorgehensweise daher zu Lasten der Individualität ausfällt. In Abhängigkeit der Methodenwahl können die Herausforderungen insgesamt stärker oder schwächer ausgeprägt sein. In der eigenen Studie wurde eine mikroökonomische Studie unter Formulierung von Modellmindestanforderungen durchgeführt. Der Ausreißerproblematik wurde somit entgegengewirkt und die Vermeidung von Medianwerten ermöglicht weiterhin die Berücksichtigung einer hohen Varianz der Variablenausprägungen. Weiterhin wurde eine mikroökonomische Analyse gewählt, weil Haußmann/Schweinberger (2012) in ihrer Kapitalisierungsstudie auf Basis aggregierter Daten ebenfalls den Hebesatz als Variable verwendet haben. Diesbezüglich sollte die eigene Studie durch eine andere Vorgehensweise mit derselben Grundsteuervariable einen zusätzlichen Forschungsbeitrag leisten.

Diese Faktoren können dazu führen, dass zwischen den verschiedenen Studien eine Vergleichbarkeit nicht immer gegeben ist und daraus unterschiedliche Ergebnisse im Kapitalisierungsgrad resultieren.

8.2 Inhaltliche Auseinandersetzung

In den letzten drei Jahrzehnten erfolgte eine kontroverse Diskussion darüber, ob eine Kapitalisierung fiskalischer Unterschiede in den Hauswerten stattfindet. Daneben wurden die Bedeutung einer Kapitalisierung und die daraus abzuleitenden Schlussfolgerungen theoretisch erörtert und empirisch in einer Vielzahl von Studien überprüft. Im Rahmen theoretischer Auseinandersetzungen mit der Kapitalisierungsthese wurde insbesondere die Frage diskutiert, ob ein Kapitalisierungsnachweis die Tiebout-Hypothese bestätigt oder widerlegt (Hilber 1998: 17). Eine Vielzahl formaler Modelle wurde zur Überprüfung der These aufgestellt (Chaudry-Shah 1988). Nachfolgend werden die wesentlichen Aussagen dargestellt und analysiert.

Die eigene empirische Untersuchung hat ergeben, dass in den Teilmärkten der Bundesländer Bremen und Niedersachsen keine Kapitalisierung von Grundsteuern in Immobilienpreisen nachzuweisen ist. Die Kapitalisierung anderer Faktoren i.F. gebäudeabhängiger und standortspezifischer Variablen konnte hingegen gezeigt werden. Immobilienkäufer tragen daher die gesamte Steuerlast, da sich diese nicht in den Immobilienpreisen kapitalisiert. Bei Vorliegen einer Grundsteuerkapitalisierung würde der Käufer hingegen teilweise durch einen geringeren Immobilienpreis entschädigt werden. Daher ist die Grundsteuer als Standortfaktor beim Immobilienkauf für den Käufer grundsätzlich ein Entscheidungskriterium. Vermieter haben insofern Vorteile, als sich kommunale Leistungen in den Bodenwerten kapitalisieren, sie jedoch aufgrund der verbundenen Bemessungsgrundlage die Steuer auf den Mieter überwälzen können (Haußmann/Schweinberger 2012: 99 f., 113).

Da die Grundsteuerbelastung relativ gering ist und sich im Wesentlichen andere Faktoren im Hauspreis kapitalisieren, ist daraus zu schließen, dass die Grundsteuer jedoch tatsächlich bei der Standortentscheidung nur eine untergeordnete Rolle spielt. Grundsätzlich treten im Rahmen von Kapitalisierungsstudien drei Szenarien auf, die nachfolgend diskutiert werden:

- Szenario 1: Immobilienpreis und Grundsteuervariable weisen eine positive Korrelation auf (Brasington 2001; Bradbury/Mayer/Case 2001),
- Szenario 2: Immobilienpreis und Grundsteuervariable weisen keine Korrelation auf (Gronberg 1979; Wales/Wiens 1974),
- Szenario 3: Immobilienpreis und Grundsteuer weisen eine negative Korrelation auf (Oates 1969).

8.2.1 Kapitalisierungsbedeutung

Feld (2000: 37 f.) argumentiert, dass der Marktpreis für Boden nicht nur vom nachfragenden Individuum, sondern auch von anderen potenziellen Käufern beeinflusst werde. Bei identischen Präferenzen der Individuen werde der Bodenpreis durch Wettbewerb so weit hochgetrieben, bis er den Wert öffentlicher Leistungen widerspiegelt. In Abhängigkeit der Wettbewerbsintensität auf dem Bodenmarkt kapitalisieren sich daher fiskalische Variablen. Kurzfristig existiere ein fixes Bodenangebot, sodass häufig eine Kapitalisierung zu verzeichnen sei. Mittelfristig existiere ein variables Angebot an Boden, sodass ein steigendes Wohnraumangebot das Kapitalisierungsausmaß verringere bzw. verhindere. Langfristig seien ein vollkommen elastisches Bodenangebot und eine variable Gemeindeanzahl zu verzeichnen, sodass letztlich keine Kapitalisierung vorliege (Feld 2000: 37 f.). Diese Aussagen legen die Annahme zu Grunde, dass eine Veränderung der Gemeindegrenzen kostenlos möglich sei (Starrett 1980, Yinger 1981, Courant/Rubinfeld 1978, Epple/Zelenitz 1981). Nichtsdestotrotz erscheint ein völlig elastisches Bodenangebot in der Realität eher unwahrscheinlich (Feld 2000: 38).

Oates (1969) interpretiert sein Studienergebnis so, dass die Vermögenswerte in einer Gebietskörperschaft umso höher sind, je geringer die Steuerbelastung und je höher das Niveau öffentlicher Leistungen sind. Eine Kapitalisierung von Steuern und öffentlichen Leistungen würde die Tiebout-These bestätigen. Neben der formalen Kritik wird Oates' Studie u.a. von Edel/Sclar (1974), von Hamilton (1976) sowie von Epple/Zelenitz/Visscher (1978) auch hinsichtlich der inhaltlichen Schlussfolgerungen bemängelt. Sie sind der Meinung, dass im vollständigen Gleichgewicht der Häuserpreis letztlich nicht mit den öffentlichen Ausgaben und Einnahmen korrelieren solle, da bei einer Vielzahl fiskalischer Kombinationen, welche durch ein elastisches Angebot an Gemeinden ausgelöst würden, das Angebot an öffentlichen Diensten den Präferenzen der Individuen entspreche. Ein Ausgleich des erhöhten Angebots an öffentlichen Gütern (und des damit einhergehenden höheren Nutzens) erfolge durch eine höhere Steuerbelastung (Feld 2000: 304).

Eine Kapitalisierung wäre folglich nur dann möglich, wenn das Angebot an öffentlichen Leistungen nicht den individuellen Präferenzen entspreche, sodass die daraus resultierende Differenz auf den immobilen Faktor überwälzt werden würde. Durch eine Kapitalisierung könne bestätigt werden, dass bei einem Auseinanderfallen von Angebot an öffentlichen Gütern und individueller Zahlungsbereitschaft ein Teil der Differenz durch den immobilen Faktor kompensiert werde (Feld 2000: 38, 304).

Edel/Sclar (1974) betonen, dass die Kapitalisierung ein Ungleichgewicht darstelle, jedoch gleichzeitig auch einen Teil des Anpassungsprozesses an ein Gleichgewicht widerspiegele. Kapitalisierung im Tiebout-Modell sei dann zu verzeichnen, wenn keine Äquivalenz von Leistung (öffentliche Leistungen) und Gegenleistung (Steuern) gemäß den Bürgerpräferenzen bestehe (vgl. Pauly 1976: 239). Die restriktiven Annahmen des Tiebout-Modells seien in der Realität jedoch kaum gegeben, daher könne nicht davon ausgegangen werden, dass fiskalische Unterschiede langfristig verschwänden und eine Kapitalisierung nur ein Ungleichgewicht darstelle (Hilber 1998: 66).

Brueckner (1979, 1982) vertritt die Ansicht, dass bei einem ausgeglichenen Budget und einer Maximierung der durchschnittlichen aggregierten Vermögenswerte eine Kapitalisierung von Steuern und öffentlichen Leistungen in den Vermögenswerten auf ein ineffizientes Niveau der öffentlich bereitgestellten Güter hindeute.

In diesem Zusammenhang merken Epple/Nechyba (2004) an, dass eine Kapitalisierung die Tiebout-Hypothese widerlege und überdies das Vorliegen einer Überschussnachfrage in der Gemeinde, in welcher sich lokale öffentliche Entscheidungen kapitalisieren, bestätige. Es werde dadurch Platz für neue Gemeinden geschaffen und die Kapitalisierung in den bestehenden Gemeinden heruntergefahren. Im vollständigen Tiebout-Gleichgewicht finde daher keine Kapitalisierung von lokalen fiskalischen Konditionen statt. Eine Kapitalisierung von lokalen öffentlichen Finanzvariablen in Landwerten sei hingegen ein Beweis zu Gunsten der Tiebout-Hypothese i.S. des „voting by feet" (Epple/Nechyba 2004: 2431 f.).

Weiterhin argumentieren Epple/Nechyba (2004), dass zwischen der interjurisdiktionellen und der intrajurisdiktionellen Kapitalisierung unterschieden werden müsse. Erstere Kapitalisierungsart beschreibt Kapitalisierungseffekte zwischen verschiedenen Gemeinden. Innerhalb einer Gemeinde existieren jedoch identische Güter und Dienstleistungen, die sich in den Landwerten der Gemeinde kapitalisieren. Die intrajurisdiktionelle Kapitalisierung bezieht sich hingegen auf Kapitalisierungseffekte innerhalb einer Gemeinde. Dies sei nicht widersprüchlich zu der Tiebout-Effizienz (Epple/Nechyba 2004: 2432), was durch zwei Argumente gestützt werden könne:

(1) Öffentliche Güter und Dienstleistungen seien nicht von allen Standorten innerhalb einer Gemeinde gleichermaßen zugänglich, sodass Kapitalisierungseffekte auftreten würden. Dadurch könnten sich z.B. Unterschiede bei der Luftqualität oder der Erreichbarkeit von physikalisch fixierten Leistungen wie Parks oder Schulen ergeben (Epple/Nechyba 2004: 2432).

(2) Die Finanzierung lokaler öffentlicher Güter führe zu einer Kapitalisierung, wenn die Finanzierung durch eine property tax erfolge und die Wohnqualität innerhalb einer Gemeinde variiere (so auch Hamilton 1976). Qualitativ hochwertige Häuser unterlägen einer negativen Kapitalisierung durch die im Vergleich zum Durchschnitt höhere Grundsteuerbelastung. Häuser von geringer Qualität unterlägen einer positiven Kapitalisierung, da die Grundsteuerbelastung unter der durchschnittlichen Steuerbelastung liege. Nach Hamilton stimmt diese Art der Kapitalisierung mit der Tiebout-Effizienz überein (Epple/Nechyba 2004: 2432).

Pauly (1976) und Starrett (1981) zeigen jedoch, dass eine Kapitalisierung unter anderen Annahmen auch im Gleichgewicht möglich ist. Yinger et al. (1988: 5) sind der Auffassung, dass nicht zwangsläufig die Kapitalisierung von lokalen öffentlichen Leistungen und die Kapitalisierung von Grundsteuern miteinander verbunden sein müssen und sich gegenseitig aufheben, obwohl öffentliche Leistungen über die Grundsteuer finanziert werden. Innerhalb einer Gemeinde könnten Grundsteuerunterschiede aufgrund von Fehlbewertungen auftreten. Diese stünden dann nicht in unmittelbarem Zusammenhang mit einer Variation der öffentlichen Leistungen. Überdies gehe eine Grundsteueränderung, z.B. durch eine Neubewertung, nicht zwangsläufig mit Änderungen des qualitativen Leistungsangebots einher (Yinger et al. 1988: 5).

Feld (2000: 146) hat sich mit der Frage auseinandergesetzt, ob Kapitalisierungsstudien geeignet sind, Aussagen über die Effizienz der Bereitstellung öffentlicher Güter und Leistungen zu treffen. Ausgehend von der Annahme, dass ein elastisches Bodenangebot vorliegt, könne gefolgert werden, dass im langfristigen Gleichgewicht keine Kapitalisierung auftreten würde. Unter den erweiterten Annahmen, dass die Vermögenswerte in einer Gemeinde von den politisch Verantwortlichen maximiert werden und der Gebietskörperschaft ein ausgeglichenes Budget zur Verfügung steht, bedeute eine Kapitalisierung öffentlicher Leistungen oder Steuern, dass erstere nicht effizient bereitgestellt würden. Eine Vermögensmaximierung würde bedeuten, dass öffentliche Leistungen einer Gebietskörperschaft gemäß den Präferenzen der Immobilieneigentümer und der Mieter finanziert und bereitgestellt werden. In den Häuserpreisen würden sich daher nicht die Unterschiede von öffentlichen Leistungen oder Steuern widerspiegeln (Feld 2000: 146).

8.2.2 Grundsteuer und property tax

Da die US-amerikanische property tax und die deutsche Grundsteuer sowohl Gemeinsamkeiten als auch wesentliche Unterschiede aufweisen, können diese

Charakteristika zur Erklärung der unterschiedlichen Studienergebnisse zwischen dem deutschen und dem US-amerikanischen Immobilienmarkt herangezogen werden. Feldmann (2013: 63 ff.) nimmt einen Vergleich beider Steuern in Bezug auf Verfassung und Finanzverfassung, Systemart und Konnexität, Besteuerungspraxis, Verhaltensänderung durch Besteuerung, Grundsteueraufkommen sowie Protest- und Reformbewegungen vor. Nachfolgend sollen ausgewählte Aspekte aufgegriffen werden, um Erklärungsansätze für die unterschiedlichen Ergebnisse heranzuziehen.

Weit gefasster property tax-Begriff. Eine Vermögensbesteuerung erfolgt in den USA mit der sog. property tax,[147] welche eine lokale Steuer darstellt. Ihr unterliegt die Besteuerung von Grund- und Immobilienvermögen (Hoffmann 1996: 523). Die einzelnen Bundesstaaten besitzen die Verantwortung für die Steuergesetzgebung (Coe 2009: 130). Die Besteuerung von Grundvermögen zählt auch in den USA zu einer der ältesten Besteuerungsformen und ist in allen US-Staaten implementiert (Tyer 1993: 12). Die property tax war immer eine wesentliche Finanzierungsquelle lokaler Regierungen (Wallis 2001: 124). Anders als in Deutschland ist die US-amerikanische Grundsteuer weiter gefasst und umfasst neben dem Grundbesitz auch andere Vermögensbestände (vgl. Lincoln Institute 2015: 50; Coe 2009: 132). Das U.S. Census Bureau beschreibt die Besteuerung von Grundbesitz als „taxes imposed on ownership of property" (U.S. Census Bureau 2001: 155) und unterteilt den Grundbesitz in verschiedene Arten. Hierbei erfolgt eine Differenzierung in allgemeines Grundvermögen, persönliches Vermögen und spezielles Vermögen (U.S. Census Bureau 2001: 155).

„Mobilität von Immobilien". In den USA erfolgt eine Vermögensbesteuerung in dem Staat, in welchem sich das Vermögen befindet. Ein sog. „mobilhome" (ein bewegliches Haus) obliegt der real property tax, wohingegen ein Haus mit eigenem Motor (z.B. Wohnmobil) dort zu versteuern ist, wo die Kraftfahrzeug- oder Vermögensteuer anfällt (Hoffmann 1996: 523). Daher ist der wesentliche Unterschied zum deutschen Immobilienbegriff und der deutschen Grundsteuer, dass in den USA Häuser in Teilen oder als Ganzes auf Straßen transportiert werden können. Einer höheren Besteuerung in einem Bundesstaat kann insofern entgegengewirkt werden, als das Haus, an welches die Besteuerung anknüpft, in einen anderen Bundesstaat mit geringerer Besteuerung transportiert werden kann. Der US-amerikanische Immobilienbegriff ist folglich

147 Im Rahmen der property tax wird zwischen real property (Grund- und Immobilienvermögen) und personal property (mobilem Vermögen) unterschieden (vgl. Lincoln Institute 2015: 47 ff., 50).

weiter zu fassen und kann daher nicht vollständig auf den deutschen Begriff übertragen werden (Hoffmann 1996: 523).

Gesetzgebungskompetenz und Governance-Modi-Mix. Da in den USA die Bundesstaaten die Gesetzgebungskompetenz für die Grundsteuer besitzen (Hoffmann 1996: 523), variieren die einzelnen Grundsteuerelemente vom Steuersatz bis hin zum assessment ratio zwischen den lokalen Regierungen und den Bundesstaaten deutlich (Oates 2001: 24; Braid 2005: 1790; Harris/Moore 2013: 1 f., 4 ff.). Diese Unterschiede zwischen den verschiedenen Jurisdiktionen haben zu vielen Beschwerden und Gerichtsprozessen geführt (Oates 2001: 24). Grundsätzlich sieht die US-amerikanische Verfassung eine einheitliche Besteuerung vor. Grund und Boden sowie seine Bebauung sollen in allen Bundesstaaten gleich besteuert werden. Nichtsdestotrotz existieren in Abhängigkeit des Bundesstaates verschiedene Arten der property tax, da die Staaten in starkem industriellen Wettbewerb zueinander stehen (vgl. Wilson 2006: 350 f.; Harris/Moore 2013: 6 ff.).

Wahrnehmung und Fühlbarkeit der Grundsteuer. Die property tax ist u.a. für Städte, Gemeinden, Landkreise und Schulbezirke zur Aufgabenerfüllung von Bedeutung. Durch sie werden öffentliche Aufgaben wie bspw. Straßenbau und Krankenhäuser finanziert. Weiterhin ist die property tax insbesondere für lokale Gebietskörperschaften bedeutsam, welche keine Landeseinkommensteuer erheben. Da die Bürger über die Wahlbeteiligung in den USA direkt Einfluss auf die Grundsteuerbelastung ausüben können, dürften die Wahrnehmung und die Fühlbarkeit der US-amerikanischen Grundsteuer ausgeprägter sein als in Deutschland (Hoffmann 1996: 523 f.).

Diesem Problem könnte entgegengewirkt werden, indem der Steuerbescheid informativer für den Steuerschuldner gestaltet würde. Anstatt wie bislang im Grundsteuerbescheid lediglich den Steuermessbetrag, den Hebesatz und den Steuerbetrag darzustellen, könnte zukünftig zusätzlich eine Aufstellung gemeindlicher Leistungen angegeben werden, welche über die Grundsteuer finanziert werden. Hierbei böten sich insbesondere grundstücksbezogene Gemeindeleistungen, die nicht über weitere Abgaben finanziert werden, an (Marx 2017: 25).

Oates (2001: 23 ff.) sieht jedoch in dieser Fühlbarkeit die wesentliche Ursache der seitens der Bürger ausgeübten Kritik an der property tax. Dem Steuerpflichtigen werde eine ausführliche Steuerrechnung zugestellt. Die somit einhergehende Transparenz und sensibilisierte Fühlbarkeit würde den Widerstand gegen die property tax verstärken. Ferner richtet sich die Kritik an das Bewertungsverfahren, welches zu Ungerechtigkeiten außerhalb und innerhalb eines Distriktes beitrage. Daneben existiere kein Zusammenhang zwischen Einkommen und property tax, sodass eine relativ höhere Besteuerung von Geringverdienenden vorliege (Oates 2001: 23 ff.). Für einen ausführlichen Vergleich der deutschen Grundsteuer mit der US-amerikanischen property tax siehe exemplarisch Feldmann (2013: 63 ff.).

Zusammenfassend weisen die Studienergebnisse für den US-amerikanischen Immobilienmarkt eine gemeinsame Tendenz dahingehend auf, dass eine negative Beziehung zwischen Immobilienpreis und property tax und eine positive Beziehung zwischen Immobilienpreis und öffentlichen Leistungen existieren (Hilber 1998: 18 f.). Die property tax tangiert grundsätzlich alle drei Felder des Kapitalisierungsprozesses. Zwischen den Bundesstaaten ist jedoch eine deutliche Differenzierung bei Steuerausgestaltung und -belastung zu verzeichnen, da die Bemessungsgrundlage dezentral von den 50 Einzelstaaten bestimmt wird. Überdies sind die Bürger unmittelbar in der Lage, Einfluss auf die Grundsteuer zu nehmen. Politisch könnte bspw. eine Erhöhung der sales tax (Umsatzsteuer) durch eine Grundsteuerermäßigung kompensiert werden. Weiterhin könnte durch fehlende Bürgerzustimmung eine Erhöhung der property tax zur Finanzierung eines Schulgebäudes oder des Straßenausbaus verhindert werden (Hoffmann 1996: 523 f.). Eine direkte Einflussnahme auf die Grundsteuer in Deutschland ist von Seiten der Bürger kaum möglich.

Nach Analyse der in der Literatur beschriebenen unterschiedlichen Herangehensweisen, Ergebnisse und Schlussfolgerungen soll nachfolgend auf die Eignung von Kapitalisierungsstudien zur Überprüfung der Effizienzthese und der Mobilitätsthese eingegangen werden.

8.2.3 Kapitalisierungsaussagen

Mobilitätsthese. Das (nachgewiesene) Kapitalisierungsausmaß variiert zwischen den Kapitalisierungsstudien stark. Eine allumfängliche Aussage zum Auftreten einer Kapitalisierung und ein vollständiger Nachweis existieren nicht, auch wenn viele Studien, insbesondere für den US-amerikanischen Immobilienmarkt, eine Kapitalisierung von Vermögen- und Einkommensteuern (und somit auch der Grundsteuer) nachweisen konnten. Grundsätzlich antizipieren Bürger fiskalische Anreize. Da dies jedoch nicht durchgängig der Fall ist, kann die Mobilitätsthese nicht vollständig bestätigt werden (vgl. Feld 2000: 145 f.).

Effizienzthese. Neben der Mobilitätsthese wird auch oftmals die Frage aufgeworfen, ob Kapitalisierungsstudien eine Aussage über die Effizienz der Bereitstellung öffentlicher Güter liefern. Bei einem vollständig elastischen Bodenangebot ist im langfristigen Gleichgewicht davon auszugehen, dass keine Kapitalisierung auftritt. Kapitalisierung stellt in diesem Fall ein kurzfristiges Phänomen dar. Ausgehend davon, dass die politisch Verantwortlichen einer Gemeinde die Vermögenswerte maximieren und ein ausgeglichenes Budget zur Verfügung haben, bedeutet eine Kapitalisierung von Steuern oder öffentlichen Leistungen, dass keine effiziente Bereitstellung von Letzteren erfolgt. Daher sollten Unterschiede in den Steuern und öffentlichen Leistungen nicht in den Hauspreisen widergespiegelt werden (Feld 2000: 146).

Da jedoch oftmals die Modellannahmen der vollständigen Mobilität, der Vermögensmaximierung und des vollkommenen Wohnungsmarktes nicht erfüllt sind, kann der Nachweis einer signifikanten Kapitalisierung nicht allumfänglich als Anzeichen für Ineffizienz gewertet werden. In vielen Studien kapitalisieren sich nicht nur die Steuervariablen, sondern auch Variablen des öffentlichen Leistungsangebots. Daher ist es zweifelhaft, ob Kapitalisierungsstudien als Effizienztest geeignet sind (Feld 2000: 146).

Wie in Abbildung 27 verdeutlicht, werden im Rahmen der Kapitalisierungsthese vier wesentliche ökonomische Bereiche betrachtet: der Kaufpreis, die Steuern, die Bereitstellung von Wohnraum sowie die Bereitstellung von öffentlichen Leistungen. Wird die Kapitalisierungsthese auf das Vier-Quadranten-Modell übertragen, können für jeden Bereich (Quadranten Q1 bis Q4) drei unterschiedliche Fälle eintreten (erhöht, unverändert, vermindert). Dies führt vereinfacht dargestellt zu 4^3 (64) möglichen Kombinationen, welche durch unterschiedliche Institutionen und Governance-Strukturen beeinflusst werden. Da jeder Immobilienteilmarkt folglich in seinen Charakteristika und Governance-Modi-Ausprägungen einzigartig ist (Kapitel 6) und die verschiedenen Märkte einer unterschiedlichen Dynamik unterliegen, unterscheiden sich die jeweiligen Outputs (Kapitalisierungsgrade) voneinander.

Abbildung 27: Zusammenführung von Kapitalisierung und Vier-Quadranten-Modell

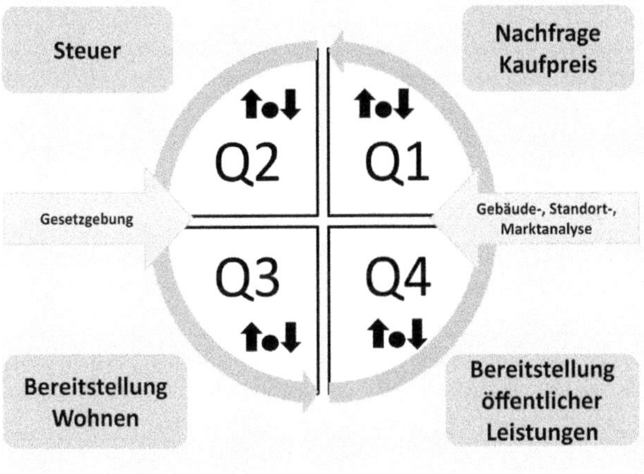

Quelle: eigene Darstellung.

In den USA ist das Maß einer Grundsteuerkapitalisierung für die Politik aus verschiedenen Gründen von besonderer Bedeutung. Zum einen hat das Ausmaß einer Steuerkapitalisierung Einfluss auf die Inzidenz der Grundsteuer. Wenn sich eine Änderung der Grundsteuerbelastung vollständig kapitalisiert, dann wird der Vermögenspreis um die diskontierten Steuerzahlungen reduziert. Zum Zeitpunkt der Steueränderung tragen die Eigentümer bei vollständiger Kapitalisierung die Steuerlast. Sie können sich dieser Steuer nicht durch Verkauf entziehen, da sich der Vermögenswert um die Steuerbelastung reduziert hat. Zum anderen ist eine Grundsteuerkapitalisierung auch aus Effizienzgründen von Bedeutung. Die Höhe, in der die Grundsteuer eine verzerrte Steuer auf Kapital darstellt, wird teilweise durch die Höhe der Kapitalisierung determiniert (Guilfoyle 2000: 111).

In der nachfolgenden Tabelle 34 erfolgt eine normative Gegenüberstellung möglicher Vor- und Nachteile einer Grundsteuerkapitalisierung, welche in der Literatur diskutiert werden. Hierbei werden sowohl ökonomische Auswirkungen einer Kapitalisierung als auch die Frage der Steuerinzidenz mit einbezogen. Eine allgemeingültige Einordnung der jeweiligen Inhalte ist jedoch insofern schwer umsetzbar, als diese abhängig von den politischen Zielsetzungen sind.

Tabelle 34: Vor- und Nachteile einer Grundsteuerkapitalisierung

Vorteile Grundsteuerkapitalisierung*	**Nachteile Grundsteuerkapitalisierung***
• Besteuerung gegenwärtiger Eigentümer und daher politische Fairness i.S. der Inzidenz	• Hoher Koordinationsaufwand, Grundsteuer ist regelmäßig an sich ändernde Rahmenbedingungen anzupassen
• Evaluation des Verhaltens von Gemeinderegierungen, insbesondere durch Eigentümer	• Einschränkung der Mobilität
• Steuer als staatliche Einflussgröße im Rahmen der Lenkungspolitik	• Lock-in-Effekte bei Hauseigentümern
• Standortspezifische Investitionen spiegeln sich in Grundsteuerabgabe wider	• Innerhalb einer Stadt existieren unterschiedliche Angebotselastizitäten
• Geringere Verzerrungen auf dem Immobilienmarkt, da Steueränderungen unmittelbar in Veränderungen des Immobilienpreises transferiert werden	• Immobilienpreis ist stark von den (politischen) Akteuren einer Gemeinde abhängig

Quelle: eigene Zusammenstellung auf Basis von Feld 2000; Sirmans/Gatzlaff/Macpherson 2008; Hilber 1998; Yinger et al. 1988: 6 f.; Brasington 2002; Caplan 2001. *Die jeweiligen Vor- und Nachteile werden in der herrschenden Literatur kontrovers diskutiert, sodass ein Konsens nicht besteht.

Zusammenfassend können eine Vielzahl von ökonomischen und ökonometrischen Gründen zur Erklärung der unterschiedlichen Studienergebnisse herangezogen werden. Um die Ergebnisse einer hedonischen Immobilienbewertung zu präzisieren, wäre eine zusätzliche Gewichtung der Attribute sinnvoll. Diese könnte in den von den Gutachterausschüssen konzipierten Fragebögen implementiert werden. Eine Attributsgewichtung könnte die Immobilieneigenschaften, welche letztendlich ausschlaggebend für den Immobilienkauf waren, deutlicher hervorheben.

9 Fazit

9.1 Ergebnisübersicht

Ziel des Promotionsvorhabens war eine Überprüfung der Kapitalisierungsthese für den deutschen Immobilienmarkt. Es wurde untersucht, ob sich Hebesatzunterschiede in den Immobilienpreisen kapitalisieren. Eine ausschließlich ökonomische und ökonometrische Betrachtung wurde um die institutionenökonomische Sichtweise und das Governance-Konzept erweitert. Dadurch konnten Elemente, die Einfluss auf den Kapitalisierungsprozess nehmen, herausgestellt werden. Es erfolgte eine interdisziplinäre Analyse des Kapitalisierungsprozesses im Allgemeinen und des Grundsteuerkapitalisierungsprozesses im Speziellen. Das Promotionsprojekt leistet daher sowohl einen empirischen Beitrag als auch einen Beitrag zur Erweiterung der theoretischen Kapitalisierungsforschung durch die Verknüpfung mit dem Governance-Konzept. Die nachstehende Untersuchungsfrage wurde im Rahmen dieser Arbeit ausführlich analysiert:

„Inwiefern wird der Grundsteuerkapitalisierungsprozess durch die derzeitigen Governance-Strukturen determiniert und kann eine Dezentralisierung der Grundsteuergesetzgebungskompetenz zu einer erhöhten „Fühlbarkeit“ der Grundsteuer beitragen?“

Es können sich verschiedene Governance-Strukturen der Immobilienteilmärkte auf die Ergebnisse der Regressionsanalyse auswirken. Dies wurde unter Analyse zweier Teilmärkte sowohl empirisch als auch theoretisch untersucht. Eine Dezentralisierung der Gesetzgebungskompetenz kann sich in Abhängigkeit der konkreten Grundsteuerausgestaltung auf die einzelnen Elemente der Bemessungsgrundlage auswirken und so zu einer erhöhten Grundsteuerbelastung und damit auch zu einer erhöhten Wahrnehmung führen.

Die in Kapitel 1 formulierten Fragestellungen wurden im Rahmen des Promotionsprojektes ausführlich analysiert und diskutiert, indem

- Hintergründe sowie gesellschaftliche und ökonomische Auswirkungen einer Kapitalisierung erläutert und veranschaulicht wurden,
- Faktoren, die eine Kapitalisierung herbeiführen bzw. beeinträchtigen, erläutert wurden. Überdies wurden aus normativer Sichtweise Vor- und Nachteile einer Grundsteuerkapitalisierung diskutiert,
- eine Überprüfung einer Grundsteuerkapitalisierung in den Bundesländern Bremen und Niedersachsen erfolgte,
- eine Verbindung zwischen der Kapitalisierungsthese und der Neuen Institutionenökonomik sowie der Governance-Forschung hergestellt wurde.

Die Ergebnisse der Hypothesenüberprüfung sind wie folgt zusammenzufassen.

> ***Hypothese (H1):*** *Es findet in Deutschland keine Kapitalisierung der Grundsteuer in den Immobilienpreisen statt, sodass unterschiedliche Steuersätze (Hebesätze) in den Immobilienpreisen keine Berücksichtigung finden.*

Hypothese 1 konnte bestätigt werden, da im Rahmen der Studie kein signifikanter Nachweis der Grundsteuer in Immobilienpreisen nachgewiesen werden konnte. Nach Durchführung einer empirischen Analyse ist als Resultat dieser Arbeit festzustellen, dass für den Teilmarkt Niedersachsen keine Grundsteuerkapitalisierung nachzuweisen ist. Daraus kann gefolgert werden, dass bei einer Immobilientransaktion nicht der Verkäufer, sondern der Käufer die Steuerlast effektiv trägt und somit eine Steuerüberwälzung stattfindet.

> ***Hypothese (H2):*** *Der Governance-Mix in einem Staatssystem kann wesentlichen Einfluss auf den Kapitalisierungsprozess ausüben.*

Hypothese 2 konnte bestätigt werden, da in Abhängigkeit der Governance-Strukturen von verschiedenen Akteuren und Institutionen Einfluss auf den Kapitalisierungsprozess ausgeübt wird. Die vielseitigen Governance-Strukturen konnten durch die unterschiedlichen Studienergebnisse für die beiden Bundesländer Niedersachsen und Bremen sowie durch die anschließende theoretische Analyse verdeutlicht werden. Die Variablen im Kapitalisierungsprozess wiesen eine uneinheitliche Bedeutung auf.

> ***Hypothese (H3):*** *Durch eine Dezentralisierung der Gesetzgebungskompetenz kann ein dadurch möglicherweise entfachter Wettbewerb zwischen den Ländern mit einer erhöhten Grundsteuerwahrnehmung einhergehen.*

Die Überprüfung der Hypothese 3 wurde im Rahmen des Promotionsvorhabens insbesondere aus ökonomischer und rechtlicher Sichtweise vorgenommen. Danach bietet sich eine Dezentralisierung der Gesetzgebungskompetenz an, um dem anhaltenden Reformstau entgegenzuwirken. Die andauernden Reformbemühungen und die Ungewissheit über die zukünftige Grundsteuerbelastung (bzw. deren grundsätzliche Erhebung) erschweren einen Kapitalisierungsnachweis. Durch Auflösung der Reformblockade mittels Dezentralisierung könnte die Fühlbarkeit der Grundsteuer gestärkt werden. Ihre wirtschaftliche Finanzierungswirkung würde erhöht und letztendlich mit einer höheren Wahrnehmung einhergehen. Eine allgemeingültige und allumfassende Aussage kann jedoch im Rahmen dieses Forschungsvorhabens nicht getroffen werden. Dazu müssten Kapitalisierungsstudien jeweils vor und nach einer potenziellen Grundsteuerreform durchgeführt und verglichen werden.

Der dezentrale Marktmechanismus würde durch eine Dezentralisierung der Grundsteuergesetzgebungskompetenz dann nicht nur auf Gemeindeebene (Hebesätze), sondern auch auf Länderebene (z.B. um das bestmögliche Modell oder um Steuermesszahlen) Anwendung finden. Weiterhin könnte durch eine Dezentralisierung die Grundsteuerbemessungsgrundlage vollständig überarbeitet werden, sodass sie bspw. wie in den USA einen ähnlich hohen Finanzierungsbeitrag zur Bereitstellung öffentlicher Leistungen leisten würde.

Der Mehrwert des Promotionsvorhabens besteht zusammenfassend aus den nachfolgenden beiden Inhalten:

- Die empirische Kapitalisierungsforschung wurde um zusätzliche Teilmärkte Deutschlands erweitert.
- Die Kapitalisierungsthese wurde um das Governance-Konzept erweitert, sodass die bisherige ökonomische und ökonometrische Kapitalisierungsforschung um weitere Disziplinen ergänzt wurde und eine ausführliche Auseinandersetzung mit dem Thema erfolgte.

Folgende Ergebnisse sind nach ausführlicher Analyse festzustellen:

- Es herrscht kein Konsens über die Einordnung der Grundsteuer in eine bestimmte Sichtweise (capital bzw. benefit view; Äquivalenz- oder Leistungsfähigkeitsprinzip).
- Es existiert kein einheitliches Vorgehen zur empirischen Überprüfung der Kapitalisierungsthese.
- Unter Verwendung des Governance-Konzeptes konnte verdeutlicht werden, dass jeder Teilmarkt im Rahmen einer Kapitalisierungsstudie einzigartige Eigenschaften aufweist, sodass eine Übertragung von Strukturen und das Ableiten von Rückschlüssen auf andere Teilmärkte mit Schwierigkeiten behaftet sind.
- Die Grundsteuer greift auf alle drei Kapitalisierungsfelder zu, wird jedoch über den Einheitswert nicht adäquat abgebildet, sodass alle Felder verzerrt reflektiert werden.
- Sollte eine Grundsteuerkapitalisierung politisch angestrebt werden, wäre diese aufgrund der derzeitigen Grundsteuerausgestaltung schwierig nachzuweisen. Die Grundsteuer basiert weder auf dem aktuellen Boden- noch auf dem aktuellen Gebäudewert und wird überdies kaum auf dem Markt wahrgenommen.
- Es können keine einheitlichen Schlussfolgerungen aus den Ergebnissen von Kapitalisierungsstudien abgeleitet werden.

- Es besteht keine Einigkeit darüber, ob eine Grundsteuerkapitalisierung normativ erstrebenswert ist oder nicht. In Abhängigkeit des politisch gewünschten und des ökonomisch diskutierten existieren unterschiedliche Ziele, welche einheitliche Aussagen erschweren.

9.2 Herausforderungen und Bedeutung für die Wissenschaft

Wesentliche Herausforderungen bestanden in der Beschaffung des Grundsteuerdatenmaterials. Aufgrund des Steuergeheimnisses konnten die Grundsteuerbelastungen der jeweiligen Kauffälle nicht in der Regressionsanalyse verwendet werden. Auch bei einer Simulation der möglichen Grundsteuerbelastung würde diese wegen der intransparenten Ermittlung nicht in angemessener Art und Weise die von den Steuerpflichtigen tatsächlich zu tragende Grundsteuerbelastung repräsentieren.

Für das Bundesland Bremen werden die Grundsteuerdaten lediglich auf Stadtgemeindeebene erhoben, sodass weitere Analysen, z.B. der Zusammenhang zwischen Immobilienwert und der tatsächlichen durchschnittlichen Grundsteuerbelastung gegliedert nach Stadtteil/Ortsteil oder die durchschnittliche Grundsteuerbelastung je Einwohner gegliedert nach Stadtteil/Ortsteil, nicht durchgeführt werden konnten.

Das Forschungsprojekt leistet einen wesentlichen Forschungsbeitrag, jedoch bietet das Thema der Grundsteuerkapitalisierung für den deutschen Immobilienmarkt weiteren Forschungsbedarf.

Handlungsempfehlungen und weiterer Forschungsbedarf bestehen in den nachfolgenden Inhalten, auf die im Rahmen der Arbeit hingewiesen wurde:

- Zur empirischen Überprüfung der Auswirkungen einer Dezentralisierung der Gesetzgebungskompetenz bzw. einer Grundsteuerreform auf den Grundsteuerkapitalisierungsprozess könnten Kapitalisierungsstudien jeweils vor und nach einer Grundsteuerreform durchgeführt werden. Hierbei würde sich als Grundsteuervariable die tatsächliche Grundsteuerbelastung eignen. Eine mögliche Fragestellung könnte lauten: Wie wirkt sich die konkrete Reform auf die Steuerbelastung und auf die Grundsteuerkapitalisierung aus?
- Der Grundsteuerkapitalisierungsprozess könnte weiterhin empirisch untersucht werden, indem die Grundsteuerbelastung als abhängige Variable und die jeweiligen Immobilieneigenschaften, die bei der Bemessungsgrundlage Berücksichtigung finden, als unabhängige Variable bestimmt werden. Existieren Variablen – und wenn ja, welche – die bei der gegenwärtigen Grundsteuerbemessungsgrundlage adäquat widergespiegelt werden?

- Ferner könnten weitere Studien zur (1) Fühlbarkeit der Grundsteuer und zum (2) Kaufverhalten potenzieller Immobilieneigentümer durchgeführt werden.

Die Fragebögen zu (1) könnten sich z.B. mit den nachfolgenden Fragestellungen auseinandersetzen:

- Trägt der Vermieter oder der Mieter in Deutschland die Grundsteuerlast effektiv?
- Hat die Grundsteuer Einfluss auf Entscheidungen von Eigentümern oder Mietern?
- Ist eine Grundsteuerreform wünschenswert und welches Modell würde präferiert werden?
- Würden sich die Immobilienwerte verändern, wenn der Hebesatz von den potenziellen Käufern antizipiert werden würde?

Im Rahmen potenzieller Studien könnten Fragebögen von Immobilieneigentümern und -mietern beantwortet werden. Hierbei könnte gefragt werden, ob diese über den aktuellen Hebesatz Kenntnis besitzen und ob die Grundsteuer (Hebesatz) bei einem Umzug einen entscheidenden Faktor darstellt/dargestellt hat.

Studien zum Kaufverhalten beim Immobilienerwerb (2) könnten nachfolgende Inhalte umfassen:

- Um Immobilientransaktionen transparenter zu gestalten und die aktivierenden, kognitiven und prädisponierenden Prozesse zu untersuchen eignen sich Fragen, die sich mit den ausschlaggebenden Gründen für den jeweiligen Immobilienerwerb auseinandersetzen. Diese Fragen könnten im Fragebogen der Gutachterausschüsse Berücksichtigung finden, z.B. indem Aussagen zu Emotionen und zur Kaufmotivation des eigenen Involvements zusätzlich angegeben werden könnten.
- In diesem Zusammenhang könnten auch Kategorien zu immobilienbezogenen Steuern, z.B. zur Wahrnehmung der Grunderwerb- und Grundsteuer, in den Fragekatalog aufgenommen werden.

Auch wenn in den Fragebögen nicht zwingend die tatsächliche Grundsteuerbelastung Berücksichtigung fände, würde zumindest eine Verbindung zwischen Immobilientransaktion und Steuern hergestellt werden. Für nachfolgende Studien könnte dieser Ansatz als wertvoll erachtet werden.

Literaturverzeichnis

Alchian, A.A./Demsetz, H. (1972), Production, Information Costs, and Economic Organization, The American Economic Review, 62 (5), 777–795.

Altenseuer, T. (1995), Die Preisentwicklung von Wohnimmobilien - Eine empirische Untersuchung für die Bundesrepublik Deutschland von 1973 bis 1994, Lit Verlag, Münster.

Althammer, W. (1995), Das Henry George-Theorem, WiSt 5 (24), 249–252.

Andres, F. (2004), Der Boden als Privileg und Kapitalgut, Zeitschrift für Sozialökonomie, 41 (140), 3–11.

Anscombe, F.J./Guttman, I. (1960), Rejection of outliers, Technometrics, 2 (2), 123–147.

Apolte, T. (2001), How tame will Leviathan become in institutional competition?, Public Choice, 107 (3), 359–381.

Arbeitsgruppe Baden-Württemberg, Bayern und Hessen (2010), Eckpunkte für eine vereinfachte Grundsteuer nach dem Äquivalenzprinzip, http://www.ihk-koeln.de/upload/Grundsteuer_Eckpunkte_10591.pdf, zuletzt aufgerufen: 17.12.2017.

Arbeitsgruppe Thüringen (2011), Reform der Grundsteuer - Gebäudewertunabhängiges Kombinationsmodell, https://www.thueringen.de/imperia/md/content/tfm/grundsteuer_th_bericht_012011.pdf, zuletzt aufgerufen: 17.12.2017.

Arnott, R. (1987), Economic Theory and Housing, in: Mills, E.S. (Hrsg.), Handbook of Regional and Urban Economics 2, Elsevier, 959–988.

Arnott, R.J./Stiglitz, J.E. (1979), Aggregate Land Rents, Expenditure on Public Goods and Optimal City Size, Quarterly Journal of Economics, 93 (4), 471–500.

Arrow, K.J. (1969), The Organization of Economic Activity: Issues Pertinent to the Choice of Market versus Non-Market Allocation, The Analysis and Evaluation of Public Expenditure, The PBB-System, Joint Economic Committee, 91st Congress, 1st Session, Bd. 1, Washington/D.C..

Arrow, K.J. (1991), The Economics of Agency, in: Pratt, J.W./Zeckhauser, R.J. (Hrsg.), Principals and Agents, The Structure of Business, 2. Aufl., Harvard Business School Press, Boston, 37–51.

Auer, B./Rottmann, H. (2015), Statistik und Ökonometrie für Wirtschaftswissenschaftler - Eine anwendungsorientierte Einführung, 3. Aufl., Gabler Verlag, Wiesbaden.

Auer, L.v. (2013), Ökonometrie – Eine Einführung, 6. Aufl., Springer Verlag, Wiesbaden.

Bach, S. (2009), Vermögensbesteuerung in Deutschland: Eine Ausweitung trifft nicht nur Reiche, Wochenbericht des DIW Berlin, 76 (30), 478–486.

Backhaus, K./Erichson, B./Plinke, W./Weiber, R. (2016), Multivariate Analysemethoden – Eine anwendungsorientierte Einführung, 14. Aufl., Springer Verlag, Berlin, Heidelberg.

Bailey, M.J./Muth, R.F./Nourse, H.O. (1963), A Regression Method for Real Estate Price Index Construction, Journal of the American Statistical Association, 58 (304), 933–942.

Banzhaf, H.S./Oates, W.E. (2013), On Fiscal Illusion in Local Public Finance: Re-Examining Ricardian Equivalence and the Renter Effect, National Tax Journal, 66 (3), 511–540.

Barnett, V./Lewis, T. (1994), Outliers in Statistical Data, 3. Aufl., John Wiley & Sons, New York.

Bartolini, S. (1999), Collusion, Competition and Democracy, Part I, Journal of Theoretical Politics, 11, 435–470.

Bayerischer Staatsminister der Finanzen und des Ministers der Finanzen des Landes Rheinland-Pfalz (2004), Reform der Grundsteuer: Bericht an die Finanzministerkonferenz, https://www.edoweb-rlp.de/resource/edoweb:7007474/data, zuletzt aufgerufen: 17.12.2017.

Bazerman, M.H./Neale, M.A. (1993), Negotiating Rationally, The Free Press, New York.

Becker, J. (2013), Die Reform der Grundsteuer – Wem obliegt die Gesetzgebungskompetenz?, BB, 68 (15), Frankfurt a.M., 861–866.

Beckman, R.J./Cook, R.D. (1983), Outlier..........s, Technometrics, 25 (2), 119–149.

Behrens, K./Kanemoto, Y./Murata, Y. (2015), The Henry George Theorem in a Second-best World, Journal of Urban Economics, 85C, 34–51.

Benz, A. (2006), Eigendynamiken von Governance in der Verwaltung, in: Bogumil, J./Jann, W./ Nullmeier, F. (Hrsg.), Politik und Verwaltung, VS Verlag für Sozialwissenschaften, Wiesbaden, 29–49.

Benz, A. (2007a), Politischer Wettbewerb, in: Benz, A./Lütz, S./Schimank, U./Simonis, G. (Hrsg.), Handbuch Governance – Theoretische Grundlagen und empirische Anwendungsfelder, 1. Aufl., VS Verlag für Sozialwissenschaften, Wiesbaden, 54–67.

Benz, A. (2007b), Multilevel Governance, in: Benz, A./Lütz, S./Schimank, U./Simonis, G. (Hrsg.), Handbuch Governance – Theoretische Grundlagen und empirische Anwendungsfelder, 1. Aufl., VS Verlag für Sozialwissenschaften, Wiesbaden, 297–310.

Benz, A. (2009), Politik in Mehrebenensystemen, 1. Aufl., VS Verlag für Sozialwissenschaften, Wiesbaden.

Benz, A. (2010), Multilevel Governance - Governance in Mehrebenensystemen, in: Benz, A./Dose, N. (Hrsg.), Governance - Regieren in komplexen Regelsystemen - Eine Einführung, 2. Aufl., VS Verlag für Sozialwissenschaften, Wiesbaden, 111–136.

Benz, A. (2012), Gebietsstrukturen des Bundesstaats und Länderneugliederung als Demokratieproblem, Jahrbuch des Föderalismus, Bd. 13, Nomos Verlag, Baden-Baden, 27–38.

Benz, A./Dose N. (2010), Governance - Modebegriff oder nützliches sozialwissenschaftliches Konzept?, in: Benz, A./Dose, N. (Hrsg.), Governance - Regieren in komplexen Regelsystemen - Eine Einführung, 2. Aufl., VS Verlag für Sozialwissenschaften, Wiesbaden, 13–36.

Berndt, E.R. (1991), The Practice of Econometrics: Classic and Contemporary, Addison-Wesley, Reading, Massachusetts.

Bertelsmann Stiftung (2007), Reform der Grundsteuer, https://www.wegweiser-kommune.de/documents/10184/17495/071122_BST_Grundsteuer2007.pdf/14d6c036-2f92-4fd1-b299-6797908c4ecf, zuletzt aufgerufen: 17.12.2017.

Besley, T./Case, A. (1995), Incumbent Behavior: Vote-Seeking, Tax-Setting, and Yardstick Competition, The American Economic Review, 85 (1), 25–45.

Besley, T./Coate, S. (2003), Centralized versus Decentralized Provision of Local Public Goods: A Political Economy Approach, Journal of Public Economics, 87 (12), 2611–2637.

Blankart, C.B. (2017), Öffentliche Finanzen in der Demokratie - Eine Einführung in die Finanzwissenschaft, 9. Aufl., Vahlen Verlag, München.

Bloom, H.S./Ladd, H.F./Yinger, J. (1983), Are Property Taxes capitalized into House Values?, in: Zodrow, G.R. (Hrsg.), Local Provision of Public Services: The Tiebout Model after Twenty-Five Years, Academic Press, New York, 145–164.

Blöchliger, H./Pinero-Campos, J. (2011), Tax Competition between Sub-central Governments, OECD Network on fiscal relations across levels of government, OECD Publishing, Paris, 13, 872, 1–49.

Bolle, F./Ockenfels P. (1990), Prisoners' Dilemma as a Game with incomplete Information, Journal of Economic Psychology, 11 (1), 69–84.

Bone-Winkel, S./Focke, C./Schulte, K.-W. (2016), Begriff und Besonderheiten der Immobilie als Wirtschaftsgut, in: Schulte, K.-W./Bone-Winkel, S./

Schäfers, W. (Hrsg.), Immobilienökonomie – Betriebswirtschaftliche Grundlagen, Bd. 1, 5. Aufl., Berlin, 2–24.

Bortz, J./Döring N. (2006), Forschungsmethoden und Evaluation für Human- und Sozialwissenschaftler, 4. Aufl., Springer Verlag, Heidelberg.

Bortz, J./Schuster, Ch. (2010), Statistik für Human- und Sozialwissenschaftler, 1. Aufl., Springer Verlag, Berlin.

Bradbury, K.L./Mayer, C.J./Case, K.E. (2001), Property Tax Limits, Local Fiscal Behavior, and Property Values: Evidence from Massachusetts under Proposition 2½, Journal of Public Economics, 80, 287–311.

Braid, R.M. (2005), Tax Competition, Tax Exporting and Higher-Government Choice of Tax Instruments for Local Governments, Journal of Public Economics, 89 (9–10), 1789–1821.

Brands, C./Gradtke-Hanzsch, M./Olschewski, M. (2001), 140 Jahre Grundsteuerreform – Am 21. Mai 1861 wurde das Gesetz betreffend die anderweite Regelung der Grundsteuer verkündet, Vermessung Brandenburg, 2, 50–55.

Brasington, D.M. (2001), Capitalization and Community Size, Journal of Urban Economics, 50 (3), 385–395.

Brasington, D.M. (2002), Edge versus Center: Finding Common Ground in the Capitalization Debate, Journal of Urban Economics, 52 (3), 524–541.

Brauer, K.-U. (2018a), Einführung in die Immobilienwirtschaft, in: Brauer, K.-U. (Hrsg.), Grundlagen der Immobilienwirtschaft – Recht – Steuern – Marketing – Finanzierung – Bestandsmanagement – Projektentwicklung, 9. Aufl., Springer Gabler Verlag, Wiesbaden, 1–60.

Brauer, K.-U. (2018b), Immobilienprojektentwicklung, in: Brauer, K.-U. (Hrsg.), Grundlagen der Immobilienwirtschaft – Recht – Steuern – Marketing – Finanzierung – Bestandsmanagement – Projektentwicklung, 9. Aufl., Springer Gabler Verlag, Wiesbaden, 595–640.

Brennan, G./Buchanan, J.M. (1977), Towards a Tax Constitution for Leviathan, Journal of Public Economics, 8 (3), 255–273.

Brennan, G./Buchanan, J.M. (1980), The Power to Tax: Analytical Foundations of a Fiscal Constitution, Cambridge University Press, Cambridge.

BRIK GmbH & Co. KG (2017), Exposé: http://brik-wohnbau.de/wp-content/uploads/2014/09/30765a10a91e10ffc52eb17129d22f63.pdf, zuletzt aufgerufen: 17.12.2017.

Broer, M. (2009), Konzessionsabgaben und Länderfinanzausgleich – Probleme und Lösungsansätze der Einbeziehung der kommunalen Konzessionsabgaben in den Länderfinanzausgleich am Beispiel der Stadtstaaten, Jahrbuch für Regionalwissenschaft, 29 (2), Wiesbaden, 121–136.

Broer, M. (2015), Wirkungen einer Ausweitung der Steuersatzautonomie der Länder, Wirtschaftsdienst, 95 (2), 135–142.

Brueckner, J.K. (1979), Property Values, Local Public Expenditure and Economic Efficiency, Journal of Public Economics, 11 (2), 223–245.

Brueckner, J.K. (1982), A Test for Allocative Efficiency in the Local Public Sector, Journal of Public Economics, 19 (3), 311–331.

Brümmerhoff, D./Büttner, T. (2015), Finanzwissenschaft, 11. Aufl., Oldenbourg Wissenschaftsverlag, München/Wien.

Buettner, T. (2003), Tiebout visits Germany: Land Tax Capitalisation in a sample of German Municipalities, CESifo Conference Working Papers, München.

Buettner, T./Krause, M. (2017), Föderalismus im Wunderland: Zur Steuerautonomie bei der Grunderwerbsteuer, Ifo Working Papers, 235, München.

Bundesministerium der Finanzen (2017), Kassenmäßige Steuereinnahmen nach Steuerarten in den Kalenderjahren 1950–2016, http://www.bundesfinanzministerium.de/Content/DE/Standardartikel/Themen/Steuern/Steuerschaetzungen_und_Steuereinnahmen/2-kassenmaessige-steuereinnahmen-nach-steuerarten-1950-bis-2015.html, zuletzt aufgerufen: 17.12.2017.

Bundesministerium für Umwelt, Naturschutz, Bau und Reaktorsicherheit (2017), https://www.umweltbundesamt.de/themen/nachhaltigkeit-strategien-internationales/planungsinstrumente/planungsebenen-planungsraeume-stufen-der#textpart-1, zuletzt aufgerufen: 17.12.2017.

Bundesministerium für Verkehr, Bau- und Wohnungswesen (2001), Normalherstellungskosten 2000 – NHK 2000, http://www.steffens-theissen.de/downloads/NHK_2000.pdf, zuletzt aufgerufen: 12.01.2018.

Burt, R.S. (1992), The Social Structure of Competition, in: Nohria, N./Eccles, R.G. (Hrsg.), Networks and Organizations: Structure, Form and Actions, Boston, Massachusetts, 57–91.

Caplan, B. (2001), Standing Tiebout on His Head: Tax Capitalization and the Monopoly Power of Local Governments, Public Choice, 108 (1–2), 101–122.

Carroll, R.J./Yinger, J. (1994), Is the Property Tax a Benefit Tax? The Case of Rental Housing, National Tax Journal, 47 (2), 295–316.

Case, K.E. (1978), Property Taxation: The Need for Reform, Ballinger, Cambridge, Massachusetts.

Chaudry-Shah, A. (1988), Capitalization and the Theory of Local Public Finance – An Interpretive Essay, Journal of economic surveys, 2 (3), 209–243.

Chaudry-Shah, A. (1989), A Capitalization Approach to Fiscal Incidence at the Local Level, Land Economics, 65 (4), 359–375.

Chaudry-Shah, A. (1992), Empirical Tests for Allocative Efficiency in the Local Public Sector, Public Finance Quarterly, 20 (3), 359–377.

Chinloy, P. (1978), Effective Property Taxes and Tax Capitalization, Canadian Journal of Economics, 11 (4), 740–750.

Christaller, W. (1968), Die zentralen Orte in Süddeutschland – Eine ökonomisch-geographische Untersuchung über die Gesetzmäßigkeit der Verbreitung und Entwicklung der Siedlungen mit städtischen Funktionen, 2. Aufl., Wissenschaftliche Buchgesellschaft, Darmstadt.

Church, A.M. (1974), Capitalization of the Effective Property Tax Rate on Single Family Residences, National Tax Journal, 27 (1), 113–122.

Cieleback, M. (2008), Einführendes Immobilienmarktmodell, in: Schulte, K.W. (Hrsg.), Immobilienökonomie – Volkswirtschaftliche Grundlagen, Bd. 4, Oldenbourg Wissenschaftsverlag, München, 135–141.

Coase, R.H. (1937), The Nature of the Firm, Economica, 4 (16), 386–405.

Coe, R.D. (2009), The Legal Framework in the United States, in: Dye, R.F./England, R.W. (Hrsg.), Land Value Taxation – Theory, Evidence, and Practice, Cambridge, Massachusetts, 129–170.

Cohen, J./Cohen, P./West, S.G./Aiken, L.S. (2009), Applied Multiple Regression/Correlation Analysis for the Behavioral Sciences, 3. Aufl., Routledge, New York.

Commons, J.R. (1934), Institutional Economics, Madison, Wisconsin.

Courant, P.N./Rubinfeld, D.L. (1978), On the Measurement of Benefits in an Urban Context: Some General Equilibrium Issues, Journal of Urban Economics, 5 (3), 346–356.

Court, A.T. (1939), Hedonic Price Indexes with Automotive Examples, in: Court, A.D. (Hrsg.), The Dynamics of Automobile Demand, The General Motors Corporation, New York, 99–117.

Cremers, F.J. (2012), Grundsteuermodelle und Verfassung, Mensch-und-Buch-Verlag, Berlin.

Dammert, B. (2018), Öffentliches und privates Baurecht, in: Brauer K.U. (Hrsg.), Grundlagen der Immobilienwirtschaft – Recht – Steuern – Marketing – Finanzierung – Bestandsmanagement – Projektentwicklung, 9. Aufl., Springer Gabler Verlag, Wiesbaden, 119–206.

De Bartolomé, C.A.M./Rosenthal, Stuart S. (1999), Property Tax Capitalization in a Model with Tax-Deferred Assets, Standard Deductions and the Taxation of Nominal Interest, The Review of Economics and Statistics, 81 (1), 85–95.

Dedy, H. (2016), Grundsteuerreform jetzt umsetzen!, ifo Schnelldienst, 69 (18), München, 17–19.

De Mello Jr., L.R. (2000), Fiscal Decentralization and Intergovernmental Fiscal Relations: A Cross-Country Analysis, World Development, 28 (2), 365–380.

Deutsche Bundesbank (2017), Effektivzinssätze Banken DE – Neugeschäft – Wohnungsbaukredite an private Haushalte, anfängliche Zinsbindung über 5 bis 10 Jahre, http://www.bundesbank.de/Navigation/DE/Statistiken/Zeitreihen_Datenbanken/Makrooekonomische_Zeitreihen/its_details_value_node.html?tsId=BBK01.SUD118, zuletzt aufgerufen: 17.12.2017.

Deutscher Bundestag/Bundesrat (2010), Die gemeinsame Kommission von Bundestag und Bundesrat zur Modernisierung der Bund-Länder-Finanzbeziehungen – Die Beratungen und ihre Ergebnisse, https://www.btg-bestellservice.de/pdf/20457000.pdf, zuletzt aufgerufen: 17.12.2017.

Diamond, P.A. (1971), A Model of Price Adjustment, Journal of Economic Theory, 3 (2), 156–168.

Dieterich, H. (2004), Die Grundsteuer – Perspektiven zu ihrer Reform, Zeitschrift für Sozialökonomie, 41 (140), 12–21.

DiPasquale, D./Wheaton, W.C. (1996), Urban Economics and Real Estate Markets, Prentice Hall, New Jersey.

Dixit, A. (1985), Tax Policy in Open Economics, in: Auerbach, A.J./Feldstein, M.S. (Hrsg.), Handbook of Public Economics, Vol. 1, North-Holland, Amsterdam, 314–374.

Downs, A. (1957), An Economic Theory of Democracy, Pearson Verlag, New York.

Edel, M./Sclar, E. (1974), Taxes, Spending, and Property Values: Supply Adjustment in a Tiebout-Oates Model, Journal of Political Economy, 82 (5), 941–954.

Edelstein, R. (1974), The Determinants of Value in the Philadelphia Housing Market: A Case Study of the Main Line 1967–1969, The Review of Economics and Statistics, 56 (3), 319–328.

Eekhoff, J. (2006), Wohnungs- und Bodenmarkt, 2. Aufl., Mohr Siebeck Verlag, Tübingen.

Eid, M./Gollwitzer, M./Schmitt, M. (2015), Statistik und Forschungsmethoden, 4. Aufl., Basel.

Epple, D./Nechyba, T. (2004), Fiscal Decentralization, in: Henderson, J.V./Thisse, J.F. (Hrsg.), Handbook of Regional and Urban Economics, 4, Elsevier, 2424–2480.

Epple, D./Zelenitz, A. (1981), The Implications of Competition among Jurisdictions: Does Tiebout Need Politics?, Journal of Political Economy, 89 (6), 1197–1217.

Epple, D./Zelenitz, A./Visscher, M. (1978), A search for testable implications of the Tiebout hypothesis, Journal of Political Economy, 86 (3), 405–425.

Erlei, M./Leschke, M./Sauerland, D. (2016), Institutionenökonomik, 3. Aufl., Schäffer-Poeschel, Stuttgart.

Ertle-Straub, S. (2018), Immobilienmarketing, in: Brauer, K.-U. (Hrsg.), Grundlagen der Immobilienwirtschaft – Recht – Steuern – Marketing – Finanzierung – Bestandsmanagement – Projektentwicklung, 9. Aufl., Springer Gabler Verlag, Wiesbaden, 393–428.

Faguet, J.-P. (2014), Decentralization and Governance, World Development, 53C, 2–13.

Fahrländer, Stefan S. (2007), Hedonische Immobilienbewertung – Eine empirische Untersuchung der Schweizer Märkte für Wohneigentum 1985–2005, Peter Lang, München.

Fahrmeir, L./Kneib, T./Lang, S. (2009), Regression – Modelle, Methoden und Anwendungen, 2. Aufl., Springer Verlag, Berlin.

Fahrmeir, L./Künstler, R./Pigeot, I./Tutz, G. (2011), Statistik – Der Weg zur Datenanalyse, 7. Aufl., Springer Verlag, Wiesbaden.

Färber, G. (2016), Die unendliche Geschichte der Grundsteuerreform, ifo Schnelldienst, 69 (18), München, 11–13.

Färber, G./Salm, M./Hengstwerth, S. (2014), Grundsteuerreform in Deutschland: eine unendliche Geschichte?, Wirtschaftsdienst, 94 (10), 740–747.

Feld, L.P. (2000), Steuerwettbewerb und seine Auswirkungen auf Allokation und Distribution – Ein Überblick und eine empirische Analyse für die Schweiz, in: Beiträge zur Finanzwissenschaft 10, Sinn, H.-W./Wiegard, W. (Hrsg.), Mohr Siebeck, Tübingen.

Feld, L.P./Zimmermann, H./Döring, T. (2003), Föderalismus, Dezentralität und Wirtschaftswachstum, Vierteljahreshefte zur Wirtschaftsforschung, 72 (3), 361–377.

Feldmann, A. (2013), Reformperspektiven der Grundsteuer für die Gemeindefinanzierung im Sinne einer Property Tax – Theoretische Aspekte und Modellrechnungen für die Stadtgemeinde Bremen, Schriftenreihe – Steuerrecht in Forschung und Praxis, Bd. 101, Verlag Dr. Kovac, Hamburg.

Fischel, W.A. (2001a), Municipal Corporations, Homeowners and the Benefit View of the Property Tax, in: Oates, W.E. (Hrsg.), Property Taxation and Local Government Finance – Essays in Honor of C. Lowell Harriss, Lincoln Institute of Land Policy, Cambridge, Massachusetts, 33–78.

Fischel, W.A. (2001b), Homevoters, Municipal Corporate Governance, and the Benefit View of the Property Tax, National Tax Journal, 54 (1), 157–173.

Fischel, W.A. (2001c), The Homevoter Hypothesis – How Home Values Influence Local Government Taxation, School Finance, and Land-use Policies, Harvard University Press, Cambridge, Massachusetts.

Fisher, R./Ury, W./Patton, B.M. (2014), Das Harvard-Konzept – Der Klassiker der Verhandlungstechnik, limitierte Sonderauflage, Campus Verlag, Frankfurt a.M..

Foscht, T./Swoboda, B./Schramm-Klein, H. (2015), Käuferverhalten – Grundlagen – Perspektiven – Anwendung, 5. Aufl., Springer Verlag, Wiesbaden.

Fredebeul-Krein, M./Koch, W.A.S./Kulessa, M./Sputek, A. (2014), Grundlagen der Wirtschaftspolitik, 4. Aufl., UKV Verlagsgesellschaft, Konstanz.

Fritsch, M. (2014), Marktversagen und Wirtschaftspolitik – Mikroökonomische Grundlagen staatlichen Handelns, 9. Aufl., Vahlen Verlag, München.

Furubotn, E.G./Pejovich, S. (1972), Property Rights and Economic Theory. A Survey of Recent Literature, Journal of Economic Literature, 10 (4), 1137–1162.

Gabriel, S.A. (1981), Interjurisdictional Capitalization Effects of Proposition 13 in the San Francisco Bay Area, National Tax Association Proceedings, 263–274.

George, H. (1879), Progress and Poverty, Robert Schalkenbach Foundation, New York.

George, H. (1920), Fortschritt und Armut, 6. Aufl., Gustav Fischer Verlag, Jena.

Glier, J. (2012), Neue Bedarfsbewertung für die Erbschaft- und Schenkungsteuer, Einheitsbewertung Grundsteuer für Grundvermögen, 15. Aufl., Leitfadenverlag Sudholt, Münsing.

Gondring, H. (2013), Immobilienwirtschaft – Handbuch für Studium und Praxis, 3. Aufl., Vahlen Verlag, München.

Goodman, A.C. (1983), Capitalization and Property Tax Differentials Within and Among Municipalities, Land Economics, 59 (2), 211–219.

Goodman, A.C./Thibodeau, T.G. (1998), Housing Market Segmentation, Journal of Housing Economics, 7 (2), 121–143.

Goodspeed, T.J. (1998), Tax Competition, Benefit Taxes, and Fiscal Federalism, National Tax Journal, 51 (3), 579–586.

Goodspeed, T.J. (2002), Bailouts in a Federation, International Tax and Public Finance, 9 (4), 409–421.

Granovetter, M.S. (1985), Economic Action and Social Structure: The Problem of Embeddedness, American Journal of Sociology, 91 (3), 481–510.

Gräber, B. (2017), Home Staging – Aufgemöbelt, Süddeutsche Zeitung, 25.05.2017, http://www.sueddeutsche.de/geld/home-staging-aufgemoebelt-1.3520411, zuletzt aufgerufen: 17.12.2017.

Gronberg, T.J. (1979), The Interaction on Markets in Housing and Local Public Goods: A simultaneous equations approach, Southern Economic Journal, 46 (2), 445–459.

Gude, J. (2004), Nobelpreisträger Paul Samuelson über die Bodensteuer, Zeitschrift für Sozialökonomie, 41 (140), 22–25.

Guilfoyle, J.P. (2000), The Effect of Property Taxes on Home Values, Journal of Real Estate Literature 8 (2), 111–127.

Gustely, R.D. (1976), Local taxes, Expenditures, and Urban Housing, A Reassessment of the Evidence, Southern Economic Journal, 42 (4), 659–665.

Gutachterausschuss Berlin (2017), Gutachterausschuss für Grundstückswerte, Stadträumliche Wohnlage, https://www.berlin.de/gutachterausschuss/service/glossar/artikel.158011.php, zuletzt aufgerufen: 17.12.2017.

Gutachterausschuss Bremen (2014), Gutachterausschuss für Grundstückswerte, Grundstücksmarktbericht Bremen 2014, Bremen.

Gutachterausschuss Bremen (2015), Gutachterausschuss für Grundstückswerte, Grundstücksmarktbericht Bremen 2015, Bremen.

Gutachterausschuss Bremen (2016), Gutachterausschuss für Grundstückswerte, Grundstücksmarktbericht Bremen 2016, Bremen.

Gutachterausschuss Bremerhaven (2015), Gutachterausschuss für Grundstückswerte, Grundstücksmarktbericht Bremerhaven – Die Entwicklung des Grundstücksmarktes in Bremerhaven 2015, Bremerhaven.

Gutachterausschuss Bremerhaven (2016), Gutachterausschuss für Grundstückswerte, Grundstücksmarktbericht Bremerhaven – Die Entwicklung des Grundstücksmarktes in Bremerhaven 2016, Bremerhaven.

Gutachterausschuss Otterndorf (2015), Gutachterausschuss für Grundstückswerte Otterndorf, Grundstücksmarktbericht 2015 für den Bereich der Landkreise Cuxhaven, Osterholz, Rotenburg (Wümme) und Stade, Niedersachsen.

Gutachterausschuss Otterndorf (2016), Gutachterausschuss für Grundstückswerte Otterndorf, Grundstücksmarktbericht 2016 für den Bereich der Landkreise Cuxhaven, Osterholz, Rotenburg (Wümme) und Stade, Niedersachsen.

Gürtler, M./Rehan, C. (2008), Preisbildende Faktoren von privaten Immobilien, Working Papers, Institut für Finanzwirtschaft, Technische Universität Braunschweig, Nr. IF28V1.

Haase, R. (2011), Ertragspotenziale – Hedonische Mietpreismodellierungen am Beispiel von Büroimmobilien, ETH Zürich.

Hägg, C. (1994), Real Estate Cycles - Der Immobilienzyklus, Jahrbücher für Nationalökonomie und Statistik, 213 (6), Gustav Fischer Verlag, Stuttgart, 719–723.

Häusel, H.-G. (2012), Brain View - Warum Kunden kaufen, 3. Aufl., Haufe, Freiburg.

Hamilton, B.W. (1975), Zoning and Property Taxation in a System of Local Governments, Urban Studies, 12 (2), 205–211.

Hamilton, B.W. (1976), Capitalization of Intrajurisdictional Differences on Local Tax Prices, The American Economic Review, 66 (5), 743–753.

Hamilton, B.W. (1979), Capitalization and the Regressivity of the Property Tax: Empirical Evidence, National Tax Journal, 32 (2), 169–180.

Hamilton, B.W. (1983), A Review: Is the Property Tax a Benefit Tax?, in: Zodrow, G.R. (Hrsg.), Local Provision of Public Services: The Tiebout Model after Twenty-Five Years, Houston, Texas, 85–108.

Hantzsch, D. (2012), Reform der Grundsteuer durch den Bundesgesetzgeber?, DStZ, 100 (21), 758–767.

Harberger, A.C. (1962), The Incidence of the Corporation Income Tax, Journal of Political Economy, 70 (3), 215–240.

Harding, J.P./Knight, J.R./Sirmans, C.F. (2003), Estimating Bargaining Effects in Hedonic Models: Evidence from the Housing Market, Real Estate Economics, 31 (4), 601–622.

Hardy, M.A. (1993), Regression with dummy variables, Sage, Newbury Park, Kalifornien.

Harris, B.H./Moore, B.D. (2013), Residential Property Taxes in the United States, Tax Policy Center, Washington, D.C..

Harriss, C.L. (2001), A Conversation with C. Lowell Harriss, Property Taxation and Local Government Finance, in: Oates, W.E. (Hrsg.), Property Taxation and Local Government Finance - Essays in Honor of C. Lowell Harriss, Lincoln Institute of Land Policy, Cambridge, Massachusetts, 1–20.

Haughwout, A.F. (1997), Central City Infrastructure Investment and Suburban House Values, Regional Science and Urban Economics, 27 (2), 199–215.

Haurin, D.R./Brasington, D.M. (1996), The Impact of School Quality on Real House Prices: Interjurisdictional Effects, Journal of Housing Economics, 5 (4), 351–368.

Haußmann, K./Schweinberger, A. (2012), Die Grundsteuer als Standortfaktor für den Mittelstand? – Eine empirische Analyse der Property Tax Capitalization am Beispiel Brandenburgs, in: Brähler, G./ Trost, R. (Hrsg.), Besteuerung,

Finanzierung und Unternehmensnachfolge in kleinen und mittleren Unternehmen, 1. Aufl., TU Ilmenau Universitätsbibliothek, 99–117.

Haußmann, K./Schweinberger, A./Brähler, G./Wehrheim, M. (2012), Steuerkapitalisierung von Immobiliensteuern – Eine empirische Analyse, DBW, 72 (6), 555–572.

Hedderich, J./Sachs, L. (2016), Angewandte Statistik – Methodensammlung mit R, 15. Aufl., Springer Verlag, Berlin.

Heineberg, H. (2014), Stadtgeographie, 4. Aufl., Verlag Ferdinand Schöningh, Paderborn.

Heinberg, J.D./Oates, W.E. (1970), The Incidence of Differential Property Taxes on Urban Housing: A Comment and Some Further Evidence, National Tax Journal, 23 (1), 92–98.

Heinemann, A.W. (2012), Horizontal oder vertikal? Zur Zukunft des Finanzausgleichs in Deutschland, Wirtschaftsdienst, 92 (7), 471–479.

Henger, R./Hude, M. (2017), Die komplexe Förderlandschaft für energetische Gebäudesanierungen in Deutschland – Gutachten im Rahmen des Forschungsprogramms „Handwerk und Energiewende im Gebäudesektor", Institut der deutschen Wirtschaft, Köln.

Henger, R./Schaefer, T. (2015), Mehr Boden für die Grundsteuer – Eine Simulationsanalyse verschiedener Grundsteuermodelle, IW policy papers, 32, Köln, 1–30.

Henger, R./Schaefer, T. (2016a), Grundlos in die falsche Richtung: Sieben Gründe gegen die geplante Grundsteuerreform, ifo Schnelldienst, 69 (18), 20–23.

Henger, R./Schaefer, T. (2016b), Grundsteuerreform: Eine Bodensteuer wäre besser, IW-Kurzberichte 2016/58, Institut der deutschen Wirtschaft, Köln.

Hentze, T./Voigtländer M. (2017), Reformoptionen für die Grunderwerbsteuer, IW policy papers 17, Köln.

Hilber, C. (1998), Auswirkungen staatlicher Maßnahmen auf die Bodenpreise – Eine theoretische und empirische Analyse der Kapitalisierung, Verlag Rüegger, Chur, Schweiz.

Hilber, C. (2008), Preistheorie: Einfluss von Preisänderungen auf Angebot und Nachfrage von Immobilien, in: Schulte, K.W. (Hrsg.), Immobilienökonomie – Volkswirtschaftliche Grundlagen, Bd. 4, Oldenbourg Wissenschaftsverlag, München, 335–353.

Hoaglin, D.C./Iglewicz, B./Tukey, J.W. (1986), Performance of Some Resistant Rules for Outlier Labeling, Journal of the American Statistical Association, 81 (396), 991–999.

Hoffmann, K.D. (1996), Die Grundsteuer in den Vereinigten Staaten von Amerika, Internationales Steuerrecht – Zeitschrift für europäische und internationale Steuer- und Wirtschaftsberatung, 5 (11), 523–525.

Hoyt, W.H. (1999), Leviathan, Local Government Expenditures, and Capitalization, Regional Science and Urban Economics, 29 (2), 155–171.

Hyman, D.N./Pasour, E.C. (1973), Real Property Taxes, Local Public Services and Residential Property Values, Southern Economic Journal, April, 39 (4), 601–611.

Immobilienscout24 (2017a), https://www.immobilienscout24.de/anbieten/private-anbieter/immobilien-inserieren/anzeige-optimieren/home-staging.html, zuletzt aufgerufen: 17.12.2017.

Immobilienscout24 (2017b), https://www.immobilienscout24.de/eigentuemer/news/2017/2/bestellerprinzip-bei-immobilienkauf.html, zuletzt aufgerufen: 17.12.2017.

Ingelfinger, J.A./Mosteller, F./Thibodeo, L.A./Ware, J.H. (1983), Biostatistics in Clinical Medicine, Macmillan, New York.

Inman, R.P./Rubinfeld, D.L. (1997), Rethinking federalism, Journal of Economic Perspective, 11 (4), 43–64.

Isenhöfer, B./Väth, A./Hofmann, P. (2008), Immobilienanalyse, in: Schulte, K.W. (Hrsg.), Immobilienökonomie – Betriebswirtschaftliche Grundlagen, Bd. 1, 4. Aufl., Oldenbourg Wissenschaftsverlag, München, 391–451.

Janssen, J./Laatz, W. (2017), Statistische Datenanalyse mit SPSS – Eine anwendungsorientierte Einführung in das Basissystem und das Modul Exakte Tests, 9. Aufl., Springer Verlag, Berlin.

Jenkin, H.C.F. (1871), On the Principles which regulate the Incidence of Taxes, Proceedings of the Royal Society of Edinburgh, Session 1871–1872, reproduced in: American Economic Association (Hrsg.) (1959), Readings in the Economics of Taxation, Homewood, III, 227–239.

Jensen, M.C./Meckling, W.H. (1976), Theory of the Firm: Managerial Behavior, Agency Costs and Ownership Structure, Journal of Financial Economics, 3 (4), 305–360.

Johnson, M.S./Lea, M.J. (1982), Differential Capitalization of Local Public Service Characteristics, Land Economics, 58 (2), 189–203.

Kemp, R.L. (1982), California's Proposition 13: A One-Year Assessment, State & Local Government Review, 14 (1), 44–47.

Kemp, M. (1964), The Pure Theory of International Trade, Prentice Hall, Englewood Cliffs, New Jersey.

Kholodilin, K./Wittenberg, E. (2012), Noch gibt es keine Immobilienblase, DIW Wochenbericht, 79 (45), 14.

Kirchgässner, G./Pommerehne, W.W. (1996), Tax Harmonization and Tax Competition in the European Union: Lessons from Switzerland, Journal of Public Economics, 60 (3), 351–371.

King, A.T. (1973), Property Taxes, Amenities and Residential Land Values, Ballinger, Cambridge, Massachusetts.

King, A.T. (1977), Estimating Property Tax Capitalization: A critical Comment, Journal of Political Economy, 85 (2), 425–431.

Kleiber, W. (2014), Verkehrswertermittlung von Grundstücken, 7. Aufl., Bundesanzeiger Verlag, Köln.

Konrad, K. (2009), Suchkosten und das Körperschaftsteuerparadoxon, in: Konrad, K./Lohse, T. (Hrsg.), Einnahmen- und Steuerpolitik in Europa, Herausforderungen und Chancen, Peter Lang, Frankfurt a.M., 119–131.

Konrad, K. (2010), Search Costs and Corporate Income Tax Competition, Working Paper WP 11/03, Oxford University Centre for Business Taxation.

Kooiman, J. (2003), Governing as Governance, Sage, London.

Korte, A. (2008), Die konkurrierende Steuergesetzgebung des Bundes im Bereich der Finanzverfassung, Steuerautonomie der Länder ohne Reform?, Duncker & Humblot Verlag, Berlin.

Krantz, D.P./Weaver, R.D./Alter, T.R. (1982), Residential Property Tax Capitalization: Consistent Estimates Using Micro-Level Data, Land Economics, 58 (4), 488–496.

Krautzberger, M. (2008), Steuerung der Flächennutzung und von Allokationsentscheidungen durch öffentliche Planung, in: Schulte, K.W. (Hrsg.), Immobilienökonomie – Volkswirtschaftliche Grundlagen, Bd. 4, Oldenbourg Wissenschaftsverlag, München, 516–531.

Kreps, D.M. (1990), A Course in Microeconomic Theory, Princeton University Press, New York.

Kriese, U. (2016a), Die Bodensteuer – Politische Debatte und Perspektive, Zeitschrift für Sozialökonomie, 53 (188/189), 53–56.

Kriese, U. (2016b), Die Grundsteuer als Bodensteuer ausgestalten: Ein bundesweiter Aufruf, Wohnungswirtschaft und Mietrecht, 5, 266–271.

Kriese, U. (2017), Grundsteuerreform: Die Politik in der Sackgasse?, Zeitschrift für Sozialökonomie, 54 (192/193), 30–32.

Lancaster, K.J. (1966), A New Approach to Consumer Theory, Journal of Political Economy, 74 (2), 132–157.

Land Niedersachsen (2017), Zahlen und Fakten, https://www.niedersachsen.de/land_leute/land/zahlen_fakten/niedersachsen-in-zahlen-20094.html, zuletzt aufgerufen: 17.12.2017.

Landkreis Rotenburg Wümme (2017), Verwaltung und Politik, https://www.lk-row.de/verwaltung-politik/, zuletzt aufgerufen: 17.12.2017.

Lange, B. (2018), Immobilienbestandsmanagement, in: Brauer, K.-U. (Hrsg.), Grundlagen der Immobilienwirtschaft - Recht - Steuern - Marketing - Finanzierung - Bestandsmanagement - Projektentwicklung, 9. Aufl., Springer Gabler Verlag, Wiesbaden, 527–594.

Lange, S./Schimank, U. (2004), Governance und gesellschaftliche Integration, in: Lange, S./Schimank, U. (Hrsg.), Governance und gesellschaftliche Integration, VS Verlag für Sozialwissenschaften, Wiesbaden, 9–46.

Langerfeldt, M. (2003), Neue Institutionenökonomik, WISU, 32 (1), 55–58.

Lea, M.J. (1982), Local Tax and Expenditure Capitalization: Integrating Evidence from the Market and Political Processes, Public Finance Quarterly, 10, 95–117.

Lee, G.S. (2008), Wohnimmobilienmärkte, in: Schulte, K.W. (Hrsg.), Immobilienökonomie - Volkswirtschaftliche Grundlagen, Bd. 4, Oldenbourg Wissenschaftsverlag, München, 287–303.

Lehmbrock, M./Coulmas, D. (2001), Grundsteuerreform im Praxistest - Verwaltungsvereinfachung, Belastungsveränderung, Baulandmobilisierung, Deutsches Institut für Urbanistik, Difu-Beiträge zur Stadtforschung, 33, Berlin.

Lehmbruch, G. (2000), Parteienwettbewerb im Bundesstaat – Regelsysteme und Spannungslagen im politischen System der Bundesrepublik Deutschland, 3. Aufl., Westdeutscher Verlag, Wiesbaden.

Lemmer, A. (2004), Zur Reform der Grundsteuer, Institut für Wirtschaftspolitik an der Universität zu Köln, Köln.

Lerbs, O. (2017), Besteuerung von Immobilien aus ökonomischer Sicht, in: Rottke, N.B./Voigtländer, M. (Hrsg.), Immobilienwirtschaftslehre - Ökonomie, Springer Verlag, Wiesbaden, 531–558.

Lewis, C.W./McNutt, P.J. (1979), The Incidence of Property Taxes on Single-Family Housing, Journal of the American Real Estate and Urban Economics Association, Fall, 7 (3), 344–361.

Li, M.M./Brown, H.J. (1980), Micro-Neighborhood Externalities and Hedonic Housing Prices, Land Economics, 56 (2), 125–141.

Lincoln Institute of Land Policy, Minnesota Center for Fiscal Excellence (2015), 50-State Property Tax Comparison Study, http://www.lincolninst.edu/public

ations/other/50-state-property-tax-comparison-study, zuletzt aufgerufen: 05.01.2018.

Littmann, K. (1980), Ertragsteuern, in: Neumark, F. (Hrsg.), Handbuch der Finanzwissenschaft, Bd. 2, 3. Aufl., Tübingen, 565–575.

Löhr, D. (2008), Flächenhaushaltspolitische Varianten einer Grundsteuerreform, Wirtschaftsdienst, 88 (2), 121–129.

Löhr, D. (2012a), (Grund-) Steuerreform – Die Diskussion der länderoffenen Arbeitsgruppe der Finanzminister, Wirtschaftsdienst, 92 (12), 815–821.

Löhr, D. (2012b), Torn between two lovers: Möglichkeiten und Grenzen der Bodenwertsteuer im Rahmen der Flächenhaushaltspolitik, Zeitschrift für Umweltpolitik und Umweltrecht, 35 (3), 313–333.

Löhr, D. (2014), „Pay for what you get!" – Henry George als Ergänzung zu Silvio Gesell, Zeitschrift für Sozialökonomie, 51 (182/183), 22–33.

M Projekt GmbH & Co. KG (2017), Exposé: http://www.m-projekt.de/wp-content/uploads/2017/01/Expose_Schoenebecker_Gartenhof_A4_09.16_web.pdf, Preisliste: http://www.m-projekt.de/wp-content/uploads/2017/10/2017.09.11_Sch%C3%B6nebecker_Gartenhof_Preisliste_hintere_Reihe.pdf, zuletzt aufgerufen: 17.12.2017.

MacDougall, G.D.A. (1960), The Benefits and Costs of Private Investment from Abroad: A theoretical Approach, Economic Record, 36 (73), 13–35.

Magistrat der Stadt Bremerhaven Bürger- und Ordnungsamt (2016), Statistischer Kurzbericht Oktober 2016, https://www.bremerhaven.de/sixcms/media.php/204/Kurzbericht+Oktober+2016.pdf, zuletzt aufgerufen: 12.01.2018.

Maier, G./Herath, S. (2015), Immobilienbewertung mit hedonischen Preismodellen – Theoretische Grundlagen und praktische Anwendung, Springer Verlag, Wiesbaden.

Man, J.Y. (1995), The Incidence of Differential Commercial Property Taxes: Empirical Evidence, National Tax Journal, 48 (4), 479–496.

Mankiw, N.G./Taylor, M.P. (2012), Grundzüge der Volkswirtschaftslehre, 5. Aufl., Schäffer-Poeschel, Stuttgart.

Mannek, W. (2012), Profi-Handbuch Wertermittlung von Immobilen, 7. Aufl., Walhalla Verlag, Regensburg.

Marshall, A. (1920), Principles of Economics, 8. Aufl., London, 433–434.

Marx, F.J. (2017), Grundsteuerreform: Gesetzentwurf ohne tragfähiges Fundament und mit vielen Konstruktionsmängeln, DStZ, (1–2), 19–25.

Mayntz, R. (2009), Über Governance – Institutionen und Prozesse politischer Regelung, Campus Verlag, Frankfurt a.M..

Mäding, H. (2006): Städte und Regionen im Wettbewerb – ein Problemaufriss, Deutsche Zeitschrift für Kommunalwissenschaften, 45 (2), 121–133.

McDonald, J.F./Yurova, Y. (2006), Are Property Taxes Capitalized in the Selling Price of Industrial Real Estate?, Appraisal Journal, 74 (3), 250–257.

McDougall, G.S. (1976), Local Public Goods and Residential Property Values: Some Insights and Extensions, National Tax Journal, 29 (4), 436–447.

McLure, C.E. (1986), Tax Competition: Is What's Good for the Private Goose also Good for the Public Gander?, National Tax Journal, 39, 340–348.

Meadows, G.R. (1976), Taxes, Spending, and Property Values: A Comment and Further Results, Journal of Political Economy, 84 (4), 869–880.

Mieszkowski, P.M./Zodrow, G.R. (1983), The Incidence of the Property Tax: The Benefit View versus the New View, in: Zodrow, G.R. (Hrsg.), Local Provision of Public Services: The Tiebout Model after Twenty Five-Years, Academic Press, New York, 109–130.

Mieszkowski, P.M./Zodrow, G.R. (1989), Taxation and The Tiebout Model: The Differential Effects of Head Taxes, Taxes on Land Rents, and Property Taxes, Journal of Economic Literature, 27 (3), 1098–1146.

Miller, G.J./Moe, T.M. (1986), The Positive Theory of Hierarchies, in: Weisberg, H. (Hrsg.), Political Science: The Science of Politics, Agathon Press, New York, 167–198.

Moe, T.M. (1984), The New Economics of Organization, American Journal of Political Science, 28 (4), 739–777.

Munoz-Garcia, J./Moreno-Rebollo, J.L./Pascual-Acosta, A. (1990), Outliers: A Formal Approach, International Statistical Review, 58 (3), 215–226.

Musgrave, R.A. (1959), The Theory of Public Finance – A Study in Public Economy, McGraw-Hill, New York.

Musgrave, R.A. (1983), Who should Tax, Where, and What?, in: McLure, C.E. (Hrsg.), Tax Assignment in Federal Countries, Australian National University Press, Canberra, 2–19.

Nachtkamp, H.H. (1986), Allokationswirkungen der Bestandsbesteuerung, Finanz-Archiv, N.F., 44 (2), 185–223.

Nehls, D./Scheffler, W. (2015), Grundsteuerreform: Aufkommens- und Belastungswirkungen des Äquivalenz-, Kombinations- und Verkehrswertmodells, ifst-Schrift, 503, Berlin.

Neyman, J./Pearson, E.S. (1928a), On the Use and Interpretation of Certain Test Criteria for Purposes of Statistical Inference, Part I, Biometrika, 20A, 175–240.

Neyman, J./Pearson, E.S. (1928b), On the Use and Interpretation of Certain Test Criteria for Purposes of Statistical Inference, Part II, Biometrika, 20A, 263–294.

Niehues, J./Voigtländer, M. (2016), Wohneigentumsquote – Geringe Dynamik in der Wohneigentumsbildung, IW-Kurzbericht, 22, Köln.

Niskanen, W.A. (1968), Nonmarket Decision Making: The Peculiar Economics of Bureaucracy, American Economic Review, Papers and Proceedings, 57, 293–305.

North, D.C. (2009), Institutionen, institutioneller Wandel und Wirtschaftsleistung, in: Homann, K. (Hrsg.), Die Einheit der Gesellschaftswissenschaften – Studien in den Grenzbereichen der Wirtschafts- und Sozialwissenschaften, Bd. 76, Mohr Siebeck, Tübingen.

Oates, W.E. (1969), The Effects of Property Taxes and Local Public Spending on Property Values: An Empirical Study of Tax Capitalization and the Tiebout Hypothesis, The Journal of Political Economy, 77 (6), 957–971.

Oates, W.E. (1972), Fiscal federalism, Harcourt Brace Jovanovich, New York.

Oates, W.E. (1973), The Effects of Property Taxes and Local Public Spending On Property Values: A Reply and Yet Further Results, Journal of Political Economy, 81 (4), 1004–1008.

Oates, W.E. (1990), Decentralization of the Public Sector: An Overview, in: Bennett, R.J. (Hrsg.), Decentralization, Local Governments and Markets, Claredon Press, Oxford, 43–58.

Oates, W.E. (2001), Property Taxation and Local Government Finance – An Overview and Some Reflections, in: Oates, W.E. (Hrsg.), Property Taxation and Local Government Finance – Essays in Honor of C. Lowell Harriss, Lincoln Institute of Land Policy, Cambridge, Massachusetts, 21–32.

Oates, W.E. (2005a), Toward A Second-Generation Theory of Fiscal Federalism, International Tax and Public Finance, 12 (4), 349–373.

Oates, W.E. (2005b), Property Taxation and Local Public Spending: the Renter Effect, Journal of Urban Economics, 57 (3), 419–431.

Oates, W.E. (2011), Fiscal federalism, Edward Elgar, Cheltenham.

Oates, W.E./Fischel, W.A. (2016), Are Local Property Taxes Regressive, Progressive, or what?, National Tax Journal, 69 (2), 415–434.

Oates, W.E./Schwab, R.M. (2004), What should local governments tax: income or property, in: Schwartz, A.E. (Hrsg.), City Taxes, City Spending: Essays in Honor of Dick Netzer, Edward Elgar, Cheltenham, 7–29.

Olson Jr., M. (1965), The Logic of Collective Action: Public Goods and the Theory of Groups, Harvard University Press, Cambridge, Massachusetts.

Olson Jr., M. (1969), The Principle of „Fiscal Equivalence": The Division of Responsibilities among Different Levels of Government, The American Economic Review, 59 (2), 479–487.

Oppenheimer, F. (1910), Theorie der reinen und politischen Ökonomie, Verlag Georg Reimer, Berlin, 15. Abschnitt, 681–699.

Orr, L.L. (1968), The Incidence of Differential Property Taxes on Urban Housing, National Tax Journal, 21 (3), 253–262.

Ostrom, E. (1986), An Agenda for the Study of Institutions, Public Choice, 48 (1), 3–25.

Ott, A.E. (1978), Grundzüge der Preistheorie, Wissenschaftliche Buchgesellschaft, Darmstadt.

Palmon, O./Smith, B.A. (1998a), New Evidence on Property Tax Capitalization, Journal of Political Economy, 106 (5), 1099–1111.

Palmon, O./Smith, B.A. (1998b), A New Approach for Identifying the Parameters of a Tax Capitalization Model, Journal of Urban Economics, 44 (2), 299–316.

Pauly, M.V. (1976), A model of local government expenditure and tax capitalization, Journal of Public Economics, 6 (3), 231–242.

Pedace, R./Kunze, K.-K. (2015), Ökonometrie für Dummies, 1. Aufl., Wiley-VCH Verlag, Weinheim.

Phyrr, S.A. (1989), Real Estate Investment: Strategy, Analysis, Decisions, 2. Aufl., John Wiley & Sons, New York.

Piketty, T. (2014), Das Kapital im 21. Jahrhundert, Beck Verlag, München.

Pindyck, R.S./Rubinfeld, D.L. (2016), Mikroökonomie, 8. Aufl., Pearson Verlag, Hallbergmoos.

Podolny, J.M. (1993), A Status-Based Model of Market Competition, American Journal of Sociology, 98 (4), 829–872.

Pollakowski, H.O. (1973), The Effects of Property Taxes and Local Public Spending on Property Values: A Comment and Further Results, Journal of Political Economy, 81 (4), 994–1003.

Popitz, J. (1932), Der künftige Finanzausgleich zwischen Reich, Ländern und Gemeinden, Liebmann Verlag, Berlin.

Preuß, N./Schöne, L.B. (2016), Real Estate and Facility Management – Aus Sicht der Consultingpraxis, 4. Aufl., Springer Vieweg Verlag, Berlin.

Prud'homme, R. (1990), Decentralization of Expenditures or Taxes: The Case of France, in: Bennett, R.J. (Hrsg.), Decentralization, Local Governments, and Markets, Claredon Press, Oxford, 116–130.

Quang Do, A./Sirmans, C.F. (1994), Residental Property Tax Capitalization: Discount Rate Evidence from California, National Tax Journal, 47 (2), 341–348.

Rechnungshof Rheinland-Pfalz (2007/2008), Jahresbericht 2007/2008 - Landtags-Drucksache 15/1900.

Reinhard, R.M. (1981), Estimating Property Tax Capitalization: A Further Comment, Journal of Political Economy, 89 (6), 1251–1260.

Ricardo, D. (1817), On the Principles of Political Economy and Taxation, John Murray, London.

Richardson, D.H./Thalheimer, R. (1981), Measuring the Extent of Property Tax Capitalization for Single Family Residences, Southern Economic Journal, 47 (3), 674–689.

Richman, P.B. (1963), Taxation of Foreign Investment Income - An Economic Analysis, Hopking Press, Baltimore.

Richter, R./Furubotn, E.G. (2010), Neue Institutionenökonomik - Eine Einführung und kritische Würdigung, 4. Aufl., Mohr Siebeck, Tübingen.

Richter, W.F. (2016), Reform der Grundsteuer: Ein Plädoyer für eine wertorientierte und gleichmäßige Besteuerung von Boden und Gebäuden, ifo Schnelldienst, 69 (22), 22–25.

Rodden, J.A./Eskeland, G.S./Litvack, J. (2003), Fiscal Decentralization and the Challenge of Hard Budget Constraints, Massachusetts Institute of Technology, Cambridge, Massachusetts.

Rosen, K.T. (1982), The Impact of Proposition 13 on House Prices in Northern California: A Test of the Interjurisdictional Capitalization Hypothesis, Journal of Political Economy, 90 (1), 191–200.

Rosen, S. (1974), Hedonic Prices and Implicit Markets: Product Differentiation in Pure Competition, Journal of Political Economy, 82 (1), 34–55.

Rosen, H.S./Fullerton, D.J. (1977), A Note on Local Tax Rates, Public Benefit Levels, and Property Values, Journal of Political Economy, 85 (2), 433–440.

Rosenfeld, M.T.W. (2007), Steuern auf Grundbesitz: Kann die Besteuerungspraxis in Kanada ein Vorbild für andere Länder sein?, in: Helfried, B./Schratzenstaller, M. (Hrsg.), Stärkung der subnationalen Steuerautonomie und intragovernmentale Transfers, 1. Aufl., NWV, Wien, 105–119.

Ross, S./Yinger, J. (1999), Sorting and Voting: A Review of the Literature on Urban Public Finance, in: Mills, E.S./Cheshire, P. (Hrsg.), Handbook of Regional and Urban Economics, Applied Urban Economics, North Holland, 2001–2060.

Rottke, N.B. (2017), Besonderheiten von Immobilien und deren Märkten, in: Rottke, N.B./Voigtländer, M. (Hrsg.), Immobilienwirtschaftslehre - Ökonomie, 2. Aufl., Springer Verlag, Wiesbaden, 83–100.

Rottke, N.B./Wernecke, M. (2008), Lebenszyklus von Immobilien, in: Schulte, K.W. (Hrsg.), Immobilienökonomie - Betriebswirtschaftliche Grundlagen, Bd. 1, Oldenbourg Wissenschaftsverlag, München, 209–229.

Rubinfeld, D.L. (1987), The Economics of the Local Public Sector, in: Auerbach, A.J./Feldstein, M.S. (Hrsg.), Handbook of Public Economics, 2, North-Holland, Amsterdam, 571–645.

Rudolf, M./Müller, J. (2012), Multivariate Verfahren - Eine praxisorientierte Einführung mit Anwendungsbeispielen in SPSS, 2. Aufl., Hogrefe Verlag, Göttingen.

Sachs, L. (2004), Angewandte Statistik – Anwendung statistischer Methoden, 11. Aufl., Springer Verlag, Berlin.

Sachverständigenrat zur Begutachtung der gesamtwirtschaftlichen Entwicklung (2010), Chancen für einen stabilen Aufschwung, Jahresgutachten 2010/2011, Wiesbaden.

Salmon, P. (1987), Decentralisation as an Incentive Scheme, Oxford Review of Economic Policy, 3 (2), University Press, 24–43.

Samuelson, P.A. (1954), The Pure Theory of Public Expenditure, The Review of Economics and Statistics, 36 (4), 387–389.

Samuelson, P.A. (1955), Diagrammatic Exposition of a Theory of Public Expenditure, Review of Economics and Statistics, 37 (4), 350–356.

Samuelson, P.A./Nordhaus, W.D. (2010), Economics, 19. Aufl., McGraw-Hill, New York.

Sanftenberg, A. (2015), Hedonische Modelle – Chancen und Anwendungsrestriktionen für die Grundstückswertermittlung – Eine empirische Analyse Berliner Mietshäuser 1990 bis 2013, Universitätsverlag TU Berlin, Berlin.

Sannwald, R. (2014), Konkurrierende Gesetzgebung des Bundes, in: Schmidt-Bleibtreu, B./Hofmann, H./Henneke, H.-G. (Hrsg.), Kommentar zum Grundgesetz, 13. Aufl., Carl Heymanns Verlag, Köln, 1393–1675.

Santolini, R. (2009), The Political Trend in Local Government Tax Setting, Public Choice, 139 (1/2), 125–134.

Scharpf, F.W. (1976), Theorie der Politikverflechtung, in: Scharpf, F.W./Reissert, B./Schnabel, F. (Hrsg.), Politikverflechtung: Theorie und Empirie des kooperativen Föderalismus in der Bundesrepublik, Kronberg/Taunus Scriptor Verlag, Regensburg, 13–70.

Scharpf, F.W. (1985), Die Politikverflechtungs-Falle: Europäische Integration und deutscher Föderalismus im Vergleich, Politische Vierteljahresschrift, 26 (4), 323–356.

Scharpf, F.W. (1988), The Joint-Decision Trap: Lessons from German Federalism and European Integration, Royal Institute of Public Administration, 66 (3), 239–278.

Scharpf, F.W. (1992), Koordination durch Verhandlungssysteme: Analytische Konzepte und institutionelle Lösungen, in: Benz, A./Scharpf, F.W./Zintl, R. (Hrsg.), Horizontale Politikverflechtung – Zur Theorie von Verhandlungssystemen, Campus Verlag, Frankfurt a.M., 51–96.

Scharpf, F.W. (2000), Interaktionsformen – Akteurzentrierter Institutionalismus in der Politikforschung, 1. Aufl., VS Verlag für Sozialwissenschaften, Wiesbaden.

Scharpf, F.W. (2009), Föderalismusreform – Kein Ausweg aus der Politikverflechtungsfalle?, Campus Verlag, Frankfurt a.M..

Scheffler, W. (2012), Besteuerung von Unternehmen I, Ertrag-, Substanz- und Verkehrsteuern, 12. Aufl., C.F. Müller, Nürnberg.

Scheffler, W. (2016), Werden die Bürger, die für 2027 geplante Grundsteuerreform akzeptieren?, ifo Schnelldienst, 69 (18), 8–10.

Schendera, C.F.G. (2014), Regressionsanalyse mit SPSS, 2. Aufl., Oldenbourg Wissenschaftsverlag, München.

Scherf, W. (2011), Öffentliche Finanzen: Einführung in die Finanzwissenschaft, 2. Aufl., UVK-Verlag, Konstanz.

Schimank, U. (2003), Theoretische Modelle sozialer Strukturdynamiken. Ein Gefüge von Generalisierungsniveaus, in: Mayntz, R. (Hrsg.), Akteure – Mechanismen – Modelle, Campus Verlag, Frankfurt a.M., 151–178.

Schira, J. (2016), Statistische Methoden der VWL und BWL – Theorie und Praxis, 5. Aufl., Pearson Verlag, München.

Schmidt, I. (2016), Kommunalsteuern, in: Christ, J./Oebbecke, J. (Hrsg.), Handbuch Kommunalabgabenrecht, Beck Verlag, München, 45–85.

Schotter, A. (1981), The Economic Theory of Social Institutions, University Press, Cambridge, Massachusetts.

Schratzenstaller, M. (2011), Vermögensbesteuerung – Chancen, Risiken und Gestaltungsmöglichkeiten, in: Friedrich-Ebert-Stiftung (Hrsg.), WISO Diskurs – Expertisen und Dokumentationen zur Wirtschafts- und Sozialpolitik, Bonn.

Schulemann, O. (2011), Reform der Grundsteuer: Handlungsbedarf und Reformoptionen, Schriften Karl-Bräuer-Institut des Bundes der Steuerzahler, 109, 1–53.

Schwarting, G. (2007), Kommunale Steuern – Grundlagen, Verfahren, Entwicklungstendenzen, Finanzwesen der Gemeinden, Bd. 9, 2. Aufl., Erich Schmidt Verlag, Berlin.

Schweizer, U. (1983), Edgeworth and the Henry George Theorem: How to Finance Local Public Projects, in: Thisse, J.F./Zoller, H.G. (Hrsg.), Locational Analysis of Public Facilities, North-Holland, Amsterdam, 79–93.

Seer, R. (2015a), § 2 Finanzverfassungsrechtliche Grundlagen der Steuerrechtsordnung, in: Tipke, K./Lang, J. (Hrsg.), Steuerrecht, 22. Aufl., Dr. Otto Schmidt Verlag, 35–62.

Seer, R. (2015b), § 16 Grund- und Vermögensteuer, in: Tipke, K./Lang, J. (Hrsg.), Steuerrecht, 22. Aufl., Dr. Otto Schmidt Verlag, 869–887.

Seer, R. (2017), § 85 Besteuerungsgrundsätze, in: Tipke, K./Kruse, H.W. (Hrsg.), Kommentar AO/FGO, 150. Aktualisierung, 1–22.

Senatorin für Finanzen der Freien Hansestadt Bremen (2010), Grundsteuer auf Basis von Verkehrswerten – Machbarkeitsstudie, http://www.finanzen.bremen.de/sixcms/media.php/13/Machbarkeitsstudie_Kurzfassung_22.pdf, zuletzt aufgerufen: 17.12.2017.

Sheppard, S. (1999), Hedonic Analysis of Housing Markets, in: Mills, E.S./Cheshire, P. (Hrsg.), Handbook of Regional and Urban Economics, 3, North Holland, 1595–1635.

Shleifer, A. (1985), A Theory of Yardstick Competition, Rand Journal of Economics, 16 (3), 319–327.

Siebert, H. (1991), Europe '92. Decentralizing environmental policy in the single market, Environmental and Resource Economics, 1 (3), 271–287.

Simon, H.A. (1978), Die Architektur der Komplexität, in: Türk, K. (Hrsg.), Handlungssysteme, Westdeutscher Verlag, Opladen, 94–120.

Simons, K./Hirschberger, H./Stölting, D. (1987), Lebensdauer von Bauteilen und Baustoffen, Abschlussbericht einer Forschungsarbeit im Auftrage des Bundesministers für Raumordnung, Bauwesen und Städtebau, Bonn.

Sirmans, G.S./Macpherson, D.A./Zietz, E.N. (2005), The Composition of Hedonic Pricing Models, Journal of Real Estate Literature, 13 (1), 3–46.

Sirmans, G.S./Gatzlaff, D.H./Macpherson, D.A. (2008), The History of Property Tax Capitalization in Real Estate, Journal of Real Estate Literature, 16 (3), 327–343.

Smith, R.S. (1970), Property Tax Capitalization in San Francisco, National Tax Journal, 23 (2), 177–193.

Spengel, C./Heckemeyer, J.H./Zinn, B. (2011), Reform der Grundsteuer: Ein Blick nach Europa, Der Betrieb, 64 (1), 10–14.

Stackelberg, H.v. (1934), Marktform und Gleichgewicht, Springer Verlag, Wien.

Starrett, D.A. (1980), On the Method of Taxation and the Provision of Local Public Goods, American Economic Review, 70 (3), 380–392.

Starrett, D.A. (1981), Land Value Capitalization in Local Public Finance, Journal of Political Economy, 89 (2), 306–327.

Statistische Ämter des Bundes und der Länder (2015), Hebesätze der Realsteuern 2014, Wiesbaden.

Statistische Ämter des Bundes und der Länder (2016), Hebesätze der Realsteuern 2015, Wiesbaden.

Statistisches Bundesamt (2016), Finanzen und Steuern, Fachserie 14 Reihe 10.1, Wiesbaden.

Statistisches Bundesamt, Destatis (2017a), Durchschnittshebesätze der Realsteuern: Bundesländer: Jahre, Realsteuerart, 2015, Genesis Online-Datenbank, https://www-genesis.destatis.de/genesis/online/data;jsessionid=685E81DAE444F274CE678ACB06BF50A9.tomcat_GO_2_2?operation=abruftabelleAbrufen&selectionname=71231-0004&levelindex=0&levelid=1512727662326&index=4, Tabelle 71231-0004, zuletzt aufgerufen: 17.12.2017.

Statistisches Bundesamt, Destatis (2017b), Kaufwerte für Bauland, Fachserie 17 Reihe 5, Wiesbaden.

Statistisches Bundesamt, Destatis (2017c), Durchschnittshebesätze der Realsteuern: Deutschland, Jahre, Realsteuerart, 1999–2016, Genesis Online-Datenbank, https://www-genesis.destatis.de/genesis/online/data;jsessionid=1798FF5AE14FC3AB6FB05A1EC2FEBEAC.tomcat_GO_1_1?operation=abruftabelleAbrufen&selectionname=71231-0002&levelindex=0&levelid=1512727727721&index=2, Tabelle 71231-0002, zuletzt aufgerufen: 17.12.2017.

Statistisches Landesamt Bremen (2016), Statistisches Jahrbuch 2016, Bremen.

Stewart, D. (1978), The Effect of Differential Property Tax Rates on the Sales Prices of Single-Family Residential Properties, Review of Economics and Statistics, 60 (1), 150–153.

Stiglitz, J.E. (1977), The Theory of Local Public Goods, in: Feldstein, M.S./Inman, R.P. (Hrsg.), The Economics of Public Services, Mc Millan, New York, 274–333.

Stiglitz, J.E. (1983), The Theory of Local Public Goods – Twenty-Five Years After Tiebout: A Perspective, in: Zodrow, G.R. (Hrsg.), Local Provision of Public Services, The Tiebout Model after Twenty-Five Years, Academic Press, New York, 17–54.

Stiglitz, J.E. (2010), Principles and Guidelines for Deficit Reduction, Roosevelt Institute Working Paper, Nr. 6, http://www.mcleveland.org/Class_reading/

Stiglitz_Principles_Guidelines_for_Deficit-reduction.pdf, zuletzt aufgerufen: 17.12.2017.

Stull, W.J./Stull, J.C. (1991), Capitalization of Local Income Taxes, Journal of Urban Economics, 29 (2), 182–190.

Tabachnick, B.G./Fidell, L.S. (2013), Using Multivariate Statistics, 6. Aufl., Pearson Verlag, New Jersey.

Theurl, T. (2010), Ist Governance mehr als Wirtschaftsordnung und Institutionen?, in: Ohr, R. (Hrsg.), Governance in der Wirtschaftspolitik, 1. Aufl., Duncker & Humblot Verlag, Berlin, 9–39.

Thöne, M. (2006), Eine neue Grundsteuer - Nur Anhängsel der Gemeindesteuerreform?, Finanzwissenschaftliche Diskussionsbeitrage des FiFo Köln, 6 (3), Köln.

Tiebout, C.M. (1956), A Pure Theory of Local Expenditures, The Journal of Political Economy, 64 (5), 416–424.

Toschka, A./Voigtländer, M. (2017), Das Bestellerprinzip für Immobilienkäufe, IW-Kurzberichte, Institut der deutschen Wirtschaft, 6, Köln.

Troll, M./Eisele, D. (2014), Grundsteuergesetz Kommentar, 11. Aufl., Vahlen Verlag, München.

Tschentscher, P. (2016), Reformmodell der Finanzministerkonferenz führt zu extremen Grundsteuerbewertungen und übermäßigen Belastungen in Metropolregionen, ifo Schnelldienst, 69 (18), 23–26.

Tyer, C.B. (1993), The Property Tax: Why It Persists, The South Carolina Policy Forum Magazine, 4 (2), 12–21.

U.S. Census Bureau (2001), Federal, State and Local Governments, Government Finance and Employment Classification Manual, Washington D.C..

Voigt, S. (2009), Institutionenökonomik, 2. Aufl., Wilhelm Fink Verlag, Paderborn.

Voigtländer, M. (2017), Luxusgut Wohnen. Warum unsere Städte immer teurer werden und was jetzt zu tun ist, Springer Fachmedien, Wiesbaden.

Vornholz, G. (2013), Volkswirtschaftslehre für die Immobilienwirtschaft, Oldenbourg Wissenschaftsverlag, München.

Voss, R. (2000), Instandhaltungsmanagement, in: Schulte, K.-W./Pierschke, B. (Hrsg.), Handbuch Facilities Management, Immobilieninformationsverlag Rudolf Müller, Köln, 131–163.

Wagschal, U./Wolfersdorff, J./Andrae, K. (2016), Update Gewerbesteuer und Grundsteuer: Steuerentwicklung, Steuerwettbewerb und Reformblockaden, ifst-Schrift, 508, Berlin.

Wales, T.J./Wiens, E.G. (1974), Capitalization of Residential Property Taxes: An Empirical Study, Review of Economics and Statistics, 56 (3), 329–333.

Wallis, J.J. (2001), A History of the Property Tax in America, in: Oates, W.E. (Hrsg.), Property Taxation and Local Government Finance – Essays in Honor of C. Lowell Harriss, Lincoln Institute of Land Policy, Cambridge, Massachusetts, 123–147.

Weingast, B.R. (2014), Second Generation Fiscal Federalism: Political Aspects of Decentralization and Economic Development, World Development, 53C, 14–25.

Wellisch, D. (2004), Theory of Public Finance in a Federal State, Cambridge University Press, Cambridge, Massachusetts.

Wheaton, W.C. (1984), The Incidence of Interjurisdictional Differences in Commercial Property Taxes, National Tax Journal, 37, 515–527.

Wheaton, W.C. (1993), Land Capitalization, Tiebout Mobility, and the Role of Zoning Regulations, Journal of Urban Economics, 34 (2), 102–117.

White, H. (1980), A Heteroskedasticity-Consistent Covariance Matrix Estimator and a direct Test for Heteroscedasticity, Econometrica, 48 (4), 817–838.

Wicks, J.H./Little, R.A./Beck, R.A. (1968), A Note on Capitalization of Property Tax Changes, National Tax Journal, 21 (3), 263–265.

Wildasin, D.E. (1986), Urban Public Finance, Harwood Academic Publishers, Chur, Schweiz.

Williamson, O.E. (1967), Hierarchical Control and Optimum Firm Size, Journal of Political Economy, 75 (2), 123–138.

Williamson, O.E. (1990), Die ökonomischen Institutionen des Kapitalismus – Unternehmen, Märkte, Kooperationen, Mohr Siebeck, Tübingen.

Wilson, J.D. (1986), A Theory of Interregional Tax Competition, Journal of Urban Economics, 19 (3), 296–315.

Wilson, J.D. (2006), Property and Land Taxation, in: Arnott, R.J./McMillen, D.P., A Companion to Urban Economics, Blackwell Publishing, Massachusetts, 348–371.

Winterhager, W.D. (1997), Bodeneigentum und Bodenrente in der ökonomischen Theorie, Zeitschrift für Sozialökonomie, 34 (114), 3–12.

Wissenschaftlicher Beirat (2010), Reform der Grundsteuer – Stellungnahme zur Reform der Grundsteuer, http://www.bundesfinanzministerium.de/Content/DE/Standardartikel/Ministerium/Geschaeftsbereich/Wissenschaftlicher_Beirat/Gutachten_und_Stellungnahmen/Ausgewaehlte_Texte/2011-01-11-reform-der-grundsteuer-anl.pdf?__blob=publicationFile&v=3, zuletzt aufgerufen: 17.12.2017.

Wolman, H. (1990), Decentralization: What It Is and Why We Should Care, in: Bennett, R.J. (Hrsg.), Decentralization, Local Governments and Markets, Clarendon Press, Oxford, 29–42.

Wooldridge, J.M. (2013), Introductory Econometrics - A Modern Approach, 5. Aufl., South-Western Cengage Learning, Kanada.

Yinger, J. (1981), Capitalization and the Median Voter, The American Economic Review, 71 (2), 99–103.

Yinger, J./Bloom, H.S./Börsch-Supan, A./Ladd, H.F. (1988), Property Taxes and House Values - The Theory and Estimation of Intrajurisdictional Property Tax Capitalization, Academic Press, San Diego, Kalifornien.

Zeitler, F.C. (2002), Eine einfache Grundsteuer - Die vergessene Reform, DStZ, 5, 131–135.

Zimmermann, H. (2007), Stärkung der regionalen und kommunalen Steuerautonomie - Kriterien und Ansatzpunkte, in: Helfried, B./Schratzenstaller, M. (Hrsg.), Stärkung der subnationalen Steuerautonomie und intragovernmentale Transfers, 1. Aufl., NWV, Wien, 21–31.

Zimmermann, H. (2009), Kommunalfinanzen - Eine Einführung in die finanzwissenschaftliche Analyse der kommunalen Finanzwirtschaft, in: Lenk, T./ Tscheulin, D. (Hrsg.), Schriften zur öffentlichen Verwaltung und öffentlichen Wirtschaft, Bd. 211, 2. Aufl., Berliner Wissenschaftsverlag, Berlin.

Zodrow, G.R. (2000), Reflections on the New View and the Benefit View of the Property Tax, Property Taxation and Local Government Finance, in: Oates, W.E. (Hrsg.), Property Taxation and Local Government Finance, Lincoln Institute and Land Policy, Cambridge, Massachusetts, 79–112.

Zodrow, G.R. (2001), The Property Tax as a Capital Tax: A Room with three Views, National Tax Journal, 54 (1), 139–156.

Zodrow, G.R. (2007), The Property Tax Incidence Debate and the Mix of State and Local Finance of Local Public Expenditures, CESifo Economic Studies, 53 (4), 495–521.

Zodrow, G.R. (2014), Intrajurisdictional Capitalization and the Incidence of the Property Tax, Regional Science and Urban Economics, 45, 57–66.

Zodrow, G.R./Mieszkowski, P. (1986), Pigou, Tiebout, Property Taxation, and the Underprovision of Local Public Goods, Journal of Urban Economics, 19 (3), 356–370.

Verzeichnis der Gesetze

Abgabenordnung (AO), vom 01.10.2002, BGBI. 2002 I, S. 3866, ber. BGBI. 2003 I, S. 61, zuletzt geändert durch Gesetz vom 18.07.2017, BGBI. 2017 I, S. 2745.

Baugesetzbuch (BauGB), vom 23.06.1960, BGBl. 1960 I, S. 341, zuletzt geändert durch Gesetz vom 03.11.2017, BGBl. 2017 I, S. 3634.

Bewertungsgesetz (BewG), vom 01.02.1991, BGBI. 1991 I, S. 230, zuletzt geändert durch Gesetz vom 04.11.2016, BGBI. 2016 I, S. 2464.

Bremisches Abgabengesetz (AbgG, HB), vom 15.05.1962, Brem. GBl., S. 139, zuletzt geändert durch Artikel 2 des Gesetzes vom 14.11.2017, Brem. GBl., S. 482, 485.

Bürgerliches Gesetzbuch (BGB), vom 02.01.2002, BGBl. 2002 I, S. 42, ber. BGBl. 2003 I, S. 738, zuletzt geändert durch Gesetz vom 20.07.2017, BGBl. 2017 I, S. 2787.

Gemeindeverkehrsfinanzierungsgesetz (GVFG), vom 18.03.1971, BGBl. 1971 I, ber. BGBl. 1988 I, S. 100, zuletzt geändert durch Artikel 463 der Verordnung vom 31.08.2015, BGBl. I, S. 1474.

Gesetz zur Regelung der Wohnungsvermittlung (WoVermG), vom 04.11.1971, BGBl. 1971 I, S. 1745, 1747, zuletzt geändert durch Artikel 3 des Gesetzes vom 21.04.2015, BGBl. 2015 I, S. 610.

Gesetz über die Neubildung der Wurster Nordseeküste, vom 16.11.2012, Niedersächsisches Gesetz und Verordnungsblatt, 66 (26), S. 427–441.

Gesetz über die Neubildung der Stadt Geestland, vom 16.11.2012, Niedersächsisches Gesetz und Verordnungsblatt, 66 (26), S. 427–441.

Grundgesetz (GG), vom 23.05.1949, BGBl. 1949 I, S. 1, zuletzt geändert durch Gesetz vom 13.07.2017, BGBl. 2017 I, S. 2347.

Grundsteuergesetz (GrStG), vom 07.08.1973, BGBI. 1973 I, S. 965, zuletzt geändert durch Gesetz vom 19.12.2008, BGBI. 2008 I, S. 2794.

Konzessionsabgabenverordnung (KAV), vom 09.01.1992, BGBl. 1992 I, S. 12, 407, zuletzt geändert durch Art. 3 Abs. 4 der Verordnung vom 01.11.2006, BGBl. 2006 I, S. 2477.

Mietrechtsnovellierungsgesetz (MietNovG), vom 21.04.2015, BGBl. 2015 I, S. 610–612.

Musterbauordnung (MBO) in der Fassung vom 01.11.2002, zuletzt geändert durch Beschluss der Bauministerkonferenz vom 21.09.2012.

Raumordnungsgesetz (ROG), vom 22.12.2008, BGBI. 2008 I, S. 2986, zuletzt geändert durch Gesetz vom 20.07.2017, BGBI. 2017 I, S. 2808.

Verzeichnis der Dokumente des Bundestags und Bundesrats

Deutscher Bundesrat, Drucksache 306/01 vom 17.04.2001, http://dipbt.bundestag.de/doc/brd/2001/D306+01.pdf, zuletzt aufgerufen 17.12.2017.
Deutscher Bundesrat, Drucksache 15/5358 vom 20.04.2005, juris, BAnz.
Deutscher Bundesrat, Drucksache 514/16 vom 12.09.2016, juris, BAnz.
Deutscher Bundesrat, Drucksache 515/16 vom 12.09.2016, juris, BAnz.

Entscheidungsregister

Entscheidungen des Bundesfinanzhofs

Beschluss vom 20.12.2002, II B 44/02, BFH/NV 2003, juris, S. 508–509.
Beschluss vom 04.07.2007, II B 95/06, BFH/NV 2007, juris, S. 1829–1830.
Beschluss vom 22.10.2014, II R 16/13, BStBl. 2014 II, S. 957–966.
Urteil vom 23.07.1971, III R 86/69, BStBl. 1971 II, S. 797–799.
Urteil vom 27.04.1978, III R 6/77, BStBl. 1978 II, S. 523–525.
Urteil vom 12.02.1986, II R 192/78, BStBl. 1986 II, S. 320–322.
Urteil vom 02.02.2005, II R 36/03, BB 2005, S. 1208–1209.
Urteil vom 30.06.2010, II R 60/08, BStBl. 2010 II, S. 897–903.
Urteil vom 30.06.2010, II R 12/09, BStBl. 2011 II, S. 48–55.
Urteil vom 18.04.2012, II R 36/10, BStBl. 2012 II, S. 867–872.
Pressemitteilung Nr. 79 vom 03.12.2014 zum Beschluss II R 16/13, juris.

Entscheidungen der Finanzgerichte

FG Bremen, Urteil vom 11.12.1975, II 83–84/73, EFG 1976, S. 168–169.
FG Münster, Urteil vom 31.08.1976, III 1082/75 EW, EFG 1977, S. 302–303.

Entscheidungen des Bundesverfassungsgerichts

Anhängige Verfahren vom 29.08.2014, 1 BvR 639/11, 1 BvR 889/12, BB 2014, S. 2457–2458.
Anhängiges Verfahren vom 11.02.2015, 1 BvL 1/15, juris.
Beschluss vom 25.10.1977, 1 BvR 15/75, BStBl. 1978 II, S. 125–131.
Beschluss vom 22.06.1995, 2 BvR 552/91, 2 BvL 37/91, BStBl. 1995 II, S. 655–675.
Beschluss vom 27.01.2010, 2 BvR 2185/04, BvR 2189/04, Der Betrieb 2010, Heft 10, S. 542–543.
Gutachten vom 16.06.1954, 1 PBvV 2/52, BVerfGE 3, S. 407–439.
Urteil vom 24.10.2002, 2 BvF 1/01, NJW 2003, S. 41–58.

Verzeichnis der Verwaltungsanweisungen

Oberste Finanzbehörde der Länder, Erlass vom 19.04.2012, BStBl. 2012 I, S. 490–491.

Datenmaterial

Teilmarkt Bremen

Kaufpreissammlung:
Gutachterausschuss Bremen: Sonderauswertung Kaufpreissammlungen für die Jahre 2014 und 2015.

Öffentliche Leistungen:
Statistisches Landesamt Bremen: Sonderauswertung in Anlehnung an Tabelle 651–20: Bevölkerung nach Einzugsbereichen von Bus- und Bahnhaltestellen auf Orts- und Stadtteilebene in Bremen Kleinräumig Infosystem für die Jahre 2014 und 2015.

Immobilienbestand:
Statistisches Landesamt Bremen: Eigene Zusammenstellung in Bremen Kleinräumig Infosystem Bremen – Tabelle 035–62: Zu- und Abgänge von Wohngebäuden und Wohnungen auf Orts- und Stadtteilebene für die Jahre 2014 und 2015.

Teilmarkt Niedersachsen

Kaufpreissammlung:
Gutachterausschuss Niedersachsen: Sonderauswertung Kaufpreissammlungen für den Bereich Otterndorf für die Jahre 2014 und 2015.

Öffentliche Leistungen: Eigene Zusammenstellung auf Basis einer Sonderauswertung des Statistischen Landesamtes Niedersachsen, Bruttoauszahlungen nach Produkten der Jahre 2014 und 2015, in Anlehnung an EVAS Systematik Tabelle K9500070, Thema 71717: Rechnungsergebnisse, Sektor Kommunen Bruttoauszahlungen (in 1000) nach Produkten 1-2-3 Steller Konten 6.

Immobilienbestand: Eigene Zusammenstellung auf Basis einer Sonderauswertung des Statistischen Landesamtes Niedersachsen, Fortschreibung des Wohngebäude- und Wohnungsbestandes für die Jahre 2014 und 2015 nach Art der Wohngebäude.

Erholungsfläche: Landesamt für Statistik Niedersachsen, eigene Zusammenstellung aus der EVAS Systematik, Flächenerhebung nach Art der tatsächlichen Nutzung, Tabelle 33111, für die Jahre 2014 und 2015.

Hebesätze:
Statistische Ämter des Bundes und der Länder (2015), Hebesätze der Realsteuern 2014, Wiesbaden.

Statistische Ämter des Bundes und der Länder (2016), Hebesätze der Realsteuern 2015, Wiesbaden.

<u>**Beide Teilmärkte**</u>

Effektivzins:
Deutsche Bundesbank (2017), Effektivzinssätze Banken DE – Neugeschäft – Wohnungsbaukredite an private Haushalte, anfängliche Zinsbindung über 5 bis 10 Jahre http://www.bundesbank.de/Navigation/DE/Statistiken/Zeitreihen_Datenbanken/Makrooekonomische_Zeitreihen/its_details_value_node.tml?tsId=BBK01.SUD118, zuletzt aufgerufen: 17.12.2017.

Anhang

Tabelle A1: Chronologischer Überblick durchgeführter Kapitalisierungsstudien (1968 bis 2013)

Autor (Veröffent-lichung)	Daten-grundlage	Ort/ Beobachtungen	Zeitraum	Schätzung	Steuervariable	Ergebnis
Orr (1968)	Aggregierte Daten	Gemeinden, Boston	1960	OLS	Vermögen-steuersätze	Keine Kapitalisierung
Wicks, Little & Beck (1968)	Mikrodaten, Steuer-änderung	Missoula, Montana	1965	Tabella-rische Gegenüber stellung	Veränderung der Steuerzahlung	Teilw. Kapitalisierung
Oates (1969)	Aggregierte Daten	Gemeinden, New Jersey	1960	2SLS	Effektiver Vermögen-steuersatz	Teilw. Kapitalisierung
Heinberg & Oates (1970)	Aggregierte Daten	Gemeinden, Boston	1960	OLS, 2SLS	Effektiver Vermögen-steuersatz	Kapitalisierung
Smith (1970)	Mikrodaten	Hausverkäufe, San Francisco	1966 bis 1968	OLS	Veränderung der Steuerzahlung	Teilw. Kapitalisierung
King (1973)	Mikrodaten	Hausverkäufe in 10 Gemeinden in New Haven	1967 bis 1969	OLS	Steuerzahlung	Teilw. Kapitalisierung
Hyman & Pasour (1973)	Aggregierte Daten	Gemeinden, North Carolina	1970	OLS	Effektiver Vermögen-steuersatz	Keine Steuerkapitalisierung
Pollakowski (1973)	Aggregierte Daten	19 Gemeinden, San Francisco, Oakland and San Jose area	1960	OLS, 2SLS	Effektiver Steuersatz	Keine signifikante Kapitalisierung
Oates (1973)	Aggregierte Daten	Gemeinden, New Jersey	1960	2SLS	Effektiver Steuersatz	Vollst. Kapitalisierung
Wales & Wiens (1974)	Mikrodaten	Hausverkäufe, Surrey, England	1970	OLS	Effektiver Steuersatz	Keine signifikante Kapitalisierung
Church (1974)	Mikrodaten	Hausverkäufe, Martinez, CA	1967 bis 1970	2SLS	Effektiver Vermögen-steuersatz	Überkapitalisierung
Edel & Sclar (1974)	Aggregierte Daten	Gemeinden, Boston	1930 bis 1970	OLS	Effektiver Vermögen-steuersatz	Teilw. Kapitalisierung
Edelstein (1974)	Mikrodaten	Hausverkäufe, Philadelphia	1967 bis 1969	2SLS	Vermögen-steuerzahlung pro Zimmer	Kapitalisierungsquote 7,75 bis 15,5
Meadows (1976)	Aggregierte Daten	Gemeinden, New Jersey	1960 und 1970	2SLS	Vermögen-steuersätze	Kapitalisierung
Gustely (1976)	Aggregierte Daten	Syracuse, NY	1970	OLS	Steuersatz	Teilw. Kapitalisierung
McDougall (1976)	Aggregierte Daten	Los Angeles, CA	1970	2SLS	Steuersatz	Vollst. Kapitalisierung
King (1977)	Aggregierte Daten	Gemeinden, New Jersey	1960	2SLS	Mediansteuer-belastung	Teilw. Kapitalisierung
Rosen & Fullerton (1977)	Aggregierte Daten	Gemeinden, New Jersey	1960 und 1970	2SLS	Effektiver Vermögen-steuersatz	Teilw. Kapitalisierung
Case (1978)	Mikrodaten	Hausverkäufe in 13 Gemeinden in Boston, MA und Hanford, CA	1971 und 1972 bis 1975	OLS	Effektiver Steuersatz	Teilw. Kapitalisierung

Chinloy (1978)	Mikrodaten	Ontario, London	1974	2SLS	Effektiver Steuersatz	Keine signifikante Kapitalisierung
Stewart (1978)	Mikrodaten	Hausverkäufe in Ann Arbor, MI	1970	2SLS	Effektiver Steuersatz	Teilw. Kapitalisierung
Gronberg (1979)	Aggregierte Daten	Gemeinden, Chicago, IL	1970	2SLS	Nominaler Steuersatz	Keine signifikante Kapitalisierung
Hamilton (1979)	Mikrodaten	Toronto, Kanada	1961	NLS	Geschätzter Veranlagungsfehler	Kapitalisierungsquote 16,8 bzw. 9,37
Lewis & McNutt (1979)	Mikrodaten	Hausverkäufe	1976	OLS	Steuerzahlung	Vollst. Kapitalisierung
Li & Brown (1980)	Mikrodaten	Boston, MA	1971	OLS, NLS	Steuerzahlung	Teilw. Kapitalisierung
Gabriel (1981)	Mikrodaten, Steuer-änderung	San Francisco, CA	1978 bis 1979	OLS	Änderung der Steuerzahlung	Teilw. Kapitalisierung
Reinhard (1981)	Mikrodaten	Hausverkäufe in San Mateo, CA	1969 bis 1970	NLS	Effektiver Vermögen-steuersatz	Vollst. Kapitalisierung
Richardson & Thalheimer (1981)	Mikrodaten	Hausverkäufe, Kentucky	1973 bis 1974	OLS	Steuersatz	Teilw. Kapitalisierung
Johnson & Lea (1982)	Mikrodaten	New York	1978	2SLS	Steuerzahlung	Keine signifikante Kapitalisierung
Lea (1982)	Mikrodaten	USA; Familien	1968	2SLS	Effektiver Vermögen-steuersatz	Geringere Steuer-kapitalisierung als Kapitalisierung öffentl. Leistungen
Krantz, Weaver & Alter (1982)	Mikrodaten	Hausverkäufe, 6 Städte, Pennsylvania	1979	MLE	Effektiver Steuersatz	Teilw. Kapitalisierung
Rosen (1982)	Steuer-änderung	64 Bezirke, San Francisco, CA	1976, 1978, 1979	./.	Steuersatz	Kapitalisierung
Goodman (1983)	Mikrodaten	Hausverkäufe, New Haven, NJ	1967 bis 1969	OLS	Steuersatz	Vollst. Kapitalisierung
Wheaton (1984)	Mikrodaten	Gebäude, Boston	1980	2SLS	Effektiver Vermögen-steuersatz	Keine Kapitalisierung
Yinger, Bloom, Börsch-Supan & Ladd (1988)	Steuer-änderung/ Mikrodaten	Hausverkauf, 7 Städte Massachussettes	1971 bis 1976	2SLS	Effektiver Vermögen-steuersatz	Teilw. Kapitalisierung
Chaudry-Shah (1989) und (1992)	Mikrodaten	Hausverkauf, Edmonton, Alberta, Kanada	1977	OLS und NLS	Effektive Vermögen-steuersätze	Teilw. Kapitalisierung
Stull & Stull (1991)	Aggregierte Daten	Gemeinden, Philadelphia	1980	OLS und 2SLS	Effektive Vermögen- und Einkommen-steuersätze	Teilw. Kapitalisierung
Quang Do & Sirmans (1994)	Mikrodaten	San Diego, CA	1991 bis 1992	./.	Dummy-Steuervariable	Kapitalisierung
Carroll & Yinger (1994)	Aggregierte Daten	Boston, MA	1980	OLS, 2SLS, MLE	Steuersatz	Teilw. Kapitalisierung

Man (1995)	Mikrodaten	Kommerzielles Wohneigentum, Phoenix, AZ	1985 bis 1988	2SLS	Effektiver Steuersatz	Vollst. Kapitalisierung
Kirchgässner & Pommerehne (1996)	Aggregierte Daten	Schweizer Kantone	1980	GLS	Index effektiver Einkommensteuer-belastung	Kapitalisierung nicht vollständig
Haurin & Brasington (1996)	Mikrodaten	Hausverkäufe, 6 Metro Areas Ohio	1991	Mehr-ebenen-analyse	Steuersatz	Keine signifikante Kapitalisierung
Palmon & Smith (1998a)	Mikrodaten	Houston, TX	1989	MLE	Steuersatz	Vollst. Kapitalisierung
Palmon & Smith (1998b)	Mikrodaten	Hausverkäufe, Houston, TX	1989	2SLS	Steuersatz	Vollst. Kapitalisierung
Haughwout (1997)	Mikrodaten	AHS Daten für 30 U.S. Metropol-regionen	1989	OLS	Effektiver Steuersatz	Vollst. Kapitalsierung
Goodman & Thibodeau (1998)	Mikrodaten	Hausverkäufe, Dallas, TX	1995 bis 1997	OLS	Steuersatz	Teilw. Kapitalisierung
De Bartolomé & Rosenthal (1999)	Mikrodaten	./.	1985, 1989	2SLS	Steuersatz	Teilw. Kapitalisierung
Feld (2000)	Aggregierte Daten	26 Schweizer Kantone	1990	2SLS	Steuerbelastung	Kapitalisierung der Steuerbelastung hoher Einkommen
Brasington (2001)	Mikrodaten	Hausverkäufe, Ohio	1991	OLS	Steuersatz	Positive Steuerkapitalisierung
Brasington (2002)	Mikrodaten	Hausverkäufe, Ohio	1991	OLS, GLS	Steuersatz	Unterschiedliche Ergebnisse in Abhängigkeit, ob ländliches oder städtisches Gebiet
Buettner (2003)	Mikrodaten	Baden-Württemberg	1987	OLS, GMM	Land tax rate	Kapitalisierung
McDonald & Yurova (2006)	Mikrodaten	Kommerzielles Eigentum, Chicago	2001 bis 2004	OLS	Steuersatz-unterschiede je nach Region	Vollst. Kapitalisierung
Gürtler & Rehan (2008)	Mikrodaten	Landkreise Goslar, Peine und Wolfenbüttel, kreisfreie Städte Braunschweig und Salzgitter, Deutschland	1995 bis 2007	OLS	Grundsteuer B als Nettobetrag in Euro pro Einwohner	Keine bzw. geringe Kapitalisierung
Haußmann & Schweinberger (2012)	Aggregierte Daten	Hausverkäufe, Brandenburg, Deutschland	2005 bis 2007	OLS	Grundsteuer-hebesatz	Keine Kapitalisierung
Haußmann, Schweinberger, Brähler & Wehrheim (2012)	Steuer-änderung	Hausverkäufe, Berlin und Potsdam, Deutschland	2006 bis 2007	OLS	Dummy-Steuervariable	Keine Kapitalisierung

Quelle: eigene Darstellung und Erweiterung auf Basis von Bloom/Ladd/Yinger 1983; Yinger et al. 1988; Feld 2000; Sirmans/Gatzlaff/Macpherson 2008: 334 f.; OLS: Ordinary least squares; 2SLS: Two-stage least squares; WLS: Weighted least squares; MLE: Maximum likelihood estimation; GLS: Generalized least squares; NLS: Non-linear least squares; GMM: Generalized method of moments; ./. : keine Angabe in der jeweiligen Studie.

Tabelle A2: Korrelationsmatrix Niedersachsen

		lnKaufpreis	lnWohnfläche	lnFläche	Alter Modifiziert	lnBRW	Hebesatz	lnErholungs-fläche	ln Gemeindestr	Immobestand	Zins
lnKaufpreis	Korrelation nach Pearson	1	,470**	,059**	-,592**	,436**	-,133**	,045*	,090**	,177**	-,024
	Signifikanz (2-seitig)		,000	,002	,000	,000	,000	,020	,000	,000	,213
lnWohnfläche	Korrelation nach Pearson	,470**	1	,408**	-,084**	-,045*	-,018	-,031	-,084**	-,048*	-,026
	Signifikanz (2-seitig)	,000		,000	,000	,019	,349	,106	,000	,011	,168
lnFläche	Korrelation nach Pearson	,059**	,408**	1	,198**	-,484**	,096**	-,164**	-,113**	-,268**	,004
	Signifikanz (2-seitig)	,002	,000		,000	,000	,000	,000	,000	,000	,820
AlterModifiziert	Korrelation nach Pearson	-,592**	-,084**	,198**	1	-,120**	,111**	,041*	-,030	-,018	-,042*
	Signifikanz (2-seitig)	,000	,000	,000		,000	,000	,032	,123	,352	,028
lnBRW	Korrelation nach Pearson	,436**	-,045*	-,484**	-,120**	1	-,178**	,253**	,176**	,440**	-,038*
	Signifikanz (2-seitig)	,000	,019	,000	,000		,000	,000	,000	,000	,045
Hebesatz	Korrelation nach Pearson	-,133**	-,018	,096**	,111**	-,178**	1	,209**	-,089**	-,033	-,014
	Signifikanz (2-seitig)	,000	,349	,000	,000	,000		,000	,000	,089	,457
lnErholungsfläche	Korrelation nach Pearson	,045*	-,031	-,164**	,041*	,253**	,209**	1	,142**	,636**	,060**
	Signifikanz (2-seitig)	,020	,106	,000	,032	,000	,000		,000	,000	,002
lnGemeindestr	Korrelation nach Pearson	,090**	-,084**	-,113**	-,030	,176**	-,089**	,142**	1	,009	,069**
	Signifikanz (2-seitig)	,000	,000	,000	,123	,000	,000	,000		,653	,000
Immobestand	Korrelation nach Pearson	,177**	-,048*	-,268**	-,018	,440**	-,033	,636**	,009	1	,067**
	Signifikanz (2-seitig)	,000	,011	,000	,352	,000	,089	,000	,653		,000
Zins	Korrelation nach Pearson	-,024	-,026	,004	-,042*	-,038*	-,014	,060**	,069**	,067**	1
	Signifikanz (2-seitig)	,213	,168	,820	,028	,045	,457	,002	,000	,000	

**. Die Korrelation ist auf dem Niveau von 0,01 (2-seitig) signifikant.
*. Die Korrelation ist auf dem Niveau von 0,05 (2-seitig) signifikant.

Quelle: eigene Berechnung.

Tabelle A3: Korrelationsmatrix Bremen

		lnKaufpreis	lnWohnfläche	lnFläche	Alter	lnBRW	Zins	ÖPNV	Immobestand	Lagefaktor
lnKaufpreis	Korrelation nach Pearson	1	-,022	,279**	-,033	,471**	-,071**	-,053**	,048*	,553**
	Signifikanz (2-seitig)		,264	,000	,091	,000	,000	,006	,015	,000
lnWohnfläche	Korrelation nach Pearson	-,022	1	-,075**	-,201**	-,002	-,184**	-,001	,008	-,020
	Signifikanz (2-seitig)	,264		,000	,000	,917	,000	,947	,687	,296
lnFläche	Korrelation nach Pearson	,279**	-,075**	1	-,260**	-,434**	-,053**	-,332**	,104**	,021
	Signifikanz (2-seitig)	,000	,000		,000	,000	,007	,000	,000	,291
Alter	Korrelation nach Pearson	-,033	-,201**	-,260**	1	,156**	-,046*	,112**	-,026	,029
	Signifikanz (2-seitig)	,091	,000	,000		,000	,019	,000	,181	,142
lnBRW	Korrelation nach Pearson	,471**	-,002	-,434**	,156**	1	,014	,262**	-,081**	,547**
	Signifikanz (2-seitig)	,000	,917	,000	,000		,472	,000	,000	,000
Zins	Korrelation nach Pearson	-,071**	-,184**	-,053**	-,046*	,014	1	,020	-,122**	-,010
	Signifikanz (2-seitig)	,000	,000	,007	,019	,472		,312	,000	,608
ÖPNV	Korrelation nach Pearson	-,053**	-,001	-,332**	,112**	,262**	,020	1	-,189**	-,002
	Signifikanz (2-seitig)	,006	,947	,000	,000	,000	,312		,000	,916
Immobestand	Korrelation nach Pearson	,048*	,008	,104**	-,026	-,081**	-,122**	-,189**	1	-,029
	Signifikanz (2-seitig)	,015	,687	,000	,181	,000	,000	,000		,137
Lagefaktor	Korrelation nach Pearson	,553**	-,020	,021	,029	,547**	-,010	-,002	-,029	1
	Signifikanz (2-seitig)	,000	,296	,291	,142	,000	,608	,916	,137	

**. Die Korrelation ist auf dem Niveau von 0,01 (2-seitig) signifikant.
*. Die Korrelation ist auf dem Niveau von 0,05 (2-seitig) signifikant.

Quelle: eigene Berechnung.

Abbildung A4: Übersicht Bus- und Bahnhaltestellen Bremen

Quelle: Statistisches Landesamt Bremen, Sonderauswertung für 2014 und 2015.

www.ingramcontent.com/pod-product-compliance
Ingram Content Group UK Ltd.
Pitfield, Milton Keynes, MK11 3LW, UK
UKHW021927290926
8980IPUK00016B/1500

9 783631 781104